새로운 시각으로 본 중국사

중국분열

새로운 시각으로 본 중국사

중국분열

권중달 지음

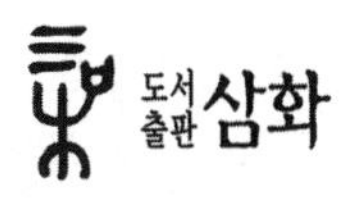

■ 들어가면서

이념으로 역사를 볼 것인가?

우리의 이웃으로 자리 잡은 중국은 날로 강해져서 드디어 G2로 불리게 되었다. 중화인민공화국이 탄생한 지 65년! 청말에서부터 시작한 군벌의 활동으로 분열된 중국을 완전히 종식시키고 65년이 지난 지금 강대국으로 자리잡은 것이다. 그러나 중국 역사에서 분열의 시대가 있었던 사실을 아는 사람들은 현재의 통일된 중국이 얼마나 유지될 것인지에 관심을 갖게 된다.

사실 역사를 아무리 공부했다고 해도 미래를 짐작하기는 그리 쉽지 않다. 그럼에도 불구하고 미래를 궁금해 하는 것은 사람의 속성이어서, 종종 중국 역사가 변화하는 방향을 가늠해 보고자 했던 일이 있었다.

'일치일란(一治一亂)'

이는 역사의 변화를 천명한 맹자(孟子)의 말로 우리에게 대단히 친숙한 단어이다. 그의 제자 공도자(公都子)와 대화하는 과정에서 "천하에는 사람들이 살아온 지 오래되었지만, 전체적으로 본다면 한 번은 잘 다스려지고[一治] 한 번은 혼란했다[一亂]"라고 한 말에서 나온 것이다.

이 말에 대하여 송대(宋代)의 철학자 주희(朱熹)는 주석을 달아 "요(堯) 임금 시절에 홍수가 나서 사람들의 삶이 곤궁해졌을 때는 혼란의 시대이고, 우(禹) 임금이 이 홍수를 조절하여 치수를 했으니 이것은 잘 다스려지는 시대"라고 했다. 그리고 "폭군인 하(夏)의 주왕(紂王) 시절은 크게 혼란한 시대이고, 주(周) 무왕(武王)이 주왕을 토벌하여 다시 치세(治世)가 되었으며, 주(周)가 동천(東遷)한 것이 난세(亂世)이다."라고 했다. 좀 더 구체적인 역사 사실로 일치일란을 설명한 셈이다.

그러나 이러한 해석은 주희(朱熹) 이후에 주자학을 신봉했던 사람들에게 역사 흐름의 큰 원칙으로 이해되고 받아들여졌다. 그래서 주자학의 깊은 영향을 받은 우리도 이 말에 익숙해져 있는 것이다.

명대(明代)에 이르러 《자치통감》에 대한 평론을 쓴 주자학자 왕부지(王夫之)도 역사의 변천과정을 설명했다.

"전국시대의 싸움은 진(秦)과 항우(項羽) 시대에 이르기까지가 무릇 수백 년인데, 한초(漢初)에 이르러서 비로소 안정되었다. 삼국의 다툼은 수말(隋末)에 이르기까지 무릇 수백 년인데, 당초(唐初)에 이르러서 비로소 안정되었다. 또 안사(安史)의 난은 오대에까지 이어진 것이 무릇 100년인데 태평흥국(太平興國)에 이르러서 비로소 안정된다. 또 정강(靖康)의 화(禍)는 몽고에 이어지는 것이 무릇 200년인데 홍무(洪武, 명 태조 주원장의 연호) 시기에 이르러서 비로소 안정된다. 그 사이에는 잠시도 쉬는 날이 없었다."

다만 안사의 난은 755년에 일어나 송이 건국하여 10국을 완전히 통일하는 976년까지 200년이 훨씬 넘는 기간이지만, 왕부지는 이를 100년이라고 한 착오를 범했다. 하지만 이 평론의 핵심은 그가 전체적으로 맹자의 일치일란의 역사 변천론에 동의하고 있다는 것에 있다. 그리고 이는 주희가 일치일란을 설명한 것보다 좀 더 구체적으로 설명한 것이다.

물론 왕부지가 말한 안정기가 바로 맹자가 말한 치세이고 그 반대가 난세라고 말하지는 않았지만 통일된 안정기가 바로 치세라는 뜻에 함축되어 있는 것으로 보인다.

그러나 왕조가 천하를 통일한 왕조의 안정기라면 무조건 잘 다스려지는 살기 좋은 시대, 즉 치세인지에 대해서는 의문을 가질 수 있다. 예컨대 한 무제 시기에는 분명히 천하가 황제의 지배하에 통일되어 있었지만 백성들은 오히려 숨을 쉴 수 없을 정도로 전전긍긍했던 예가 있기 때문이다.

또 전국이 분열되어 중국 판도(版圖) 안에 여러 나라가 혼재하고 있던 시대라고 하여 무조건 난세라고 할 수는 없다. 《자치통감》을 쓴 사마광은 "만약에 도덕이 있느냐 없느냐를 가지고 옳은지 그른지를 삼는다면 좁고 작은 최이(蕞爾)의 나라에도 반드시 훌륭한 주군은 있을 것이며, 삼대의 말년에는 어찌 사악하고 편벽한 임금이 없었겠습니까?"라고 했다. 이는 나라의 크고 작은 것이 잘 다스려졌다는 치세, 즉 공정한 정치의 시행여부와는 상관없다는 것이다.

역사의 진행을 단순히 치세[통일 왕조]와 난세[분열 왕조]로 치부하는 것은 왕조 중심의 사관이고, 또한 천하일통을 이룩한 왕조가 치세를 이룬다는 것은 논리에 맞지 않는다. 예컨대, 오대십국은 틀림없는 분열의 시대였고 많은 사람들이 고통 속에 살았지만, 남부 지역의 오월에서는 전쟁을 막으면서 문화적·경제적 부흥을 이루었다. 따라서 분열이 바로 난세라는 말은 맞지 않는 경우가 있고, 반대로 분열 시기가 치세일 수도 있다는 것을 보여 준 예이다.

이러한 문제를 염두에 두었는지 왕부지는 다시 '치란(治亂)'이라는 말 대신에 '이합(離合)'이라는 용어로 역사의 진행을 설명하기도 했다. 치세·난세라는 말 대신에 합(合, 통합)의 시기와 이(離, 이산)의 시기가 교차되는 것으로 설명하기도 했다.

즉 왕부지는 또 다른 시각에서 북송 시기는 순(純, 순수 한족의 왕조)의 시대이고 여진의 금(金)에게 황하 유역을 내준 시기부터 원대까지는 잡(雜, 한족과 이족이 섞인 왕조)의 시대이며, 다시 명대는 순(純)의 시기이며 청대는 잡(雜)의 시대라고 하면서 한족(漢族) 왕조와 이족(異族) 왕조의 교차로 역사가 진행된다고 설명한 곳도 있다. 이 속에는 순은 치세, 잡은 난세라는 뉘앙스가 있다.

이는 만주족이 세운 청 왕조가 한족 중심의 국가로 바뀔 것이라는 희망을 가진 것인데, 이는 한족 중심의 왕조를 올바른 왕조로 보는 왕부지의 혈통 중심 사관을 엿볼 수 있다. 다시 말하면 민족 국가 시대는 행복하고, 그렇지 않으면 불행하다는 시각을 내재하고 있는 것이다.

이러한 혈통 중심 사관 때문에 곤혹을 당한 청 왕조는 그 반대의 논리를 제시한다. 민족 국가 시대가 치세라는 것은 편견이라는 것이다. 그 논리의 대표적인 책은 《대의각미록(大義覺迷錄)》이었다. 이 책의 글자 그대로의 뜻은 대의(大義), 즉 백성들이 잘 먹고 잘 사는 것이 정치 목표라는 입장에서 보면, 만주족의 중국 지배로 평화와 부강의 나라가 되었으니, 반청운동은 미혹된 생각에서 출발한 것이고, 하루 속히 이 미혹에서 벗어나야 한다는 의미이다. 다시 말하면 백성들이 잘 살면 그것이 바로 대의이며, 반드시 종족 국가를 세워야 한다는 미혹에서 깨어날 것을 설득하는 내용을 담고 있다.

하여간 중국 역사를 이합의 교체, 혹은 순잡의 교체롤 설명하면서 합·순의 시기를 치세를 보려는 것이 반드시 옳지 않다는 말이다. 이렇게 잘못 보게 되는 것은 왕조 중심, 종족 중심의 역사관에서 비롯된 것이다.

당위성의 논리와 그 실제의 한계

사실 앞에서 지적한 대로, 그동안 대부분의 사람들은 이러한 주자학적 논리에 훈도된 나머지 막연하게 중국 역사는 통일 시대와 분열 시대가 있었고, 중국 역사는 전체적으로 통일적으로 진행되어 왔으며 중간중간 혼란의 시기가 있었던 것 뿐이라고 이해해 왔다. 그러나 실제 역사를 들여다 보면 오히려 대부분이 분열된 시기이고, 통합의 시기는 짧았다.

사실 왕부지가 통합의 시기로 꼽는 전·후한 400년간이나, 당 왕조가 존재하던 290년 동안도 통합의 기간은 그리 길지 않았다. 왜냐하면 유방이 통일했다는 시기에도 여전히 유방의 손길이 미치지 못하는 곳에 많은 제후국이 존재했고, 오히려 이들 제후국의 영역을 합치면 유방의 통치 영역보다 넓었다. 그러므로 대표적인 중국의 통일 시대로 알려진 유방 시기 역시 여전히 분열 시대라고 일컫는 것이 옳다. 물론 유방은 이성(異姓)의 제후를 유(劉)씨라는 동성(同姓)의 제후로 바꾸는 등 통일을 향한 노력을 계속했지만 비록 동성간이라고 하더라도 이해 관계가 충돌하면 결국 군사를 일으켜서 분열을 고착화하려고 했다. 이러한 현상은 천하일통을 했다고 보는 또다른 시기인 당대(唐代)에도 똑같이 나타난다.

그러므로 역사에서 일반적으로 천하일통의 시기라는 한·당(漢·唐)시대마저도 끊임없이 분열 지향적으로 움직였다고 할 것이다. 분열의 시대인 삼국시대, 위진남북조시대, 오대십국의 시대까지 포함하여 생각해 보면 중국의 전 역사는 오히려 분열의 시기가 더 길었다.

물론 한편에서는 계속적으로 통일을 시도하는 사람들이 나타났고 어느 정도 성공하기는 했지만, 다른 한편에서는 통일을 반대하고 자기 지역의 독자성을 추구하는 세력이 계속 움직였던 것이다. 전체적으로 보면 역사는 분열 지향적으로 움직여 나갔는데, 다른 한편에서는 천하일통론을 내세워서 천하는 통일되는 것이 마땅하고 반드시 그래야 한다는 논리도 끊임없이 나타났던 것으로 볼 수 있다.

사실 통일 지향적이었다고 하는 것은 당위성의 논리이다. 이것은 역사의 실제를 보려는 것이 아니라 역사의 자연적 진행을 인위적으로 조정하려는 생각인 것이다. 이는 역사적 논리가 아닌 이념적 논리이다. 당위성을 주장하는 사람들은 이 논리를 가지고 영역을 확장하려 들면서 전쟁을 통해 이기려고 하거나 강압적인 방법을 쓴다. 그래서 천하일통을 이루었다고 보는 한(漢) 무제(武帝) 역시 그 천하일통을 유지하기 위하여 공전의 폭압정치를 단행했던 것이다. 끊임없이 나타나는 분열 지향적인 자연적 현상을 무력과 권력이라는 인위적인 힘으로 짓눌렀다. 그렇기 때문에 그 힘이 쇠약해지면 여지없이 천하일통은 무너질 수밖에 없었다.

이러한 상황은 특정한 어느 한 시대에만 존재하는 것이 아니었다. 매 시대마다 천하를 통일하려는 사람은 존재했고, 이에 반대하는 분열 지향적 움직임이 있었다. 그래서 분열된 기간 중에도 힘을 얻게 된 사람은 여전히 천하일통이란 거대한 꿈을 실현하고자 힘써 왔고 성공적으로 통일이 이루어지는 듯 싶다가도 힘이 약해지면 곧바로 그 꿈은 산산조각이 나 분열로 치달았다. 통일이란 이념은 있었지만 만들기도 유지하기도 어려운 유리와 같은 것이었다.

따라서 중국 역사의 본모습은 우리가 그동안 인식해 왔던 것처럼 통일 지향적 움직임 속에 가끔 분열이 나타난 것이 아니고, 오히려 분열 지향적으로 움직이는데 강한 힘을 가진 세력으로 인하여 간헐적으로 천하일통을 이루려고 했다고 볼 수 있다.

상생적 타협으로 이룩할 치세를 위하여

사실 중국 역사가 통일 지향적이어야 한다는 이념은 한 무제 시대에 《춘추(春秋)》를 의미로 해석한 〈공양전(公羊傳)〉을 연구하여 동중서(董仲舒)가 쓴 《춘추번로(春秋繁露)》를 통하여 제시된 일통(一統) 사상에서 출발한다. 하늘에 태양은 하나이듯이 천하는 천자인 황제 한 사람의 지배하에 놓여야 한다는 것이다. 천자와 태양과 아무런 상관이 없음에도 불구하고 천자와 태양을 같은 것으로 생각하는 사상이었다.

그러므로 역사를 당위성으로 보는 것은 옳지 않다. 당연히 사실 그대로 역사를 보아야 하고 그 결론으로 이 책에서 '중국사는 분열 지향적이었다'는 이야기를 하고자 했다. 그 이유는 바로 자연에 합치하여 생활해야 한다는 데서 찾았다. 새는 숲에서 살아야 하고, 물고기는 물에 살아야하는 것처럼 자기가 태어난 지역에서 그 지역의 특성에 맞추어 그 지역 사람들끼리 살아야 한다는 말을 하려는 것이다.

이러한 생각은 왕부지도 지적했던 사안이다. 한족과 다른 지역에서 성장·발전해 온 만주족이 청 왕조를 세우고 남하했을 때에 왕부지는 만주족의 청 왕조에게 "아비가 나귀이고 어미가 말이면 낳은 것은 노새인데, 그 노새는 생산 능력이 없기 때문에 생명의 연속성이 끊긴다."라고 비유하여 말했다. 만주족과 한족이 동거(同居)한다면 두 종족 모두 후속하는 생명이 끊어진다고 부정하며 이를 만주족의 청 왕조에 경고한 것이다.

그러면서 "저들이 나를 침범함이 없고, 우리도 저들의 근심이 되지 않게 해서 각기 그 자신의 자리에서 편안히 하고 서로 모독하지 말아야 한다."라고 주장했다. 지역적 특색이 인간에게도 영향을 주는 것이니 지역 간에 서로 간섭하지 말아야 한다는 말이다. 이처럼 왕부지는 만주족에게 그 본래의 지역으로 돌아가는 것이 한족과 만주족 피차에 좋은 일이라고 하여 만주족의 남하를 반대하는 논리를 세웠다.

앞서 말한 것들을 정리하면, 천자의 천하일통 사상에 따른 통일 노력과 자연적 상태로의 유지를 바라는 분열 지향적인 모습은 제도적으로는 천자 제도와 봉건 제도라는 것으로 요약된다. 한편으로는 천자 제도를 사용하여 천하일통을 위하여 힘을 기울이고, 다른 한편으로는 봉건제를 주장하여 지역적 분할을 요구하여 온 것이다.

우리는 그동안 이념과 사상에 따라 편협한 시선으로 선과 악, 좋고 나쁨으로 역사를 봐 왔기 때문에 역사를 왜곡하여 이해했다. 따라서 통일이 좋고 분열이 나쁘다거나, 반대로 분열은 좋고 통일은 나쁘다는 생각으로 중국 역사를 보아서는 안 된다. 역사를 있는 그대로 보면서 그 현상을 정확히 집어내는 작업이 우선되어야 한다.

이제는 어떠한 이념이나 사상에 휘둘리지 않고 중국사를 올바르고 새롭게 보는 시각이 절실한 것이다. 그래서 이 책에서는 《자치통감》에서 다룬 1,362년간의 중국 역사를 통하여 그것이 종전의 견해와 달리 분열 지향적으로 흘러왔다는 것을 증명하고자 한다. 뿐만 아니라 분열 시기에도 끊임없이 천자라는 제도를 수용하고, 이를 명분으로 천하일통의 꿈을 버리지 않으며 기회가 있다면 다른 지역을 자기 영역에 넣고자 하는 사람들이 있음도 보았다.

이 책에서는 통일과 분열의 타협점을 말하지 않는다. 이 문제는 과거부터 그래 왔듯이 앞으로도 계속해서 해답없는 과제로 남을 수 있기 때문이다. 다만 이 책은 천하일통의 꿈이란 만들어진 꿈이며, 실제의 역사는 각 지역이 독자적으로 자기들의 영역을 경영하려는 욕망이 끊임없이 나타났다는 것을 말할 뿐이다.

2014년 4월

권중달 적음

목차

제1장

왜 우리 영토를 빼앗는가?

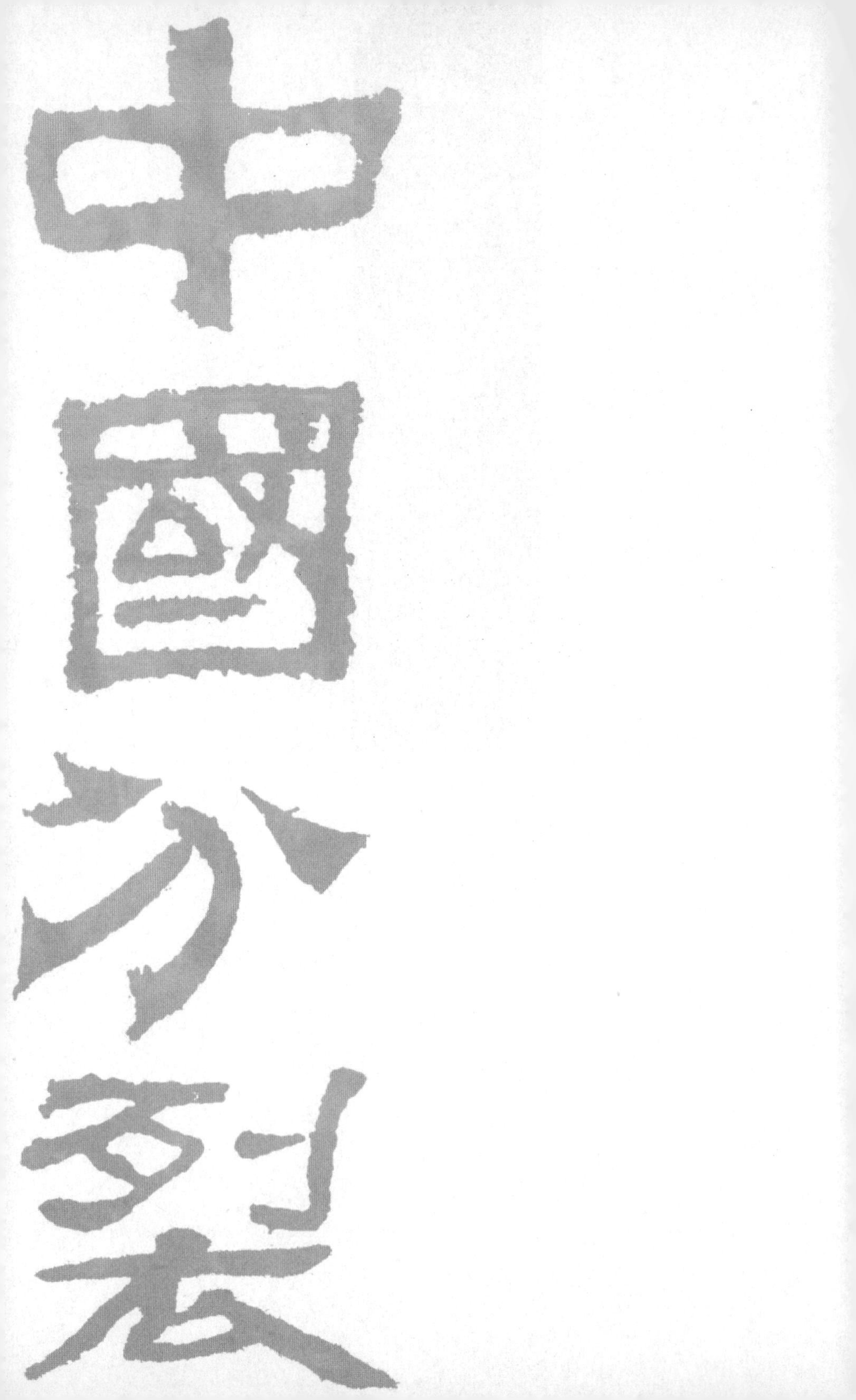
中國分裂

왜 우리 영토를 빼앗는가?

오왕 유비의 기병

유방(劉邦, ?~기원전 195년)이 진말(秦末)의 혼란을 잠재우고 항우(項羽, 기원전 232년~기원전 202년)와의 힘겨운 싸움에서 승리하여 한(漢) 왕조를 건설한지 100여 년이 지난 경제(景帝) 유계(劉啓, 기원전 188년~기원전 141년) 시절에 오초7국(吳楚七國)에서 군사를 일으켰다. 역사에서는 이를 오초7국의 반란이라고 부른다. 이 사건은 전한 경제 전3년(기원전 154년) 정월에 오왕(吳王) 유비(劉濞, 기원전 216년~기원전 154년)가 한 왕조를 겨냥하여 군사를 일으켜서 장안으로 진군(進軍)하는 것으로 시작되었다.

물론 한 왕조가 건국되고 100여 년이 지나는 사이 한 조정에 반대하여 군사를 일으킨 크고 작은 사건들이 있기는 했다. 유방이 진말에 군사를 일으켜서 진을 멸망시키고 한의 황제로 등극하고 나서부터도 그러했다. 이때 유방의 편에서 그를 도왔던 전국시대 6국의 후예들이 있었다. 이들 6국의 후예들은 유방이 황제가 되자 내심 한 조정과 대등한 관계 혹은 그와 비슷한 지위를 부여받길 원했다. 그러나 이들의 바람과는 달리 유방은 그들을 등한시했고, 나아가서 기회만 있으면 그들을 없애거나 약화시키려 했다. 이리하여 천자인 유방의 천하일통 욕망과 전국시대에 진과 사투를 벌였던 6국의 부활을 기대했던 제후들의 봉건분립 요구가 충돌한 것이다.

봉건국의 부활을 원하지 않았던 유방은 어쩔 수 없이 세웠던 이성(異姓) 제후를 하나씩 자기의 아들이나 동생, 혹은 조카로 바꾸어 나갔다. 주(周)에서 봉건 제후를 책봉했던 것처럼 이성 제후를 동성(同姓) 제후로 바꾸어 나간 것이다. 유방은 이로 인해 봉건분립에 대한 욕구가 사라질 것이라고 기대했다.

그런데 유방의 기대와는 달리 그가 죽은 뒤에도 크고 작은 반란이 끊이지 않았고, 경제 시절에 이르자 황제의 친척인 동성 제후들조차 봉건분립을 강력하게 요구하게 되었다. 그 가운데 대표적인 사람이 오왕 유비인데, 그는 유방의 형인 유중(劉仲)의 아들로 유방과는 숙질 사이였다.

유비는 어떤 사람일까?

오초7국의 기병을 주도한 유비는 한초(漢初)인 고조 11년(기원전 196년)에 한신(韓信), 팽월(彭越)과 더불어 3대 명장이었던 회남왕(淮南王) 영포(英布)가 반란을 일으켰을 때 유방을 도와 이를 토벌하는 공로를 세운 사람이다. 이때 유비는 겨우 스무 살이었지만 기장(騎將)으로 전투에 참가하여 사납고 용맹하게 싸웠다. 유방은 그가 마치 자기를 닮았다고 생각했고, 그리하여 유방은 조카 유비를 오왕에 책봉했다. 그 후에 유비는 유방과 여(呂) 태후가 통치를 하는 40여 년 동안 오왕으로 지내왔다.

유비가 오왕으로 책봉된 강남은 유방에게 있어서 아주 중요한 지역이었다. 이 지역은 유방과 최후까지 적대 관계였던 항우의 근거지이자 전통적으로 장안(長安)에 도읍을 둔 정권에는 복종하지 않는 경향이 강한 곳이었기 때문이다.

또한 오는 당시 절강(浙江)과 복건(福建) 등이 포함된, 남부 지역의 동구(東甌, 절강성 영가현)에 도읍을 둔 동해국(東海國), 민월국(閩越國, 복건성 복주시)과 경계를 마주하고 있었다. 이들을 완전히 믿을 수 없었던 유방은 이들을 제압하고 복종하게 만들기 위해 조정에서 믿을 만한 사람을 제후로 세워야겠다고 생각했고, 그래서 선택한 사람이 유비였다. 공로나 자신과의 관계를 고려했을 때, 혹은 전략적 위치로 봐도 유비가 가장 적당하다고 판단했기에 그를 오왕에 책봉한 것이다.

사실 강남 지역은 장안과는 말씨도 다르고 습관도 다르며, 기후와 풍토에 따른 의식주에도 차이가 있어 이 지역은 전통적으로 장안 지역과는 화합하지 못했다. 게다가 당시까지만 해도 강남 사람들이 중심이 되어 장안을 장악한 일이 한 번도 없었다. 말하자면 역사 이래로 줄곧 장안을 중심으로 하는 서부 지역 사람들의 지배를 받아왔기 때문에 강남은 늘 잠재적 반항 요소를 갖고 있었다. 유방도 이를 아는지라 이 문제를 해결하기 위해 믿을만한 조카 유비로 하여금 이 지역을 장악하게 한 것이다. 꽤 정치적인 포석인 셈이었다.

그런데 그 후로 40여 년이 지나고, 유방의 손자인 경제 유계가 황제에 오른 지 3년 만에 믿었던 유비가 중심이 되어 군사를 일으킨 것이다. 유방의 기대와는 사뭇 다른 행동이었다. 유씨 집안으로 본다면 경제 유계는 유비의 당질이다. 이미 산전수전 겪을 대로 겪은 예순두 살의 오왕 유비가 이제 겨우 서른다섯의 당질인 황제 유계에게 반기를 든 것이다. 무엇 때문일까?

보통은 정치가 혼란하여 백성들이 살기 어렵기 때문에 군사를 일으킨다고 말하고, 그리하여 성공하면 '혁명'이라 부른다. 하지만 이 무렵의 경제 시절은 '문경지치(文景之治)'라고 일컬어질 만큼 한나라의 역사, 아니 전 중국 역사에서 그의 아버지 문제(文帝) 유항(劉恒, 기원전 202년~기원전 157년)의 시대와 함께 나라가 잘 다스려진 시대로 알려져 있다.

경제 유계의 아버지 문제 유항은 유방과 박희(薄姬) 사이에서 태어났으므로 유방의 아들이긴 하지만 유방이 죽은 후 권력을 잡았던 여태후의 소생은 아니었다. 그래서 지위는 제후지만 북쪽 흉노와 경계를 맞대고 있는 변방인 대(代) 지역으로 쫓겨나 대왕(代王)으로 있었다.

그리고 여 태후가 죽자 장안의 중신들은 그동안 발호했던 여씨들을 구축하기 위해 여 태후의 친 아들인 혜제(惠帝) 유영(劉盈, 기원전 210년~기원전 188년)의 아들 소제(少帝) 유공(劉恭, 기원전 188년~기원전 184년)을 유씨가 아니라는 허물을 씌워 내쫓고 대왕 유항을 옹립하여 황제로 삼았다. 유항으로서는 그 힘이 약하였기 때문에 감히 바라지도 못했던 일이 벌어져서 하루 아침에 황제가 된 것이다.

사실 당시 산동 지역에 있던 유방의 장손자인 제왕(齊王) 유양(劉襄, ?~기원전 179년)이 황제 자리를 넘보고 있었다. 그러나 장안에 있던 중신들은 유양이 지나치게 강한 군사력을 가졌기 때문에 그가 황제가 되면 자신들이 제거될 수도 있다는 우려 때문에 제척했고, 결국 아무런 배경도 세력도 없던 유항을 황제로 추대했던 것이다.

이렇게 유항은 막강한 힘을 가진 중신들의 등에 업혀서 황제가 되었지만, 일단 황제가 된 이후에는 권력자들을 하나씩 제거하여 자신의 황제권을 확실하게 수립해 나갔다. 황제란 천자이고, 천자는 천하의 주인이라는 절대적 권한을 가진 사람이었으니, 황제권의 확립을 다른 말로 하면 분립해 있는 봉건 제후의 권한을 약화시키는 것이었다.

말하자면 황제와 제후는 함수관계에 있다고 할 수 있다. 황제권이 강화된다는 말은 황제의 명령에 제후들이 완전히 복종하여 황제의 목소리만 있고 다른 목소리는 없는, 그래서 겉으로는 평온하여 아무런 문제가 없는 듯 보이는 시대일 수 있다. 만약에 황제가 아닌 다른 이들의 목소리는 다 잠재워지는 시대, 즉 천하가 황제의 권위에 완전히 복종하는 시대를 치세(治世)라고 한다면 문제 유항의 시절은 분명 치세에 가까운 시절이라고 할 것이다.

하여간 유항의 뒤를 이어 황제가 된 그의 아들 경제 유계도 아버지의 정책을 이어받아 좋은 정치를 했다고 알려져 있다. 또한 대개 정치가 올바르지 않으면 혁명을 일으킨다는 논리에 근거해 보더라도, 유비의 기병(起兵)은 경제가 황제에 오른 지 3년 밖에 지나지 않은 시점이었다. 이때는 아버지 문제의 치적(治績)이 가져다 준 안정이 유지되고 있었을 터이니, 군사를 일으킬 만큼의 큰 실정(失政)을 저지르기에는 경제의 통치기간이 짧았다.

따라서 오왕 유비의 기병은 전체적인 흐름에서 보면 시대에 역행하는 것으로 보일 수도 있다. 통상적인 관점에서 유비는 혁명을 일으킬 어떠한 객관적인 이유를 가지지 않았다. 그렇다면 유비의 기병을 무엇이라고 해야 할까? 더구나 당숙이 당질을 공격한 것이니 도덕적으로도 비난받을 만하다. 그래서 역사에서 그의 기병을 '반란(叛亂)'이라고 이름 붙이는 것도 무리는 아니다.

황제권과 제후권의 충돌

그러나 오왕 유비에게도 '반란'을 일으킬 수밖에 없는 충분한 이유가 있었다. 유비는 이미 40년간이나 제후로 지내온 만큼 오 지역에서 그의 기반도 튼튼한 터였다. 비록 황제 자리에 오르지는 못했지만 독립적인 지위를 가지고 있었고, 그 세력과 경제력 또한 한 왕조에 버금가는 정도였다.

유비가 이처럼 경제력을 키울 수 있었던 데는 당시 황제였던 문제 유항의 조치가 큰 역할을 했다. 문제 전6년(기원전 174년)의 기록을 보면 유항은 태중태부 등통(鄧通)을 총애하여 그에게 촉엄도(蜀嚴道, 사천성 아안현)의 구리광산을 내려주고 주전(鑄錢), 즉 개인이 사사로이 돈을 주조할 수 있도록 허락했다. 막대한 이익을 남길 수 있는 주전의 권한을 등통에게 주어 그를 부유하게 만들어준 것이다.

이러한 문제 유항의 조치에 가산(賈山)은 편지를 올려 간언했다.

"전(錢, 돈)이라는 것은 쓸데없는 물건이기는 하지만 이것으로 부귀를 바꿀 수는 있습니다. 부귀라는 것은 임금이 조종하는 것인데, 백성들로 하여금 이것을 만들게 하면 이는 임금과 함께 부귀를 조종하게 되니, 오래가도록 할 수는 없습니다."

부귀를 조정할 수 있는 주전의 권한은 천하 모든 것의 주인인 황제만이 가져야 하고 백성들에게 개인적으로 전을 만들게 해서는 안 된다는 주장이다. 하지만 문제 유항은 가산의 건의를 무시하고 등통에게 주전의 권한을 내려주었다. 문제 유항이 새로운 경제조치를 취하고 있는 것을 알 수 있다.

이렇게 사사로이 돈을 주조할 수 있도록 한 문제 유항의 조치 덕분에 서북 지역의 등통뿐만 아니라 남부 지역인 오에서도 돈을 만들 수 있게 되었다. 특히 오 지역인 예장(豫章, 강서성 남창현)에 구리광산

◆민간들의 주전 허용

문제 유항이 돈의 정치적인 위력에 관해 무지했는지는 알 수 없지만 문제가 민간인들이 자유롭게 돈을 주조하도록 허락한데는 어쩔 수 없는 상황이 있었던 것으로 보인다.
원래 진(秦)나라 시대에는 반량전(半兩錢)을 사용했다. 그런데 한 고조 유방은 그것이 무겁고 사용하기 어렵다며 그 무게를 줄여서 협전(莢錢)을 주조했다. 반량전은 무게가 12수(銖)이고, 협전은 무게가 8수이기 때문에 무게의 3분의 1이 줄어들게 된 것이다. 이 때문에 물가가 올라서 쌀 1석에 1만 전(錢)이나 될 정도였다. 그러자 이번에는 다시 협전의 반 정도의 무게인 사수전(四銖錢)을 주조하는 동시에 몰래 민간이 주전하는 것을 금지하는 도주전령(盜鑄錢令)을 폐지해 민간에서 스스로 주전할 수 있게 했다. 이것으로 보아 한 왕조는 주전의 권한을 조정에서만 갖고자 애썼지만 주전에서 오는 이익 때문에 몰래 주전하는 도주전이 성행하는 상황이었고, 조정은 이를 막을 수 없다고 판단한 것 같다.

이 있어서 오는 벼락부자가 되었다. 이것뿐만이 아니었다. 오는 동쪽으로 바다와 맞닿아 있었기 때문에 바닷물을 끓여서 소금을 만들 수 있었다. 생활필수품인 소금 또한 부를 축적할 수 있는 최고의 수단이었고, 따라서 소금을 생산할 수 있다는 것은 부의 축적이 가능한 기반을 갖는 것이었다.

오는 돈을 주조하고, 소금을 생산했기에 세금을 걷지 않고도 막대한 부를 누릴 수 있게 되었다. 이렇게 20여 년이 흐르자 이 재정능력을 가지고 유능한 인재를 모을 수가 있었으니, 부유하고 인재가 많은 나라가 되었다. 그래서 오는 비록 제후국이지만 천자의 나라인 한에 버금가는 국력을 갖게 된 것이다.

이러한 상황에서 문제의 아들 경제가 등극한 후 3년이 되는 경제 전3년(기원전 154년)에 오의 땅을 삭감하려는, 오나라로서는 참을 수 없는 사건이 한 조정에 의해서 일어났다. 이에 따라 종주국 한 왕조와 제후국 오 사이에 틈이 벌어졌다.

사실 한나라에서 황제와 제후와의 관계는 종주국과 제후국, 황제국과 신하국으로서 이들 사이에는 형식적 예의가 엄격히 존재하고 있었다. 이 예의를 통해 황제국과 제후국이라는 상하관계가 유지되었다. 마치 주대(周代)의 주나라와 여러 제후국과의 관계와 비슷한 것이다.

그러나 간혹 이 예의라는 것이 제대로 지켜지지 않는 경우가 발생하기도 한다. 예를 들어 제후국이 강성해지는 경우가 바로 그러하다. 이때 황제국은 예의를 어긴 제후국을 토벌할 수 있다. 무례한 제후국을 응징한다는 명목이 있기 때문이다. 그런데 경제 시절 이미 오 옆에 있는 제후국 초(楚)에서 한나라 황제에 대한 예의가 소홀

했다는 일이 벌어져 분란이 일어났다. 제후국에 의하여 천자인 황제의 권위가 손상되었다고 생각하게 되자 바로 한 조정이 제후에 대하여 경계심을 갖게 되었다.

이 일로 한 조정에서는 엉뚱하게도 초 옆에 있던 오에 속한 회계군(會稽郡, 강소성 소주시)과 예장군(豫章郡, 강서성 남창시)을 오나라에서 떼어내어서 한나라 중앙 조정의 관할로 한다는 명령을 내린 것이다. 특히 오나라 재부의 중요한 근원인 주전의 재료가 되는 구리광산이 예장군에 있었으니, 이곳은 오의 입장에서는 매우 중요한 지역이었다.

이는 한 조정이 황제권을 강화하려는 조치였다. 그러나 봉건분립을 원하는 제후국 오의 입장에서 두 개의 군을 빼앗긴다는 것은 국력의 약화를 초래하는 일이었다. 천하일통을 추진해야 하는 천자국과 봉건분립을 원하는 제후국의 이익충돌이 생긴 것이다.

그런데 경제력으로 보나 경험으로 보나 부족함이 없는 쪽은 종주국인 한 경제 유계가 아닌 제후국인 오왕 유비였다. 당연하게도 유비는 한 조정의 조치에 반발했고, 군사를 일으켜야 했던 것이다. 그리고 제후국이 중앙 조정과 싸우기 위해서는 그에 앞서 반드시 조정의 끄나풀을 제거하고, 이러한 조치를 취함으로써 앞으로 한 조정의 말을 듣지 않고 독자적으로 행동하겠다는 뜻을 밝히는 일이 필요했다.

그리하여 유비는 우선 한 조정에서 오로 파견한 이천석(二千石) 이하의 관원을 다 주살했다. 이천석 관리란 한나라 제도에서 중앙의 경이나 지방의 태수급에 해당하는 고급관원들로 제후국과 한 황실 사이에서 이익이 충돌했을 때 중앙 황실의 입장에 서는 사람들이다.

그런 다음 유비는 자신의 사졸을 다 동원하는 명령을 내렸다.

"과인은 비록 나이 예순둘이지만 몸소 대군을 거느릴 것이다. 또한 어린 아들은 나이 열넷이지만 역시 사졸을 위하여 먼저 나설 것이다. 여러 사람 가운데 위로 과인과 같은 사람이나 아래로 어린 아들과 같은 사람들은 모두 출동하라."

그렇게 해서 오의 영역 안에 거주하는 14세에서 62세까지의 남자들을 모았다. 그리하여 20여 만 명이나 되는 대군이 만들어 졌다. 유방과 항우의 한초전(漢楚戰) 시기 때 유방의 군대가 20만 명이었던 점을 감안한다면 오나라가 얼마나 대규모의 병력을 보유하고 있었는지 짐작할 수 있다. 큰 전쟁이 예상되는 상황이었다.

오왕 유비와 뜻을 같이 한 초왕 유무

오왕 유비는 오의 군대를 동원할 뿐만 아니라 그와 뜻을 같이 하는 제후국과도 교섭을 벌여 반한(反漢) 전선(戰線)을 만들어 나가기로 했다. 그리하여 그와 행동을 같이 취하기로 약속한 제후국은 북쪽의 조(趙)와 산동의 교서(膠西), 교동(膠東), 치천(菑川), 제남(濟南) 네 나라, 그리고 오 옆에 있는 남부의 초(楚)까지 모두 여섯 나라였다. 오는 강한 우군을 얻었고 한 조정은 최대의 위기에 봉착하게 된 상황이었다.

물론 이들 제후국이 오와 함께 기병하기로 결정하기까지의 일은 그리 간단하지 않았다. 앞에서도 말했듯이 한 조정에서는 제후국을 효과적으로 통제하기 위한 장치로 제후국에 사람을 파견해 고위 관직을 맡게 하고 있었기 때문에 이를 먼저 제거해야 했다.

이러한 사정은 팽성(彭城, 강소 서주)에 도읍을 둔 초에서도 있었다. 초왕(楚王) 유무(劉戊, ?~기원전 154년)가 오와 함께 군사를 일으키기로 하자 한 조정에서 파견된 재상 장상(張尙)과 태부 조이오(趙夷吾)가 이를 반대했다. 유무는 오나라와 함께 거사를 치르기 위해 이들을 죽여야 했다.

◆ 한 황실의 제후국 통제장치

한나라에서는 일찍이 봉건 제후를 책봉하면서 봉건 제후국을 효과적으로 관리하기 위하여 조정에서 봉건국의 승상을 비롯한 고급관리를 파견했다. 한 조정에서 파견되어 제후국에 가 있는 고급관리는 제후왕을 보좌하여 제후국의 정책과 정치를 맡았다.
보통 황제의 어린 아들이 제후왕으로 임명되어 직접 정치를 할 수 없을 경우에는 실력 있는 관리를 대동하여 보내는데, 이것은 지방 세력으로부터 제후왕을 보호하려는 의도였다. 그러나 반대로 제후가 성인일 경우에는 현지의 지방 세력과 결탁하여 독립적인 조치를 취할 수 있기 때문에 중앙 조정에서는 제후왕을 효과적으로 통제하려는 목적으로 관리들을 파견했던 것이다.
특히 여 태후가 죽고 문제 유항이 황제에 등극하기 전에 제왕(齊王) 유양(劉襄)이 군사를 일으켜서 장안으로 향하려고 할 때에 제나라의 승상 소평(召平)이 이를 반대했었다. 당시 소평이 바로 한 조정에서 파견한 관리였기 때문이다. 결국은 유양의 편이었던 중위 위발(魏勃)의 임기응변으로 소평을 잡은 후에야 유양은 군사를 움직일 수 있었다.
이 사건으로 보아 고관을 제후국에 파견하는 것이 제후를 감시 감독하려는 목적이었음을 분명히 알 수 있다.

사실 유무는 20년 전인 한 문제 전6년(기원전 174년)에 아버지 유영객(劉郢客)의 뒤를 이어 초왕으로 책봉되었다. 그의 할아버지 유교(劉交, ?~기원전 178년)는 한 고조 유방의 동생으로 유방이 아주 신임하던 사람이었다. 그는 유방의 네 형제 가운데 가장 다재다능했으며 큰 뜻을 갖기도 했었다고 알려져 있다.

유교가 초왕으로 책봉된 것은 반란의 기미를 보인 한신을 유방이 사술(詐術)로 체포했을 때로 거슬러 올라간다. 유방은 한신의 초나라를 초국(楚國)과 형국(荊國)으로 쪼개어 나누었다. 그리고 초국에는 유교를, 형국에는 유가(劉賈, ?~기원전 195년)를 책봉했다. 한신을 대신하여 동성 제후를 책봉함과 동시에, 이 지역의 세력이 커지는 것을 막고자 초 지역의 영토를 둘로 나누어 약화시키기 위한 조치였다. 다른 한편으로 항우와의 전쟁 때 자신을 도와 초 지역을 평정한 공로를 세운 사촌 형 유가를 우대한다는 회유의 의미도 함께 가지고 있었던 터였다.

이때까지만 해도 이들 제후왕은 한 왕조의 울타리 역할을 하도록 책봉된 것이었고, 특히 유방에게 초 지역은 전통적으로 경계 대상인 지역이었기에 믿을 만한 동생 유교에게 맡겼던 것이다. 그리고 유방이 살아 있을 때까지는 이 대책이 주효했다. 하지만 유방의 손자 시대에 이르면 초왕 유가와 경제 유계는 육촌 사이로 벌어져서 이미 혈연적 관계가 소원(疏遠)해져 있었다.

그 위에 초왕과 한 조정 사이에 갈등이 생기면서 조정에 반대하는 정서가 급격히 커졌다. 경제 전2년(기원전 155년)에 문제 유항의 어머니 박(薄) 태후가 죽었을 무렵부터 그 갈등이 생기기 시작했다. 당시 초왕 유무의 행동이 문제가 되었다.

경제 유계가 할머니의 상사(喪事)를 만났으니 제후인 초왕 유무도 복상(服喪)을 하는 것이 당연했지만, 유무는 그 기간 동안 술 마시고 노래하고 춤을 추는 등의 유흥을 즐기길 멈추지 않다가 종국에는 고발까지 당하고 말았다.

당시 경제와 그 신하인 조조(鼂錯)는 한 왕조의 힘을 강화하기 위하여 제후들의 땅을 축소시키려는 정책을 추진하고 있었는데 초왕 유무의 일을 듣고는 이 일을 기회로 삼아 초의 영지를 줄일 계획을 세웠다.

때마침 박 태후가 죽고 1년 뒤에 초왕 유무가 황제를 조현하기 위해 장안으로 왔다. 조조는 이 기회에 유무를 죽여 초에 압력을 강화하자고 경제에게 건의했다.

"유무는 과거 박 태후가 붕어했을 때 사사로이 복상을 치르는 거실에서 간음했으니, 청컨대 그를 주살하십시오."

경제의 입장에서 보면 자신과 육촌 관계에 있는 초왕 유무가 자기 할머니의 복상 기간 중에 상례에 맞지 않는 행동을 한 것은 분명 잘못이었다. 그러나 경제는 초의 영역인 동해군(東海郡, 산동성 담성현)을 삭감하는 것으로 그의 죄를 사면해 주었다.

어쩌면 이 조치는 제후들의 봉토를 삭감해야 한다고 일관되게 주장해 온 조조와 그를 중용(重用)한 경제 유계의 본래 목표였는지 모른다. 처음부터 초나라의 봉토를 노리고 그것을 차지하기 위한 마땅한 이유를 찾던 중에 초왕 유무가 그 꼬투리를 제공했고, 그들은 이 기회를 놓지지 않았던 것이다.

그리하여 초왕 유무의 잘못을 빌미로 조조가 사형을 건의하고, 경제는 사형이라는 중형을 내리는 대신에 영역의 일부를 몰수하는 것으로 그 죄를 한 등급 감형시켜줬다. 이것은 은전을 베푸는 연극을 통해 원래 목적인 영지 삭감을 단행한 것일 수도 있다.

이러한 경제의 행동은 황제의 은전을 돋보이게 하면서 다른 한편으로 바라던 목표를 달성하는 치밀한 계략이었다. 그러나 결과적으로 보면 초나라에서도 그 뜻을 간파할 수 있었을 것이다. 아무튼 좁

◆조왕 유수의 책봉에 관련된 이야기

유수(劉遂)의 조나라는 원래 전국시대 이래로 강한 나라로 알려져 있다. 그렇기 때문에 이 지역은 줄곧 한 조정의 관심 지역이었다. 그래서 유방이 사위 장오(張敖)를 내쫓고 유여의(劉如意)를 조왕으로 세웠는데, 유방이 죽고 난 후 여 태후가 그를 독살하고 유회(劉恢)를 세웠다. 그리고 여씨 집안의 여자를 왕후로 삼게 했다. 여 태후는 왕후를 통해 조나라 지역을 지배하려는 생각을 가졌던 것이다. 그러나 유회가 여씨를 좋아하지 않자 다시 그를 죽이고 회양왕 유우(劉友)를 조왕으로 옮겨 삼았다.
유우를 조왕으로 삼은 여 태후의 계획은 유회의 경우와 마찬가지로 여씨의 딸을 왕후로 삼아서 조 지역을 지배하려고 한 것이다. 그런데 유우 역시 여씨 왕후가 아닌 다른 부인을 사랑했다. 그러자 화가 난 조나라 왕후 여씨는 여 태후를 찾아 가서 조왕 유우를 참소했다.
"왕[조왕 유우]이 말하기를, '여씨가 어떻게 왕이 될 수 있겠는가! 태후가 죽은 뒤에 내가 반드시 이를 치리라.' 라고 했습니다."
이 말을 들은 여 태후는 고황후 7년(기원전 181년) 정월에 조왕 유우를 불러 장안에 있는 조나라의 관저에 가두고는 먹을 것을 주지 않았다. 그리하여 결국 그 해 12월에 조왕 유우는 굶어 죽고 말았다.
유우가 죽은 후 여 태후는 그의 친정 조카 여록(呂祿)을 조왕으로 삼았다. 그러나 그 후 여씨가 몰락하자 문제 유항은 문제 전원년(기원전 179년) 10월에 억울하게 죽은 유우를 대신하여 그의 아들인 유수를 조왕으로 삼았다.

지에 군(郡) 하나를 빼앗겼으니, 봉건분립을 원하는 초의 입장과는 정면으로 배치된 사건이었다. 이러한 실제적인 이해 관계의 갈등이 초로 하여금 오의 거병(擧兵) 제안을 수용하게 한 여러 가지 이유 가운데 가장 큰 비중을 차지했음에 틀림없다.

산동 지역 제후들의 태도

제후들에 대한 봉토 삭감은 남부 지역의 오와 초에만 있던 일은 아니었다. 조(趙, 도읍은 하북성 감단시)에서도 비슷한 일이 벌어졌다. 한 조정이 조왕 유수(劉遂)의 대수롭지 않은 잘못을 이유로 조에 속한 상산군(常山郡, 하북성 원지현)을 삭감하여 빼앗았다.

유수는 조왕이었던 아버지 유우(劉友)의 뒤를 이어받았지만 그 집안이 제후 왕위를 차지하기까지는 천신만고를 거쳐야 했다. 그런데 경제 유계가 작은 흠집을 찾아내 봉토를 삭감한 것이다. 물론 유수는 경제의 아버지인 문제 유항 덕분에 왕위에 오를 수 있었지만, 그것과는 별도로 이러한 봉토 삭감은 제후국에 대한 한 조정의 무리한 처사라고 판단했다. 이 일은 결국 한 조정으로부터의 독립을 꿈꾸는 발단이 되었고, 오왕 유비의 요구에 응할만한 충분한 이유가 되었다.

또한 경제는 교서왕(膠西王, 도읍은 산동성 고밀현) 유앙(劉卬)에게도 그가 작위를 팔았던 일을 들먹이며 6개의 현(縣)을 삭감하겠다고 통보했다. 사실 교서국은 산동 지역의 강국인 제(齊)를 나누어 만든 나라였다. 문제 전16년(기원전 164년)에 제의 도혜왕(悼惠王) 유비(劉肥)가 죽자 남은 여섯 아들에게 은전을 베푼다는 명목, 이른바 추은령(推恩令)을 통해 이들을 제후왕으로 세웠었다.

추은령은 제후의 봉지(封地)를 감소시켜 제후왕의 세력 범위를 약화시키는 일종의 법령이다. 본래 제후왕이 죽은 다음 봉지와 작위를 적장자에게만 전하도록 되어 있는 것을 변경하여 제후왕이 자기의 봉지를 몇 개로 나누어서 여러 아들에게 전해 줄 수 있도록 한 것이다. 그리하여 제후의 숫자는 늘어 갔지만 단위 제후의 세력은 약화되어 중앙정권에서 직접 통제하기 쉽게 한 것이다. 이를 통하여 대제후국을 미약한 소제후국으로 변경하는 효과를 얻게 된다.

그래서 이때 양허후(楊虛侯) 유장려(劉將閭)는 제왕(齊王, 도읍은 임치)이 되고, 안도후(安都侯) 유지(劉志)는 제북왕(濟北王, 도읍은 산동성 장청현), 무성후(武成侯) 유현(劉賢)은 치천왕(菑川王, 도읍은 산동성 능현), 백석후(白石侯) 유웅거(劉雄渠)는 교동왕(膠東王, 도읍은 산동성 평도현), 평창후(平昌侯) 유앙(劉卬)은 교서왕(膠西王, 산동성 고밀현), 늑후(扐侯) 유벽광(劉辟光)은 제남왕(濟南王, 도읍은 산동성 역성현)이 되었다.

겉보기에는 도혜왕 유비의 여섯 아들 가운데 한 명만 왕이 되고 나머지는 후(候)에 머물러야 했지만, 이들 모두를 왕(王)으로 승격시켜 제후로 책봉했으니, 이는 분명히 '은혜를 미루어 준다'는 추은령의 의미처럼 혜택을 부여한 듯 보였다. 하지만 그 실상을 들여다 보면 넓은 봉토를 가진 대제후국을 여섯 개로 쪼개 약소 제후국으로 그 세력을 축소시킨 것이었다.

제후국들은 이러한 조치들이 한 왕조와 분리 독립하려는 대제후국들의 움직임을 원천적으로 봉쇄하려는 의도임을 알아차리고 불만을 갖게 되었다. 그래서 제에서 파생된 이들 여섯 나라도 오·초·

조와 더불어 한 조정에 대항하는 반란에 가담할 가능성이 컸다.

이처럼 반한反漢적 조건이 성숙한 상황에서 오왕 유비는 이들 가운데 교서왕 유앙이 용기가 있고 전쟁을 좋아하여 제후들이 그를 두려워하고 꺼린다는 말을 듣고, 중대부 응고(應高)를 교서왕 유앙에게 보내어 유세하게 했다.

"오늘날 주상[경제 유계]은 간사한 신하 조조(鼂錯)를 임용하고 참소(讒訴)하는 도적의 말을 믿고는 제후들을 침입하여 삭감하고, 진실하고 중후한 사람을 주살하거나 벌 주는 일이 날로 심해지고 있습니다."

우선 삭지(削地) 정책을 설명하고 이어서 응고는 한 조정에서 작정하고 제후들의 영역을 빼앗으려한다는 내용을 거론한 것이다.

삭지 정책는 추은령과 표리(表裏)를 이루는 것으로 잘못을 저지를 때마다 직접적으로 벌을 준다는 의미를 가지고 있다. 즉 어떠한 잘못이든지 간에 제후들에게 잘못이 생기면, 그 죄만큼 제후국의 영역을 줄이는 것이다. 한 왕조의 입장에서 보면 합법적인 명분으로 제후국의 영토를 취득하면서 그 세력을 줄이는 일석이조의 효과를 기대할 수 있었다.

이는 이미 교서왕 유앙도 삭지의 위협을 당하고 있는 처지였기 때문에 쉽게 동의할 수 있는 부분이었다.

그리고 그 일이 어디까지 진행될 것인지 알 수 없다는 말로 이야기를 이어갔다.

"이런 말이 있습니다. '개가 겨를 핥다가는 쌀에까지 미친다.'라는 말이지요. 오와 교서는 이름이 알려진 제후국인데, 한 번 살펴보기만 하여도 편안할 수가 없었습니다. 오왕이 몸에 병이 있어 조청

(朝請)할 수 없었던 것이 20여 년입니다. 그래서 항상 의심을 받을까 봐 걱정하였지만 스스로 밝힐 수도 없었습니다. 어깨가 움츠려지고 발이 눌려서 오히려 벗어나지 못할까 걱정했습니다. 대왕[교서왕 유앙]께서는 작위를 주는 일로 허물이 있다고 들었습니다. 그 죄가 삭지(削地, 제후의 봉지를 삭감함)에 이를만한 내용은 아니지만 혹여 삭지에 그치지 않을까 두렵습니다."

제후들이 모두 걱정하는 삭지가 계속 진행될 것이라고 예측한 것이다. 이 말을 들은 교서왕 유앙이 응고에게 향후의 계획을 묻자, 응고가 대답했다.

"오왕[유비]은 스스로 대왕[교서왕 유앙]도 같은 걱정을 하고 있다고 여기면서 바라건대 때를 이용하여 사리를 좇아서 몸을 버리고 천하에서 근심거리를 없애려고 하는데 마음 또한 옳다 하십니까?"

천하의 근심거리란 경제 유계가 삭지 정책을 밀고 나가고 있으므로 경제를 가리키는 말일 수도 있고, 삭지 정책을 말한 것일 수도 있으나, 어쨌든 반란을 일으키겠다는 말이었다.

한 조정의 의도는 충분히 파악할 수 있었지만 반란을 하자는 말에 교서왕 유앙은 크게 놀랐다.

"과인[교서왕 유앙]이 어떻게 감히 이와 같이 하겠소? 주상[경제 유계]이 비록 급하다고 하더라도 진실로 죽음이 있을 뿐인데 어찌 주상을 섬기지 않겠소?"

교서왕 유앙은 한 조정의 조치가 불만스러운 것은 분명하지만 이를 겉으로 드러내어 행동하는 것은 반란이고 이는 곧 죽음을 뜻하는 것이라고 생각했다. 그래서 오왕의 제안을 쉽게 받아들일 수 없다고 말했다.

그러자 응고는 다시 설득했다.

"어사대부 조조가 천자를 둘러싸고 미혹시키면서 제후들을 침범하여 빼앗고 있어서, 제후들은 모두 배반할 뜻을 갖고 있으며 사람들의 일이 극도에 달했습니다. 혜성이 나타났고 황충이 일어났으니, 이는 만세(萬世)에 한 번이나 있을 법한 일입니다. 모두 근심하고 수고로워 하고 있으니 성인이 일어나야 할 이유입니다.

오왕[유비]이 안으로는 조조를 죽이고 밖으로는 대왕[교서왕 유앙]께서 그 뒤를 좇아 바야흐로 천하를 종횡하면 향하는 곳에서 모두 항복할 것이고, 가리키는 곳마다 다 함락될 것이니 감히 복종하지 않는 곳이 없을 것입니다.

대왕께서 다행히 허락하신다면 오왕은 초왕[유무]을 인솔하여 함곡관(函谷關)을 공략하고 형양(滎陽, 하남성 형양현)과 오창(敖倉, 형양의 서북쪽에 위치한 양곡창고)의 곡식을 지키면서 한나라의 군사를 막으며 대왕을 기다릴 것입니다. 대왕께서 이곳으로 오시면 천하를 아우를 수 있으니 두 주인이 분할하는 것 또한 가능하지 않겠습니까?"

응고는 교서왕 유앙에게 천시[시간]와 지리[장소], 인화[인재]를 강조하며 기병하기만 한다면 틀림없이 성공할 것이고, 성공한 다음에는 그에 파생된 이익을 나눠줄 것을 약속했다.

산동과 산서의 길목인 함곡관을 막아 장안의 중앙 정부 군대가 그 동쪽으로 나오지 못하게 한 다음에 동부 지역을 통일하여 남쪽의 오와 동쪽의 교서가 이를 나누어 갖자는 말이었다. 천하를 삼분하여 정족(鼎足, 발이 세 개 달린 솥)을 만들자는 제안이었다.

이러한 계획은 실제로 자연적 조건과 합치한 말이었다. 산동과 산서, 그리고 남부의 자연 조건은 각기 너무 달라서 하나의 나라가 되기에는 무리가 있었다. 이러한 지형적 차이는 춘추전국시대부터 드러났고, 한초전 시기에 항우가 제왕 한신에게 제의했던 내용과도 같다.

마침내 교서왕 유앙은 한나라 중앙 조정에 대해 반기를 들어 한나라를 산서 지역에 묶어 놓고, 나머지 지역을 동부와 남부 두 지역으로 나누자는 응고의 제안에 동의하면서 오·초·조의 반란에 적극적으로 동참하기로 했다. 교서왕의 참여로 나머지 산동 지역의 제후국들도 반란에 참여할 수 있는 길이 열렸다.

오초7국이 내건 측간 제거의 명분

이와 같이 본다면 오초7국의 반란은 진 시황제 이후 서부 지역에 있는 한 조정이 천자의 나라로서 천하일통을 이루려는 것에 대한 반발이었다.

비록 동남부 지역의 봉건분립을 유지하여 한 왕조가 성립되었다고는 하지만, 한 조정의 입장에서는 실제로 분리 독립된 상태를 유지하고 있는 남부와 동부 지역 제후국들의 세력이 커지는 것을 가만히 앉아서 두고만 볼 수 없었다. 천자국의 천하일통 사상과 봉건독립을 요구하는 동남부 지역 제후국의 이해 관계 사이의 충돌이 일어나려 하고 있었다.

그리하여 이들 동남 지역의 일곱 제후들이 들고 일어나 군사를 일으키는데, 공식적인 명분을 내세워 천자에 대항한다는 진짜 속내를 그럴듯하게 포장하였다. 그들은 주로 '사실은 군사를 일으키고 싶지는 않지만, 한나라의 앞날을 위해서 성스러운 황제를 잘못 인도하고 있는 측간(側奸, 측근에 있는 간신)들을 제거하지 않으면 안 되기 때문에…'라는 말로 자신들의 당위성을 표현했다. 말이야 어찌되었든 간에 이는 분명히 황제에 대한 반란임에 틀림없지만 이를 사실대로 내세우지 않은 것이다. 그리고 '측간 제거'라는 명분은 중국 역사에서 반란을 일으키는 사람들이 늘 사용하는 말이다.

이번 오초7국의 난에서도 이 같은 논리가 펼쳐졌다. 이때 이들이 지목한 측간은 조조(鼂錯, ?~기원전 154년)였다. 조조는 경제 유계가 황제가 되었을 당시 내사에 불과했지만 재상 신도가(申屠嘉)가 죽고 난 후, 어사대부로 승진했다. 그 이후 기회가 있을 때마다 제후들의 땅을 삭감해야 한다고 건의했다. 천자가 가진 천하일통의 꿈을 이루기 위한 방안을 제시하기 시작한 것이다.

조조는 오왕 유비에 대해 옛 법도로 보면 주살(誅殺)에 해당하는 죄를 지었지만 문제 유항이 오히려 덕을 베풀었다고 전제하고 말했다.

"이제 그 나라의 봉지를 삭감하여도 반란을 일으키고, 삭감하지 않아도 반란을 일으킬 것입니다. 그를 삭감하면 그의 반란이 일찍 일어날 것이지만 그 화는 적고, 그를 삭감하지 않으면 반란이 늦게 일어나겠지만 그 화는 클 것입니다."

오나라는 언젠가는 반란을 일으킬 것이므로 세력이 더 강해지기 전에 하루라도 빨리 오의 영역을 삭감하여 먼저 반란을 일으키게 하는 것이 더 낫다고 건의한 것이다. 이로 보아 오초7국의 기병은 한 조정에서 촉발시킨 것이라고 볼 수 있다. 이 문제를 두고 경제는 공경(公卿), 열후(列侯), 종실(宗室)들을 모아 논의하게 했는데, 두영(竇嬰)

◆조조가 권력을 잡는 과정

조조는 하남성 우현 영천 사람으로 젊어서 신불해(申不害)와 상앙(商鞅)의 법가를 익혔다. 그는 문제 유항 시절에 태자가령이 되었고, 비록 성격이 급하고 엄격했으나 변론하는 실력이 뛰어나서 태자였던 유계에게 총애를 받았다. 태자 유계는 그를 '지혜의 주머니[智囊]' 라고 불렀다.
그리고 유계가 황제가 된 이후 조조는 본격적으로 정책결정에 참여했다.
사실 경제 유계가 황제가 되었을 때 재상은 신도가(申屠嘉)였다. 이때 이미 내사(內史, 도읍에 대한 행정책임자)가 된 조조는 자주 중간에서 황제 유계에게 일에 관한 말을 했다. 경제가 조조의 의견을 번번이 들어주니 총애하는 것이 구경(九卿)을 기울였고, 법령도 많이 고쳐졌다. 이렇게 경제 유계가 태자였을 때부터 가까웠던 조조는 유계가 황제에 오르니 그 권력이 막강해진 것이다.
조조가 등장한 이후 승상 신도가의 건의는 황제 유계에게 채용되지 않았고, 이에 신도가는 조조를 질시(疾視)했다. 그래서 조조와 신도가는 사이가 무척 안 좋았는데, 신도가와 마주치는 것이 불편했던 조조가 남쪽으로 출입문을 하나 더 만들 정도였다.
그런데 남쪽 출입문 근처에는 태상황 사당의 연원(壖垣)이 있었다. 조조가 남쪽문으로 출입하는 것이 사당의 담장을 훼손하는 것으로 보이기도 했다. 그래서 사람들은 조조가 종묘의 담장을 뚫었다고 말하기도 했다.
조조를 싫어했던 신도가는 이 기회를 이용하여 조조가 종묘의 담장을 뚫었다며 그를 주살해야 한다고 상주(上奏)했다. 이 소식을 듣고 두려워진 조조는 황급히 밤에 궁에 들어가 경제 유계를 만났고, 유계는 모두 자신이 책임지겠다고 말했다. 과연 아침이 되니 조조를 주살해야 한다는 상주문이 올라왔다. 그러자 경제 유계가 조조를 감싸며 말했다.
"조조가 뚫은 것은 진짜 종묘의 담장이 아니고, 밖에 있는 연원이어서 용관(冗官)들이 그 속에 살았고, 또 내가 그렇게 하도록 허락한 것이니 조조에게는 죄가 없소."
승상 신도가는 조조와의 권력 다툼에서 완전히 판정패했다. 결국 신도가는 그가 거처하는 곳에 이르러 피를 토하고 죽고 말았다.

을 제외한 모두가 조조의 의견이 옳다고 입을 모았다. 이미 권력이 조조의 손아귀에 들어가 그의 위세가 대단했기 때문이다.

상황이 이러하니 오왕 유비가 걸고 넘어질 대상으로 조조가 가장 적당했다. 게다가 한 조정 안에서도 그를 싫어하는 사람이 있었고, 실제적으로 제후국의 땅을 삭감하도록 직접 건의한 사람이 그였기 때문에 원한을 가진 사람이 많았다. 이런 상황을 잘 아는 유비는 조조를 측간으로 지목하여 군사를 일으키는 명분으로 삼았다.

순탄치 않은 제 지역의 기병

오와 함께 하기로 한 초에서는 기병에 반대한 재상 장상(張尙)과 태부 조이오(趙夷吾)를 모두 죽였다. 또 조에서도 한 조정에서 파견된 재상 건덕(建德)과 내사 왕한(王悍)이 기병을 반대하자 조왕 유수는 그들을 불에 태워 죽였다. 모두 오의 기병에 적극적으로 동참하기 위한 것이다.

초와 조에서 반한(反漢) 왕조의 계획이 순조롭게 진행되고 있었던 반면에 제 지역에서는 순탄치 않았다. 비록 교서왕 유앙이 오의 사신 응고와 군사를 일으키기로 약속을 했지만 오왕 유비는 이 약속이 과연 지켜질 지가 의문이었다. 제 지역이 여러 나라로 갈라져 약소국이 되었기 때문에 한 조정의 영향에서 과감하게 벗어날 힘이 부족할 수도 있다고 생각한 것이다.

이에 오왕 유비는 직접 교서로 가서 교서왕 유앙과 얼굴을 마주하고 거사를 약속했다. 그러나 여전히 교서국의 몇몇 신하들은 제후들의 땅을 합쳐도 한나라 영역의 5분의 1일 뿐이며, 반란을 일으키는 것은 유앙의 어머니인 사(駟)씨에게 걱정을 끼치는 일이라는 점을 들어 기병을 반대했다. 또 만약 반란에 성공한다고 해도 오와 한이 다투는 중간에 끼어서 교서국은 더 힘들어질 것이라고 예상했다.

그러나 교서왕 유앙은 단호하게 일을 처리했다. 유앙은 신하들의 건의를 받아들이지 않고 제왕 유장려, 치천왕 유현, 교동왕 유웅, 제남왕 유벽광에게 사신을 보내 그들과 합의를 이끌어냈다. 그들은 모두 유방의 장자인 유비(劉肥, 기원전 221년~기원전 189년)의 후손으로 교서왕 유앙의 형제들이었다.

제 지역에 자리 잡고 있는 이들 형제의 아버지 유비는 유방의 장자였다. 그러나 정실 부인인 여 태후의 아들이 아니었기 때문에 황제 자리를 혜제(惠帝) 유영(劉盈)에게 내주어야 했다. 그래서 여 태후가 죽었을 때 유비의 장남이자 유앙의 형인 유양은 군사를 이끌고 서쪽에 있는 장안으로 나아가서 황제 자리를 넘보기도 했었다.

그러나 이때 주발(周勃) 등 장안에 있던 중신들이 대왕 유항을 황제로 세우는 바람에 목적을 이루지 못했다. 또한 유앙의 형인 유흥거(劉興居) 역시 한 조정에 반란을 일으켰다가 죽임을 당했다. 그렇기 때문에 이들 형제들은 근본적으로 장안 세력에 대해 반감을 가지고 있었던 사람들이다.

문제 유항이 문제 전16년(기원전 164년)에 추은령을 내려 제왕 유비의 아들 중 그때까지 살아있던 여섯 명을 모두 제후로 삼았는데, 그 가운데 다섯 명이 이 반란에 가담하기로 한 것이다.

그런데 이렇게 차근차근 반란의 수순을 밟고 있던 와중에 거사의 모의를 배반하는 사람이 등장했다. 바로 제왕 유장려와 제북왕(齊北王) 유지(劉志)였다. 유장려는 교서왕 유앙과의 약속한 것을 후회하며 성을 지켰고, 유지는 경제적 사정이 어려워져 기병을 하지 못했다. 당시 제북의 왕성(王城)이 파괴되어 완전히 수리를 끝내지 못한 상황

◆ 오초7국의 연합

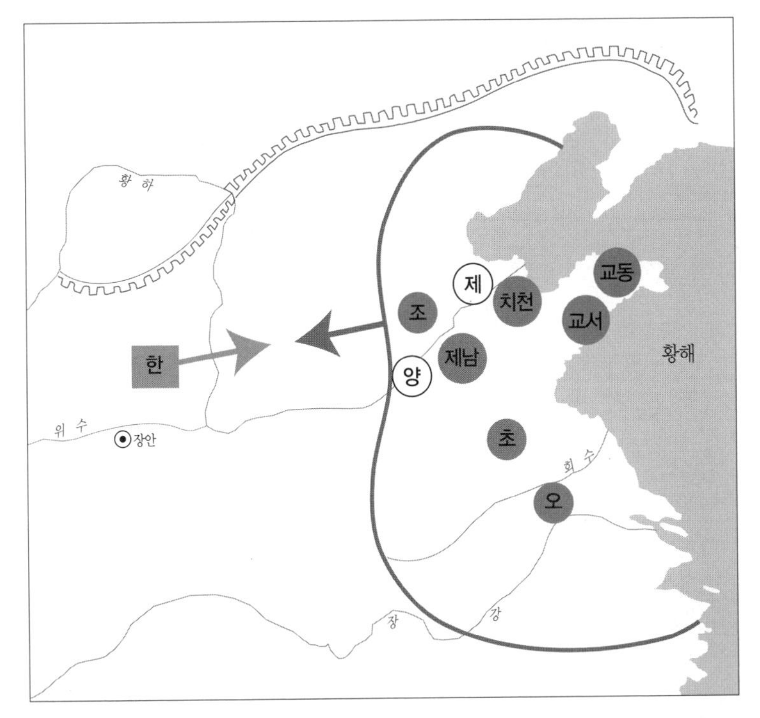

오초7국의 난이란,
한 고조 유방이 군국제를 실시하면서 봉국이 된 일곱 국가가 군사를 일으킨 사건을 말한다. 한 경제 유계는 이들 동남 지역 제후국의 성장에 위협을 느껴 제후세력을 통제하기 위해 오와 초 등 제후들의 영토를 삭감하게 되고 이에 반발한 일곱 제후국이 군사를 일으킨다. 양과 제는 이를 반대했던 제후국이다.

◆ 전국시대 6국 합종

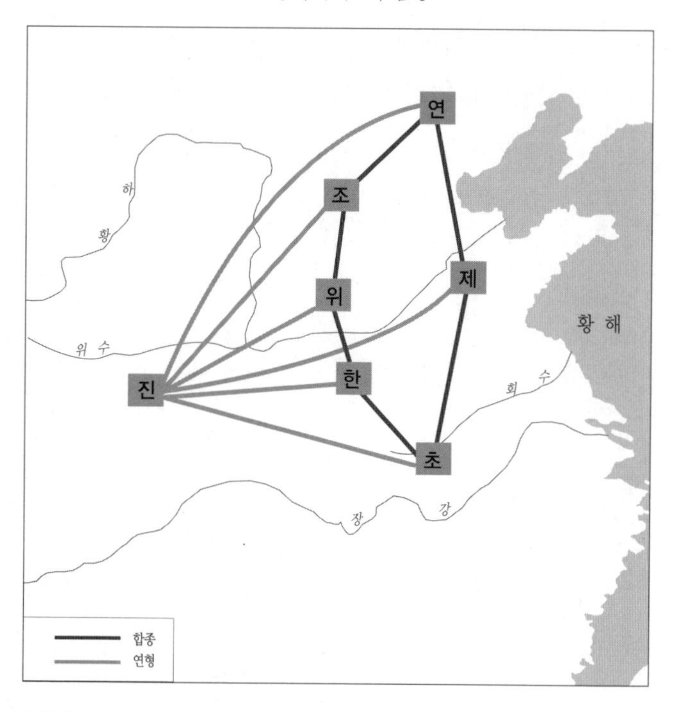

합종연형이란,

합종책과 연형책은 전국시대의 최강국인 진(秦)과 연(燕)·제(齊)·초(楚)·한(韓)·위(魏)·조(趙)의 6국 사이의 외교 전술을 말한다. 합종책은 진에 대항해 6국이 남북으로 연합하였던 정책을 말한다. 이 정책을 썼을 때에 진은 더이상 동쪽으로 나오지 못했다.

그러나 연형책은 6국은 강한 진과 각기 외교관계를 맺고 있어야 진에게 멸망하지 않는다는 논리이다. 그래서 진과 동서로(가로로) 관계를 맺는다는 뜻에서 연형책이라 하였다. 결국 진은 6국이 연형책을 쓰게 한 뒤에 이들을 차례로 멸망시켜 중국을 통일하였다.

한대의 오초7국의 난은 마치 전국시대에 합종책이 다시 나타난 상황과 비슷하였다.

이었는데, 제북의 낭중령(郎中令)이 유지를 위협하며 기병을 반대하자 끝내 군사를 내지 못했다. 이로 인해 제 지역에서 오와 함께 기병하기로 한 거사에 차질이 생겼다.

교서왕 유앙과 교동왕 유웅은 장안의 한 조정을 공격하기 위한 군사를 발동하기 전에 먼저 변절한 제 지역의 문제를 해결해야만 했다. 그리하여 교서왕은 다른 제후왕들과 함께 약속을 어긴 제를 공격하여 그 도읍인 임치(臨菑, 산동성 수광현)를 포위했다.

한편, 오는 제 지역에서 차질이 생기기는 했지만 일단 군사를 일으켰기 때문에 초·조와 함께 공격을 진행했다. 동북쪽과 남쪽에서 장안을 향해 공격을 개시한 것이다. 먼저 조왕 유수가 조 지역의 서쪽 경계 지역으로 군사를 이동시켰다. 또한 북쪽의 흉노에 사신을 보내 남쪽에서 오와 초가 올라오면 함께 장안이 있는 서쪽으로 전진하자는 뜻을 알렸다.

또 남쪽의 민(閩:민월, 도읍은 동야, 복건성 복주시)과 동월(東越, 도읍은 동구, 절강성 영가현)에 사신을 보내 군사를 내어 자신들을 좇을 것을 알렸다. 대대적으로 군사의 세력을 키우기 위함이었다. 그리고 나서 오왕 유비는 광릉(廣陵, 강소성 양주시)에서 군사를 일으켜 서쪽으로 회하를 건너 초나라 군사와 합병하고, 사신을 동원하여 제후들에게 편지를 보내 조조에게 죄를 씌워 죽이려는 계획을 세웠다.

오와 초는 우선 장안으로 가는 중간에 있는 양(梁)을 공격하여 극벽(棘壁, 하남성 녕릉현)을 파괴하고 수만 명을 죽였다. 오초의 연합군은 기세를 몰아 장안으로 나아갔는데 그 형세가 아주 날카로웠다. 양 효왕(孝王)이 이를 막고자 했지만 양나라 군대가 두 곳에서 격파되니 사졸들이 모두 도망쳤다. 할 수 없이 양왕은 도읍 수양(睢陽, 하남성 상구현)에 성을 쌓고 지켰다. 여기서 양이 무너지면 장안도 위험한 상황에 빠지는 순간이었다.

전형적인 동서 대결의 구도이자 전국시대 6국의 합종과 같은 양상이었다. 전국시대에 6국이 합종했을 때 강대국 진(秦)도 더 이상 동쪽으로 나아갈 수 없었다. 이렇듯 동남 지역의 단결은 서부 지역과 대결할 수 있는 힘을 만들어 냈다. 그리하여 오초7국의 반란은 장안에 있는 한 조정에 위기를 몰고 왔다.

제2장

힘이 없으니 타협하자!

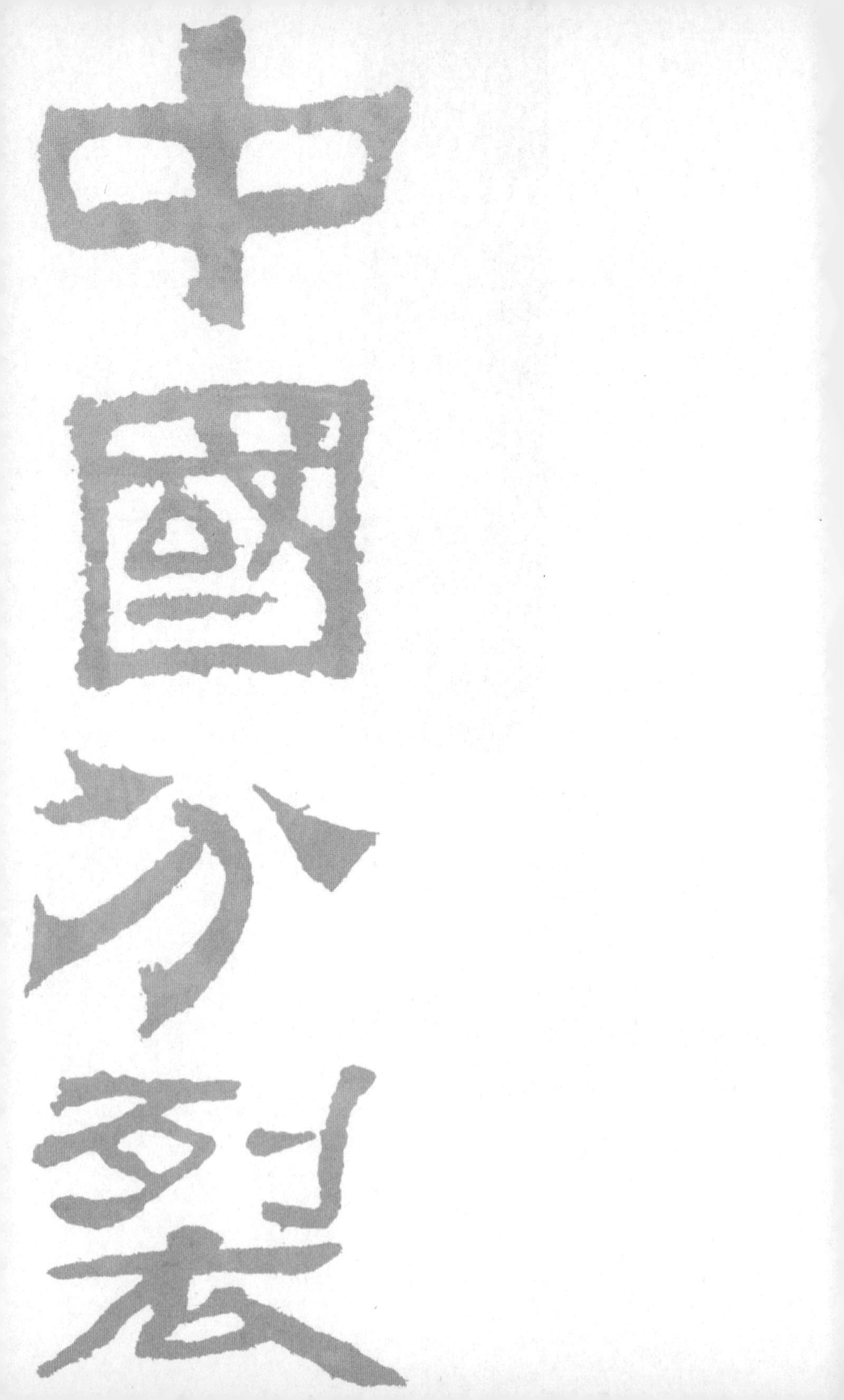
中國分裂

힘이 없으니 타협하자!

진 시황제의 꿈을 부추긴 사람들

오초7국의 기병은 한 조정이 제후들의 영역을 삭감한 것에서부터 출발했다. 제후들은 한 조정으로부터 자신들의 봉건 영역을 인정받고 있었기 때문에 자신들의 독립을 당연한 것으로 인식하고 있었다. 그런데 제후들의 영역을 삭감하여 그들의 세력을 약화시키려는 한 조정의 조치는 진 시황제의 통일 정책과 다를 바 없었다. 다시 말해 진 시황제의 통일 정책을 추진하는 한 조정과 분리독립을 관철하려는 제후들의 충돌은 불가피한 일이었다.

다만 한 조정의 정책과 진(秦)의 정책과는 차이가 있었다. 유방은 진나라가 강력한 힘으로 천하일통을 이룩했음에도 불구하고 춘추전국시대 제후국으로 오랫동안 독립해 있던 제후국의 후예에 의해 허무하게 그 왕조를 마감했다는 사실을 잘 알고 있었다. 그래서 유방은 절반은 한 조정의 직할지로 두고 나머지 절반은 춘추전국시대처럼 제후들을 책봉하여 독립적 지위를 인정하는 제도, 이른바 군국제(郡國制)를 만들었다. 유방이 현재의 권력을 안전하게 유지할 수 있는 가장 최선의 타협책이었다.

유방은 남쪽의 초나라와 한초전을 치루는 동안 6국의 후예를 끌어들여서 초 패왕 항우를 격파했다. 그리고 회유책으로써 그들을 제후로 삼아 일단 반발하지 않도록 했다. 그러나 이 타협책은 천하일통을 위한 대장정에 잠시 쉬어가는 임시방편의 성격이 강했다. 유방의 통일 정책이란 진나라처럼 단번에 모든 제후국을 멸망시키는 대신 점진적·장기적으로 서서히 천하를 통일해 나가는 우회전술이며 기만책이었다.

우선 그 시작은 유(劉)씨 성이 아닌 이성(異姓) 제후에서 유방과 같은 동성(同姓) 제후로 바꾸는 것이었다. 초창기 시절의 유방은 한 왕조를 건설하는데 힘을 보탰던 장군들을 제후로 삼아 자신의 지휘를 확고히 하는데 주력했다. 그리고 어느 정도 안정기에 접어 들자 점진적으로 그들이 반란을 꾀한다며 몰아내고는 그들의 빈자리를 자신의 아들과 형제들로 하나둘 채워나갔다.

물론 애초부터 동성 제후 역시 다른 봉건 제후들처럼 분리독립을 유지시킬 생각은 없었다. 단지 완전한 천하일통을 만들기 위한 중간 과정으로 여겼을 뿐이었다.

이러한 통일 정책에 구체적인 방법을 제시한 사람들이 있었다. 이미 문제 전6년(기원전 174년)에 박사 가의(賈誼)는 강력한 제후들을 약화시켜야 하다며 치안책을 내놓았다.

"지금 친동생[회남왕 유장]은 꾀하여 동제(東帝)가 되려고 하고, 친형의 아들[제북왕 유흥거]은 서쪽을 향하여 치려고 하고 있습니다. 또한 오왕(吳王, 유비) 역시 고발을 당했습니다. 천자[문제 유항]께서 춘추가

한창 왕성하시고, 의(義)를 행하여 아직 허물이 없고 덕택을 더해주시는 데도 오히려 이와 같습니다. 하물며 막대한 제후들이고 권력이 또 이것의 열 배나 됨에서야 무슨 말이 필요하겠습니까!"

가의는 2년 전인 문제 전4년(기원전 176년)에 문제 유항의 동생인 회남왕(淮南王) 유장(劉長)이 벌인 일부터 거론했다. 유장은 대부(大夫) 단(旦)과 사오(士伍) 개장(開章) 등 70인으로 하여금 극포후(棘蒲侯) 시무(柴武)의 태자인 시기(柴奇)와 함께 연거(輦車) 40승(乘)을 타고 곡구(谷口, 섬서성 예천현 서북쪽)로 가서 반란을 일으키게 했었다. 그리고 민월과 흉노로 사자를 보내 도움을 요청하기도 했다.

그리고 다음으로 3년 전인 문제 전3년(기원전 177년)에 동모후(東牟侯) 유흥거(劉興居)가 군사를 일으킨 일을 언급했다. 유흥거는 여 태후가 죽었을 때 여씨를 몰아내는데 큰 역할을 한 사람인데, 이후 직위를 잃고 공로를 빼앗기게 되자 자못 앙앙불락(怏怏不樂)하고 있었다. 그러던 가운데 문제 유항이 태원(太原, 산서성 태원시)에 행차했다는 소식을 듣고, 유항이 흉노를 공격하는 것이라 여기고 군사를 일으켰었다.

그리고 가의는 오왕 유비가 고발당한 것을 적시하면서 제후왕이 비록 황제의 형제이고 조카이긴 하지만 힘이 강하면 결국 반란을 일으키게 된다는 점을 역설했다. 모두 남부와 동부 지역에 있는 혈육관계가 있는 제후들에 대한 이야기였다. 이러한 가의의 주장은 결국 제후왕의 세력을 줄여야 한다는 논리를 증명하기 위함이었다.

특히 회남왕 유장이나 제북왕 유흥거처럼 단독으로 반란을 일으킨 경우에는 비교적 제압하기 쉽지만, 여러 제후들이 연합한다면 진압이 어려울 수도 있다고 경고했다. 그리고 이에 대한 대책으로 고작 2만4천 호(戶)의 땅을 소유하고 있는 장사왕 오예(吳芮)처럼 모든 제후들의 힘을 약화시켜야 한다고 주장했다. 장사왕 오예는 그 세력이 약하기 때문에 이성 제후로 남아 있었지만, 결국 그 아들 오저까지 죽자 장사국은 없어져버렸다. 이처럼 상황에 의해 어쩔 수 없이 제후국을 두긴 하지만, 그들의 힘을 최대한 억눌러 약소화해야 한다는 의미였다.

그리고는 이를 위한 구체적인 방법을 제시했다.

"제(齊, 도읍은 임치)와 조(趙, 도읍은 한단), 초(楚, 도읍은 강소성 서주)로 하여금 각기 몇 개의 나라로 만들게 하고, 도혜왕(悼惠王, 유비(劉肥)), 유왕(幽王, 유우(劉友)), 원왕(元王, 유교(劉交))의 자손들로 하여금 차례로 각기 할아버지로부터 나누어 받은 땅을 다시 나눠줄 땅이 모두 없어진 다음에야 그치게 하고, 그 나눌 땅은 많으나 자손이 적은 곳에는 나라를 만들어 빈 채로 두었다가 그 자손이 태어나기를 기다려서 그곳의 왕 노릇을 하게 하소서. 그러면 한 치의 땅이나 한 사람의 백성도 천자에게 이익되지 않는 것이 없을 것이니 진실로 안정되게 다스릴 수 있습니다."

이처럼 가의는 황제에게 도전할 수 없을 정도로 제후들의 힘을 약화시키자는 일관된 주장을 펼쳤다. 가의의 정책은 진 시황제가 급진적으로 천하를 통일하려고 군현제를 실시하던 것과는 달리 시간을 두고 천천히 천하를 황제의 직접적인 통치하에 두려는 장기적인 정책이었다. 그리고 그 목표는 진 시황제 때와 같이 황제 한 사람 밑에 천하를 두려는 것이었다. 다만 급진적이냐 점진적이냐의 차이만 있을 뿐이었다.

이러한 문제 시대의 정책은 그 아들 경제 시대에도 이어졌다. 이때 경제 유계에게 정책을 제시한 사람이 앞서 거론된 조조였다. 조조는 유계의 신임을 받게 되자 한 조정을 위해 법률을 30장(章)이나 고쳤다. 하나같이 모두 한 왕조를 중심으로 법률을 고치다보니 제후들에게는 불리하도록 만들어졌으므로 조조에 대한 제후들의 불만이 높아지고 있었다.

물론 조조가 중심이 되어 일을 진행하기는 했지만, 그 모든 것이 조조만의 책임이라고 하는 것은 사건의 본질을 파악하지 못하고 단순히 겉껍데기만 훑은 평가라고 할 수 있다. 이 모든 일은 모두 황제를 위한 일이었고, 경제가 세세하게 구체적인 사항을 몰랐다고 하더라도, 어찌되었든 조조에게 부여한 일처리에 필요한 힘은 모두 황제로부터 나온 것이기 때문에 실제로는 경제 유계가 추진한 것과 다름이 없었다.

조조는 단지 황제에게 천하일통의 방안을 건의한 모사였고, 황제가 조종하는 머리 좋은 꼭두각시였을 뿐이었다. 하지만 경제의 치밀한 의도였든 조조의 자발적인 건의였든 간에 이 모든 정책은 조조의 입을 통해 이루어졌고, 그로 인해 조조가 모든 권력을 오롯이 독점하는 모양새를 띄게 되었다. 사람들은 이제 자의건 타의건 권력의 중심에 서게 된 조조를 경계하기 시작했다.

이 무렵 조조의 아버지는 아들의 장래가 내심 걱정스러웠다.

"제후들을 침범하여 빼앗아 땅을 삭감시키고, 다른 집안의 골육이 서로 멀어지게 하여, 입에서 원망하는 말이 많이 섞여 나오고 있으니, 공[조조]은 무슨 일을 하는 것이오?"

조조의 아버지는 비록 아들이기는 하지만 조정의 높은 권력을 쥐고 있기 때문에 조조에게 공(公)이라는 존칭을 붙여 부르면서, 조조가 추진하고 있는 황실 가족인 유(劉)씨들이 서로 멀어지게 하는 일련의 정책들이 옳지 않다는 뜻으로 이와 같이 물었던 것이다.

조조가 대답했다.

"이와 같이 하지 않으면 천자는 존중되지 않고 종묘가 불안해집니다."

조조는 충심으로 한 조정을 위해 이러한 정책을 쓸 수밖에 없다고 말했다. 이 말은 틀린 것이 아니었다. 그러나 조조의 아버지는 정치적인 일이란 믿을 만한 것이 못 된다는 사실을 잘 알고 있었다.

사실 황제의 신임이라는 것도 언제 어떻게 변할지 아무도 모른다. 지금은 경제가 조조를 전적으로 신임하고 있지만, 만에 하나 유계가 정치적으로 어려운 상황에 부딪치게 되면 지금의 마음을 거두고 기꺼이 조조를 희생양으로 삼을 수 있는 것이었다.

그래서 아들 조조에게 다른 집안, 즉 유씨들 간의 황실 싸움에 너무 깊숙히 관여하지 말라고 권고했지만 조조는 받아들이지 않았다.

그러자 조조의 아버지가 말했다.

"유씨는 안정되겠지만, 우리 조씨는 위태로워지겠구나! 나는 공을 떠나서 돌아가겠다."

그리고 얼마 후 스스로 목숨을 끊으며 마지막 말을 남겼다.

"차마 나는 그 화(禍)가 내 몸에까지 닥치는 것을 가만히 지켜볼 수가 없구나!"

이러한 일이 있고 열흘 남짓 만에 오와 초 등 7국이 조조를 측간으로 지목하고 군사를 일으켰다.

사실 오초7국이 군사를 일으킨 것은 한 조정에 대항한 군사행동이었지 조조 같은 한낱 관료 때문은 아니었다. 단지 직접적으로 황제에 반기를 드는 행위는 반란으로 치부되기 때문에 자신의 정당함을 확보하기 위해 황제를 미혹시키는 간신을 제거한다는 명분을 내세우는 일반적인 방법을 좇은 것이다.

희생양이 된 조조

조조가 직접적으로 경제 유계에게 제후들의 땅을 삭감하라고 권고한 것은 사실이지만 그것은 중앙 조정이 줄곧 지향하고 있던 정책방향을 다시 한 번 확인하고, 그 방법을 시행한 것일 뿐이었다. 이는 조조가 아니더라도 누군가는 제시했을 방법이고 한 조정으로서는 채용할 수밖에 없는 정책이었다.

앞에서 예로 든 가의의 건의도 조조의 정책과 일맥상통하고 있지만, 오초7국은 그 모든 책임과 원흉이 모두 조조에게 있는 양 그를 죽이겠다는 명분을 내걸고 군사를 일으킨 것이다. 조조는 황제가 추구한 방향에서 꾀를 낸 하수인일 뿐인데 모든 화살은 그에게 돌아갔으니 이것이 정치의 속성이다. 반란을 일으킨 제후왕들 역시 이러한 사정을 모르지는 않았겠지만, 그들 역시 군사를 일으킬 적당한 명분이 필요했기 때문에 측간으로 조조를 지목했던 것이다.

그런데 측간으로 지목당했다는 것은 역설적으로 한 왕조에 있어서 가장 충성스러운 신하라는 말과 같다. 이러한 정치의 이중성을 조조의 아버지는 염려했던 것이고, 그의 염려가 곧 현실에서 발현하는 순간이었다.

이제 조조의 운명은 오롯이 최고 권력자인 황제의 손에 달려 있었다. 이 말은 경제가 처한 위기 상황의 강도에 따라 그 결과가 달라진다는 말이다. 즉 황제가 스스로를 보호할 수 있을 뿐만 아니라 여전히 그만큼 힘을 휘두를 수 있다면 전폭적인 신임을 주었던 사람을 결코 버리지는 않을 것이다. 그러나 황제가 스스로를 지킬 수 없고 어려움을 벗어나기 위해 측간이라는 방패막이가 필요한 상황이 된다면 이야기가 달라진다.

하지만 당시 오초의 군대가 장안에서 머지 않은 양 지역까지 이미 바짝 진격해 와 있는 상황이었다. 경제는 다급해졌다.

경제와 조조는 오초의 반란을 해결하기 위해 그 방안을 논의했다. 조조는 자신이 장안을 지키고 유계가 직접 군대를 이끌고 나가는 정공법을 제시하는 한편, 더불어 군사를 일으킨 오나라를 달래는 회유책도 강구했다.

"서주(徐州, 안휘성 사현의 동남쪽)와 동주(僮州, 안휘성 사현의 동북쪽)의 옆에 있는 오의 영역 가운데, 아직 떨어지지 아니한 것은 오나라에 줄 수 있습니다."

삭지의 불만에서 시작된 기병이니만큼 봉지를 더 주는 선에서 해결하려는 강온(强穩)전략을 수립한 셈이었다.

그러나 조조의 계획은 변수가 너무 많았기 때문에 그대로 실행되지 못했다. 특히 그동안 조조에게 권력이 집중되는 것을 눈엣가시로 여겼던 사람들이 오히려 이 기회를 틈타 조조를 실각시키려 들었다. 난국 속에서도 이들의 자리다툼은 계속 되고 있었다.

사실 조조가 정치적으로 실각의 위기를 겪은 것이 이번이 처음은 아니었다. 예전에 재상 신도가가 사당의 담장에 문을 낸 조조를 죽여야 한다고 읍소했던 일이 있다. 당시에는 강력한 힘을 지닌 경제 유계의 무한한 신뢰를 바탕으로 그의 권력은 확고했으며, 그 위에 황제의 두둔으로 위기를 모면했고, 그 일은 그렇게 일단락되었다.

그러나 이번의 측간 사건은 여기서 그치지 않았다. 조조의 위상(位相)이 흔들리는 조짐이 보이자 여지 없이 날카로운 발톱을 드러내며 숨쉴 틈도 주지 않고 조조에게 공격을 퍼붓기 시작했다.

그 가운데 한 사람이 원앙(袁盎)이었다. 원앙은 문제 유항 시절에 많은 간언(諫言)을 했으며 엄격하게 법을 적용하던 장석지(張釋之) 같은 사람을 추천하여 문제의 두터운 신망을 한몸에 받았다.

원앙이 중랑장을 지내던 시절에 한 번은 문제가 험한 산비탈을 달리고자 하자, 황제가 위험해질 수도 있다고 판단한 원앙은 문제가 타고 있던 수레를 쫓아가 앞을 막으면서 '황제는 위험할 수도 있는 일을 해서는 안 된다'고 말했다. 문제에게 충성을 보인 것이고, 이 일로 문제는 자신에게 충성하는 원앙을 확인했다.

또 한 번은 문제가 아끼는 신(愼) 부인이 황후와 나란히 서있는 것을 보고는 조용히 신 부인을 뒤로 물러나게 했다. 이를 못마땅하게 여긴 문제가 화를 내자 원앙은 여 태후가 유방의 척 부인을 '사람돼지'로 만들었던 이야기를 전했다. 그리하여 문제는 원앙에 대해 한 왕조의 안녕을 도모하기 위해 황실의 내명부의 일까지도 세심하게 배려하는 사려 깊은 사람으로 여기게 되었다.

그런데 문제 유항이 죽고 경제 유계가 황제에 등극했는데, 경제가 잠룡 시절부터 친분이 있던 조조를 가까이 하는 바람에 원앙과 조조, 두 사람의 사이는 갈등의 불씨가 지펴지고 있었다. 기존 세력과 신진 세력의 권력 싸움이었다. 그리하여 서로가 서로를 피하다 보니 두 사람이 한 자리에서 말을 한 적이 없을 정도였다.

조조가 어사대부로 있던 시절에 그가 원앙에게 벌을 준 사건이 있었다. 그 일로 원앙은 더이상 한 조정에 있지 못하고 오의 재상으로 나가 있었다. 그러던 와중에 원앙이 오왕 유비로부터 재물을 받은 사실을 알게 된 조조는 형리(刑吏)로 하여금 그에게 죄를 주게 하려고 했다. 그러나 경제가 조서를 내려 원앙의 죄를 사면해 주고 그를 서인으로 삼는 것으로 그치게 했다. 이처럼 원앙은 조조에게 끊임없이 공격을 받았지만, 경제의 도움으로 살아났었다.

그런데 마침 오와 초가 군사를 일으키자 조조는 이 기회에 오의 재상으로 갔던 원앙을 완전히 제거하려고 생각했다. 당시 조조는 형벌을 다루는 어사대부의 직책을 겸하고 있었기에 그의 속관인 어사승(御史丞)과 시어사(侍御史)에게 상의했다.

원앙이 오의 재상으로 있을 적에 오왕 유비에게 금전을 받았고, 그 때문에 오왕 유비의 반란 계획을 알고도 숨기며 말하지 않았을 것이라는 이야기였다. 그러니 정말로 그가 오왕의 반란 계획을 알고 있었는 지를 조사해 보자는 말이었다.

오의 재상이었던 원앙이 오왕 유비의 반란 계획을 알고도 감추었다면 큰 죄가 되는 것이 분명하며, 그리되면 원앙을 완전히 제거할 수 있을 것이라는 계산이 깔려 있는 주장이었다. 그러나 실무자인 어사승과 시어사가 말했다.

"사건이 발생하기 전에 그를 다스렸다면 끊었겠지만 이미 군사들이 서쪽을 향하고 있는데 지금에 와서 그를 처리한들 무슨 이로움이 있겠습니까? 또한 원앙이 음모를 꾀했다고 보기에는 적당치 않습니다."

원앙은 이미 재상을 그만두고 서인이 된 상태이니 조사해도 실익이 없다는 말이었다. 조조는 결국 자기에 속한 관원들의 반대로 원앙에 대한 처벌을 진행시키지 못했다. 그러나 이를 통해서 조조가 원앙을 확실히 제거하고자 하는 생각을 갖고 있음이 드러났다.

원앙 역시 이러한 조조의 행동을 모를 리가 없었다. 원앙은 조조가 권력을 잡고 있는 한 언제든지 자기에게 위기가 들이닥칠 수 있다고 생각했다. 게다가 오와 초가 군사를 일으켰으니 원앙에게는 절체절명의 위기였다. 그래서 원앙은 조조를 반대하는 사람을 찾아 동지로 삼아 이 위기 상황에서 탈출할 궁리를 했다.

이때 원앙이 찾아낸 사람은 두영(竇嬰)이었다. 그는 조조가 삭지 정책을 논의할 때 유일하게 반대했었다. 원앙은 두영을 찾아가 오초가 군사를 일으킨 것은 조조의 삭지 정책 때문이라고 그의 의견에 동의하면서 자연스럽게 이야기를 꺼냈고 두영의 동의도 얻었다. 원앙은 두영을 우군으로 얻게 된 것이다.

원앙의 편에 선 두영은 궁궐로 들어가 경제 유계를 만난 자리에서 자연스럽게 원앙에 대한 이야기를 꺼냈고, 경제는 원앙을 궁으로 불렀다. 원앙이 경제를 알현하려고 궁으로 들어왔을 때 마침 유계는 조조와 함께 군사들에게 공급할 식량을 계산하고 있었다.

원앙이 들어가자 경제 유계가 물었다.

"지금 오와 초가 반란을 일으켰는데, 공의 의향(意向)은 어떠한가?"

한때 오의 재상이었던 원앙에게 오나라에 대해 물은 것은 당연하였다. 이에 원앙이 대답했다.

"걱정거리가 되지 않습니다."

한 조정에서는 위기 상황이라고 느끼는 것에 비해 너무나 간단하게 대답한 것이다. 경제가 오의 장점을 들어가며 쉽게 대답한 이유를 다시 물었다.

"오왕[유비]은 산에 가서 주전을 하고 바닷물을 끓여서 소금을 만들어 천하의 호걸들을 유인하며 머리가 흰 나이에 거사를 했소. 그의 계책이 완전하지 않다면 어찌 군사를 발동했겠소? 그런데 공은 어찌하여 그가 할 수 없을 것이라고 말하는 것이오?"

원앙이 대답했다.

"오가 동(銅)과 소금의 이로움은 가지고 있지만 어찌 호걸들을 유인할 수 있겠습니까? 오가 진짜 호걸들을 얻었다면 보필(輔弼)을 받아서 합당하게 정치를 했을 터이니 반란은 일으키지 않았을 것입니다. 그러나 오가 유인한 사람은 모두 무뢰한(無賴漢, 깡패)들의 자제나 망명(亡命)한 사람, 주전이나 하는 간사한 사람들입니다. 이들이 서로 유인하여 반란을 일으킨 것입니다."

망명이란 죄를 짓고 명적(名籍)에서 빠져 도망한 사람을 말하는 것이니 호걸을 불러 모았다고 하지만 정상적인 사람들이 아니라는 말이었다. 반란을 일으킨 오나라가 별 것 없다는 원앙의 말은 정치를 담당한 조조 입장에서는 유리한 답변이었다. 때문에 비록 원앙과 사이가 좋지는 않았지만 곁에 있던 조조도 원앙의 판단이 훌륭하다고 거들었다. 경제가 가장 신임하는 조조까지 원앙의 말에 동의했으니 이제 원앙의 말에 더욱 힘이 실렸다.

원앙이 오의 사정에 대해 잘 알고 있다고 판단이 서자 경제는 직접적으로 대책을 다시 물었다.

"그렇다면 어떠한 대책을 내야 하겠소?"

이에 원앙은 자신의 대책은 극비사항이므로 황제와 단둘이서만 말하고 싶다고 말했다. 그만큼 자신이 있다는 뜻이었다. 그리하여 끝까지 남아 있던 조조까지 물러나게 되었다.

그렇게하여 조조가 자리에서 물러나자 원앙이 말했다.

"오와 초가 서로 서신을 보내 말하길, 적신(賊臣) 조조가 제후들을 제멋대로 귀양 보내고 땅을 줄이고 빼앗으니 서쪽으로 가서 함께 조조를 죽이고 옛 땅을 회복하고 나서 그만두겠다고 했습니다."

원앙은 오와 초에서는 황제인 유계에게 불만이 없고 오직 조조에게만 원한을 가지고 있다고 설명했다. 조조만 죽이면 모든 문제가 해결된다는 것이었다.

경제의 입장에서는 비록 자신이 그토록 신임하던 조조이지만, 그 한 사람을 감싸기 위해 한 조정을 통째로 위험에 빠뜨릴 수는 없었다. 대(大)를 위해 소(小)가 희생하는 일로, 자신이 살기 위해서는 조조를 버려야만 하는 순간이었다.

결국 경제는 원앙의 계책을 따르기로 결정했다.

"나는 한 사람을 아끼면서 천하사람들에게 죄를 짓지는 않겠다."

조조를 아끼지 않고 희생시키겠다는 말이었다. 그리고 바로 조조를 제거할 후속 조치에 돌입했다.

그리하여 경제는 원앙을 태상(太常)으로 삼고, 그 열흘 남짓 후에 승상 도청(陶青)과 중위(中尉) 가(嘉), 정위(廷尉) 장구(張歐)로 하여금 조조를 탄핵하는 상주문을 올리게 했다. 자기가 가장 신임했던 조조를 제거하기 위해 다른 신료들을 이용한 것이다. 그들은 조조의 전횡에 대해 좋지 않은 감정을 가지고 있던 터라 바로 황제의 지시에 따랐다.

상주문을 받은 경제는 조조를 불렀고, 이러한 사정을 알지 못한 조조는 무방비의 상태로 아무런 의심 없이 황제에 부름에 달려왔다. 그런 조조를 안내하던 중위가 조조를 속여 수레에 태워 저자로 나가 바로 참시(斬屍)했다. 조조는 그렇게 조복(朝服)을 입은 채로 동쪽 저자에서 죽고 말았다.

한 왕조를 위해 일통천하라는 황제의 꿈을 실현시킬 수 있는 방안을 건의했던 조조였지만, 경제는 자신의 위기를 모면하고자 그에게 허물을 씌워 죽인 것이다.

동제를 자칭한 오왕 유비

당연한 일이겠지만, 경제 유계가 오초7국의 요구대로 조조를 죽였음에도 불구하고 그들은 무기를 내려놓지 않았다. 조조의 참수는 군사를 일으킬 명분이었을 뿐 그 이상의 어떠한 의미도 힘도 가지지 않았다. 애초부터 그들의 칼날이 겨누고 있는 것은 조조가 아닌 경제였기에 조조 하나가 죽었다고 조용히 끝날 성격의 기병은 아니었기 때문이었다.

조조의 죽음에 아무런 영향도 받지 않은 오초의 군대는 양의 도읍인 수양(睢陽, 하남성 상구현)까지 이미 들어와서 양왕을 포위하고 있었다. 결국 오직 무력만이 이 사태를 해결할 수 있게 되었다. 안타깝게도 조조는 그저 오초7국이 기병한 것을 기회로 삼은 정적 원앙에게 제거되었을 뿐이었다.

사실 경제 유계의 아버지 문제 유항은 이미 분리독립을 원하는 제후들이 군사를 일으킬 수도 있다는 점을 깊이 인식하고 있었다.

그래서 문제 유항은 죽으면서 아들 유계에게 장차 제후들이 기병할 지도 모를 사태에 대비한 지침을 지시했다.

"천천히 해야 할 것과 급히 해야 할 일이 있다면, 군사를 거느리는 일은 주아부(周亞夫)에게 맡길 만하다."

주아부는 여 태후가 죽었을 때 산동에서 군사를 일으켰던 제왕 유양을 효과적으로 저지한 명장이었다.

경제 유계는 아버지 문제 유항의 지침을 기억해내고는 오초7국이 군사를 일으켰다는 소식을 듣자마자 중위 주아부를 태위로 삼고 서른여섯 명의 장군을 거느리고 나가 장안으로 향하는 오와 초를 치게 했다. 또한 곡주후(曲周侯, 곡주현은 광평국 소속) 역기(酈寄)는 오초와 함께하는 조를, 장군 난포(欒布)는 제를 막게 했다. 그리고 두영(竇嬰)을 불러 대장군에 임명하고 형양(滎陽, 하남성 형양현)에 주둔하면서 제와 조의 군사를 감독하게 했다. 장안을 방어하기 위한 조치였다.

한편, 경제는 오왕 유비의 조카이자 종정(宗正, 황실 사무를 관장)인 덕후(德侯) 유통(劉通, 유방 형의 손자)을 원앙과 함께 오나라에 사신으로 보냈다. 전투에 앞서 대화로 해결하려는 시도였다.

어떠한 대화도 통하지 않는다는 것이 뻔히 보이는 상황에서 현재 상황을 제대로 인지하지 못하고 대화로 풀어보겠다며 사신을 보낸 한 조정의 답답한 대책을 보면서 알자복야(謁者僕射, 의례담당자)이자 교위(校尉)인 등공(鄧公)이 편지를 올려 군사에 관한 자신의 의견을 말하고 경제를 알현했다.

이때 경제가 그에게 물었다.

"군사가 있는 곳에서 오는 길이니 조조가 죽었다는 소식을 들었을 것인데, 오와 초가 철수했는가?"

오와 초가 군사를 일으키면서 요구했던 사항을은 다 들어 주었으니 그들이 물러갔느냐는 순진한 질문이었다.

등공이 대답했다.

"오나라가 반란을 일으키려고 한 것이 이미 수십 년이 되었습니다. 삭지로 화가 나서 조조를 죽이라고 한 것은 명목으로 삼은 것일 뿐, 그 뜻은 조조를 제거하려는데 있지 아니합니다. 신은 천하의 선비들이 입을 다물고 다시는 말을 하려고 하지 않을까 두렵습니다."

등공은 현재 상황의 핵심을 정확하게 지적해 주면서 조조의 참수 이후에 나타날 수 있는 우려까지 전달했다. 즉 한 조정에서는 줄곧 제후들의 영지를 삭감하려고 해왔고, 그래서 그 방법을 제안한 사람들이 조정에서 대우를 받았기에, 그러한 연유로 삭지의 여러 가지 방안이 나왔던 것이다. 그런데 삭지 방안을 제시한 대표 주자인 조조를 죽였으니 이제 더이상 아무도 제후들을 약화시키는 방법을 말하지 않을까 우려한다는 것이다.

그러나 경제는 애초에 오초의 요구대로 땅을 돌려주고 조조를 죽인 한 조정의 대처 방법이 잘못되었다는 등공의 말을 여전히 제대로 이해하지 못했다. 다시 등공이 말했다.

"무릇 조조는 제후들이 강대하여 이를 통제할 수 없게 될 것을 근심했습니다. 그래서 이를 잘라내어 경사(京師, 장안의 한나라)를 존중하게 하여 만세의 이익이 되게 해달라고 요청한 것입니다. 그런데 계획이 비로소 시행되려는 찰나에 죽임을 당했습니다. 이는 안으로는 충신의 입을 막고 밖으로는 제후들을 위해 원수를 갚은 것입니다. 신이 폐하를 위하여 말씀드리자면 이는 해서는 안 될 일이었습니다."

이 말을 듣고서야 경제는 한숨을 쉬고 길게 탄식하여 말했다.

"공의 말이 훌륭하고, 나 또한 이를 한스러워 하오."

경제는 그제서야 오초7국의 기병 목적을 제대로 파악하지 못했던 자기의 어리석음을 깨닫고 비로소 그 실상을 알아차렸다.

한편, 오초의 공격을 중지시키고 정치적으로 이 문제를 해결방법을 찾기 위하여 한 조정의 사신으로 파견된 원앙과 오왕 유비의 조카 유통이 오나라에 도착했다. 그 무렵 오와 초의 군사들은 이미 양의 성벽을 공격하고 있던 터였다.

오왕 유비와 친척 사이인 유통이 유비를 알현하기 위하여 먼저 들어갔다. 유통은 유비에게 자신들이 온 까닭을 설명하고 절을 하며 경제의 조서를 받게 했다. 그러나 오왕 유비는 원앙이 같이 왔다는 소식을 듣고 이미 그가 하고자 하는 말을 아는 듯 웃으며 응대했다.

"나는 이미 동제(東帝, 동쪽의 황제)인데 누구에게 절을 하겠소?"

한 왕조의 도읍인 장안은 서쪽에 위치하기 때문에 경제 유계는 서쪽의 황제이고, 오 지역은 동쪽에 위치하기 때문에 자신은 동쪽의 황제라는 의미였다. 이미 자기가 경제 유계와 동등한 황제라는 말이었다. 군사를 일으키면서 내세운 명분인 삭지의 반환과 측간 조조의 제거는 황제가 되기 위해 기병할 구실에 불과했던 것을 스스로 밝힌 것이나 다름없었다.

뿐만 아니라 오왕 유비는 원앙이 온 이유를 짐작했던지라 그의 알현 요청을 거부하고 군중(軍中)에 머물게 하면서 자기 편의 장수가 될 것을 협박했다. 그러나 원앙이 이를 받아들이지 않자 그를 죽이려고 했지만 원앙은 기회를 틈타 장안으로 도망했다.

결국 한 조정에서 파견한 사신은 그 본래의 목적을 이루지 못하고 단지 오왕 유비의 속내만을 확인하고 돌아왔다. 이 문제를 해결하기 위해 준비한 정치적 방법이 사라졌으니, 이제는 동부 지역의 군사를 막기 위한 한 조정의 대책으로는 군사적인 방법만이 절실한 상황이었다. 이는 단순히 오왕 유비와 경제 유계와의 다툼이 아닌, 중국에서 줄곧 존재하던 동서 대결이 다시 경제의 삭지 정책을 계기로 표면화된 것이다.

동남부 세력을 막는 주아부

동남부 지역의 군사가 서진하는 것을 막고 평정해야 하는 책임을 맡은 태위 주아부가 경제에게 말했다.

"초의 군사는 사납고 날래서 더불어 칼끝을 다투기는 어려우니, 바라건대 양(梁)은 그들 자신이 지키도록 맡기고 그 양도(糧道, 군대의 식량 보급로)를 끊는다면 마침내 제압할 수 있을 것입니다."

초나라 군사가 강하기 때문에 직접적인 교전(交戰)으로는 승산이 없다는 이야기였다. 이와 같은 논리는 유방과 항우의 싸움에서도 나타났던 것인데, 시대가 흘러 경제 시기에도 똑같은 방법이 제시된 것이다.

그래서 현재 오초의 군대를 막고 있는 양나라를 좀 더 고생시키자고 주장했다. 양은 경제의 친동생인 유무가 왕으로 있으며, 동쪽과 서쪽의 중간 지역에 위치하고 있는 제후국이었다. 따라서 양나라는 믿을 수 있는 유계의 한 조정 세력이니, 그들에게 오초의 공격을 막게 하고 그 사이에 오초 군대의 보급로를 끊어서 더이상 전쟁을 지속하기 어렵게 만들자는 전략이었다.

현군(懸軍, 본대(本隊)를 떠나서 적지에 깊이 들어간 군대)이 된 오초의 군대는 속전속결로 싸움을 끝내야 하고, 방어하는 한나라는 되도록 전투를 늦추는 지연작전을 써야 했다. 다행히 한의 도읍인 장안으로 오는 길목에는 한 조정에서 믿을 만한 제후국인 양이 성을 쌓아 막고 있기 때문에, 오초의 군대가 빠른 시일 안에 한나라를 공격하여 함락시킬 수 없다는 것을 간파한 것이다.

경제는 이 전략을 허락했고, 주아부가 이제 오초의 양도를 끊는 일을 맡게 되었다. 그러기 위해서 주아부는 장안에서 가까운 형양에서 군사를 모아야 했다. 형양을 향해 길을 나선 주아부가 패상(覇上, 섬서성 남전현의 북쪽)에 도착했을 때에 조섭(趙涉)이라는 사람이 주아부의 길을 막고서 유세했다.

"오왕[유비]은 원래 부유하여 죽기를 무릅쓰고 싸우려는 군사를 품어 모아 온지가 오래 되었습니다. 이들은 장군께서 형양에 가려는 것을 알고 있을 것이니 반드시 효산(殽山)과 면지(澠池, 하남성 면지현)의 험하고 좁은 샛길에 사람을 둘 것입니다."

장안에서 형양으로 가는 길목에 자리 잡은 효산과 면지는 동부와 서부 양쪽 진영이 모두 중요 지점으로 여기고 있기 때문에 주아부가 어떤 경로를 거치고 어떤 조치를 취할지 오왕 유비도 이미 짐작하고 있을 것이라는 말이었다. 적군인 유비에게 계책을 드러내는 행동은 하지 말라는 의미가 들어있었다.

사실 오왕 유비는 전쟁에 대해 대단한 경험을 가지고 있는 무장 출신이었다. 유비는 그의 나이 스무 살 시절(고조 11년, 기원전 196년)에는 숙부인 유방과 함께 기장(騎將, 기병장수)으로 영포의 반란을 진압하는데 공로를 세워 이미 패후(沛侯) 자리에 올랐다. 이때 유방은 조카인 유비의 성격이 자신과 비슷하다며 그를 매우 아꼈다. 그래서 당시에 가장 신경이 쓰이는 강남 지방의 오왕에 유비를 책봉했던 것이다. 한 왕조를 건설하는데 공로를 세운 1세대 인물이었던 만큼 유비는 군사적인 재주가 남달랐는데, 그로부터 40여 년 동안 오왕으로 강남에서 제후왕 노릇을 했으니 그는 산전수전을 겪을 대로 겪은 무장 중에 무장이었다.

이에 비하여 주아부는 유방을 도왔던 주발(周勃)의 아들로 한 왕조의 2세대 인물이다. 비록 태위의 직책을 가지고 있었지만, 전쟁 능력에서 보면 오왕 유비가 주아부보다 한 수 위의 전략을 가졌다고 할 수 있다.

그리고 조섭은 어떤 사람인지 자세히 알려지지는 않았으나, 6승전(乘傳, 6마리의 말이 이끄는 수레)을 타고 가려는 주아부의 계책을 간파한 것으로 보아 전략에 있어서 상당한 안목을 가진 것은 분명해 보인다.

어쨌든 조섭은 주아부의 계책이 한 수 아래로 자신이 그 계책을 예측한 것과 같이 오왕 유비 역시 간파했을 것이라고 지적하고자 길을 막아섰다. 주아부가 미처 생각하지 못한 것을 조섭이 일깨워 준 것이다. 주아부로서는 천만다행한 일이었다.

조섭이 이어서 말했다.

"군사에 관한 일이란 오히려 신비롭고 비밀스런 것인데, 장군께서는 어찌하여 여기서 오른쪽으로 떠나서 남전(藍田)으로 달려가 무관(武關, 섬서성 상남현의 경계 지역)을 지나 낙양에 이르려고 하지 않으십니까? 그 거리의 차이는 하루 이틀에 불과하니 곧바로 무고(武庫, 무기 창고)로 가서 전고(戰鼓, 전쟁 중에 흥을 북돋기 위해 치는 북)를 쳐서 크게 울리십시오. 제후들이 이를 듣게 되면 장군이 하늘에서 내려온 것으로 여길 것입니다."

장안에서 형양으로 가기 위해서는 낙양을 거쳐 가야하는데, 낙

◆ 양왕 유무

양왕(梁王) 유무(劉武)는 두(竇) 태후의 막내아들로 경제 유계와는 친형제 간이었다. 그래서 경제의 총애를 받아 40여 개의 성(城)에서 왕 노릇을 했는데, 모두 가장 비옥한 땅에 속했던 곳이었다. 경제가 상으로 내려준 것 역시 헤아릴 수 없이 많았는데, 부고에는 금전이 거만(巨萬, 억)이었고, 주옥(珠玉)과 보기(寶器)가 장안보다도 많았다.
또 사방으로 300여 리에 걸쳐 동원(東苑)을 쌓았는데, 수양성(睢陽城, 양의 치소)을 넓혀서 70리(里)로 했으며, 궁실을 크게 짓고, 복도(複道, 2층 도로)를 만들었는데 궁(宮)에서부터 평대(平臺)에까지 이어져서 30여 리였다.
양왕 유무는 사방에서 힘 있고 잘난 인사들을 초청하기를 좋아했다. 예컨대, 오인(吳人)인 매승(枚乘)과 엄기(嚴忌), 제인(齊人)인 양승(羊勝), 공손궤(公孫詭), 추양(鄒陽), 촉인(蜀人)인 사마상여(司馬相如) 같은 무리들이 모두 그와 교유했다.
또 입조할 때면 매번 황제가 사신으로 하여금 지절(持節, 황제가 보냈다는 신표)로 황제가 타는 수레인 네 필의 말이 끄는 수레인 승여사마(乘輿駟馬)로 양왕을 함곡관(函谷關) 아래에서 영접하게 했다. 그리고 도착하여서는 총애를 받음이 비할 데가 없으니, 궁궐로 들어가게 되면 황상을 모시고 같이 연(輦)을 탔고, 나가게 되어도 역시 같이 수레를 탔다. 또 상림(上林)에서 사냥을 하고, 이어서 상소를 올려서 머물게 해달라고 청하면 반년 동안이나 장안에 머물게 했다. 양나라의 시중(侍中)과 낭(郎), 알자(謁者)들은 적(籍, 궁정출입자 등록장부)에 올라 있어서 천자의 궁전문을 출입하니 한나라의 환관들과 다름이 없었다. 양왕은 그만큼 큰 권력을 갖고 있는 제후였다.

양까지는 함곡관이나 무관을 통과하는 두 가지 길이 있다. 패상에서 왼쪽으로 효산과 면지를 거쳐 가는 길이 가까운 반면, 패상에서 오른쪽으로 남전과 무관을 지나는 길은 길이 굽어 있기 때문에 하루 이틀 정도 시간이 더 걸린다. 따라서 일반적으로 함곡관을 지나는 길을 이용하기 때문에 아무도 생각하지 못한 무관을 통과한다면 비밀리에 낙양에 도착할 수 있으니 가장 좋은 경로라는 충고였다. 그리고 만약 주아부가 무사히 낙양에 도착하기만 한다면 사람들은 주아부를 구세주로 여길 것이라고 말했다.

주아부는 조섭의 계책을 따랐고 그의 말처럼 비밀리에 무사히 낙양에 이르렀다. 오왕 유비의 허를 찌르는 성과였다.

"7국이 반란을 일으켰으나 나는 승전(乘傳)으로 여기에 이르는데, 스스로도 성공하리라고는 생각지 아니했다. 내가 형양을 점거했으니, 형양의 동쪽은 더 이상 걱정거리가 되지 않는다."

주아부는 오초 연합군이 양을 공격하는 마당에 승전을 타고 낙양에 이르는 것이 어려울 것으로 생각했는데, 무사히 낙양에 도착했으니 다른 걱정이 없다며 기뻐했다. 낙양에서 형양까지는 80킬로미터의 거리이니 이제 작전대로 이곳을 점거하여 오초군의 보급로만 끊으면 한나라 군대가 승리할 수 있을 것이라고 자신한 것이다.

그리고 주아부는 오초의 군사들이 여전히 효산과 면지 일대에서 자신을 기다릴 것이라 생각하고, 거꾸로 이들을 잡기 위해 그 일대를 수색하게 했다. 그랬더니 과연 그곳에 오의 복병이 있었고, 그들을 모두 잡아들일 수 있었다. 주아부는 조섭을 호군(護軍)으로 삼았다.

한편 한 조정의 군대와 오초의 군대가 교전하고 있는 곳은 양(梁)

의 수양성(睢陽城, 하남성 상구현)이었다. 오의 급습을 받은 양에서는 주아부에게 여러 번 사신을 보내 구원해줄 것을 요청했다. 당시 주아부가 머물던 창읍(昌邑, 산동성 금향현)에서 양의 도읍 수양까지는 100킬로미터 정도이니 마음만 먹으면 즉시 달려갈 수 있는 거리였지만, 주아부는 양을 돕지 않았다.

그러자 이번에는 양에서 경제에게 사신을 보내 주아부로 하여금 자신들을 돕게 해달라고 하소연했다. 양왕 유무는 경제 유계의 친동생으로 한 조정에서 막강한 힘을 가지고 있는 사람이었다. 경제는 사자를 보내 주아부에게 양을 구원하도록 지시했으나 주아부는 이번에도 조서를 받들지 않고 성벽을 굳게 하고 나오지 않았다.

◆ 오초7국 기병과 한 조정의 반격도

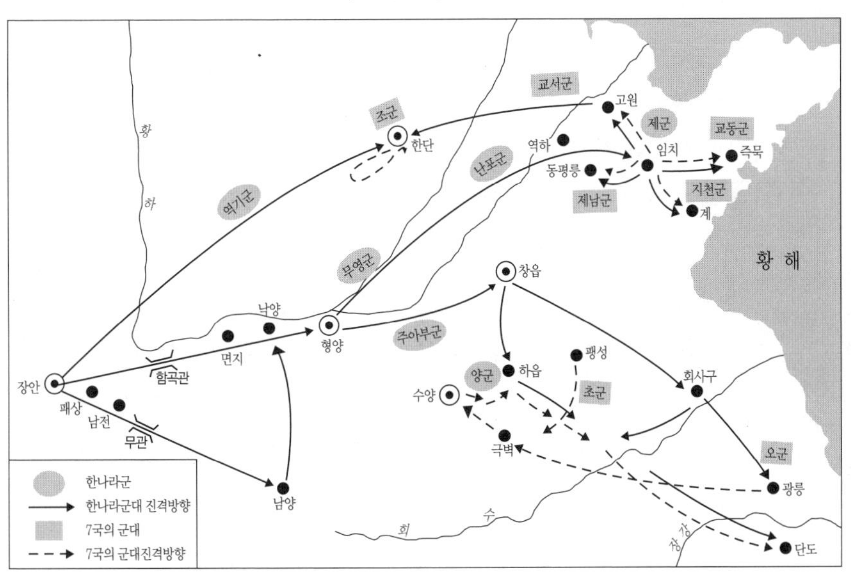

주아부는 오직 원래의 작전계획대로만 일할 뿐이었다. 주아부는 궁고후(弓高侯) 한퇴당(韓頹當) 등으로 하여금 날쌘 기병을 거느리고 회사구(淮泗口)로 나아가게 했다. 회사구는 사수(泗水)의 물이 회수(淮水)로 들어가는 입구를 말하는데, 이곳은 오초에서 수양[양의 도읍]과 낙양 등지로 가는 길목이다. 주아부는 오초 군사의 후방을 끊고 그들의 식량 보급로를 막게 한 것이다. 그리고 다시 주아부는 군사를 이끌고 동북쪽 창읍(昌邑)으로 달려갔다. 양왕 유무의 요청과는 다른 행동을 보인 것이다.

허를 찔린 오초군의 패배

양나라에서는 주아부의 지원을 기대했지만 주아부의 행동은 그 반대였다. 그러자 양왕은 하는 수 없이 중대부 한안국(韓安國)과 초의 재상 장상(張尙)의 동생인 장우(張羽)를 장군으로 삼았다. 신중한 성격의 한안국과 전투에 능했던 장우가 서로 협조하여 마침내 오의 군사를 패배시킬 수 있었다. 양은 고생스럽기는 했지만 오초의 군대를 잘 막아 냈다.

한편 오초의 군사들은 보급로가 막히자 방향을 바꾸어 서쪽 장안으로 가려고 했지만 이 또한 양나라 수비군 때문에 쉽지 않았다. 하는 수 없이 한 왕조에서 보낸 주아부의 군대가 있는 곳으로 찾아가서 정면으로 결판을 내려고 했다. 그리하여 양쪽 군사가 하읍(下邑, 강소성 탕산현)에서 만났는데, 속전속결이 유리한 현군이었던 오나라는 급하게 싸움을 하려고 했다.

그러나 지구전을 해야 하는 주아부는 성벽을 굳게 하고 싸우려 하지 않았다. 이미 오초의 보급로를 끊어버린 마당에 당연한 일이었다. 시간이 주아부의 손을 잡아 주었기 때문에 가만히 버티고만 있으면 승리를 얻을 수 있었기 때문이다.

한번은 주아부와 정면 승부를 원하던 오초의 군대가 성벽의 동남쪽 귀퉁이를 향해 공격을 시도하며 주아부의 군대를 유인했다. 일반적인 전법으로는 공격이 일어나는 곳에 방어를 대비한다. 그러나 주아부는 이것이 성동격서(聲東擊西)의 계책이라고 판단하고는 오히려 공격의 반대편인 서북쪽으로 군대를 움직였다. 그런데 과연 오초의 정예군대가 서북쪽을 기습했다. 주아부는 오초의 거짓 유인작전을 간파하고 이미 만반으로 대비하고 있었기 때문에 오초의 기습공격은 실패로 끝날 수밖에 없었다.

오초의 계속된 도발에도 주아부는 끝내 성 밖으로 나오지 않았고, 이미 보급로가 막혀 먹을 양식이 부족하게 된 오초의 사졸들은 태반이 굶어 죽거나 도망하여 흩어졌다. 더이상 버틸 힘을 잃어버린 오초의 군대는 마침내 군사를 이끌고 본국으로 돌아가기 위해 퇴각하기 시작했다. 승리의 고삐를 움켜쥔 주아부는 이 기회를 놓치지 않았고, 정예병사를 내어서 이들을 추격하여 대파했다.

오왕 유비가 군사를 일으킨 지 겨우 한 달이 지난 시점의 일이었다. 유비는 자신의 군사를 버리고 장사 수천 명과 더불어 밤에 도망했으며, 초왕 유무도 자살했다. 오초군의 중심 세력이 무너진 것이다. 유비에게 있어서 황제 자리는 덧없는 일장춘몽(一場春夢)에 지나지 않았다.

오가 저지른 세 가지 패착

오왕 유비는 큰 꿈을 그리며 한 왕조와의 한판 승부를 준비하고 작전에 돌입했다. 하지만 자신만만하게 승리를 장담하던 것과 달리 너무나도 빨리 허무하게 실패의 길을 걷게 되었다. 그렇다면 그 이유는 무엇일까?

첫 번째 실패 요인은 전록백(田祿伯)의 전략을 의심한 것이다. 오나라에서 처음 군사를 일으켰을 때 그는 대장군 직책에 있었다. 이때 전록백이 말했다.

"군사를 모아서 서쪽으로 간다면 별다른 기이한 길이 없으니, 공로를 세우기가 어렵습니다. 신이 바라건대 5만 명을 얻을 수 있다면 별도로 강(江, 장강)과 회(淮, 회하)를 따라 올라가서 회남(淮南, 안휘성 수현)과 장사(長沙, 호남성 장사현)를 거두고 무관(武關)으로 들어가서 대왕[오왕 유비]을 만난다면 이것 또한 기이한 대책입니다."

이 말은 오의 군사를 둘로 나누어 전록백은 장강과 회하를 따라 낙양과 장안을 향해 올라가고, 오왕은 양나라를 향해서 가다가 다시 무관에서 두 군대가 만나자는 것이었다. 한 방향으로만 공격하는 단조로운 전술은 실패할 가능성이 크기 때문에 이러한 제의를 한 것이었다.

오초의 군사가 패한 마당에서 생각해 보면 전록백의 작전대로 했더라면 승리할 수도 있었을 지 모른다. 설사 양에서 막혔다 하더라고 장강을 통하여 장안으로 들어가는 일지의 군대가 또 있었기 때문이다.

그러나 전록백의 의견은 받아들여지지 않았다. 오의 태자 유구

(劉駒)가 자신들이 명분 없는 군사를 일으켰기 때문에 전록백이 오왕을 배반할 경우 대책이 없다는 점을 들어 그의 의견에 반대했던 것이다.

"왕[유비]께서는 반란이라는 이름으로 군사를 일으켰으니, 이러한 군사로는 다른 사람을 빌려 쓰기가 어렵습니다. 다른 사람이 또 왕을 배반한다면 어떻게 하시겠습니까? 또한 군사를 멋대로 부려서 구별하면 많은 이로움과 해로움이 있으니, 헛되이 손해를 볼 뿐입니다."

이 때문에 오왕 유비는 전록백의 건의를 허락하지 않았다.

애초에 전록백에 대한 확실한 믿음이 부족했다면 아예 대장군에 임명하지 말았어야 했지만, 오는 전록백을 대장군으로 삼아 놓고도 그를 믿지 않았다. 즉, 오는 군사를 일으키는 시점부터 이미 자신감을 상실했다고 볼 수 있다. 또한 자신들의 기병을 스스로 반란이라고 말함으로써 정당성이 없음을 인정했고, 이로 인해 아군에게조차 확실한 믿음을 주지 못했다. 이는 기병 실패의 한 요인으로 작용하게 되었다.

두번째 실패 요인은 젊은 사람을 무시한 것이다. 오의 젊은 장수인 환(桓, 성은 전해지지 않음) 장군이 의견을 냈을 때도 마찬가지였다. 환 장군이 오왕 유비에게 유세했다.

"오에는 보병이 많은데 보병은 험한 곳에서 유리합니다. 반면에 한은 전차(戰車)와 기병(騎兵)이 많고 이는 평지에서 유리합니다. 바라건대 대왕[유비]께서는 지나는 곳의 성들을 공격하여 떨어뜨리지 말고 곧바로 빠르게 서쪽으로 달려가서 낙양에 있는 무고(武庫, 무기 창고)를 점령해야 합니다. 그리고 오창(敖倉, 형양 서북쪽에 있는 양곡 창고)

의 곡식을 먹도록 하면서, 산과 하(河, 황하)의 험한 곳을 막고 제후들에게 명령한다면, 비록 함곡관에 들어가지 못하더라도 천하는 이미 평정한 것입니다. 대왕께서 천천히 머물다 가면서 성읍을 떨어뜨리고 있는데, 한 조정의 군대, 전차와 기병이 도착하여 양과 초의 교외로 들어간다면 모든 일은 실패한 것입니다."

한 조정의 군대와 오나라 군대의 특성을 파악하여 되도록 빨리 오에 유리하고 한에 불리한 산악지대로 들어가야 승리할 수 있다는 이야기였다. 바둑으로 비유하면 낙양과 형양은 패를 쓸 곳으로 전술적으로 합당한 건의였다. 환 장군은 젊은 나이에도 불구하고 전세를 정확히 읽고 있었다.

그러나 오의 늙은 장수들은 이를 반대했다.

"그는 나이가 어려 두드리거나 칼질하는 것을 할 수 있을 뿐이지 어찌 큰 생각을 알겠습니까?"

결국 오왕 유비는 이 계책을 제의한 환 장군이 단지 나이가 어리다는 이유로 무시하고는 역시 계책으로 받아들이지 않았다. 젊은 사람의 합리적인 작전계획을 받아줄만한 도량이나 지식이 없었던 것이다. 오히려 유비는 환 장군의 계책과는 반대되는 보병으로 수양[양의 도읍]을 공격하는데 시간을 소비했다. 결국 오창의 곡식은 군량으로 이용하지 못하고 이를 주아부에게 빼앗겼다.

셋째로 능력 있는 사람을 수용하지 못했다. 상황이 이러한데도 오왕 유비는 오로지 인재를 늘리는 일에만 몰두했다. 군사들이 아직 회하를 건너지도 않았는데, 오왕은 오의 군사들이 진격하면서 점령한 지역의 여러 빈객들을 받아들였다. 그리고 이들을 모두 장군이나 교위(校尉), 후(候), 사마(司馬)로 삼아 전투에 참여하게 했다.

전쟁에서 인재를 얻어 그들의 능력을 이용하는 것은 대단히 중요한 전략 가운데 하나이기 때문이다. 그러나 오왕은 이들을 보고 옥석을 구분하여 그 능력에 따라 적재적소에 배치하는, 인재를 보는 안목이 없었다.

이들 가운데 하비(下邳, 강소성 비현) 사람으로 오로 망명한 주구(周丘)라는 사람이 있었다. 주구는 술을 팔면서 행실이 좋지 않았는데 그런 이유로 오왕 유비는 그에게 일을 맡기지 않고 오히려 야박하게 굴었다. 유비는 주구가 전쟁에서 뛰어난 능력을 발휘할 것이라는 사실을 알지 못했기 때문이다.

그러자 하루는 주구가 오왕 유비를 찾아와 부탁했다.

"신은 무능하여서 행간(行間)에서 죄받기를 기다릴 수 없습니다. 그러므로 신은 감히 거느리는 일을 구하지 아니합니다. 왕께 바라건대 한의 부절(符節) 하나를 청하오니, 반드시 보답하는 일이 있을 것입니다."

그 부탁이라는 것이 자신을 장군으로 삼아 달라는 대단한 것이 아니고, 그저 한나라 부절을 위조해서 만들어 달라는 간단한 것이었다. 오왕 유비는 대수롭지 않게 생각하고는 바로 그것을 주구에게 내주었다.

그날 밤 주구는 바로 그 부절을 가지고 하비로 내려갔다. 하비에서는 그때 오가 반란을 일으켰다는 소식을 듣고 모든 성을 지키고 있었다. 전사(傳舍)에 도착한 주구는 위조된 한나라의 부절을 내보이며 하비 현령을 불렀다. 그러나 어느 누구도 이 부절이 가짜이고, 주구가 군사를 일으킨 오왕의 사람이라는 것을 알지 못했다.

그리고는 자기를 따라 온 종자(從者)로 하여금 죄를 물어 하비 현령의 목을 베고, 자신의 형제들이 잘 알고 지내는 세력 있는 관리들을 불러 본색을 드러내며 말했다.

"지금 오가 반란을 일으켰다. 오나라의 군사가 하비에 이르러서 도륙(屠戮)하려 한다면 밥 한 그릇 먹는 사이일 것이다. 그러니 지금 먼저 항복한다면 집안은 반드시 완전할 것이고, 유능한 사람은 후로 책봉될 것이다."

이 말을 들은 관리들이 서로 이 소식을 알렸고, 결국 이들이 주구의 말대로 오나라 편에 서게 되니, 이 지역은 오의 수중으로 떨어졌다. 전투를 하지 않고도 하비를 함락시킨 것이다.

주구는 하룻밤 사이에 3만 명을 얻은 후, 사람을 시켜서 오왕 유비에게 이를 보고했다. 그리고 다시 그 병사들을 거느리고 북쪽으로 이동하며 성읍들을 공략했는데, 양성(陽城, 성양, 하비 근처의 지명)에 이를 즈음에는 병사의 숫자가 10여만 명에 이르렀다. 양성 중위의 군사를 격파하기까지 했다.

이처럼 주구의 군대는 승승장구하며 그 몸집을 불려나가고 있었다. 그러나 이러한 주구도 오왕 유비가 대패하여 도망한다는 소식을 접하고는 바로 하비로 말머리를 돌렸다. 유비와 계속 함께한다면 뜻을 펼치지 못하고 실패하리라는 것을 직감했던 것이다. 그리고 미처 하비에 도착하기 전에 등창으로 목숨을 잃고 말았다.

오왕 유비의 실패는 단순히 한 전투에서의 실패를 의미하는 것이 아니었다. 당시 그를 따르며 돕던 많은 연합세력의 기세도 함께 꺾어버리게 한 중차대한 일이었던 일이었다.

동부 지역 제후들의 계속된 실책

오왕 유비가 군사를 버리고 도망치자 그의 군대는 결국 궤멸되어 태위 주아부와 양의 군대에 항복하고 말았다. 오왕은 회하를 건너 단도(丹徒, 강소성 진강시)로 도주하여 간신히 동월(東越, 도읍은 절강성 영가현)을 보존했다. 이때 오왕이 거느린 군사는 도망친 병졸들까지 모아 겨우 1만여 명이었다.

그러자 한 조정에서는 동월로 사람을 보내 동월에 유리한 조건을 가지고 교섭을 했다. 동월에서는 곧바로 오왕 유비를 위로하는 척하며 사람을 시켜 오왕을 찔러 죽인 후 그 머리를 그릇에 담아서 역전(驛傳)으로 한나라에 보고했고, 오의 태자 유구(劉駒)는 민월(閩越, 복건성 복주시. 당시에는 東冶)로 도망쳤다. 남부 지역에서의 기병은 완전한 실패였다.

한편 오초와 연합했던 산동 지역의 치천국, 교서국, 교동국 세 나라 왕은 군사를 일으키기로 했다가 약속을 어긴 제(齊)를 공격해 그 도읍인 임치(臨淄, 산동성 치박시)를 포위했다. 서쪽으로 가기 전 자기들의 배후를 칠 수도 있는 제를 없애기 위해서였다. 그러자 제왕은 중대부(中大夫) 노(路)를 장안에 보내 경제에게 이 사실을 알리게 했다. 제나라는 완전히 한나라 편으로 돌아선 상황이었다.

경제는 중대부 노에게 한 조정의 군대가 오와 초를 격파했으니 제는 스스로 굳게 지키기만 하라고 말했다. 하지만 노가 장안에서 제로 돌아왔을 때는 세 나라의 군사가 임치를 여러 겹으로 포위하고 있어서 들어갈 수가 없었다.

결국 노는 제 지역에 와 있는 세 나라 연합군에게 붙잡혔고, 이들은 노를 이용해 제를 함락시키려고 했다. 그리하여 노에게 '한은 이미 격파되었으니 제가 세 나라에 함락될 것이고 그리 하지 않으면 또 도륙될 것'이라고 말하도록 협박했다. 사실을 거꾸로 말하게 하는 계책이었다.

노는 하는 수 없이 그렇게 하겠다고 약속한 후 성 아래에 이르러 제왕을 올려다보며 소리쳤다.

"한은 이미 100만 대군을 발동하고 태위 주아부로 하여금 오와 초를 격파하게 했습니다. 바야흐로 군사를 이끌고 제를 구원할 것이니, 제는 반드시 굳게 지키면서 항복하지 마십시오."

이 말을 들은 세 나라 장수들은 화가 나서 노를 죽였다.

사실 제에서는 임치가 포위되어 급박한 상황이 되자, 비밀리에 세 나라와 연락하기로 모의했었다. 이는 세 나라의 뜻대로 오초와 방향을 같이하여 한을 공격하겠다는 뜻이었다. 그런데 아직 이러한 약속을 확정하지 않은 상태에서 한나라에 갔던 노가 돌아오자 대신들은 다시 제왕에게 항복하지 말라고 권했다.

이때 마침 한나라의 장수 난포(欒布)와 평양후(平陽侯, 조기 혹은 조양) 등의 군대가 제에 이르러 세 나라의 군대를 격파했다. 그러나 포위를 다 풀고 난 후 제가 당초 세 나라와 모의한 일이 있었다는 보고가 있자 한 조정은 제를 정벌하려고 했다. 결국 두려워진 제의 효왕은 약을 마시고 스스로 목숨을 끊었다. 제 효왕은 약속을 어김으로써 산동 지역의 기병도 불가능하게 만들었고, 본인의 목숨도 결국 부지하지 못했다.

제를 함락시키는데 실패한 교서왕 유앙과 교동왕 유웅, 그리고 치천왕 유현은 각기 군사를 이끌고서 귀국했다. 이 가운데 살아남기 위해 애쓴 사람은 교서왕 유앙이었다. 그는 맨발로 풀밭에 앉아서 물만 마시면서 두 태후에게 사죄했다.

하지만 교서국의 왕태자 유덕(劉德)은 결국 장안 세력이 자신들을 용납할 수 없을 것이라 판단하고 말했다.

"한의 군대가 돌아가는데 신이 그들을 보니, 이미 피로했으므로 습격할 수 있겠습니다. 바라건대 왕의 남은 군사를 수습하여 이들을 치게 해주십시오. 이기지 못한다면 그때 도망하여 바다로 들어가도 늦지 않습니다."

그러나 교서왕은 '나의 사졸들도 이미 무너져서 써먹을 수가 없다'라며 독자적으로 장안을 공격하자는 태자의 제안을 거절했다.

저항을 포기하고 용서를 받아 살기를 구하는 교서왕에게 궁고후(弓高侯) 한퇴당(韓頹當)이 말했다.

"조서를 받들건대, 불의한 사람을 죽이고 항복한 사람은 사면하여 그 죄를 없애주어 옛날처럼 회복시킬 것이며, 항복하지 않은 사람은 이를 없앨 것이오. 왕은 어디에 있겠소? 기다렸다가 일을 처리하겠소?"

한퇴당은 한왕(韓王) 한신(韓信, 장군 한신과 동명이인)의 아들로서 흉노에서 귀부하여 궁고후로 책봉된 사람이다. 이때 그는 한 조정의 입장에서 교서왕 유앙을 설득한 것이고, 결국 교서왕은 죄를 지었다는 표시로 윗옷을 벗어 살을 드러내는 육단(肉袒)을 하고 머리를 조아리면서 한나라 군사가 있는 성벽으로 나아가 항복을 했다.

그러나 한퇴당은 조조를 제거하기 위한 기병이었다는 변명을 받아들이지 않고 반란이었다는 결론을 내렸다. 교서왕을 용서하지 않겠다는 것이다. 한퇴당이 마침내 조서를 내어 교서왕에게 읽어주고 말했다.

"왕은 스스로 도모하시오."

결국 교서왕 유앙은 스스로 목숨을 끊었다.

"저 같은 사람은 죽는다고 하여도 죄가 남을 것입니다."

한 조정에 반기를 들고, 다시 용서를 빌어 살려고 했던 교서국의 왕과 태후, 그리고 태자도 모두 죽었다. 함께 군사를 일으켰던 동교왕과 치천왕, 제남왕도 모두 복주되었다.

이제 남은 것은 조나라였다. 역기 장군의 군대가 조에 이르렀을 때, 조왕은 직접 군사를 이끌고서 도읍 한단(邯鄲)에서 성을 지켰다. 역기가 일곱 달에 걸쳐 성을 공격했지만 떨어뜨릴 수 없었다.

그러나 오와 초가 패배하여 전세가 역전되자 조나라를 돕기로 약속했던 흉노 역시 변경으로 들어오려고 하지 않았다. 이때 산동 지역으로 가서 제를 제압한 난포가 돌아와 역기와 군사를 합병하여 물을 이용해 조나라 성을 공격했고, 결국 조나라 성은 파괴되었다. 그리고 조왕 역시 자살했다.

이로써 오초와 함께 군사를 일으켰던 일곱 나라의 왕은 모두 죽었다. 결과적으로 오초7국의 기병이 실패로 돌아갔고, 서부 장안 세력에 의해 동남부의 세력은 모두 제압당했다. 역사의 큰 틀에서 봤을 때 서부에 대한 동남부의 반발이 이번에도 실패로 돌아갔다.

봉건국을 남겨야 했던 타협적 태도

한 조정의 입장에서 보면 오초7국의 기병은 명백한 반란이었다. 그러나 그 원인은 제후국으로 남아있는 동남부 지역에 대한 서부 세력의 압박에서 찾을 수 있다.

진 시황제 이후 서부 사람들은 줄곧 자신들이 중심이 되어 천하를 통일하고자 했다. 다만 힘이 부족했기 때문에 유방은 봉건체제 아래에서 동남부 지역을 제후국으로 분리독립시켰던 것일 뿐이다. 그리고 긴 호흡을 거치면서 문경시대에 들어서자 이들 제후국을 약화시켜 진 시황제가 시도했던 직접 지배 체제를 구축하려는 방향으로 움직이기 시작했다. 그래서 한 조정에서는 삭지 정책을 시행하였지만 제후국들은 반발하여 군사를 일으켰고, 다시 힘으로 이들 동남부 세력을 제압했다.

그렇다면 이를 빌미로 제후국을 없애는 것이 일반적인 수순이다. 그러나 장안의 서부 세력은 아직 완전히 천하를 장악할만한 힘을 비축하지 못했다. 그래서 경제 유계는 제나라가 협박에 못 이겨 모의한 것이므로 죄가 없다며 자살한 제왕 유장려의 태자인 유수(劉壽)를 왕으로 세웠다. 제를 그대로 존속시켰을 뿐만 아니라 반란을 일으키고 자살한 사람의 아들을 다시 제후로 세우기까지 했다.

제후왕의 작은 허물에도 봉국(封國)을 없애거나 약화시키려 했던 것이 한나라 왕조의 일관된 입장이었으니 의외의 조치였다. 이는 겉으로는 관용을 베푸는 듯했지만 실제로는 산동의 제 지역을 다독거릴 수밖에 없을 정도로 한 조정의 힘이 넉넉지 못했다는 의미였다. 타협적인 태도였다.

이러한 상황은 제북왕을 처리하는 데서도 그 일단을 찾아볼 수 있다. 제북왕 유지는 오초7국이 기병을 계획할 당시 제북의 왕성을 수리하는 문제와 한 조정에서 파견된 낭중령의 위협으로 군사를 낼 수 없었다. 오초의 기병에 가담할 마음은 있었으나 사정이 여의치 못해 가담하지 못한 제북왕에게 과연 죄가 있느냐 없느냐를 따지는 문제였다.

보통 역적이나 반란의 문제를 다룰 때 어떠한 기미만 있어도 처벌을 하는 일반적인 기준을 적용해 본다면, 비록 제북왕이 군사를 동원하지는 않았지만 마음속으로는 반란에 동조한 것이 분명하므로 처벌을 받아야 마땅하다. 이러한 상황을 알고 있던 제북왕 유지는 고민 끝에 스스로 목숨을 끊어 그의 가족이라도 살리려고 했다.

이는 당연한 관행이자 옳은 판단이었다. 그러나 이 소식을 듣고 제(齊) 지역 출신인 공손확(公孫獲)이 제북왕에게 살아날 길을 찾아보자며 이를 만류했다.

"신이 청컨대, 대왕을 위하여 양왕에게 명확하게 유세하여 천자에게 의사를 통하도록 시험해 보겠습니다. 유세하여도 이 조치가 채택되지 않으면 그때 죽어도 늦지 않습니다."

앞에서 살펴본 대로 양왕 유무는 오초의 군대를 막아내는데 큰 공로를 세운 사람이다. 그는 두 태후의 막내아들이자 경제 유계와 친형제 간인데, 군공(軍功)까지 세웠으니 한 조정에서 더욱 커다란 발언권을 갖게 되었다. 공손확은 양왕 유무를 통해 제북왕 유지를 살려 보려는 의도였다.

이리하여 공손확은 양왕 유무를 찾아갔고, 그를 설득하기 시작했다. 그는 먼저 제북의 지리적인 위치와 그 중요성을 강조했다.

"무릇 제북의 땅은 동쪽으로는 강한 제와 이어져 있고, 남쪽으로는 오와 월에 이끌리고 있으며, 북쪽으로는 연과 조를 곁에 두고 있습니다. 이는 사분오열(四分五裂)된 나라입니다. 권모(權謀)를 쓴다 하여도 스스로 지키기에 부족하고, 강함을 가지고 보아도 침략을 막아내기에 부족합니다. 또한 신기하고 이상한 일이 있다고 말하지 아니하고는 기다리기 어려운데, 비록 오에게 말로는 실수하였으나 그것은 올바른 계책이 아니었습니다."

여기서 신기하고 이상한 일이라고 한 말을 안사고(顔師古)는 '기괴한 신령의 도움'을 말한다고 해석했다. 제북이 지리적 조건으로 보아 여러 나라에 둘러싸인 보잘 것 없는 나라이지만 아직까지 존재하는 것은 마치 신령의 도움을 받고 있는 나라라는 뜻이다. 그만큼 제북의 위치가 아주 중요하지만 독자적인 행동은 할 수 없는 힘 없는 나라라는 점을 강조한 것이다.

공손확이 이어서 말했다.

"설사 제북이 정실(情實)을 보고서 그것을 좇지 않을 실마리를 보였다면 오나라는 분명 먼저 제를 거쳐서 제북에서 끝내고, 연과 조를 불러서 이를 통합할 것인데 이와 같이 했다면 산동에 있는 나라들이 좇아서 결맹(結盟)하는 데는 아무런 틈도 없었을 것입니다."

이 말은 만약 제북이 오초의 반란 계획에 처음부터 동조하지 않았다면 오초는 먼저 제와 제북을 쳐서 자기편으로 만들었을 것이라는 얘기였다. 그렇게 되면 오초는 남부에서 동부를 거쳐서 완전히 동부 지역을 장악하고, 효산 동쪽의 여러 나라와 결맹하고 장안의 한 조정과 대결하는 구도로 갔을 것이라는 주장이었다.

그러나 초기에 제북이 오초에 동조하는 척하자 오초의 군대가 동부 지역에 대해 안심하고 중앙에 있는 양으로 곧바로 진전했고, 그렇기 때문에 오초가 실패한 것이라는 설명이었다. 이는 제북이 오초에 협조하는 척했다가 생각을 돌렸기 때문에 결국 오초를 진압하는데 큰 도움이 되었다는 뜻이다.

"이제 오왕은 제후들의 군사를 연결해가지고 백도(白徒, 훈련받지 못한 무리)의 무리들을 몰아 서쪽으로 가서 천자와 세력을 저울질 하고 있지만 제북만은 홀로 신하로서의 절개를 지키고 떨어지지 아니했습니다. 그 때문에 오나라가 더불어 하지 못하고, 아무런 도움도 받지 못하고, 반걸음씩 혼자 나아가다가 기와가 깨어지고 흙이 무너지는 것처럼 되어서 깨어지고 실패하여 구원받지 못하게 되었습니다. 그것은 분명 제북의 힘이 아닌 것이 아닙니다."

결국 제북 덕분에 오나라가 무너졌다는 말이었다.

이어서 제북으로서 그렇게 처신할 수밖에 없는 입장을 설명했다.

"무릇 작디작은 제북으로서 제후들과 강함을 다투니 이는 염소나 송아지가 호랑이나 이리 같은 적을 막은 것입니다. 직분을 지키는데 굽히지 아니했으니 정성이 한 가지라고 말할 수 있을 것입니다. 공로와 의로움이 이와 같은데, 아직도 황상에게 의심을 받아서 어깨를 움츠리고 머리를 숙이면서 발을 포개고 옷깃을 어루만지다가 스스로 앞으로 나아가지 않았던 마음을 후회하게 하니, 이는 사직에 이로움이 되지 않습니다."

제북으로서는 불가피한 상황에서 최선을 다했는데, 황제로부터 의심을 사게 되니 안타깝다는 말이었다. 이어서 양왕에게 큰 공로를 세웠으니 이 사실을 황제에게 잘 설명하라는 말도 잊지 않았다.

"신은 번신(藩臣)으로 직책을 지킬 사람들이 이를 의심할까 걱정입니다. 신이 가만히 생각하건대, 서쪽의 효산을 지나서 장락(長樂, 장락궁)을 경유하여 미앙(未央, 미앙궁)에 이르기까지 소매를 걷고 올바르게 의논할 사람은 오직 대왕[양왕 유무]뿐입니다. 위로는 망할 것을 온전하게 만든 공로를 세웠고, 아래로는 백성을 편안히 했다는 명성을 갖고 있으며, 덕(德)은 골수에까지 사무쳤고 은혜는 무궁하도록 베풀었으니, 바라건대 대왕께서는 이 사실을 자세하게 생각하시기 바랍니다."

공손확의 이야기를 들은 양왕 유무가 크게 기뻐하여 사람을 보내 이와 같은 내용을 보고했다. 그 덕택에 제북왕은 오초에 연좌되지 않고 치천국으로 옮겨 책봉될 수 있었다. 물론 제북왕이 죽지 않고 치천왕으로 옮겨진 데에는 그를 위하여 양왕 유무에게 유세한 공손확의 공로가 크다고 할 수 있다.

그러나 사실 한 왕조가 충분한 힘을 가지고 산동 지역을 모두 통치할 능력을 가지고 있었다면 이러한 논리는 통하지 않았을 것이다. 꼬투리만 있으면 제후를 없애야 하는 것이 황제의 천하일통관이지만 제북왕 유지를 살려둔 것은 아직 그만한 힘이 한 조정에 없었다는 것을 반증하고 있다.

그러나 경제 유계의 이러한 조치는 어쩔 수 없이 제후를 그대로 둔 것일 뿐 장안에 있는 한 조정에서 천하를 다 통치하려는 계획이 중단된 것이라고 보기는 어렵다. 그러한 의미에서 본다면 경제 시대까지도 한나라는 상당부분 봉건 제후국을 그대로 둔 분열된 상태였다고 할 수 있다.

제3장

열국시대를 꿈꾸는 사람들

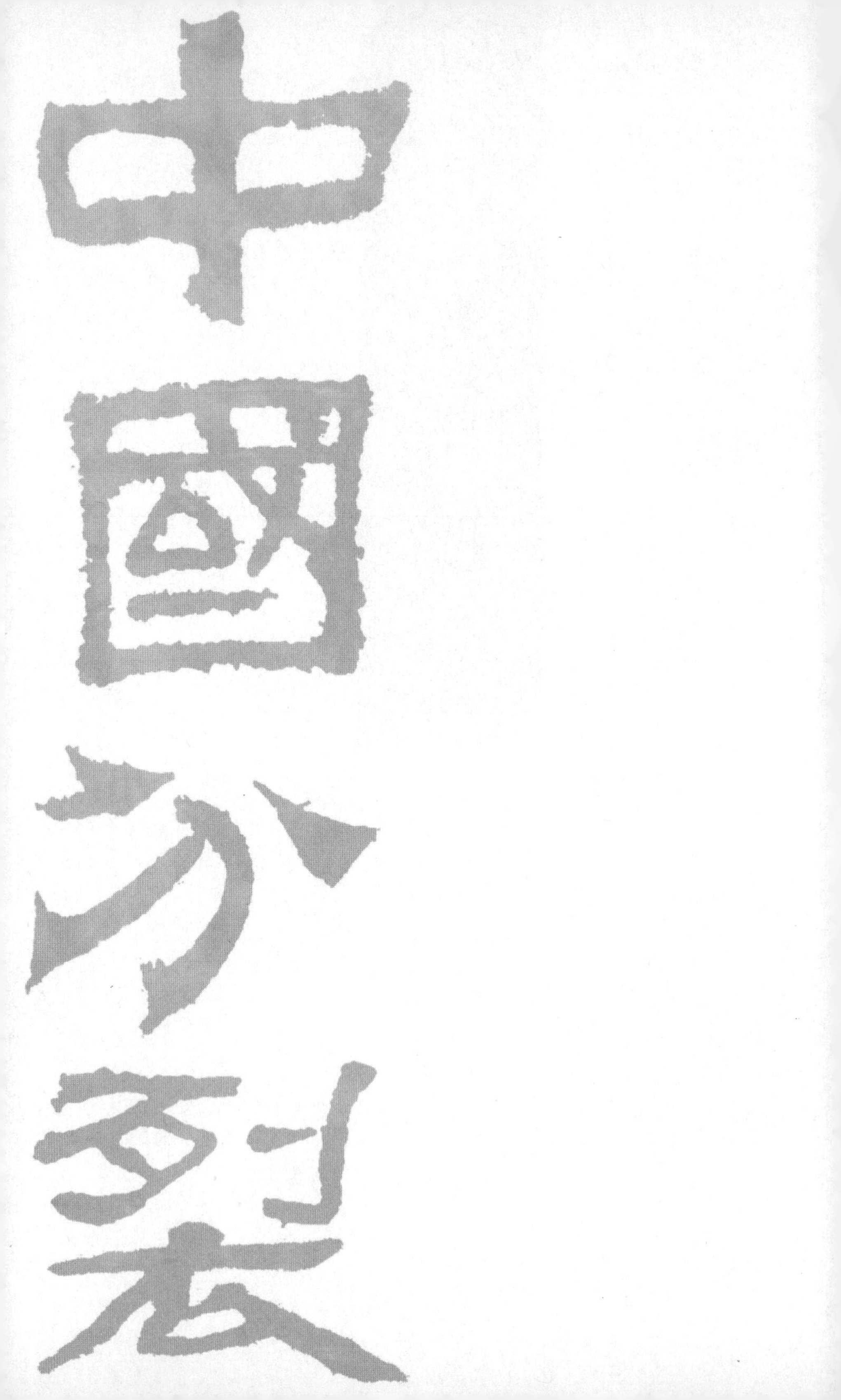
中國分裂

열국시대를 꿈꾸는 사람들

봉건제를 통한 간접적 천하 지배

주(周) 왕조는 은(殷) 왕조를 구축한 후 천하를 지배하는 방법으로 봉건제를 창안했다. 은나라를 무너뜨린 주 무왕(武王)의 아버지인 주 문왕(文王)은 중원의 서부 지역에 있던 주족(周族)의 대표였다. 그래서 그는 은으로부터 서백(西伯)의 벼슬을 받아 은의 번병(藩屛, 울타리, 국경)의 역할을 맡고 있었고, 그 아들 무왕시대에 와서는 동부로 이동하여 은나라를 무너뜨리고 주나라를 세웠다.

그러나 일단 주 왕조를 건설한 주 무왕은 어떻게 하면 천하의 질서를 자기들 중심으로 구축할 수 있을 것이냐를 두고 고심하지 않을 수 없었다. 만약에 은 왕조가 구축한 천하질서의 유지방법을 그대로 답습한다면, 언젠가는 자기들이 은족을 제거한 것처럼 또 다른 이족(異族)이 자기들을 축출할 수도 있기 때문이다.

그래서 생각해 낸 것이 다른 성[異姓]을 가진 이족에게 번병의 임무를 띠게 하는 일을 되도록 줄이자는 것이었다. 이족보다는 동족을 훨씬 더 믿을 수 있다고 생각했기 때문이다. 그래서 만들어 낸 제도가 이른바 봉건제(封建制)였다.

주 왕조는 많은 제후를 두어 각 지역을 책임지게 했는데, 되도록 주 왕실과 같은 희(姬)씨 성을 가진 동성 제후를 책봉하고 이성 제후의 수를 줄이려고 노력했다. 그 결과 당시에 71개의 봉건 제후를 세웠는데, 봉건제도가 성립되는 주 무왕과 그 동생 주공(周公)시대에 이르면 그 중 53개가 동성 제후였을 정도로 이성 제후의 수는 대폭 감소되었다. 주 왕조는 직접 모든 천하를 지배하는 것이 아니라 동성이 중심이 된 제후를 통해 간접적으로 천하를 지배하는 방식을 채택한 것이다.

다시 말해 주 왕조는 제후로 책봉한 사람에게 봉토를 주고 해당 지역을 지배하도록 했으며, 주 왕실에 대해 조현(朝見)하는 예(禮)를 지키도록 하여 그 의무를 다하게 했다. 물론 제후는 주왕의 명령에 복종하면서 주왕인 천자에게 납공(納貢)해야 했고, 때로는 주왕을 좇아서 필요한 작전에 참여해야 했다. 이것이 주 왕조가 천하를 유지하는 국제질서였다.

그러나 주 왕실이 제후국에 대해 모든 것을 간여하는 것은 아니었다. 제후의 직책도 세습되었기 때문에 사실상 제후국에서는 독자적인 정치가 가능했다. 또한 이러한 체계는 제후국 안에서도 마찬가지였다. 제후는 자기가 받은 봉토 가운데 자기가 지배하는 바로 밑[次下] 계층인 대부(大夫)에게 채읍(采邑)을 주어 이를 관리하게 했다. 전체적으로 보면 피라미드 형식의 간접 지배라고 할 수 있다.

이러한 간접 통솔방식의 봉건제도는 각 제후가 지닌 독자성 때문에 시간이 지나면서 부강한 제후국과 그렇지 못한 제후국으로 나눠지기 시작했다. 특히 철기 문명이 등장한 이후에는 제후국이 자리한 지역적 여건에 따라서 개발 이익에 차이가 났고, 그로 인하여 제후국 사이에는 국력의 강약, 빈부의 격차가 커지기 시작했다.

결국 전국시대에 오면 주초의 70여 개의 제후국은 전체적으로 7웅으로 불리는 일곱 나라로 통합된다. 이들 일곱 나라는 각기 조금씩 차이는 있었지만 대체로 제후국으로서 역사가 700년 정도가 되었다. 이들은 700년 동안 계속하여 그 영역을 넓혀 왔으며, 영역이 넓으면 넓을수록 경제적 부와 국제적 발언권이 강해진다는 것을 경험으로 알게 되었다. 그래서 이들 7웅은 지난 과거에 많은 주변 제후국을 병탄했듯이 서로 다른 여섯 나라를 다 차지하려는 싸움을 계속해야 했다. 한 나라가 다른 나라를 모두 병탄하면 천하일통이 되는 것이어서, 이들 일곱 나라는 자기나라를 중심으로 천하일통을 달성하려고 계속 전쟁을 했다.

당시를 살아가던 맹자는 7웅 가운데 하나인 제왕(齊王)이 "앞으로 천하가 어떻게 될 것인가?"라고 물었을 때에 주저 없이 "천하는 하나로 통합될 것입니다."라고 대답했다.

자기의 영역을 확장하려는 '욕심'을 인간의 본질로 본다면, 모든 것을 다 갖기 전에는 절대로 이 싸움을 멈추지 않을 것이기에 언젠가 결국 천하가 하나로 될 것이라는 맹자의 말은 정확한 예상이었다.

무한한 영역의 확장이라는 대세에 맞추어 200~300년 동안 전국시대를 이끌어 온 화두는 '누가 어떤 방법으로 천하를 통일할 것인가' 하는 것이었다. 따라서 천하일통의 방법을 제시하기 위해 제자백가가 등장했고, 제후왕들은 이들 제자백가를 후하게 우대하면서 모시기 경쟁을 했다.

한때 간접적이나마 온 천하를 지배했던 천자인 주왕(周王)은 존재하긴 했으나 더이상 종주국으로서의 영향력은 행사할 수 없었다. 이성 제후냐, 동성 제후냐의 문제는 종주국을 보존하는 데에 그다지 큰 요소가 되지 못했다. 제아무리 종주국이라고 하지만, 힘이 약하다면 힘이 강한 다른 나라에게 잡아 먹힐 수 있는 상황으로 치닫고 있었다. 이것이 역사의 결론인 것이다.

전국7웅은 마지막으로 진(秦)이 나머지 6국을 병탄하여 천하일통을 이루게 되면서 끝을 맺는다. 따라서 역사의 발전 과정은 계속해서 통합하는 방향으로 진전되고 있다고 볼 수도 있다.

새로운 문명과 도구의 발달은 보다 넓은 영역의 직접적인 지배를 가능하게 만들었으니, 철기 문명의 등장이 전국7웅을 하나로 만든 것이다. 작은 단위의 공동체가 점차 큰 공동체로 변하는 것은 인류 역사의 일반적인 과정이므로 전국7웅을 통합한 진 왕조의 출현은 역사 발전의 당연한 결과라고 이야기할 수 있다.

타협적 지배 방법의 토론

그러나 최초로 중국 천하를 통일한 진(秦)에게도 "천하의 질서를 어떻게 조직해야 효과적으로 천하를 통치할 수 있는가?"라는 화두는 계속하여 이어지고 있었다.

사실 과거 이성 제후를 두었다가 은나라가 멸망했고, 그 개선 방법으로 동성 제후를 두었던 주나라도 결국 망했으니, 이미 이러한 방법을 그대로 원용할 수는 없었다. 역사에서 이미 실패로 결론난 제도를 그대로 쓸 수 없기 때문이다.

주는 은시대에 이루어진 추형(雛形)의 봉건 방식에서 혁명을 통해 은·주의 왕조 교체를 이뤄냈다. 이때 앞에 말한 대로 주의 정책은 믿을만한 동성 제후를 책봉하여 지배하는 것이었다. 그러나 그 후 700~800년이 지나오면서 동성 제후들 간에도 협조나 양보를 기대하기란 힘들어졌고, 오히려 서로 영토 전쟁을 벌였다.

그래서 진나라가 중국 천하를 통일한 기원전 221년에 이 문제에 대한 토론이 벌어졌다. 승상 왕관(王綰)이 말했다.

“연(燕), 제(齊), 형(荊, 초)의 땅은 먼 곳에 있으므로 왕을 두지 않으면 이를 눌러 지킬 수 없습니다. 청컨대 여러 아들을 세우십시오.”
여기서 형이란 초(楚)를 말하는데, 진의 장양왕(莊襄王)의 이름이 초였기 때문에 이를 피하여 같은 뜻의 글자인 형이라고 고쳐 사용했다.

승상 왕관의 주장은 전국시대의 6국처럼 봉건적 통치를 주장한 것이다. 물론 전국시대 6국을 전부 부활시키자는 것은 아니고, 6국 가운데 가장 강력했던 북동쪽의 연과 제, 그리고 남쪽의 초 지역만은 진나라 종족을 제후로 삼아 봉건제를 잔존시키자는 말이었다.

그 이유는 진(秦) 왕조가 뿌리를 두고 있는 서부 지역과 경제적·문화적으로 차이가 있는 남부와 동북부 지역은 진의 도읍인 함양(咸陽)에서 멀리 떨어져 천자가 직접 통치하기에 어려움이 있기 때문이다.

물론 진의 제후왕은 진 왕조를 이룩한 영(嬴)씨로 삼는 것을 기본으로 하며, 진의 직할 영역이 주의 직할 영역보다 훨씬 크기는 했다. 어찌되었든 일부이긴 하지만 핵심은 봉건제를 잔존시키자는 주장이었다.

만약 당시의 진 왕조가 천하를 직접 통치할 수 있는 능력을 갖고 있었다면 아마도 이러한 주장은 하지 않았을 것이다. 요컨대, 봉건제의 잔존 여부는 천하를 직접 통치할 수 있는 능력의 유무에 달린 것이었다. 또한 이것은 진이 주변의 여섯 나라를 통합하면서 영토가 7배나 늘어나, 그 넓은 지역을 직접 관장하기란 쉽지 않다는 현실론에 입각한 것이기도 했다.

천하를 직접 다스릴 능력이 없다면 싫기는 하지만 하는 수 없이 봉건제의 일부를 잔존시킬 수밖에 없다는 논리였다.

직접적 지배 방식의 군현제

그러나 정위(廷尉) 이사(李斯)는 왕관의 이 의견에 반대했다. 이사는 먼저 봉건제를 채택했던 주나라가 망한 원인을 짚어갔다.

"주의 문왕과 무왕이 책봉한 바는 자제(子弟)와 동성(同姓)들이 많았지만, 그 이후 서로가 소원(疎遠)하게 되어 서로 공격하기를 마치 원수같이 하였습니다. 그러나 주의 천자는 그것을 금지시킬 수가 없었습니다."

주대(周代)의 역사적 경험으로 볼 때 피를 나눈 혈육이라고 해도 믿을 것이 못 된다는 말이었다.

이 역시 옳은 지적이었다. 주대에는 봉건제를 통하여 예(禮)로써 천하의 질서를 다스리려 했지만, 제후국들은 새로운 철기 문명을 수용하면서 서로 그 영역을 넓히고자 전쟁을 벌였다. 결과적으로 가장 강한 힘을 가지고 있던 제후국인 진이 이들을 다 멸망시키고 천하를 통일한 것이다. 따라서 봉건 제후를 임명한다면 후대에도 마치 주가 진으로 바뀐 것과 똑같은 일이 벌어질 수 있기 때문에, 이 방법을 재차 사용해서는 안 된다는 의미였다.

이어서 이사는 새로운 제도를 제안했다.

"이제 사해(四海, 천하)의 안은 폐하의 신령스러움에 의지하여 하나로 합쳐졌으니, 모두 군(郡)과 현(縣)으로 만들고 여러 아들들과 공신들에게 공적인 부세(賦稅)를 가지고 많은 상을 내려주시면 아주 충분하고 쉽게 통제할 수 있습니다. 그러면 천하에는 다른 뜻이 없게 될 것이니 이것이 안녕을 지키는 술책입니다. 제후를 두는 것은 편하지 못합니다."

봉건국을 군과 현으로 바꾸고, 제후왕 대신에 공신과 아들들을 관리로 삼아 군과 현을 관리하자는 주장이었다. 또한 그들에 대한 보수는 부세로써 충당하자는 말이었다.

이것은 봉건제와 전혀 다른 새로운 제도였다. 우선 봉건제에서는 제후라는 작위가 세습되지만 군현제에서는 관리라는 직책은 세습되는 것이 아니었다. 아울러 봉건제에서는 자기 봉토에서 부세를 받아 사용했지만 군현제에서는 국가가 부세를 다 거둔 후 관리에게 녹봉을 준다는 것이었다. 이 방법은 관리에게 충분한 재부를 공급하는 대신 관리가 마음대로 걷어 쓸 수는 없게 하여 전국시대의 제후국처럼 부를 축적하기가 어렵다. 인사권과 재정권을 중앙 조정이 장악하면 지방에 독립된 세력이 나타날 수 없다는 것이었다.

진 시황제도 이사의 의견에 동의했다.

"천하가 다함께 전투하고 쉬지 못한 것은 후왕(侯王, 제후왕)이 있었기 때문이다. 종묘에 의지하여 천하가 처음 안정되었는데 또다시 나라를 세운다면 이는 군사를 심어놓은 것이다. 그리고 그들이 편하게 쉬기를 구한다면 어찌 어렵지 않겠는가? 정위가 논의한 것이 옳다."

이러한 과정을 거쳐서 종주국이 천하를 직접 지배하는 군현제가 등장했다. 이에 따라 천하를 36개 군으로 나누고, 군을 관리하는 직책으로 수(守), 위(尉), 감(監)을 두었다. 새로운 제도의 등장이었다. 당시 군현제의 등장은 온 천하가 진 왕조 하나로 통일되고 황제 한 사람에 의해서 지배되는 아주 혁신적인 제도였다.

해처럼 하나 밖에 없는 황제

천하일통을 유지하기로 마음먹은 진 시황제는 부분적이나마 봉건제를 유지하자는 왕관의 의견을 따르지 않고 정위인 이사의 의견을 좇아서 군현제를 채택했다. 그리고 그 위에 천하일통을 유지하기 위한 또 다른 정책을 추진했다.

그 첫 번째가 제왕의 용어를 창안하여 격을 높이는 것이었다.

기원전 221년에 진왕(秦王) 영정(嬴政)은 6국 가운데 마지막까지 남아 있던 제(齊)를 멸망시키고 천하를 병탄한 후 자신의 덕[업적]이 삼황(三皇: 복희(伏羲), 신농(神農), 수인(燧人))을 겸하고, 공로는 오제(五帝: 황제(黃帝), 전욱(顓頊), 제곡(帝嚳), 당요(唐堯), 우순(虞舜))를 능가했다고 평가했다. 그리고 달성한 위업에 걸맞는 호칭을 만들어서 자신을 삼황

오제를 합친 용어인 '황제(皇帝)'로 부르도록 했다. 역사상 처음으로 천하일통이라는 대업을 달성했으니 그 수장에 대한 호칭도 새로이 창안한 것이다.

그동안 정치적 수장의 최고 호칭은 '왕(王)'이었다. 이 왕이라는 호칭도 원래는 주나라 수장만이 사용했지만 전국시대에 오면서 과거 공(公)으로 불리던 제후들이 각기 왕이라는 호칭을 사용했다. 그러다 보니 전국시대에 오면서 왕이라는 호칭을 사용하는 사람이 여럿 있었다. 그래서 천하일통을 달성한 진왕 영정은 과거에 여러 사람이 동시에 쓰던 왕이라는 호칭보다 한 단계 높은 황제라는 호칭을 만들어 쓴 것이다. 이와 아울러 종전에 사용하던 명(命)을 제(制)로, 령(令)을 조(詔)로 바꾸고, 스스로를 칭할 때는 과인 대신 짐(朕)이라는 용어를 사용했다.

이때부터 황제라는 호칭은 천하를 통일하여 지배하는 사람이라는 의미를 지니게 되었다. 하늘에 해가 하나인 것처럼 천하에는 천자인 황제 한 사람뿐이라는 개념이 생긴 것이다. 이러한 개념을 가진 '황제'라는 용어를 사용한다는 것은 천하가 자기 아래 있다는 것을 의미하는 것이다.

따라서 이후에 이 황제라는 말과 황제가 사용하는 명령인 제, 또는 조라는 용어 속에는 천하통일의 개념, 즉 하늘에는 해가 하나이듯이 천하의 통치자는 황제 한 사람뿐이라는 의미가 들어있다. 이 용어에는 분열 통치는 인정하지 않는다는 뜻이 내포되어 있었다.

진 시황제의 통일 정책은 그뿐만이 아니었다. 진 시황제는 지방의 병기를 없애서 반란이 일어날 소지를 모두 없애고자 했다. 그리하여 전국의 병기를 함양에 모아다 녹여 종거(鐘鐻, 악기를 거는 얼개)와

금인(金人, 쇠로 만든 인형) 12개를 만들어 미앙궁 뜰 가운데에 두었다. 그 무게가 각기 1천 석(石)에 이르렀으니 무기를 만들 수 있는 철기는 모두 거둬들인 셈이다. 오로지 진 황실만이 무기를 관장하겠다는 의미였고 지방의 반란을 원천적으로 봉쇄하고, 인사권, 재정권과 함께 무력의 독점을 위한 조치였다.

천하를 하나로 묶는 제도들

또한 진 시황제는 각 지역별로 달랐던 도량형(度量衡)을 통일했다. 그동안 여러 나라들이 독자적으로 국가를 유지해 왔기 때문에 경제 유통의 근본이 되는 도(度), 형(衡), 석(石), 장척(丈尺)도 각기 달랐다. 전국7웅만 놓고 보더라도 각기 그들 나름대로의 도량형을 사용하고 있었다. 이것을 통일하지 않고는 경제적 유통에 어려움이 있기 때문에 천하를 하나의 유통 지역으로 통일하려면 도량형을 통일하는 일은 반드시 필요한 조치였다. 개별성의 부정이었다.

그 다음으로 법률과 다양한 사상을 하나로 통일시켰다. 이것을 주장한 사람은 승상이 된 이사였다.

"다른 시기에는 제후들이 나란히 다투어 유세하는 학인(學人)을 후하게 대우하면서 초청했습니다. 이제 천하가 이미 안정되어 법령이 한 곳에서 나오니, 백성으로 집에 있는 사람은 힘써 농사를 짓고 물건을 만들어야 하고, 선비는 법령을 학습해야 합니다.

지금 여러 학생들이 지금의 것을 스승으로 하지 않고, 옛것을 배워서 현재의 시대를 비난하여 검수(黔首, 일반 백성)들을 현혹시키고 혼란스럽게 하고, 서로 더불어 법령을 비난하며 사람들에게 가르치고 있습니다. 그리고 명령이 내려졌다는 말을 들으면 각기 자기가 배운 것을 가지고 이를 의논하고, 들어가서는 마음으로 비난하고 나오면 골목에서 의논하여서 주장을 과장하는 것을 명성이라고 여기고, 다른 것으로 나가면 이것을 고명하다고 여기고 많은 사람을 인솔하여 비방의 말을 내려 보내 비방을 만듭니다.

이를 금하지 않는다면 군주의 세력은 위에서 떨어지고, 떼 지은 무리들은 아래에서 만들어집니다. 이를 금지하는 것이 편리합니다."

정부가 하는 일에 대해 비판하는 토를 달 수 없게 해야 한다는 주장이었다. 사상의 통일인 것이다. 천하가 하나가 되기 위해서는 말과 생각이 하나로 되어야 하는 것이고, 그것을 규정하는 것은 황제의 법에 의해서만 가능해야 한다는 주장이다. 이 법은 황제 밑에 있는 모든 사람이 지켜야 하는 것이었다.

이렇게 원칙을 밝힌 이사는 구체적인 시행방법을 제시했다.

"신이 청컨대, 사관(史官)에게 진을 비난하는 기록은 모두 태워버리게 하시고, 박사관(博士官)이 관장하지 않는 천하에 숨겨진 《시(詩)》, 《서(書)》 및 제자백가(諸子百家)의 학설이라는 것들도 모두 군수와 군위에게 보내 불태워버리게 하십시오.

감히 우연하게라도 《시》와 《서》를 말하는 사람이 있다면 기시(棄市, 목을 베어 저자에 버리는 형벌)하고, 옛것을 가지고 오늘날의 것을 비난하는 자는 그 가족을 다 없애며, 관리가 알아보고도 검거하지 않으면 같은 죄로 다스립니다. 명령을 내리고 나서 30일이 되어도 태워버리지 않으면 경형(黥刑, 얼굴에 죄명을 묵으로 뜨는 형벌)에 처하여 성단(城旦, 4년 동안 아침에 일어나서 성 쌓는 일을 하는 노역형)을 시킵니다.

버리지 아니할 것은 의약(醫藥), 복서(卜筮), 종수(種樹)와 관련된 책입니다. 만약 법령을 배우고자 하는 사람이 있으면 관리를 스승으로 삼습니다."

오로지 국가의 법률만 공부하고, 다른 의견도 내지 말라는 말이었다. 그리고 이를 강제적인 법으로 시행해야 한다고 주장했다.

이를 모두가 받아들인다면 천하일통과 그 유지는 가능할 것이다. 이처럼 이사는 진이 천하를 통일하고 그 통일을 유지할 수 있는 방안은 거의 다 고안해 냈다. 어떻게 보면 진 시황제 시절에 이미 천하일통을 유지하고 공고하게 하는 장치가 완벽하게 마련되었다고 볼 수 있다.

법령 때문에 터진 반란

완벽에 가까웠던 일통 정책은 진 시황제가 죽고 나자 곧바로 왕관이 지적했던 문제점을 드러냈다. 천하일통을 유지하기 위해 취한 강력한 법가적 통치는 오히려 가혹한 정치가 되었고, 결국 이에 대한 불만이 폭발한 것이다. 이러한 폭압정치 때문에 제일 먼저 군사를 일으킨 사람은 진승(陳勝)과 오광(吳廣)이었다.

진승과 오광은 진 2세 원년(기원전 209년)에 수졸(戍卒) 900명을 거느리고 어양(漁陽, 지금의 북경)까지 가야하는 책임을 맡았다. 그런데 이들은 대택향(大澤鄕, 지금의 안휘성)에서 큰 비를 만나 정해진 기일 안에 갈 수 없는 상황이 되었다.

당시 진의 법률에서는 기한을 어기면 무조건 목숨을 내놓아야 했고, 융통성이라고는 전혀 찾아볼 수 없었다. 조정의 명령에 복종하기 싫어서가 아니라 불가항력적인 일을 만나 명령을 지킬 수 없는 상황이 발생해도 그러했다.

상황이 이러하니 진승과 오광은 아무리 고생해서 목적지에 가봤자 죽는 것은 명백한 사실이었다. 따라서 명령을 수행하면 무조건 죽게 되지만, 반란을 일으킨다면 그 성공여부에 따라 살 수도 있는 상황이 된 것이다.

진승과 오광이 말했다.

"여러분들은 모두 기한을 넘겼으니 참수를 당할 것이고, 가령 참수되지 않는다고 하더라도 수(戍) 자리(국경을 지키는 일이나 그 일을 하는 병사를 이르던 말)나 서게 될 것이고 그렇게 되면 열 명 가운데 예닐곱 명은 죽을 것이다. 또한 장사(壯士)란 죽지 않으면 모를까 죽게 된다면 이름을 크게 들어내야 할 것이다. 천지에 왕후장상(王侯將相)의 씨가 따로 있단 말이냐!"

이 말로 보아 진승과 오광이 군사를 일으킨 것은 폭압정치의 부작용이 가져 온 우발적 사건이라고 볼 수 있다.

그러나 그 배경에는 천하일통을 유지하기 위한 가혹한 법가적 통치방법이 있었다. 그것의 부작용이 군사를 일으키게 한 것이다. 비록 계획적인 반란은 아니었지만 일단 군사를 일으키고 나면 자체의 관성 때문에 돌이킬 수 없게 된다. 성공하든가, 아니면 토벌되어 죽든가 둘 중 하나였다.

진승과 오광은 반란을 일으킨 다음에 장초(張楚)라는 나라를 세웠다. 전국시대 남부 지역의 중심이었던 초국(楚國)이 진에게 망했으니 다시 초를 세워서 이를 벌려놓는다는 뜻이었다. 그저 우발적인 기병에 일단 독립 세력을 형성하기 위해 자신들의 고향이자 봉건시절 초국의 이름을 빌렸을 뿐이다. 독립에 대한 어떠한 계획도 없었지만, 그만큼 봉건시절의 뿌리가 사람들의 마음속에 깊이 있었기 때문에, 그로 인해 자연발생적으로 초국[장초]이 탄생했다. 바야흐로 남부에서 군사가 일어난 것이다.

꿈꾸는 전국시대의 봉건

봉건시절에 대한 향수는 비단 진승과 오광만이 가지고 있었던 것은 아니었다. 당시 진승은 그의 장수 주시(周市)에게 중원 지역인 위(魏)를 정복하게 한 후 그에게 위왕(魏王)이 되라고 다섯 번이나 제안했다.

그러나 주시는 이런 제안을 거절하고 전국시대의 위나라 공자인 영능군(寧陵君) 위구(魏咎)를 왕으로 삼고자 했다.

"천하가 혼란하면 마침내 충신이 나타납니다. 이제 천하가 함께 진을 배반하는데, 그 의로는 반드시 위왕을 세운 다음에야 할 수 있습니다."

춘추전국시대의 전통을 존중할 만큼 주대(周代) 봉건제도에 대한 향수가 깊이 남아있음을 알 수 있는 대목이다.

이어서 주시는 계속 제(齊, 산동) 지역으로 진격했는데, 적현(狄縣, 산동성 고원현) 현령이 이를 막자 원래 제의 왕족인 전담(田儋)과 그의 사촌동생 전영(田榮)이 적현 현령을 죽였다. 그리고 전담이 군사를 이끌고 제를 회복시키고, 스스로 왕이 되었다. 전담은 전국시대 제 왕실의 국성인 전(田)씨였기 때문이다.

이후 전담이 군사작전 중에 죽자 진을 공격하는데 중심이 되었던 항우 역시 전담의 아들 전시(田市)를 제 지역에 교동왕(膠東王)으로 삼아 여전히 전국시대의 봉건제를 회복시키려는 생각을 실천하였다.

또 진승군이 조(趙, 북부) 지역에서 무신(武臣, ?~기원전 208년)에게 피살되었을 때에도 그의 부하였던 장이(張耳)와 진여(陳餘)는 조왕의 후예인 조헐(趙歇)을 왕으로 삼았다. 물론 후에 진(秦)이 멸망한 후 조헐은 조 지역의 동북쪽에 위치한 대(代)에서 대왕(代王)이 되었지만 여전히 전국시대의 봉건국을 회복하려 한 것이다.

또한 항량(項梁)이 초를 회복시키자 원래 한국(韓國, 중원 지역) 사람이었던 장량은 항량에게 한의 공자였던 한성(韓成)을 추천하여 한왕(韓王)으로 삼을 것을 부탁했다. 그리고 조왕 무신의 옛날 장수였던 한광(韓廣)이 연(燕, 동북 지역)의 옛 땅을 찾음으로써 연을 회복시켰다. 이렇게 진에 의해 멸망한 전국시대의 6국이 모두 회복되었다.

진 시황제는 최초로 천하를 통일했고, 또 그것을 영원토록 유지하려고 했다. 왕관의 염려를 무시하고 힘을 바탕으로 여러 가지 정책과 대책을 강력하게 실천했지만, 그럼에도 불구하고 다시 전국시대로 돌아가는 상황이 연출된 것이다.

강압적인 천하일통 정책이 억지스러웠기에 전국시대 봉건제국의 병존(竝存)은 자연스런 형상이다. 자연을 거스르는 억지가 힘을 잃으면 언제든지 원래의 자연 상태로 돌아간다는 원리를 여기에서도 적용해볼 수 있다.

이러한 전국시대로의 회귀에 대한 열망은 진나라 멸망 후 항우가

◆항우가 분봉한 19명의 제후

	이름	원래의 직위	책봉왕호	도읍지(현재위치)
1	항우(項羽)	초국 상장군	서초패왕(西楚霸王)	팽성(강소 서주)
2	유방(劉邦)	무안후	한왕(漢王)	남정(섬서 한중)
3	장감(章邯)	진국 상장군	옹왕(雍王)	폐구(섬서 흥평남)
4	사마흔(司馬欣)	진국 장사	새왕(塞王)	역양(섬서 부평동남)
5	동예(董翳)	진국 도위	적왕(翟王)	고노(섬서 연안북)
6	위표(魏豹)	위왕	서위왕(西魏王)	평양(산서 임분서)
7	신양(申陽)	조상 장이 부장	하남왕(河南王)	낙양(하남 낙양동)
8	한성(韓成)	한왕	한왕(韓王)	양적(하남 우현)
9	사마앙(司馬卬)	조장	은왕(殷王)	조가(하남 기현)
10	조헐(趙歇)	조왕	대왕(代王)	대현(하북 울현동북)
11	장이(張耳)	조상	상산왕(常山王)	양국(하북 형태)
12	영포(英布)	항우 부장	구강왕(九江王)	육현(안휘 육안북)
13	오예(吳芮)	번군	형산왕(衡山王)	주현(호북 황강북)
14	공오(共敖)	초국 상주국	임강왕(臨江王)	강릉(호북 강릉)
15	한광(韓廣)	연왕	요왕(遼王)	무종(하북 계현)
16	장도(臧荼)	연장	연왕(燕王)	계현(북경 서남)
17	전시(田市)	제왕	교동왕(膠東王)	즉묵(산동 평도동남)
18	전도(田都)	제장	제왕(齊王)	임치(산동 임치동)
19	전안(田安)	항우 부장	제북왕(濟北王)	박양(산동 태안동남)

천하를 분봉하는 것에서도 드러났다. 그는 자기가 종주국이 되고, 여타는 제후국으로 삼는 구도(構圖)를 구상하고 실행했다. 그가 천하를 다 소유하고 싶은 생각이 없어서가 아니라 대세가 그러했던 것이다.

옆의 표처럼 항우가 분봉한 19명 제후의 면면을 본다면 대부분 전국시대 봉건 제후의 후예이거나 봉건국의 고관이었던 사람들이다. 또한 여기에 등장하는 초(楚), 진(秦), 조(趙), 위(魏), 연(燕), 한(韓), 제(齊)는 전국7웅과 관계를 갖고 있다. 예외가 있다면 평민출신의 유방뿐이었다.

물론 유방에게는 이러한 항우의 분봉이 불만이었다. 진을 공격할 당시의 약속을 항우가 지키지 않았기 때문이다. 그래서 이것이 다시 한초전으로 이어졌다. 유방이 한초전에서 승리할 수 있었던 것도 다시 봉건 제후가 될 것을 기대하면서 유방을 도왔던 사람들 때문이다. 그러므로 유방이 항우에게 승리하면서 한 제국이 성립되었을 때에도 많은 장군들은 진말의 분위기처럼 봉건제로의 복귀를 기대하는 분위기였다.

분봉을 기대한 유방의 장군들

항우의 분봉(分封)에 대한 유방의 불만으로 시작된 한초전에서 유방은 다시 합종연형을 거친 끝에 승리했다. 항우를 구축한 후 유방은 마치 항우가 진을 멸망시킨 다음에 그랬던 것처럼 자기를 도왔던 장수들을 어떻게 대우해야할지 고민에 빠졌다.

유방을 도와 한초전에 참가한 장수들 역시 마찬가지였다. 항우가 멸망하고 난 직후에 큰 공로를 세운 20여 명은 바로 제후로 책봉되었지만, 그보다 공로가 적은 나머지 사람들도 모두 끊임없이 공을 다투고 있었다. 이들은 황제인 유방의 힘으로도 제압하기 어려웠으므로 유방은 결정을 하지 못하고 책봉을 시행할 수 없었다.

고제 6년(기원전 201년)에 유방이 논공행상의 문제로 고민하던 일화가 있다. 유방이 낙양 남궁(南宮)의 복도에서 모래 위에 앉아 이야기를 하고 있는 제장들을 바라보며 그의 모사 장량(張良)에게 물었다.

"저들은 무슨 말을 하고 있는가?"

장량이 말했다.

"폐하께서는 모르십니까? 저들은 반란을 모의할 뿐입니다."

유방이 말했다.

"천하가 거의 안정되어 가는데 어떠한 연고로 반란을 하는가?"

한초전이 다 끝났는데 왜 다시 반란을 일으키냐는 질문에 장량이 대답했다.

"폐하께서는 포의(布衣, 평민)로 시작하여 이들을 가지고 천하를 얻었는데 지금 폐하께서 천자가 되고 책봉한 사람은 모두 옛날부터 친하던 사람들이었으며, 주살된 사람은 모두 평생 원수였던 사람들입니다. 지금 군리(軍吏)들은 공을 계산해 보고 천하를 가지고 두루 책봉하기에는 부족하니 이들은 폐하가 모든 사람에게 전부 상을 내려줄 수 없을까 두려워하고, 또 평생 동안 저지른 과실이 발견되어 주살되는 상황에 이를까 의심하고 있습니다. 그런 연고로 서로 모여서 반란을 일으키려고 모의할 뿐입니다."

유방을 도와서 목숨을 걸고 항우를 무찌르는데 참여한 사람들은 그 대가를 기대하고 있었던 것이다. 만약 그것이 기대에 미치지 못한다면 유방 자신이 항우의 분봉에 불만을 품고 한초전을 일으켰던 것처럼 다시 반란을 일으킬 수도 있는 상황이라는 것이었다.

여기까지 생각한 유방이 걱정하며 대책을 묻자 장량이 대답했다.

"황상께서 평생동안 미워한 사람으로 여러 사람들이 모두 아는 사람이 누구입니까?"

"옹치(雍齒)는 나와 묵은 원한관계가 있으며 그가 자주 나를 모욕했소. 그를 죽였으면 좋겠지만 그의 공이 많아서 차마 그리 못하고 있는 것이오."

"그럼 먼저 옹치를 책봉하면 여러 신하들은 모두 스스로 확신하게 될 것입니다."

자기들의 대우에 대하여 불안해하는 사람들을 안심시키는 것이 무엇보다 시급하다고 생각하여 만들어낸 장량의 고육지책이었다.

유방은 장량의 말대로 술자리를 마련하고 옹치를 책봉하여 십방후(什方侯, 십방은 한중현)로 삼고, 승상과 어사를 독촉하여 공로를 확정하고 책봉을 시행하게 했다. 역시나 여러 신하들은 주석(酒席)이 끝나자 기뻐하며 말했다.

"옹치도 후(侯)가 되었으니, 나 같은 무리는 걱정할 것이 없겠군."

장량의 예상대로 이 대책을 통해 유방은 안정될 수 있었다.

황제라는 용어를 사용한 유방의 속내

이처럼 유방은 당시에 일반 장수들까지 달래지 않으면 안 될 처지였다. 그렇기 때문에 비록 한초전에서 승리했지만 천하를 직접 통치하기는 어려운 상황이었다. 그러나 유방은 일단 황제라는 칭호부터 쓰기 시작했고, 이것은 진 시황제처럼 천하를 직접 장악하겠다는 의지를 드러낸 것이다. 따라서 장량의 대책은 임시변통이자 미봉책(彌縫策)에 불과했다.

항우의 경우를 보더라도 자기가 중심이 되어 진을 무너트린 이후 군사력을 동원하여 진의 멸망에 일조한 세력들을 제후왕으로 분봉했다. 그리고 전국시대의 초 회왕의 손자인 웅심(熊心)을 회왕으로 삼았다가 황제로까지 올렸었다.

사실 웅심은 항우의 삼촌 항량(項梁)시절에는 몰락하여 다른 사람의 목동으로 있었다. 하지만 항우가 이렇게 형편없이 몰락한 웅심을 데려다가 황제의 칭호를 줄 수밖에 없었던 이유는 웅심이 전국시대에 초왕의 후예라는 점 하나 때문이었다. 그러니까 항우가 진을 무너트렸던 시점에서도 전국시대로의 회귀, 즉 봉건제로의 회귀를 원하는 분위기를 거스르기 어려웠기 때문에 웅심을 초왕으로, 그리고 다시 황제라는 명칭을 주었던 것이다.

물론 항우는 후에 아무런 힘이 없었던 초의 황제 웅심을 죽였고 그를 의제(義帝)로 부르기는 했다. 이러한 조치들은 겉으로나마 주대의 봉건제로 회귀해야 한다는 당시의 분위기를 간접적으로 말하는 것이고, 항우 또한 그만큼 당시의 분위기를 잘 이해하고 있었다.

하지만 유방은 항우와는 달리 직접 황제라는 칭호를 썼다. 항우도 물론 스스로 황제에 오르고자 하는 생각이 없었던 것은 아니지만 하나의 중간과정을 거치려고 했던데 비하여 유방은 이 중간 과정을 거치지 않고 바로 진 시황제를 이어받는 형식을 취했다. 유방은 진 시황제와 같이 천하일통을 이루려는 의도를 갖고 있었음이 분명하다.

그러나 봉건적 천하질서로의 회귀를 당연시하고 기대하던 당시의 상황에서 곧바로 진 시황제처럼 전국을 군현제로 묶기에는 힘이 모자랐다. 그래서 유방이 선택할 수 있는 길은 자기의 본래의 마음과는 달리 봉건제의 명맥을 살려 공신들을 다독거리는 것뿐이었다.

이러한 상황에서 유방이 만든 제도가 군국제(郡國制)였다. 이는 용어에서 볼 수 있듯이 진 시황제의 군현제와 주대에 제후국을 둔 봉건제를 혼합한 형태였다. 한 조정에서 직접 통치할 수 있는 지역에서는 군현제를 실시하고, 힘이 미치지 않을 지역에는 봉건 제후를 두었다.

6국 재현을 꿈꾸게 한 유방

이러한 이유 때문에 유방은 자기를 도운 세력들을 분봉했다. 유방이 항우와의 쟁패(爭覇)과정에서 정략적으로 분봉한 경우가 바로 한왕(韓王) 한신(韓信)이었다. 장군 한신과 동명이인인 이 사람이 분봉된 것은 한 고제 2년(기원전 205년)이다.

이때 과거 전국시대의 한(韓) 지역이었던 양성(陽城, 하남성 등봉현 경계)에서 정창(鄭昌)이 한왕(韓王)으로 있었다. 정창은 원래 오(吳, 강소성 오현) 현령이었는데, 항우가 자기 지역 사람인 정창을 데려와 한왕으로 세웠던 것이다.

원래 항우는 한(韓)의 후예인 한성(韓成)을 한왕으로 책봉했었다.

그러나 항우는 한성이 유방의 동방 진출을 돕지 않을까 우려했고, 결국 그를 죽이고 그 대신 정창을 한왕으로 삼아 유방의 한(漢)이 동쪽으로 진출하는 것을 막게 했다.

하지만 유방의 입장에서 정창을 한왕으로 남겨 둔다는 것은 전국시대의 한(韓) 지역을 항우에게 빼앗기는 셈이고, 항우의 세력이 유방의 턱밑에까지 쫓아와 있음을 뜻하는 것이었다. 따라서 한왕에 정창이 있다는 것은 유방에게 있어서는 대단히 위험한 일이기에, 유방은 재빨리 전국시대 한(韓)의 양왕(襄王)의 손자인 한신을 한의 태위(太尉)로 삼고 군사를 거느려 한 지역을 경략하게 했다.

한(韓)의 후예 한신을 우군으로 삼고 한 지역에 대한 연고를 기회로 그에게 힘을 보태주어 항우의 세력을 몰아내게 한 것이다. 이에 힘입은 한신이 정창을 양성에서 공격했고 정창은 항복하고 말았다. 그러자 유방은 그 해 11월에 한신을 한왕으로 삼았던 것이다.

다음으로 유방이 자신을 도운 장군에게 왕작(王爵)을 주어 분봉한 것은 유명한 장군 한신(韓信)의 경우이다. 그는 유방이 남부에서 항우와 대치하고 있는 사이에 조(趙) 지역을 공격하여 유방의 세력으로 흡수시킨 공로를 세웠다.

한신은 이 시기에 가장 유명한 장수였다. 그는 휘하의 군사를 모두 유방에게 내준 후, 현지에서 조달한 오합지졸을 데리고 이른바 '배수(背水)의 진(陣)'을 쳐 조 지역에서의 승리를 이끌어 냈다. 이때 조왕은 항우가 세운 전국시대 조나라의 후예인 조헐(趙歇)이었고, 성안군(成安君) 진여(陳餘)가 그를 돕고 있었다. 한신은 이 전투에서 승리한 이후 유방에게 자기를 도왔던 장이를 조왕으로 세우자고 건의했고, 유방도 그 건의대로 장이를 조왕으로 삼았다. 유방의 사람으로 조왕을 바꾼 것이다.

그리고 한신은 조에서 사로잡은 광무군(廣武君) 이좌거(李左車)의 계책에 따라 연왕(燕王) 장도(臧荼)에게 사신을 보내 싸우지 않고 연을 항복시켰고, 장도는 항복했기 때문에 역시 그대로 연왕으로 인정했다. 그 위에 제를 공격하여 제왕 전광(田廣)을 사로잡았다. 조 지역에서 연을 거쳐 제까지 유방의 세력 안으로 들어오게 한 한신은 제왕에 책봉되었다.

이처럼 유방은 자기를 도운 사람, 또는 자기에게 항복한 사람을 항우가 책봉했던 제후를 대신하여 제후 자리에 충당했다. 결국 항우가 분봉한 체제에서 그것을 맡은 사람만 바꾸었을 뿐 그대로 유지한 것이라고 보아도 무방하다.

항우 압박의 수단, 이성 제후

그 다음으로 유방은 항우와의 쟁패가 막바지에 이른 고제 4년(기원전 203년) 7월에 영포를 구강(九江, 도읍지는 육읍)을 비롯한 강남 지역에 책봉하여 회남왕으로 삼았다. 영포는 원래 항우의 부장(部將)으로 있다가 항우가 분봉할 때 구강왕으로 책봉되었던 사람이다.

유방은 팽성에서 대패한 뒤 영포를 항우에게서 떼어내기 위해 이간책을 썼다. 유방은 구강에 있던 영포에게 수하(隨何)를 파견하여, 항우가 제에서 곤경에 처해 있을 때 영포가 소극적이었던 것을 끄집어내며 항우의 미움을 받아 위태로워질 것이라고 이간질을 했다.

결국 영포는 항우를 배반했고 이로 인해 항우에게 공격을 받아

구강을 잃고 유방에게 도망하여 몸을 의탁했다. 그 후 영포는 다시 사람을 보내 자기의 옛날 부하 수천 명을 모았고, 거기에 유방도 군사를 보태주어 그 세력을 회복하게 했다.

그러한 과정을 거치면서 유방은 영포를 회남왕으로 책봉했다. 이 경우도 항우의 사람을 유인하여 자기 사람으로 만든 다음에 제후로 임명한 것이다. 이러한 덕택에 영포는 그 다음해 유방을 도와 해하(垓下, 안휘성 영벽현)에서 항우를 공격하여 그를 패배시키는데 공로를 세웠다.

유방이 영포를 회남왕으로 책봉한 것은 회남을 항우의 근거지인 강남 지역을 공격하는 교두보로 삼기 위함이었다. 그리고 항우를 공격하여 승리하는데 영포의 공로는 적지 않았다.

그 다음으로 제후로 책봉된 사람은 팽월이다. 팽월은 항우가 해하에서 죽은 지 1개월 만에 양왕(梁王)으로 책봉되었지만 많은 우여곡절을 겪은 다음이었다. 팽월과 유방과의 관계는 유방이 팽성(彭城)에서 항우에게 패하고 근거지인 서쪽으로 가게 되었을 때 팽월이 결정적으로 유방을 도우면서 시작되었다. 팽월 그 자신도 성을 모두 잃고 홀로 군사를 거느리고 있는 상황이었지만 북쪽 황하에 머물면서 한을 위한 유격병(遊擊兵)으로 초를 쳐서 항우의 후방에 있는 그들의 양도를 끊었다.

이처럼 팽월은 항우와 유방이 쟁패하고 있는 중원 지역인 양(梁)에서 독자적인 세력을 가지고 유방을 도왔던 사람이다. 물론 팽월이 항우의 공격을 받아 어려움을 겪을 때에 유방 역시 그의 당형(堂兄) 유가(劉賈)를 보내 서로 보호해주기도 했다. 하여간 팽월이 이렇게 유방을 도왔지만 팽월이 활동했던 양에는 위왕(魏王) 위표(魏豹)가 있었기 때문에 팽월을 위의 상국(相國)으로 삼는데 그칠 수밖에 없었다.

당시 유방의 최종 목표는 최대의 경쟁자인 항우를 공격하여 없애는 것이었다. 그래서 유방은 항우를 코너에 몰고 마지막으로 총공격을 하려고 자기가 제후로 책봉한 제왕 한신과 위나라의 상국인 팽월에게 군사를 동원하라고 했고, 이들도 유방과 약속했다.

그런데 고제 5년(기원전 202년) 10월에 유방이 항우를 추격하며 고릉(固陵, 하남성 회양현)에서 한신과 팽월이 모여 초를 치기로 약속했는데, 한신과 팽월이 오지 않았다. 그 결과 유방은 항우의 초나라 군사에게 대파되었다.

유방으로서는 또다시 위기를 만난 것이다. 또한 독자적인 힘으로는 최대의 경쟁자인 항우를 대적할 수 없다는 것이 드러난 순간이었다. 하는 수 없이 유방은 성벽을 굳게 닫고 제후들이 자신을 좇지 않는 이유에 대해 모사 장량과 논의했다.

이때 장량이 계책을 제시했다.

"초의 군사가 또 격파된다고 해도 두 사람[팽월과 한신]에게 아직 땅을 나누어 갖게 하지 않았으니 그들이 오지 않은 것은 당연합니다. 군왕께서 더불어 천하를 함께 할 수 있다면 그들은 올 수 있습니다."

항우의 군사를 격파하여 생기는 이익을 유방이 독식하기 때문에 오지 않았다는 것이다. 그러니 그들에 기여한 공로만큼의 이익을 보장하라는 말이었다.

이 말을 들은 유방은 장량이 건의한대로 시행했다. 마침 이때 위왕 위표가 죽었고, 유방은 왕이 되기를 바라고 있는 팽월에게 수양

(睢陽, 하남성 상구현) 이북에서 곡성(穀城, 산동성 동아현)에 이르는 땅을 주어 양왕으로 책봉했다. 팽월을 왕으로 삼고 싶어서가 아니라 그의 도움이 절대적으로 필요했기 때문이다. 물론 이때 이미 제왕으로 책봉했던 한신의 도움을 끌어내기 위해 진(陳, 진구, 하남성 회양현)으로부터 그 동쪽으로 바다에 이르는 넓은 땅을 한신에게 내주었다.

군현제와 봉건제의 묘한 배합

그 결과 한신과 팽월이 모두 군사를 이끌고 왔고 이때부터 항우를 몰아붙이기 시작했다. 항우를 제거하고 난 그 해 정월에 제후왕들은 모두 한왕이었던 유방을 황제로 칭해야한다는 상소를 올렸다. 이에 따라 2월 갑오일(3일)에 유방은 범수(氾水)의 양(陽, 북쪽)에서 황제에 즉위했다.

황제에 오르자 유방은 진 시황제가 처음 쓰기 시작한 황제라는 용어를 다시 쓰기 시작했다. 이는 진 시황제의 꿈을 실현하고자 하는 생각의 단초였다.

황제에 오른 유방은 필요한 조치를 내렸다. 그 가운데 하나가 오예(吳芮)를 장사왕(長沙王)으로 삼은 것이다.

"옛날 형산왕(衡山王) 오예는 백월(百粤)의 군사를 좇아서 제후를 돕고, 포학한 진(秦)을 주살하여 큰 공을 세웠다. 그래서 제후들이 세워서 왕으로 여겼으나 항우가 그의 땅을 탈취하고 그를 파군(番君)이라고 불렀다. 이제 오예를 장사왕으로 삼노라."

항우가 군(君)으로 강등시킨 사람을 왕(王)으로 올려준 것이다. 그리고 유방은 무제(無諸)를 민월왕(閩粤王)으로 삼았다.

"옛날에 월왕(粤王) 무제는 세세토록 월(粤)의 제사를 받들었는데, 진이 그 땅을 빼앗아서 그들의 사직으로 하여금 혈식(血食, 제사)을 받을 수 없게 했다. 제후들이 진을 치자, 무제는 친히 민중(閩中, 복건성)의 군사를 인솔하여 진을 멸망시키는 일을 도왔는데도 항우가 폐(廢)해 버리고 세우지 않았다. 이제 민월왕으로 삼으니 민중에서 왕 노릇을 하라."

유방은 남부 지역의 세력인 오예, 무제와 봉건적 관계를 맺음으로써 더 이상 적대적 관계를 만들지 않고 자신의 영향권 안으로 흡수했다. 봉건제를 실시하는 모습을 보여서 지방 세력을 안심시킨 것이다.

그러나 제왕이었던 한신을 초왕으로 바꾸고 황제 즉위 후 1년이 지난 고제 6년(기원전 201년) 정월에 유방의 서장자인 유비(劉肥)를 제왕에 책봉했다. 강한 제후는 그대로 두지 않겠다는 진 시황제가 가졌던 속내의 발로이다.

이러한 유방의 제후 분봉을 보면 전국시대의 상황과 매우 흡사하다. 유방이 직접 통치하는 지역은 전국시기 진의 영역보다는 조금 컸지만 6국이 차지하고 있던 중원의 일부 지역과 북부, 동부, 남부는 모두 이성 제후의 영역이었다. 이러한 분봉은 당시 독자적으로 세력을 형성할만한 무력을 가진 사람들을 안심하게 만들 수 있는 방법이었다.

유방은 이들이 자신에 대하여 불만을 품지 않도록 효과적으로 조치하려고 했다. 그러나 앞에서도 말했지만 유방이 항우 시대, 더 나아가서 7국이 쟁패하던 전국시대로 돌아가려는 생각을 가진 것은 아니었다. 오히려 진 시황제가 이룩한 천하일통을 이룩하여 천하를 자기 직할지로 삼으려는 속내를 감춘 임시적 타협책이었을 뿐이었다.

유방의 조치는 제후라는 미끼를 가지고 자기편으로 안정시키려는 정치적 술수이자 임시변통이었다. 유방이 한 왕조를 건설했다고는 하지만 그것은 남부 지역의 강자 항우를 없앤 것일 뿐, 여전히 동·서·남이 통일되지 않은 채로 완성되지 않은 모습이었다. 따라서 유방의 한나라 건설과 황제의 등극이 곧 천하일통을 의미한 것은 아니었음이 분명하다.

◆이성 제후들의 영역과 내용

국명	왕명	왕도	책봉영역	책봉시기
연(燕)	장도(臧荼)	계(薊)	광양, 상곡, 어양, 북평, 요서, 요동	항우의 책봉을 인정
한(韓)	한신(韓信)	양적(陽翟)	영천	고제 2년(기원전 205년) 1월
조(趙)	장이(張耳)	양국(襄國)	감단, 거록, 상산	고제 4년(기원전 203년) 11월
초(楚)	한신(韓信)*	하비(下邳)	동해, 설군, 회계, 사수, 진군	고제 5년(기원전 202년) 월
회남(淮南)	영포(英布)		구강, 형산, 여강, 예장	고제 4년(기원전 203년) 7월
양(梁)	팽월(彭越)	정도(定陶)	탕군	고제 5년(기원전 202년) 정월
장사(長沙)	오예(吳芮)	임상(臨湘)	장사, 무릉	고제 5년(기원전 202년) 2월
민월(閩粵)	무제(無諸)		복건	고제 5년(기원전 202년) 2월

* 한신은 유방을 도와 조·연·제를 함락시킨 장군이다.

제4장

천하 일통의 징검다리, 군국제

中國分裂

천하일통의
징검다리, 군국제

이성을 동성으로

유방은 고제 5년(기원전 202년)에 황제 자리에 나아가 자기를 도운 사람들을 제후왕으로 책봉하고 한나라를 종주국으로 자리잡게 했다. 하지만 유방은 현실적인 이유 때문에 군현제와 봉건제를 합친 군국제를 실시한 것이지, 천하를 자기 영역 안에 두려는 생각을 포기해서 그런 것이 아니다.

그리고 유방은 천하일통의 꿈을 가지고 있었기에 이들 이성 제후들을 그대로 둘 생각은 애초에 없었다. 그래서 기회가 있을 때마다 제후왕들을 한 조정의 명령에 복종하지 않을 만큼의 독자적인 힘이 없고 믿을 만한 사람으로 바꾸려고 했다.

제일 먼저 교체 대상이 된 사람은 한신이었다. 한신은 유방에게 와서 대장군이 된 후 전투와 외교적 방법으로 조·연·제를 항우로부터 빼앗아왔다. 이는 유방에게 절대적 공로를 세운 것이지만 그와 함께 한신의 세력도 엄청나게 커지게 되었다. 이처럼 한신의 세력이 커지자 유방은 어쩔 수 없이 그를 제왕(齊王)으로 삼았다.

유방이 한신을 제왕으로 삼을 당시의 상황을 보면, 한신은 제를 멸망시킨 다음 유방에게 자신을 가왕(假王, 임시 혹은 대리 왕)으로 삼아 달라는 편지를 보냈다.

그때 유방은 편지를 꺼내보고는 크게 화를 내며 말했다.

"내가 여기에서 어렵게 되어 있으니, 아침저녁으로 와서 나를 보좌(輔佐)하기를 바랐는데, 자립하여 왕이 되겠다고!"

유방이 한신의 요구를 대단히 불쾌하게 생각한 것이 분명했다. 그러나 당시의 정세를 꿰뚫고 있던 장량과 진평(陳平)이 유방의 발을 지그시 밟으며 귀에 대고 말했다.

"한이 바야흐로 불리한데 한신이 스스로 왕이 되겠다는 것을 어떻게 금할 수 있겠습니까? 이것을 통하여 그를 세워서 잘 대우하여 스스로 지키게 하는 것만 못하니, 그렇지 아니하면 변란이 발생할 것입니다."

당시 한참 항우에게 몰리던 유방은 이 말을 듣고서야 자기의 처지와 상황을 깨달았다. 그리고는 다시 언성을 높여 말했다.

"대장부가 제후를 평정했다면 바로 진짜 왕[眞王]이 될 것이지 어찌하여 대리 노릇을 하겠는가?"

가왕을 시켜달라는 한신의 요구에 한걸음 더 나아가 진짜 왕을 시킨 것이다. 이것은 임시변통일 뿐 유방의 진심은 아니었음은 그가 앞에서 한 말로 알 수 있다.

그 후에도 한신이 유방과 함께 항우를 공격하기로 한 약속을 지키지 않자 유방은 한신에게 더 많은 영역을 내줄 수밖에 없었다. 점점 커져가는 한신의 세력이 유방에게는 점점 감당하기 어려워지고 있었다. 따라서 유방은 더이상 한신을 방관하고 있을 수만은 없게 되었다. 한신에게서 제후라는 관직을 거두어 들여야 했다. 제후란 제한적이기는 하지만 독자성을 가지기 때문이다.

유방은 호시탐탐 기회를 엿보며 한신 제거 작전에 돌입했다. 그리고 유방은 항우를 제거하고는 전격적으로 한신을 초 지역으로 옮겨 초왕으로 삼았다. 물론 항우의 초 지역은 한에게 중요한 지역이므로 한신 같은 무력 있는 사람이 제후로 있어야 한다는 명분이 있었지만, 이것은 한신의 지역적 근거인 제로부터 그를 분리하는 작업이었다.

그러나 그것도 잠시, 유방은 항우를 괴멸시켰으니 제후들과 더불어 운몽(雲夢)에서 유람하자는 명목을 빌어 인사하러 온 한신을 체포했다. 그리고 한신을 초왕에서 회음후(淮陰侯)로 강등시키고 장안으로 데려와 더 이상 세력을 가질 수 없게 만들었다. 역시 유방의 분봉이 근본적으로 전국시대로 돌아가겠다는 의미가 아니었음이 증명되는 사건이었다.

한신을 제거한 고제 6년(기원전 201년)에 유방은 동성 제후의 필요성을 크게 절감했다. 그는 진이 고립되었기 때문에 멸망했다는 점을 거울로 삼아 대대적으로 동성을 가진 사람들을 동남 지역의 제후로 책봉하여 천하를 안정시키고자 했다. 친척은 그래도 믿을 만하다는 생각에서 나온 것이니, 따지고 보면 주 무왕이나 주공이 봉건제를 만들 때의 상황과 흡사했다.

유방은 그 해 정월에 한신이 있던 초나라 땅을 둘로 나누어 회하의 동쪽 53현(縣)에는 자기의 사촌형 유가(劉賈)를 세워 형왕(荊王)으로 삼고, 설군(薛郡, 산동성 등현), 동해(東海, 산동성 담성현), 팽성(彭城, 강소성 서주시)의 36현에는 동생 문신군(文信君) 유교(劉交)를 세워 초왕으로 삼았다. 또 운중(雲中, 내몽고 탁극탁현), 안문(雁門, 산서성 우옥현), 대군(代郡, 하북성 울현)의 53현에는 형 의신후(宜信侯) 유희(劉喜)를 세워 대왕(代王)으로 삼고, 교동(膠東, 산동성 평도현), 임치(臨淄, 산동성 임치현), 제북(濟北, 산동성 장청현), 박양(博陽, 산동성 태안현), 성양군(城陽郡, 산동성 거현)의 74현에는 아들 유비(劉肥)를 세워 제왕(齊王)으로 삼았다.

유비는 유방의 장자이기는 하지만 그가 평민 시절에 낳은 아들이다. 특히 이 시절에는 각 지역에 방언이 있어서 다른 지역 사람과의 언어 소통이 원활하지 못하다는 사실 때문에 백성들 가운데 제(齊)의 말을 할 수 있는 사람들은 모두 제로 보냈다.

이렇게 하나씩 동성 제후로 바꾸어 책봉하는 가운데 한신 다음으로 쫓겨난 이성 제후는 연왕이었다. 연왕 장도는 항우가 책봉했던 사람이지만 한신의 설득으로 유방에게 귀의한 사람이었다. 사실 유방은 장도가 귀의한 후에도 얼마 동안은 연왕 자리를 유지하게 했다. 자기에게 귀부한 사람에게 덕스럽게 대함으로써 장래에 자신에게 귀의할 수도 있는 예비 귀부자들의 좋은 본보기로 삼은 것이다. 그와 더불어 천하 사람의 비난을 감추기 위한 방편이기도 했다.

꼬투리만 잡혀봐라

그러나 본보기와 입막음의 용도가 더이상 절실하지 않을 정도의 시간이 흐르자, 유방은 본색을 드러냈다. 애초에 유방은 장도의 항복을 진정한 항복으로 보지 않았기 때문에 연왕 역시 유방의 사람으로 바꾸는 것은 오로지 언제 바꿀 것인가 하는 시기의 문제밖에 남아있지 않았다.

고제 5년(기원전 202년) 9월, 항우가 괴멸되고 1년이 넘지 않은 때에 유방은 연의 태위였던 장안후(長安侯) 노관(盧綰)을 연왕으로 삼았다. 사실 《자치통감》에 그 해 7월에 장도가 반란을 일으켰다는 기록이 있다. 그 반란의 목적은 알 수 없으나, 아마 유방의 속내를 감지한 장도가 더이상 그에게서 앞으로의 희망을 보지 못했기 때문이 아닐까 짐작할 수 있다.

장도가 반란을 일으키고, 두 달 후인 9월에 유방은 장도를 생포하고 연왕으로 노관을 책봉했다. 노관은 동성은 아니었지만 유방과 동향(同鄕) 출신에 생일마저 같다는 이유로 유방의 특별한 총애를 받았다. 여러 신하들이 감히 노관을 쳐다보지도 못했다는 기록이 있는 것으로 보아 유방은 노관을 가족과 같은 정도로 신뢰했다고 할 수 있다.

그러나 이 역시 그리 오래 가지는 않았다. 고제 11년(기원전 196년)에 진희(陳豨)가 조 지역에서 반란을 일으켰을 때 흉노와의 관계 속에서 노관은 유방의 오해를 샀고, 그 때문에 반란을 일으켰다가 번쾌(樊噲)의 공격을 받고 흉노로 도망했다. 유방은 노관이 떠난 자리에 그의 아들 유건(劉建)을 연왕 자리에 앉혔다. 결국 동성 제후로의 교체가 이루어졌다.

그 다음 대상은 조왕이었다. 조왕은 원래 장이였다. 한신은 장이와 함께 조를 공격하여 승리하자 진말 혼란기에 조에서 우승상을 지냈던 장이를 조왕으로 추천했고, 유방은 이를 수용했었다. 그 후에 장이는 고제 5년(기원전 202년)에 죽고, 그 아들 장오(張敖)가 뒤를 이어서 조왕이 되었다. 게다가 장오는 유방의 큰딸 노원공주와 결혼한 유방의 사위였고, 평소 겸손한 성품이었던 그는 결코 한 조정에 반란을 일으킬 사람은 아니었다.

그런데 고제 7년(기원전 200년)에 유방이 흉노를 치러 갔다가 백등(白登, 산서성 대동시)에서 곤욕을 치루고, 간신히 위기를 벗어나 돌아오면서 조나라를 지나올 때에 문제가 생겼다. 이때 유방이 장오에게 무례한 모습을 보였고, 조나라의 신하들은 자기가 모시는 제후왕이 모욕을 당한 것이라 생각하여 반발했다. 이것이 빌미가 되어 결국 반역사건으로 조사가 이루어졌다.

장오가 체포되어 왔지만 신하들의 반발이었을 뿐 장오 본인에게는 아무런 혐의가 없었던 것이 밝혀지자, 유방은 고제 9년(기원전 198년) 정월에 그를 사면했다. 그러나 장오를 조왕에서 강등시켜 선평후(宣平侯)로 삼고, 대신에 그 자리에는 대왕(代王) 유여의(劉如意)를 조 지역으로 보내 조왕으로 삼았다. 즉 사위도 믿지 못하고 아들을 그 자리에 있게 했다. 오로지 혈연 관계에 있는 동성 제후만이 살아

◆대왕 유여의

고제 6년(기원전 201년) 대왕(代王)으로 삼았던 유방의 형 유희(劉喜)는 다음해인 고제 7년(기원전 200년)에 흉노가 침입하자 나라를 버리고 장안으로 돌아왔다. 그래서 그를 합양후(郃陽侯)로 삼고 대신 아들 유여의를 대왕으로 삼았었는데, 장오를 대신하여 조왕으로 가게 한 것이다. 그리고 유여의가 떠난 후 고제 11년(196년) 정월에 유방의 다른 아들인 유항(劉恒)을 대왕으로 삼았다. 이 사람은 후에 문제가 되었다.

남는 구조였다.

그 다음으로 쫓겨난 이성 제후는 양왕 팽월이었다. 팽월의 문제는 진희의 반란을 계기로 나타났다. 고제 11년(기원전 106년)에 진희가 반란을 일으켰을 때 유방은 조 지역에서 가까운 양에서 군사를 징발했다. 그런데 팽월은 병을 핑계로 직접 나서지 않고 장수를 시켜 군사를 거느리고 한단에 가게 했다. 이에 화가 난 유방이 사람을 보내 팽월을 책망했다.

이 일로 겁을 먹은 팽월은 직접 유방을 알현하여 죄를 사면받으려 하자, 팽월의 장수 호첩(扈輒)이 목숨을 구걸하기에는 이미 늦었다며 반란을 종용했다. 그러나 팽월은 주동적으로 반란을 일으킬 정도의 용기나 배짱이 없었기에 그 말을 따르지 않았다.

그런데 양에서 태복(太僕)의 직책을 맡고 있던 자가 죄를 지어 장안으로 도망친 후, 양왕 팽월과 호첩이 서로 반란을 꾀하고 있다고 거짓 보고를 했다. 유방은 이 기회를 살려서 사자를 보내 양왕 팽월을 엄습(掩襲)하여 잡아 들였다.

유방은 곧바로 팽월이 모함을 받아 누명을 쓴 것이라는 사실을 알게 되었지만 팽월의 반란 모의가 사실인지 거짓인지는 중요하지 않았다. 언젠가는 바꿔야 할 양왕 자리를 그저 이 사건을 꼬투리 삼아 동성 제후로 바꿀 절호의 기회로 여겼을 뿐이었다.

그리하여 이 일을 계기로 팽월에게 죄를 물어 서인으로 삼고는 귀양을 보냈다. 그래도 유방은 선처하는 모양새를 보였지만, 유방과 달리 여 태후는 힘 있는 팽월이 훗날의 후환이 될 것이라 생각하고 귀양길에 오른 팽월을 장안으로 데리고 와서 효수(梟首, 죄인의 목을 베어 높은 곳에 매달아 놓는 형벌)했다. 아무런 죄도 없는 팽월은 그렇게 정치적 희생양이 되었다.

팽월이 제거되고 나자 그 해(196년) 3월에 양나라에 대한 후속조치가 단행되었다. 우선 유방은 아들 유회(劉恢)를 양왕으로 삼았고 다른 아들인 유우(劉友)를 회양왕으로 삼았다. 그리고 동군(東郡, 하북성 복양현)을 철폐하여 양(梁, 양의 도읍은 휴양)에 더해주고, 영천군(潁川郡, 하남성 우현)을 철폐하여 회양국(淮陽國, 도읍은 회양현)에 덧붙여 주었다. 양왕과 회양왕을 아들로 바꾸고 선물까지 내린 것이다.

◆ 항우의 분봉도

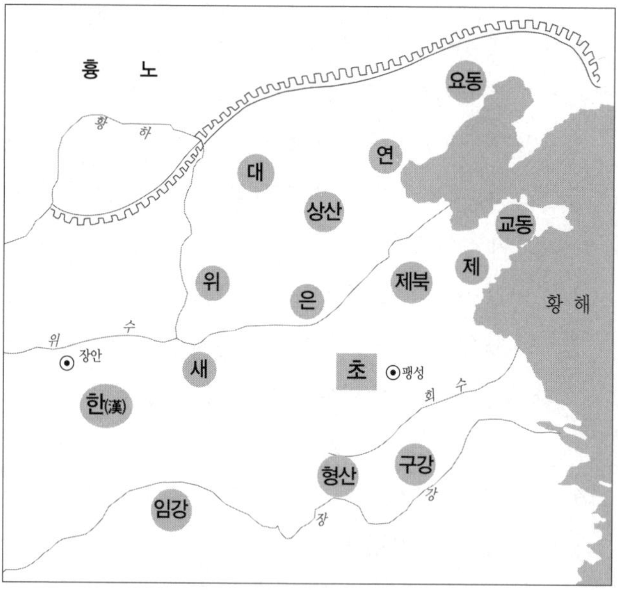

항우가 중심이 되어 진(秦)을 멸망시킨 다음, 이 전쟁에 참여한 사람을 책봉하여 봉건국을 세웠다. 이러한 분봉은 결국 춘추시대를 방불케 하는 것이었는데 초나라가 지도적 지위를 갖지 못하고 다시 한초전이 나타나게 되었다.

불안의 씨앗인 동성 제후

다음으로 교체된 이성 제후는 회남왕 영포였다. 영포는 항우의 사람이었다가 유방에게 귀부한 사람이다. 그는 항우를 칠 때 유방을 도왔지만 항우가 죽은 다음에 진희, 한신, 팽월 등이 차례로 제거되는 것을 보고 몹시 불안해졌다. 그래서 고제 11년(기원전 196년) 7월에 군사를 일으키고 말았다.

◆ 유방의 이성 제후 분봉도

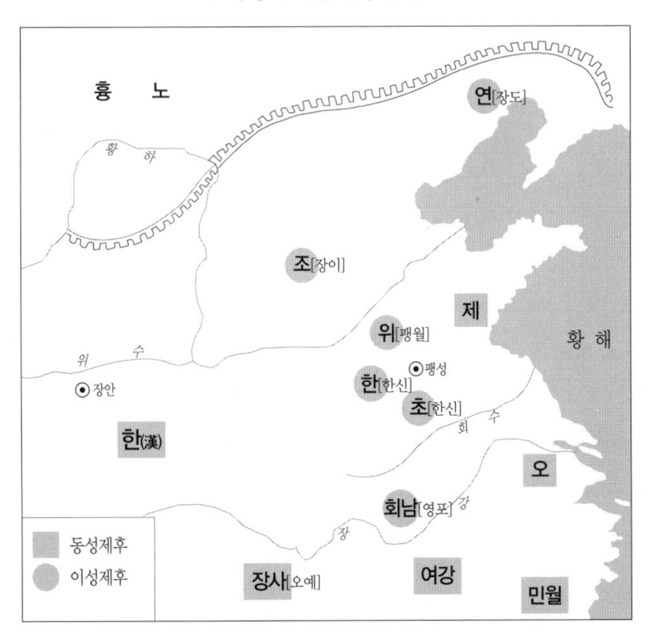

유방은 장안을 중심으로 한 지역을 직접관할구역으로 하고, 장안에서 멀리 떨어진 동남부지역에 봉건국을 세웠다. 그 후 중앙권력이 강화되면서 이 제후국들을 차츰 약화시켜 가고 있었다.

◆동성제후책봉표

국명	왕명	유방과의 관계	국도	책봉영역	책봉시기
초(楚)	유교(劉交)	동생	팽성(彭城)	팽성(彭城), 동해(東海), 설군(薛郡)	고제 6년(기원전 201년) 정월
제(齊)	유비(劉肥)	서장자	임치(臨淄)	임치(臨淄), 교동(膠東), 교서(膠西), 제북(濟北), 박양(博陽), 성양(城陽), 랑사(琅邪)	고제 6년(기원전 201년) 정월
조(趙)	유여의(劉如意)	3자(척부인 소생)	감단(邯鄲)	감단(邯鄲), 위군(魏郡), 상산(常山), 중산(中山), 거록(巨鹿), 하간(河間), 청하(淸河)	고제 9년(기원전 198년) 정월
대(代)	유항(劉恒)	4자(박희 소생)	진양(晉陽)	태원(太原), 안문(雁門), 정양(定襄), 대군(代郡)	고제 11년(기원전 196년) 정월
양(梁)	유회(劉恢)	5자(박희 소생)	정도(定陶)	탕군(碭郡), 동군(東郡)	고제 11년(기원전 196년) 3월
회양(淮陽)	유우(劉友)	6자(박희 소생)	진(陳)	진군(陳郡), 여남(汝南), 영천(潁川)	고제 11년(기원전 196년) 3월
회남(淮南)	유장(劉長)	7자(조희 소생)	수춘(壽春)	구강(九江), 형산(衡山), 여강(廬江), 예장(豫章)	고제 11년(기원전 196년) 7월
오(吳)	유비(劉濞)	조카(형 유희의 아들)	광릉(廣陵)	동양(東陽), 오군(吳郡), 장군(鄣郡)	고제 12년(기원전 195년) 10월
연(燕)	유건(劉建)	8子(조희 소생)	계(薊)	광양(廣陽), 상곡(上谷), 어양(漁陽), 우북평(右北平), 요서(遼西), 요동(遼東)	고제 12년(기원전 195년) 2월

이때 유방은 직접 군사를 이끌고 영포를 공격했고, 영포는 강서 일대로 도망하여 처남인 장사왕 오신(吳臣, 오예의 아들)에게 갔지만 오히려 그에게 유인되어 체포된 후 죽었다. 유방은 회남왕 자리에도 아들 유장(劉長)을 세웠다. 뒤이어서 중요한 거점은 그 영역을 조절하여 모두 아들들을 제후로 책봉했다.

이로써 이성 제후 중 세력을 가지고 있으면서 유방에게 전적으로 복종하지 않는 기미를 보인 사람은 모두 제거되었다. 비록 장사왕 오예가 남아있었지만 그의 영역은 겨우 장사국 하나뿐이어서 그 세력이 몹시 약했다. 뿐만 아니라 장사왕을 이어받은 오예의 아들 오신은 매형인 영포가 반란을 일으켰을 때 영포를 붙잡아 유방에게 보낸 공로를 세웠다. 비록 이성 제후이긴 하지만 세력으로 보나 충성도로 보나 제후를 바꿀 필요가 없는 나라였다. 그래서 장사국은 몇 대에 걸쳐서 제후왕의 자리를 유지할 수 있었다.

그밖에 이성 제후로는 민월왕 무제가 있었지만 당시 이 지역은 장안에서 워낙 멀리 떨어져 있었기 때문에 이 또한 자연 상태로 내버려 둔 것이라고 보아야 한다.

이처럼 유방은 고제 12년(기원전 195년)까지 자기 아들을 중심으로 이성 제후를 동성 제후로 바꾸었다. 당시의 제후들은 유방의 아들 여덟 명 가운데 태자 유영(劉盈)을 뺀 일곱 명과 동생 한 명, 그리고 조카 한 명으로 완전한 가족 중심이었다. 적어도 유방이 생존해 있는 동안은 유방의 절대적인 영향을 받는 아들과 동생, 조카에게 제후국을 맡김으로서 불완전하지만 천하일통을 이룬 셈이고, 진 시황제의 생각을 그대로 실천해 가고 있었던 것으로 볼 수 있다.

하지만 봉건제의 한계는 동성 제후로 바꾼 한 왕조에서도 나타났다. 제아무리 믿을 수 있는 가족 중심의 동성 제후라고 하더라도 중국 천하는 너무 방대해서 모든 제후국을 통제하기는 어려움이 있었다. 그래서 직접 지배가 불가능한 곳에서는 기껏해야 조정에서 승상과 같은 고급관원을 파견하는 정도의 간접적인 조치뿐이었다.

한 왕조의 직접적 지배 영역과 제후국을 통한 간접적 간섭의 영역을 큰 틀에서 비교해 보면 전국시대와 항우의 분봉과 한나라 초기의 이성 제후들의 영역과 비슷하다.

다시 말한다면 서부 지역은 한 조정의 직접관할지로 삼고, 동부와 남부는 잘게 나누어 제후국을 세우고 동성에게 나눠준 것이다. 잘게 나누었다는 것은 단위(單位) 제후국이 독자적으로 힘을 쓸 수 없도록 그 세력을 약화시키기 위함이었다. 이것은 진 시황제의 천하일통의 근간인 군현제로 가기 위한 중간 단계를 의미하는 것이었다.

한 왕조 제1세대가 끝나는 시점인 여 태후의 죽음과 함께, 한 조정에 대한 제후국의 복종은 그 끝을 보이고 있었다. 여 태후가 죽자 유방의 손자인 제왕 유양[유비의 아들]이 바로 군사를 일으켜 서쪽으로 달려온 사실로 복종의 종말을 확인할 수 있다. 그리고 서부 지역의 중심 인물인 한 조정의 대신들은 자신들의 세력을 황제로 세우기 위해 대왕(代王) 유항(劉恒)을 모셔다가 황제로 세웠다.

유항의 통일 정책과 동중서의 등장

새로이 황제가 된 문제 유항은 북쪽 대 지역의 제후에 불과했지만,

그 역시 일단 황제가 되고나자 아버지 유방이나 그 윗세대인 진 시황제처럼 통일 왕조를 목표로 삼고는, 제후 시절과는 달리 제후들의 힘을 약화시키는 천하일통 정책을 내걸었다. 다시 진 시황제가 걸었던 천하일통의 길을 따르기 시작한 것이다.

문제 유항은 제후국의 세력 약화를 추진하는 방법에 있어서 아버지 유방에 비해 훨씬 더 교활했다. 제1장에서 이미 언급한 추은령(推恩令)이라는 정책을 썼다. 그동안 제후가 죽으면 그 장자가 제후를 잇게 했었는데, 추은령은 장자는 물론이고, 다른 아들들까지도 제후를 삼을 수 있다는 내용이었다.

사실 제후의 아들을 모두 제후로 삼아서 신분을 높여 준다는 것은 얼핏보면 추은(推恩)이라 할 수 있다. 그러나 아버지가 지배했던 영역을 여러 아들들이 나누어 갖는 것이므로 실질적으로 한 왕조의 직할 영역에는 아무런 영향도 받지 않는다. 이 정책으로 말미암아 많은 제후를 양산해 냈고, 그 늘어난 제후의 수만큼 그들의 영역과 세력은 분산되고 약화되는 결과를 초래했다. 천하일통의 꿈을 실현하기 위해 한 걸음 더 나아간 정책이었다.

그러나 추은령 역시 완벽하게 제후국의 세력을 지배할 수 없었다. 이러한 중앙 조정의 의도를 파악한 제후들이 기회만 있으면 반란을 일으켰던 것이다. 물론 문제 유항 시절에도 제후들이 반발하고 반역하는 사건이 있었다.

그리하여 그 아들 경제 유계 시대에 추은령의 한계를 덮어주는, 통일 왕조로 가는 새로운 정책이 도입되었다. 바로 삭지(削地)정책이다. 앞에서도 말했지만, 삭지 정책은 추은령과 표리(表裏)를 이루는 것으로 잘못을 저지를 때마다 직접적으로 벌을 준다는 의미를 가지고 있다. 그러므로 중앙 정부는 제후들의 고투리만 잡으면 제후들의 영토를 죽이거나 약화시켰다. 그러나 이 정책은 오히려 제후들을 자극하여 극단적으로 동서 대결의 구도를 만들어 냈다.

중국 역사를 살펴보면 긴 세월 동안 반복적으로 나타나는 전형적인 지역 구분이 있다. 이들 지역은 크게 7개로 분할할 수 있는데, 역사상 처음으로 이와 같은 지역의 형식을 띠게 된 것이 오초7국의 반란이 일어나던 한나라 초기에 성립되었다고 할 수 있다.

이미 지적한대로 진 시황제가 6국을 멸망시키고 최초의 천하일통을 이루었다. 주 무왕의 봉건 제후로 책봉된 70여 개 나라가 600~700년 만에 하나가 된 것이다. 명목상으로 주왕(周王)은 천자였고, 제후는 예(禮)로서 주왕을 섬기고, 주왕은 그 권위를 가지고 천하의 제후를 이끌면서 천하의 질서를 유지했다.

그러나 철기 문명이 시작되면서 국가의 성격이 성읍국가에서 영토국가로 바뀌었고, 영토가 곧 부국(富國)을 말하는 바로미터가 되었다. 이들은 곧 서로 영토를 늘리기 위해 전쟁에 뛰어들었고, 그 영토전쟁은 전국시대에 최고조에 달했다.

70여 개였던 제후국은 600년을 지내오면서 7개로 바뀌었으니, 초기에 비하면 그 영역이 10배로 증가한 셈이다. 이 7국의 분할은 자연적 조건에 따라서 문화까지 나눠진 구역이다. 즉 문화와 자연, 그리고 정치 단위가 자연적인 조건과 대체로 맞아떨어지고 있는 것이다.

그러나 이미 한번 생겨난 영역 확대의 욕심이란 멈추기 어려웠다. 자족(自足)의 범위를 넘어서 한 사람이 천하를 지배하려는 시도였다. 여기에는 주왕이 천자(天子), 즉 하늘의 아들이라는 논리를 가지고 혼자서 천하를 지배해야 한다는 생각이 내재해 있었다.

이러한 논리적 근거가 실제로 실현된 것은 문경시대를 거친 무제(武帝) 유철(劉徹, 기원전 156년~기원전 87년) 시기였다. 무제 유철은 한 제국을 완전히 통일한 사람이기도 하지만 동중서(董仲舒)라는 인물을 채용하여 이 시대의 성격을 이론적으로 정립했고, 천하일통관을 확립시켰다는 점에서 더 의미가 있다.

동중서는 그의 저서인 《춘추번로(春秋繁露)》에서 공자가 찬술(撰述)한 《춘추(春秋)》의 해석을 통하여 종법(宗法)사상을 중심으로 제후들을 약지(弱枝, 곁가지를 약화시키는 것)와 소말(小末, 작은 끝가지)로 생각했다. 그리하여 왕후와 대신들이 권력을 농단하는 것을 엄금하도록 건의했다. 그리고 여기에 음양오행설을 섞어서 신권(神權)과 군권(君權), 부권(父權), 부권(夫權)이 하나로 관통하는 학술체계를 완성했다. 따라서 천자의 권한은 유일하고 독존적인 것이며 아무도 여기에 대항할 수 없다는 이론을 만들어 냈다.

동중서는 공자의 《춘추》에 대한 해석을 통해 황제권의 절대성을 이론적으로 만들어 낸 것이다. 이는 진 시황제의 끝없는 소유욕으로 영(嬴)씨 집안이 확대되어 국가가 되고, 천하가 되었던 것이 이론적으로 정당한 것이었음을 설명했다.

일단 천자의 유일성과 독존성을 확립한 동중서는 이를 유지하는 방법으로 혹독한 방법을 제시했다. 이것은 이른바 〈공양동중서치옥(公羊董仲舒治獄)〉이라는 법으로, 혹독한 관리를 만들어 내는 기초가 되었다. 이는 천자의 권위를 지키기 위한 혹독한 법률의 시행을 정당화한 이론이며, 강제로 군주권을 강화하는 방법이었다.

이러한 동중서의 이론은 무제 때부터 받아들여졌고, 무제는 강력한 통제방법으로 천자의 권위를 세웠다. 마치 진 시황제 때 법가가 강력한 법의 시행을 도입해서 진나라를 하나로 만든 사례를 본받는 듯했다. 특히 무제 유철은 '반순복비(反脣腹誹)의 죄'라는 전무후무한 죄목을 만들어 내서 강제적인 압박으로 황제가 완전히 천하를 지배하는 천하일통을 이루려고 했다.

이러한 일통 사상과 이를 지키기 위한 강력한 엄형주의는 무제 이후에도 천하일통을 원하는 황제에 의해 받아들여지고 시행되었다. 말하자면 엄형적 통제가 아니면 이론으로서의 천하일통 사상은 시행되기 어려운 것이었다.

이는 천자가 유일한 지배자라는 생각을 황제가 실행하고자 할 때 엄형이라는 강제적인 방법이 사용되었다는 말이다. 하지만 엄형에 의한 강제는 자연적인 질서에 반하는 인위적인 것이었다. 사실 황제의 명령이 아주 공정하다고 하더라도, 그 집행이 천편일률적으로 적용된다면 방대한 영토를 가진 중국에서는 지역적 특성에 따라 유·불리로 작용할 수 있다. 따라서 지역적 특성, 그 지역의 고유한 자연 환경과 경제·문화의 전반을 아우르는 이해가 없는 정책 적용은 불만으로 이어질 수밖에 없는 구조였다.

동남 지역의 반발과 지역적 격차

앞에서 살펴 본 대로 진 시황제 이후 한 왕조 역시 기본적으로 천하일통을 목표로 했다. 다만 진이 너무나 급진적이고 폭압적인 방법을 사용했고, 여러 저항에 부딪혀 빨리 멸망한 것에 반해 한의 경우에는 그 왕조의 수명이 오래 지속되었다.

그러나 진 시황제의 6국 통일이나 한 왕조의 천하일통 정책에 대한 반발은 일관되게 남부와 동부를 중심으로 나타났다. 진의 도읍은 함양이었고, 한의 도읍은 그보다 조금 동쪽으로 이동한 장안이었다. 전체적으로 두 곳 모두 서부 지역이었던 점을 본다면 서부 지역에 뿌리를 둔 정권에 대한 남부와 동부 지역의 반항이라고 요약할 수 있다.

전국시대부터 한나라 문경시대까지 일관되게 나타난 것은 동서 대결과 남북 대결이었다. 전쟁이 그친 소강상태였던 시대라고 해도 따지고 보면 동서와 남북이 독자적 세력을 유지하도록 내버려 두며 천하일통의 꿈을 잠시 접었던 때일 뿐이다.

전국시대에 6국이 단결하여 진(秦)의 동진(東進)을 효과적으로 막았던 15년간은 전쟁으로 지새는 시절임에도 조용했었다. 또 항우가 분봉했을 때에도 만약 유방에게 지나치게 불공평한 책봉을 하지 않았다면 그렇게 다시 한초전에 돌입하지 않았을 수도 있다.

그리고 유방이 이성 제후를 압박하지 않고 그들의 영역에서 대대손손 살게 했다면 이성 제후들이 반발하는 형태가 되지 않았을지도 모른다. 유방이 자기 친족들로 제후를 바꾸어 현상유지를 하려고 했을 때에도 천하는 조용했다고 할 수 있다. 하지만 조정에서 제후들을 압박하거나 약화시켜서 천하일통을 꿈꾸는 정책을 펼 때는 항상 반란이 일어났다.

그리고 그 반란의 양상은 대부분 서부에 대한 동부와 남부의 반란이 주를 이뤘다. 이것은 서부와 동부, 그리고 남부의 어쩔 수 없는 차이에서 나온 것이라고 보아야 할 것이다. 이러한 격차는 자연

조건에서 비롯되었다.

중국의 역사와 지리, 문화를 하나로 엮어서 연구한 사람으로 천정샹(陳正祥, 1922년~2003년)이 있다. 그는 대만대학과 홍콩 중문대학에서 강의한 지리학자이자 생태학자였으며, 장기간 동안 국제지리학회에서 중요한 활동을 하기도 했다. 그는 중국의 문화지리를 연구하여 《중국 역사문화지리도책(中國歷史文化地理圖冊)》(東京原書房, 1982)을 발간했다.

천정샹은 이 책에서 문화와 역사적 차이를 가지고 중국의 구역(區域)을 정한 바 있다. 그는 현재 중국의 영역을 가지고 구분했기 때문에 난주(蘭州, 감숙성)를 기준으로 X자로 크게 네 구역으로 나누었다.

제Ⅰ구역은 사천(四川)의 서부와 청해(青海), 신강(新疆) 등 그 서쪽을 말하고, 제Ⅱ구역은 내몽고 지역이다. 제Ⅲ구역은 전통적인 역사무대인 남경(南京), 서안(西安), 난주(蘭州), 장가구(張家口)를 잇는 지역이며, 제Ⅳ구역은 한중(漢中), 성도(成都), 남경(南京)으로 이어지는 동남 지역이다.

이러한 지역 구분은 지리적인 격차에서 출발한 것이지만 그에 따라 문화적·경제적 특징 역시 가지고 있다. 그래서 동일 지역은 같은 문화권과 생산조건 때문에 어느 정도 통일이 가능하지만, 현격하게 자연조건이 다른 지역을 같은 제도와 법률로 묶는다면 아무리 공정하게 법과 정책을 집행한다고 해도 차별을 받는 지역이 생길 수밖에 없다.

여기서는 지역적 격차가 가져오는 지역 간의 갈등을 보기 위해 제Ⅲ구역과 제Ⅳ구역의 일부에 해당하는 지역만을 대상으로 살피려고 한다. 논리대로라면 전통적인 중원 지역인 이 지역 안에서는

◆천정샹의 지리구역도

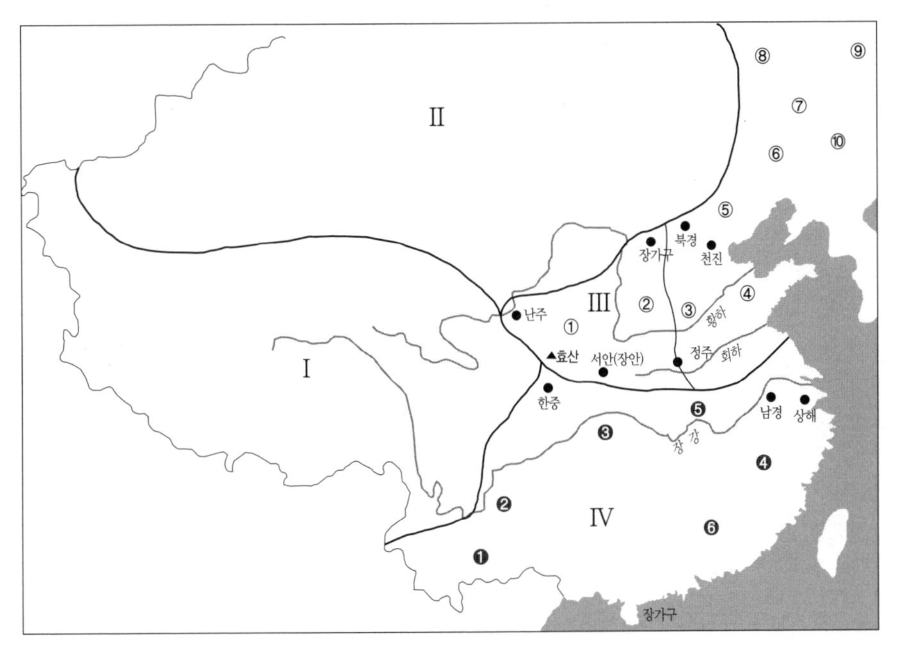

지도의 Ⅰ과 Ⅱ는 효산(崤山)을 중심으로 한 서쪽인 산서 지역이고, Ⅲ과 Ⅳ는 그 동쪽인 산동 지역이다. Ⅲ은 회하(淮河)를 중심으로 북쪽은 한전(旱田) 농업 지역이고, Ⅳ는 회하를 중심으로 그 이남은 수전(水田) 농업 지역이다. 이 지역은 각기 자연 조건의 차이로 지역 간의 이해 관계가 상충할 수 있다. 전통적인 중국 지역은 Ⅲ의 남부와 Ⅳ, 그리고 Ⅰ과 Ⅱ의 동부 일부 지역이다. 특히 Ⅲ은 장가구에서 안양, 정주, 허창을 연결한 선을 중심으로 동서로 나뉜다. Ⅲ의 ①②는 서(西)이고, ③④⑤는 동(東)이며, ⑤~⑩은 동북 지역으로 전통적으로 중국 영역은 아니었다.

지역적 갈등이 없거나 적어도 미미해야 옳다. 그러나 이 지역 내에서도 2천 년을 내려오는 동안 갈등이 끊이지 않았다.

이 제Ⅲ구역은 섬서(陝西), 산서(山西) 지역에서 하남(河南), 하북(河北), 산동(山東) 지역까지 다 포함하고 있으며 춘추전국시대의 여러 나라들이 다 이곳에 있었다. 시대가 흐름에 따라 제Ⅳ구역의 동부 지역이 제Ⅲ구역과 제패(制覇)를 벌이게 되었다.

그런데 천정샹은 이 제Ⅲ구역을 다시 10개의 지역으로 나누고 있다. 그 ①지역은 서안을 중심으로 한 분지 지역, ②지역은 제Ⅲ구역의 중앙에 위치한 장가구(張家口, 하북성)에서 석가장(石家莊, 하북성), 안양(安陽, 하남성), 정주(鄭州, 하남성), 허창(許昌, 하남성)을 잇는 직선의 서쪽이다.

그리고 ③지역은 이 선을 중심으로 동쪽 대부분을 말하는데, 다만 동쪽으로 산동 반도를 ④지역으로 별도로 나누고 있어 마치 제Ⅲ구역의 가운데 서안(西安)을 중심으로 ①지역이 포함되듯이 제Ⅲ구역 안에 산동 지역을 갖고 있는 것과 같다. 그리고 만리장성 이북에서 동북(東北) 3성을 각각 ⑤, ⑥, ⑦, ⑧, ⑨, ⑩지역으로 구분했다.

그러므로 과거의 역사 속에서 천하일통을 이루었다고 하는 중원지역을 천정샹의 지리구역도로 보면, 제Ⅲ구역에서 ①, ②, ③, ④지역과 제Ⅳ구역에서 ❸, ❹, ❺지역이며, 제Ⅲ구역에서 ⑤~⑩지역과 제Ⅳ구역에서 ❶, ❷, ❻지역은 해당되지 않는다.

그런데 제Ⅲ구역이라고 하더라도 장안(長安, 서안), 낙양(洛陽)이 포함된 ①지역은 ②지역의 안에 들어 있고, 산동의 동쪽인 ④지역도 ③지역에 포함된 일부로 보인다. 그러므로 크게 말하면 제Ⅲ구역은 ②와 ③지역으로 나뉜 것과 같다. 그리고 여기에 제Ⅳ구역의 ❸, ❹, ❺지역부분을 포함시킨다면 산서(山西)와 산동(山東), 그리고 강남(江南)으로 명명(命名)할 수 있을 것이다.

격차 있는 무대, 통일적 시각의 역사

그러므로 전국시대부터 송대(宋代)까지 이 세 지역이 중국 역사의 중심 활동 무대였다. 물론 송대 이후 원·명·청 왕조는 북방 몽고족이나 만주족의 영향으로 중국의 활동 무대를 넓히긴 했지만 말이다. 그리고 구체적으로 전국7웅이 활동했던 지역을 보면 산서 지역은 진(秦), 산동 지역은 제(齊), 강남 지역은 초(楚)가 각각 그 지역의 중심핵이었다. 그리고 제나라 위쪽에 연나라가 지금의 북경 지역에 있었다면 한(韓)·위(魏)·조(趙) 세 나라는 산동과 산서 사이의 중원 지역에 있었다고 할 수 있다.

따라서 문화적·지리적 격차가 심한 곳은 진과 제, 그리고 초 지역이라 할 수 있다. 그리고 이들 지역은 각기 자기만의 특수성을 가지고 있었고, 그것을 토대로 서로 각축을 벌였다. 이러한 형태는 역사에서 장안과 북경, 남경으로 대별된다. 그리고 그 각축 과정은 앞에서 살펴 본 바와 같다.

비록 진나라가 6국을 통일했다고 하지만 그것은 강압적인 힘에 의한 것이기 때문에 그 힘이 느슨해지면 언제든지 산동과 강남 지역에서는 반발을 예견할 수 있었다. 이것이 때로는 반란이라는 이름으로, 혹은 기의(起義), 기병(起兵)이라고 불리면서 군사를 일으켜 그 지역의 이익을 위해 통일을 이룩하려는 세력에 대항했다.

이러한 기병의 역사가 문화적·지리적 차이로 볼 때, 어느 특정 지역이 전 지역을 통일하고 통치한다는 것이 불합리하다는 점을 역사적으로 말해주고 있는 셈이다. 왜냐하면 하나의 법률, 제도, 정책을 문화적·지리적·경제적 특성이 각기 다른 지역에 적용한다는 것은 공평하지 않기 때문이다.

각 지역이 공평하려면 지역의 특성에 따라서 분리 독립하여 자기들의 환경에 맞는 법률과 제도를 가지고 있는 것이 더 자연스럽다고 할 수 있다. 이러한 논리는 명말청초의 학자 왕부지도 이미 지적했던 점이다.

이와 같이 말한다면, 앞에서 진과 6국의 싸움, 한초전, 오초7국과 한 조정의 싸움은 모두 동서 혹은 남북 대결이었고, 이것은 천정샹의 지리구역도에 나타난 지역적 구분과 일치한다. 따라서 중국사에서 이른바 분열의 시대, 혼란의 시대라는 것은 이 자연적인 구획을 인위적으로 깨트리고 전체를 통일하려는 의도가 강했을 때 이에 반발하여 나타나는 현상이라고 볼 수 있다.

중국은 넓은 면적으로 남북의 위도 차이가 커서 평균 20도의 기온 차이를 가지고 있다. 뿐만 아니라 강수량도 1,000밀리미터 이상 차이가 나고, 고도 역시 1,000미터 이상의 차이가 나기 때문에 자연조건에 따라 지역별로 각기 다른 문화권이 형성되는 것이 자연스러웠다. 이러한 자연 환경만으로도 중국은 자연적인 통일은 기대하기 대단히 어려운 조건을 가졌다고 할 수 있다.

그럼에도 불구하고 우리는 중국을 통일 왕조가 계속하여 이어져 왔다고 인식해 왔다. 사실 중국 역사가 실제로 통일 지향적으로 진행되어 온 것이 아닌데도 불구하고 마치 통일 지향적인 전개로 이해하고 인식하고 있는 것에는 그 이유가 있다. 그것은 역사 교육 때문이다.

보통 중국의 역사는 하(夏)－은(殷)－주(周)－진(秦)－한(漢)－삼국(三國)－진(晉)－남북조(南北朝)－수(隋)－당(唐)－오대(五代)－송(宋)－원(元)－명(明)－청(淸)과 같이 왕조의 순서로 암기하도록 교육되어 왔다. 그래서 우리는 무의식 중에 이들 왕조 가운데 삼국와 남북조, 그리고 오대시기만을 분열의 시기로 알게 되었다.

다시 말하면 이러한 역사 암기 교육은 하에서 후한까지는 오랜 통일 국가로, 다시 수·당 이후부터 오대까지 50년간을 빼면 청대까지도 하나의 통일 국가로 이해하게 했다. 따라서 370년이라는 장기 분열시대인 삼국과 남북조, 50년 동안 분열한 오대를 제외하고, 전체적으로는 통일 왕조라고 착각하게 한 것이다. 결론을 말하자면 이러한 생각의 오류는 중국사가 통일 지향적으로 움직였다고 교육받은 결과이다.

실제 역사와 착시를 가르친 정사

실제로 역사 자체만을 가지고 보면 하·은·주는 통일 왕조가 아니었고, 이른바 동주시대라고 하는 춘추전국시대 역시 여러 제후국들이 중국을 분할하여 지배하던 시대였다. 또 전·후한 400년을 한이라는 통일 왕조가 지배했다고 하지만, 앞에서 이미 살펴본 바와 같이 여러 봉건 제후국과 한나라 왕조가 나누어 중국을 지배했었다.

이러한 상황은 뒤에서 살펴보겠지만 통일 왕조로 강조하는 당(唐) 왕조에서도 나타난다. '안사(安史)의 난' 이후 당 왕조는 명목만 유지했을 뿐 실제로는 여러 절도사들이 각 지역을 지배하고 그것의 연장선에서 오대까지 이어진 것이다. 그리하여 엄밀히 말하면, 실제로 당 왕조가 중원 전체를 지배하던 기간보다 절도사들에 의해 지방이 분점된 기간이 더 길었다.

물론 분점되었을 때에는 이를 통일하려는 세력이 등장하여 일시적으로 통일 왕조를 세우기는 했다. 그러나 이는 많은 불만세력을 키웠고, 각 지역은 기회가 있을 때마다 군사를 일으키는 등의 방법으로 독자적인 세력을 구축하고자 했다.

이에 대해 항상 인용되는 말로 맹자(孟子)의 '일치일란(一治一亂)'이 있다. 이 말만 보아도 중국을 통일 지향적이라고 이해하는 것은 무리가 있다. 오히려 통일과 분열의 교차라고 보아야 옳다.

전통적인 일치일란 사상에 매몰되어, 일시적으로 천하일통을 이룬 왕조가 실제로는 분열된 상황에서도 그 왕조의 명칭만 존재하면 이를 통일 왕조로 잘못 보는 경향이 있었다. 게다가 거기에 정통(正統)이라는 수식어를 붙이는 오류까지 범하고 있다.

정통이란 위로부터 올바로 이어받았다는 말이다. 여러 개의 정권이 존재했는데, 역사가 어느 한 정권을 올바른 정권이라고 규정한 것이다. 정치적으로 정통성을 획득한다면 백성들로부터 호응을 받기 용이하기 때문이다. 이러한 것이 오늘날까지 그대로 전달되고 믿어져서, 설령 정통이란 명칭을 가진 왕조가 모든 영역과 권력을 소유하지 못했다고 해도 여전히 통일 왕조로 불리는 잘못이 이어지고 있는 것이다.

《자치통감》을 편찬한 사마광 역시 역사를 종관(綜觀)하고 난 후 그의 정통론에 대해 그의 의견을 밝힌 사론(史論)에서 이러한 문제에 의문을 제기했다.

> 만약 중원 지방에 자리를 잡았다는 것을 가지고 옳은지 그른지를 삼는다면 유(劉, 전조), 석(石, 후조), 모용(慕容, 연), 부(苻, 전진), 요(姚, 후진), 혁련(赫連, 하)씨들이 차지했던 영토는 모두 오제와 삼왕(하우, 상탕, 주 무왕)이 있었던 옛날의 도읍지였습니다. 만약에 도덕이 있느냐 없느냐를 가지고 옳은지 그른지를 삼는다면 최이(蕞爾, 좁고 작은)의 나라에도 분명 훌륭한 군주는 있을 것이며, 삼대의 말년에는 어찌 사악한 벽왕(辟王, 편벽된 임금)이 없었겠습니까? 이리하여서 정윤(正閏, 올바로 이어받은 것과 옆에 끼어든 왕조)의 이론 가운데 옛날부터 오늘날까지 그 뜻이 관통할 수 있거나 확실히 다른 사람들이 옮기거나 빼앗아버릴 수 없는 것은 아직 없습니다.

여기서 말하는 아주 작은 나라는 대체로 분열되었던 시절의 작은 왕조를 말한다. 사마광은 이러한 나라에도 훌륭한 주군이 있었고, 분열된 시대라 하여 잘 다스려지지 않았다고 말하는 것은 옳지 않다고 주장했다.

따라서 하나로 통일해야만 치세이고, 분열하면 혼란의 시대라고 보는 것은 잘못된 시각이다. 잘 다스려졌느냐 아니냐의 문제를 왕조(王朝) 단위로 보는 것 자체가 옳지 않다는 뜻이다. 오히려 하나의 왕조 안에서도 치세와 난세가 있었고, 하나의 왕조가 진행되는 동안에도 조정의 통치권이 전역에 행사되는 시대만을 통일의 시대로 보고, 그렇지 못할 때는 분열의 시대로 보아야 할 것이다.

그럼에도 불구하고 역사를 왕조 중심으로 인식하게 된 이유는 어디에 있을까? 그것은 앞에서 지적한대로 역사 교육 때문이다. 그동안 우리는 역사를 왕조 단위로 가르치고 배워 왔다. 경우에 따라서는 시대구분을 하기도 했지만 크게는 왕조 단위의 이해를 벗어나지 못했다.

과거의 역사책들은 주로 왕조 단위로 쓰여져 왔다. 우선 사마천의 《사기》를 보면 〈하본기〉, 〈은본기〉, 〈주본기〉라 하여 왕조 중심으로 역사를 서술하고 있다. 그 뒤를 잇는 반고(班固)의 《한서(漢書)》 역시 전한 왕조를 중심으로 역사를 쓴 것이다. 그리고 그 다음 왕조도 각기 왕조사를 갖게 되었다. 이를 합쳐 이른바 《25사(史)》라고 한다. 그리고 이 25종류의 기전체(紀傳體) 역사책을 정사(正史)라는 이름을 붙여서 부르게 되면서 왕조 단위의 이해가 더욱 굳어졌다.

정사라는 말은 그 말 자체로 '올바른 역사'라는 의미를 가지고 있다. 따라서 깊이 생각하지 않는 한 정사는 역사책 가운데 가장 표준이 되는 것이며, 여기에 실린 내용은 검증을 걸쳐 쓰인 올바른 것이라는 의미를 부지불식(不知不識)간에 심어 주었다.

물론 이 《25사》가 이룩되는 동안 많은 사람들의 검증을 거쳐 왔지만 분명한 것은 모두 왕조 중심으로 쓰였다는 점이다. 그리하여 아직 천하일통이 이루지 않았을 때부터 통일하게 되는 왕조의 역사로 쓰기 시작하고 멸망하게 되는 때가 되어 이미 여러 새로운 세력이 등장하고 권력을 행사해도, 설령 실체가 없는 이름뿐인 왕조라도 명맥이 유지되고 있다면 역사를 그 왕조사에 넣고 있다. 그래서 앞뒤 내용을 검토하지 않으면 창업주가 건국하고 마지막 군주가 황제 자리에서 물러날 때까지 천하가 그 왕조의 지배하에 있었던 것으로 착각하게 했다.

만약 역사를 분열과 통일로 본다면 분열의 상태는 전 왕조의 만년과 새 왕조의 초기다. 그러므로 어느 한 왕조가 중심이 되어 천하일통을 이루었다고 해도 그 기간이 분열의 기간보다 길었다고 보기 어려운 면이 있다.

다만 역사를 기술하는 방법상의 어려움 때문에 왕조의 연호는 사용할 수밖에 없었다. 사마광 역시 《자치통감》에서 연도의 표시를 왕조의 연호로 사용했지만 이것은 어디까지나 더 좋은 방법을 찾지 못해서 그렇게 했을 뿐이다.

그가 《자치통감》을 편찬하고 나서 연호를 사용한 이유를 설명한 대목을 보자.

> 주나라, 진(秦)나라, 한나라, 진(晉)나라, 수나라, 당나라는 모두 일찍이 9주(州)를 하나로 섞어서 통일했고 그 왕조를 후손에 전하여 주었는데, 그 자손들이 미약하여 파천(播遷)했다 하더라도 조종(祖宗)의 업적을 이어받았으므로 회복시킬 희망을 가지고 있었고, 사방에서 그와 더불어 다투는 사람들이 모두 그의 옛날 신하였으니 천자의 제도를 온전히 하여서 그들에게 다가갈 수 있습니다. 그 나머지는 땅의 넓이가 비슷하고, 쌓은 덕도 비슷하며, 서로 통일할 수도 없었고, 불리는 이름도 다르지 아니했으며, 본래 군신관계가 아니었으므로 모두 열국의 체제로 처리했습니다. 피차간에 다 같이 적이라 했다면 깎아내리거나 올려주는 바 없었고, 거의 사실을 왜곡하지 아니하는 것이 공정한 것에 가깝습니다.
>
> 그러나 천하가 흩어지고 쪼개졌을 때라도 연수(年數)와 사시절, 월일

로 사건의 앞뒤를 알게 하는 일을 없앨 수는 없습니다. 한 왕조는 위나라에 전해지고, 다시 진(晉)나라가 이를 받았고, 진 왕조는 송나라에 전해주었고, 결국 진(陳) 왕조에 이르렀다가, 수 왕조가 이를 빼앗았으며 당 왕조는 후량에게 전해주었고, 후주에 이르렀다가 다시 우리 위대한 송 왕조가 이어받았던 사실에 의거했습니다.

이와 같이 본다면 중국 역사가 통일 지향적으로 진행되어 왔다는 시각은 왕조 중심의 사관과 그에 따라 만들어진 《25사》라는 역사책 때문에 생긴 착시(錯視) 현상으로 보아야 할 것이다. 중간중간에 강력한 세력이 나타나서 통일 지향적으로 움직인 것은 사실이지만, 반대로 자기들의 이익을 위해 끊임없이 중심 세력으로부터 독립하려는 주변 약소 세력들의 분열 지향적인 움직임이 있었기 때문이다.

종합해 보면, 중심 세력은 통일 지향적인 정책으로 일관했고, 주변 세력들은 기회가 있을 때마다 분열 지향적으로 움직였다고 할 수 있다. 그리고 그 원인은 지역적 이해의 상충에서 오는 것이었고, 이것은 자연 환경의 차이에서 비롯되었다.

중심 세력은 주변 세력을 진압하여 통일 국가를 만들기 위해 강력한 통일 정책, 무력적 억압 방법을 동원했다. 그리고 약한 세력들은 자기의 이익을 확보하기 위해 수시로 기회를 엿보면서 무장봉기, 즉 반란의 방법을 사용했다.

이 두 개의 힘이 균형을 이루고, 서로를 인정하는 것이 어느 정도 장기적으로 유지될 때, 천하는 분열되어 있었지만 오히려 안정된 상태였다. 이러한 경우를 보통은 분열 시대라고 말했다. 그러나 겉으로 통일 왕조를 이루었다고 해도 내부적으로 권력의 행사와 지배 영역이 나뉘었을 때는 분열 시대로 보아야 옳다.

제5장

시황제의 꿈과 봉건분열의 충돌

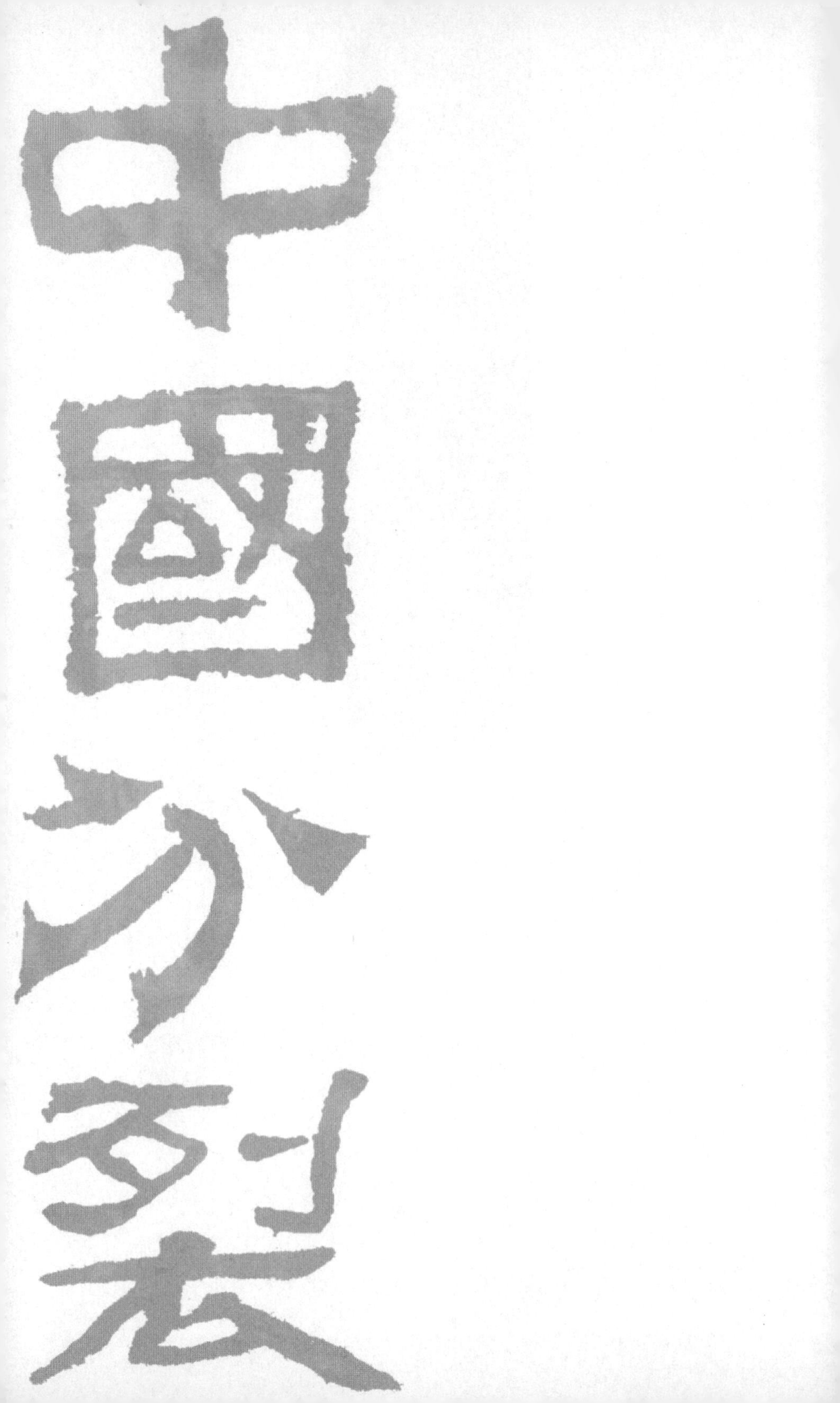
中國分裂

시황제의 꿈과 봉건 분열의 충돌

한 무제가 물려받은 유산

중국 역사 가운데 한대(漢代)에서 가장 잘 다스려진 시대를 말할 때 '문경지치(文景之治)'라는 말을 쓴다. 오초7국의 난이 일어났음에도 불구하고 이 시대에 백성들의 삶이 가장 좋았다는 평가다.

《자치통감》에는 경제 후3년(기원전 141년)에 경제 유계가 죽었을 때 그에 대한 평가가 기록되어 있다.

먼저 한초(漢初)의 상황을 설명했다.

> 한이 일어나면서 진(秦)의 폐단을 이어받아서 하는 일은 심하고 재물은 궁핍하여 천자부터 균사(鈞駟, 네 마리가 끄는 수레)를 갖출 수 없었고, 장군이나 승상이 혹 소가 끄는 수레를 탔으니, 제민(齊民)들이야 덮어 감출 것이 없었다.

당시 황제가 타는 수레를 끄는 네 마리 말조차 구하기 어려웠다는 말로 당시의 경제적 어려움을 표현했다. 그래서 조정에서는 상인들에게 비단옷을 입거나 수레를 타지 못하게 하면서 이를 어길 때에는 무거운 조세를 부과하거나 욕을 보였다.

그 후 시간이 지나면서 이러한 제한적인 조치들이 조금 느슨해지기는 했지만 백성들의 삶이 어렵기는 여전히 마찬가지였다. 예컨대 산동 지역에서 생산되는 속(粟, 조 또는 좁쌀)을 조운(漕運, 현물로 걷은 각 지방의 조세를 배로 운반)을 통해 도읍 장안에 있는 관부로 공급했지만 1년에 수십만 석에 지나지 않았다고 기록되어 있다.

한초의 어려움을 딛고 70년이 지난 문경시대에 와서 많이 달라진 상황을 서술했다.

> 깨끗하고 검소하여 천하를 편안하게 길러서 70여 년간 국가에 큰 일이 없었고, 수재와 한재를 만나지 않아서, 백성들은 필요한 것이 개인에게 공급되어 집집마다 풍족했다.
>
> 도시건 시골이건 창고는 모두 가득 찼고, 정부의 창고에도 재화가 넘쳤다. 경사(京師)의 전(錢)은 거만(鉅萬)이 쌓였는데 꿰는 것이 낡아서 다 헤아릴 수가 없고, 태창(太倉)의 곡식은 묵고 묵었는데 꽉 차고 넘쳐서 밖에다 노적(露積)을 하니 부패하여 먹을 수 없기에 이르렀다.
>
> 평민들이 사는 크고 작은 골목에도 말들이 있었고, 천맥(阡陌) 가운데도 말들이 무리를 이루어 있게 되니, 암말을 타는 사람은 물리쳐져서 모임에 참가할 수 없었고, 여염(閭閻)을 지키는 사람도 기름진 고기를 먹었다.
>
> 이(吏)가 된 사람도 이곳저곳으로 전전하지 않고 안정된 생활을 하면서 자손을 기르기만 했으며, 관청에 있는 사람은 한 직책에 오래 있게

되자 그 직책을 성호(姓號)로 불렀다. 그러므로 사람들마다 스스로 아끼고 범법을 무겁게 생각하고, 의(義)를 행하는 것을 먼저 하고 굴욕(屈辱)받을 짓은 뒤로 했다.

이어서 이 상황을 전체적으로 평론하고 부작용이 일어나기 시작한 정황도 말했다.

이 시대에는 법망이 성글고 백성들은 부유하니, 재물을 부리며 교만이 넘쳐흘러 혹은 겸병(兼倂)했고, 지방에서 세력을 가지고 있는 토호의 무리들이 향곡(鄕曲)에서 법에 의거하지 않고 힘에 의거하여 일을 무단(武斷)하기에 이르렀다. 종실(宗室)에는 토지가 있었고, 공(公), 경(卿), 대부(大夫) 이하의 사람들도 사치하기를 다투니, 집과 수레의 복장은 모두 윗사람을 범하여서 한도가 없었다.

그리하여 사마광은 무제 시대에 일어난 폐단의 실마리가 이 시절에 나타났다는 말로 결론짓고 있다.

만물은 성(盛)하면 쇠퇴하며, 굳은 것도 변하니, 이때 이후로 효무제(孝武帝)는 안으로 지극히 사치하여 허비하고, 밖으로 이적(夷狄)을 물리치는 전쟁을 일으켜서 천하는 쓸쓸해지고 재력도 소모되었다.

무제 유철은 그의 아버지 경제 유계와 할아버지 문제 유항으로부터 안정된 사회를 물려받았지만 다른 한편으로 폐단이 일어날 싹도 함께 받았다는 말이다. 따라서 무제가 성공적인 치세를 이끌어 나가기 위해서는 그 폐단을 미리 차단해야 했다. 그러나 결과적으로 무제 시대를 기점으로 전한은 기울기 시작했다.

후계자가 되는 험난한 길

무제 유철은 전한시대의 역대 제왕 가운데 가장 오랫동안 황제 자리에 있었다. 그는 아버지 경제 유계가 후원 3년(기원전 141년) 1월에 죽자 그 뒤를 이어서 황제가 되었다. 이때 그의 나이는 열여섯 살에 불과했다.

유철은 경제의 14명의 아들 가운데 10번째 아들이었지만 생모 왕지(王娡)의 술수 덕분에 태자가 될 수 있었다. 사실 경제는 유철보다 먼저 율희(栗姬) 소생의 장남 유영(劉榮)을 태자로 삼았었다.

경제의 정실 황후인 박(薄) 황후가 자녀를 한 명도 두지 못하여 폐위되었고, 그래서 후궁 소생 가운데 장남인 유영을 태자로 삼았던 것이다.

그런데 이 무렵에 경제의 누나인 장공주 유표(劉嫖)가 자기의 딸을 태자 유영에게 시집을 보내고자 했는데, 유영의 생모 율희가 이를 반대하여 둘 사이가 벌어져 있었다. 유철의 생모인 왕지는 이 기회를 놓치지 않고 장공주 유표의 지원 속에서 율희를 경제에게 참소했다. 결국 태자 유영은 폐위되고, 유철이 태자가 될 수 있었다.

이처럼 유철은 황실 내의 권력 다툼의 한 가운데서 승리하여 태자가 된 사람이다. 뿐만 아니라 무제 유철의 삼촌이자 경제의 동생인 양왕(梁王) 유무(劉武)와도 황제 자리를 두고 경쟁해야 했다.

양왕 유무는 경제 유계의 유일한 친동생이었다. 경제 시절 두(竇) 태후는 몇 차례나 유무를 경제의 태제(太弟)로 삼을 것을 희망했었다. 그래서 경제 전3년(기원전 154년) 10월에 유무가 장안에 와서 경제를 조현했을 당시 아직 태자를 결정하지 않았던 경제는 친동생 유무와 함께 연회를 열고 술을 마시며 조용히 말했다.

"천추만세(千秋萬歲) 뒤에는 양왕 너에게 전하겠다."

양왕 유무와 두 태후는 경제의 이 말이 비록 진심이 아니라 술김에 한 말이라는 것을 알고 있었지만 내심 기뻤다.

그러나 이때 첨사(詹事) 두영(竇嬰)이 술잔을 당겨 경제에게 올리며 말했다.

"천하라는 것은 고조의 천하이고, 아버지에게서 아들로 전해지는 것이 우리 한의 약속입니다. 황상께서 어떻게 양왕에게 전할 수 있습니까?"

이 발언으로 두영은 두 태후에게 미움을 샀고 결국 병을 이유로 면직되었다. 뿐만 아니라 두 태후는 문적(門籍, 궁전을 출입하는 증명서)을 없애 두영의 조청(朝請)을 원천적으로 막았다.

이후 경제 중2년(기원전 148년) 9월에도 유무를 후사로 정하는 문제가 제기되었다. 이때 양왕 유무는 오초7국의 난에서 공로를 세운 뒤였고, 태자였던 유영이 폐출된 터라 두 태후는 내심 양왕 유무를 후사로 삼고자 했다.

그리하여 어느 날 술자리에서 두 태후는 경제에게 말했다.

"안거대가(安車大駕, 황제의 죽음)는 양왕을 채용하여 기탁하시오."

경제의 후사를 동생 유무로 하라는 부탁이었다. 이에 경제도 무릎을 꿇고 몸을 들고서 "예."라고 대답했다. 경제는 어머니 두 태후가 자기의 소생 아들 둘을 모두 황제로 삼으려는 뜻을 알고 있었기 때문이다. 이대로 되면 유철은 후계자인 태자가 될 수 없었다.

하지만 술자리가 끝난 후 경제가 여러 대신들에게 동생 양왕을 태제로 삼아 후계자로 삼는 것에 대한 의견을 묻자 원앙(袁盎) 등이 크게 반대했다.

"안 됩니다. 옛날에 송 선공(宋 宣公)은 아들을 세우지 않고 동생을 세웠다가 화란(禍亂)이 일어났고 그것은 5세(世)를 끊이지 않았습니다. 적은 일을 참아내지 못하면 대의(大義)를 해치니 《춘추》에서는 크게 올바른 것에 있어야 한다고 했습니다."

이때부터 두 태후도 유무를 태제로 삼는 것을 포기하고 다시는 말을 꺼내지 않았다.

하여간 유철은 일곱 살에 태자가 되었는데, 당시 태자 자리에 앉기 위해 형 유영과 삼촌 유무와의 경쟁에서 그들을 물리쳐야 했던 것이다. 어린 나이에 황실 안에서 제위 계승을 둘러 싼 사건을 경험한 유철은 황제 자리를 지키는 것이 어떤 것인지 잘 알게 되었다.

유철에게는 아홉 명이나 되는 동복 또는 이복형과 네 명의 동생이 있었다. 그 가운데 율희 소생인 유영은 태자가 바뀌는 과정에서 화가 나 이미 자살했고, 임강왕(臨江王, 도읍은 호북성 강릉현) 유알(劉閼, ?~기원전 154년)은 죽고 없었다.

유철의 형으로는 아버지 경제가 제후왕으로 책봉한 율희 소생의 하간왕(河間王, 도읍은 하북성 헌현) 유덕(劉德, ?~기원전 129년)이 있었다. 또 정희(程姬) 소생인 회양왕(淮陽王, 도읍은 하남성 회양현) 유여(劉餘, ?~기원전 128년)와 여남왕(汝南王, 도읍은 하남성 여남현) 유비(劉非, ?~기원전 127년), 교서왕 유단(劉端)이 있었으며, 당희(唐姬) 소생인 장사왕(長沙

王, 도읍은 호남성 장사시) 유발(劉發, ?~기원전 129년)이 있었다. 또 가(賈)부인 소생의 광천왕(廣川王, 도읍은 하북성 조강현) 유팽조(劉彭祖, ?~기원전 92년, 기원전 154년부터 재위)와 중산왕(中山王) 유승(劉勝, 기원전 165년~기원전 113년)이 있었다.

동복 동생으로 광천왕(廣川王) 유월(劉越, ?~기원전 135년)과 교동왕(膠東王) 유기(劉寄, ?~기원전 120년), 청하왕(清河王) 유승(劉乘, 기원전 153년~기원전 135년), 상산왕(常山王) 유순(劉舜, 기원전 152년~기원전 113년)이 있었다.

유철이 태자로 책봉되었을 때 율희 소생의 아들들은 이미 죽거나 혹은 힘을 쓸 수 없는 상황이었다. 하간왕 유덕이 남아 있었지만 그는 옛것을 좋아하고 공부에 전념하여 고문경(古文經)을 찾아내고 유가(儒家)학술을 장려하는 등 일찍부터 정치와는 거리를 두었다. 이 때문에 종친 가운데 가장 현명한 사람으로 불리기도 했다.

정희 소생의 유비는 오초7국의 난이 일어났을 때 열다섯 살의 나이로 오와의 전투에서 용맹을 떨쳤던 것으로 유명하다. 그러나 무제가 등극한 이후 무제 건원 원년(기원전 140년)에 동중서가 발탁되어 강도왕으로 옮긴 유비의 재상으로 오자 교화되어 유술(儒術)을 존중하게 되었다. 유술을 존중하게 된다는 것은 바로 충효를 수용한다는 것이기 때문에 그는 이후 무제에 대해 저항하지 않게 되었다. 물론 그가 죽은 후에 아들 유건(劉建)이 강도국을 이어받은 다음 모반했다가 자살하기는 했지만 무제에게 위협적인 존재는 아니었다.

또 다른 정희 소생인 유단도 오초7국의 난이 평정된 뒤에 교서왕으로 책봉되었으나 선천적으로 적려(賊戾, 잔인하고 포악함)하여 저항할 위인은 아니었던 것으로 보인다.

당희 소생인 유발은 장사왕이었지만 장사국이 워낙 좁고 작아서 세력이 미약했다.

가 부인 소생의 조왕 유팽조는 조나라의 국상(國相)과 갈등이 심했으니, 조정에 위협적인 인물이 아니었다. 중산왕 유승 역시 마찬가지였다. 그리고 그 나머지 제후들은 모두 무제 유철의 친동생이다.

이들 유철의 형제 14명은 유철과 황제 자리를 놓고 경쟁을 벌여야 했던 사람들이기도 했다. 하지만 유철이 황제 자리에 오른 후 이들 가운데 황제에 저항한 사람은 아무도 없었다.

일통론과 강간약지

무제 유철은 기원전 141년에 즉위하여 기원전 87년에 죽었으니, 무려 54년간이나 황제 자리에 있었다. 재위 기간 동안 그가 추진한 정책 가운데 가장 두드러진 것은 동중서의 등용과 그가 주장한 일통론(一統論)의 채용이었다.

무제는 그가 등극한 다음해인 무제 건원 원년(기원전 140년) 10월에 현량하고 방정하며 직언하고 극간(極諫)하는 선비를 천거하라는 조서를 내렸다. 그리고 이들에게 잘 다스리는 도리[治道]에 관한 대책을 물었더니 약 100여 명의 선비가 각각 자신의 생각을 밝혔다. 그 가운데 무제는 동중서의 대답이 마음에 들었다.

"도(道)라는 것은 다스리는 길로 좇아가는 것이어서 인(仁)·의(義)·예(禮)·악(樂)이 모두 그 도구입니다."

동중서는 먼저 주나라가 예악을 가지고 교화하여 수백 세를 안녕하게 지냈다는 말을 꺼내며 설명을 시작했다. 특히 '사람이 도를 넓힐 수 있는 것이지, 도가 사람을 넓히는 것이 아니다'라는 공자의 말을 인용하여 말했다.

"치도(治道)를 시행하면 사방이 올바르게 되고 멀고 가까운 곳의 사람들이 감히 올바른 것에서 통일되지 않는 것이 없고, 사악한 기운이 그 사이에서 간사하게 할 수 없습니다.

이로써 음양은 순조롭고 비와 바람이 때를 맞추고, 뭇 생명들은 평화롭고 만백성들이 자라며 여러 복된 물건들이 나타나는 상서로움은 다 이르지 않는 일이 없으므로 왕도(王道)의 끝입니다."

이어서 이러한 왕도는 교화를 통해 이룩할 수 있는 것이라고 주장했다. 즉 한 왕조가 천하를 얻은 이후로 항상 잘 다스리려고 했지만 그렇게 되지 못한 것은 마땅히 이를 교화해야 하지만 그리하지 않음으로써 왕도를 잃었기 때문이라는 결론을 내렸다.

아울러 그는 《춘추》의 대일통(大一統)이라는 것은 천지의 변하지 않는 진리이며, 옛날부터 오늘날까지 통관하는 이치라고 주장했다. 이는 봉건 제후들이 모두 중앙 조정의 통치를 받아야 하고 독자적인 행동을 할 수 없어야 한다는 뜻이다.

"지금의 스승들은 도를 달리하고, 사람들은 논의를 달리하고, 백가(百家)들은 서로 다른 방향을 말하며 지향하는 뜻이 다릅니다. 이리하여서 위에서는 일통(一統)을 유지할 수가 없어서 법률과 제도가 자주 바뀌고, 아래에서는 지켜야할 것을 모릅니다."

《춘추공양전》을 전공한 동중서는 언제나 그 학설을 인용하며 '천하는 하나로 일통되어야 한다'고 주장했다. 당위성의 주장이기는 하지만 실제 역사는 그러한 당위대로 진행되지 않았다는 말이기도 했다. 그의 주장은 유가 사상을 통한 사상의 통일과 천자가 중심이 되는 정치의 통일을 말하는 것이다. 이 사상대로 실재 역사를 진행시켜야 한다는 뜻이기도 했다.

동중서의 주장과 이를 수용한 무제의 모습은 법가로 모든 사람을 통일하고 관리로 하여금 이를 가르치게 한 진(秦)의 통일 정책과 유사했다. 다만 관리를 법가가 아닌 유가로 바꾼 것만 다를 뿐이었다. 그래서 이 사상과 정책이 시행되는 것과 비례하여 제후의 독자성이 줄어들게 되었다.

이미 경제 시대에 오초7국의 난을 거쳤기 때문에 무제 유철이 등극했을 때에는 강력한 제후들은 그다지 문제되지 않았다. 하지만 제후들은 여전히 존재했고, 그것은 여전히 분열될 소지를 가지고 있는 것이었다.

그래서 무제는 문제 이후부터 일관되게 추진해 온대로 제후를 약화시키고 중앙권력을 강화하는 정책을 계속 이어갔다. 천하일통 사상을 역사 현장에서 강제하려 한 것이다. 그리하여 한초(漢初)의 도가적 방임(放任) 분위기는 제후들을 통제하는 방향으로 바뀌었다.

이를 건의한 사람은 주부언(主父偃)이었다. 주부언은 원래 제·연·조를 돌아다니던 사람인데, 그곳에서는 특별한 대우를 받지 못했었다. 그러던 중 함곡관으로 들어와 대궐 아래에서 무제에게 편지를 올렸던 것을 계기로 등용되었다. 그는 자기를 홀대했던 동북부의 제·연·조 지역에 대해 중앙 조정에서 압박을 가하게 하려는 의도를 가지고 지방 통제를 주장했다. 적당하게 동서 대립의 분위기를 이용한 것이다.

주부언은 무제 원삭 2년(기원전 127년) 겨울에 무제에게 제후들을 약화시키는 방안을 건의했다. 먼저 그는 예전에는 제후의 영역이 100리에 불과하여 세력이 약했기 때문에 강한 중앙 조정에서 쉽게 통제할 수 있었다고 전제한 다음에, 그동안 제후들에 관한 정책이 실패한 이유를 설명했다.

"오늘날의 제후들은 혹 성을 수십 개나 이어갖고, 땅은 사방으로 천 리여서, 느슨하게 하면 교만하고 사치하며 쉽게 음란해지고, 급하게 하면 강함으로 막고 서로 합종하여 경사(京師, 한의 도읍인 장안, 즉 중앙 조정)에 거역합니다. 하지만 법을 가지고 그들을 나누어 삭제하면 반역의 싹이 틀 것입니다. 앞의 조조(鼂錯)가 이런 경우입니다."

지난날의 정책이 실패한 이유를 이같이 설명하고 이어서 제후들로 하여금 그 자제들에게 땅을 나누어 주게 하고, 그들에게 왕작(王爵)을 주는, 이른바 중건(衆建)제후 정책을 건의했다. 중건제후 정책이란 제후의 숫자를 늘리는 정책으로 그 기본은 추은령과 같은 것이며 삭지 정책에 이은 또 다른 방법의 제시였다.

"저들은 사람마다 원하는 것을 얻음으로 기뻐할 것이며, 황상께서는 덕을 베푸시고 실제로는 그 봉국을 나누는 것이니 삭지하지 않고도 점차 약해질 것입니다."

삭지 정책이 직접적으로 제후의 영역을 삭감하는 것이어서 반발할 수 있지만 중건제후 정책은 중앙 조정에서 제후의 땅을 뺏는 것이 아니고, 제후의 땅에 제후를 여러 명 두는 것이어서 반발도 적을 수 있다는 것이다.

무제는 주부언의 이러한 건의를 그대로 따랐다.

"제후왕들 가운데 혹 사사롭게 은혜를 넓혀 자제들에게 채읍을 나누어 주고자 하는 사람은 각기 조목조목 써서 올리면, 짐이 임석

(臨席)하여 그 이름을 정할 것이다."

이 정책을 시행하여 제후들의 자제들은 모두 왕(王)이 되었지만 번국(蕃國)들은 점차 나누어지기 시작했다.

그것 뿐만이 아니었다. 무제는 무제 원봉 5년(기원전 106년)에 호(胡)와 월(越)을 물리치고 영토를 개척하여 국경을 넓혔다. 교지(交趾, 베트남)와 삭방(朔方, 치소는 영무, 영하성 영무현)에 주(州)를 두고, 기주(冀州, 하북성 중남부), 유주(幽州, 하북성 북부와 요령성), 병주(并州, 산서성), 연주(兗州, 산동성 서부), 서주(徐州, 강소성 북부), 청주(青州, 산동성 동부), 양주(揚州, 안휘성 중부와 강남지구), 형주(荊州, 호북성과 호남성), 예주(豫州, 하남성), 익주(益州, 사천성과 운남성), 양주(凉州, 감숙성) 등 13주를 설치하고 모두 자사를 두었다.

이는 진나라가 6국을 멸망시키면서 군현(郡縣)을 설치했던 형태와 아주 유사했다. 봉건국에게 주었던 봉지가 주(州)의 자사(刺史) 소관으로 바뀐 것이다. 진 시황제가 실시했던 군현제가 서서히 드러나고 있었다.

또한 무제는 무제 정화 4년(기원전 89년)에 경사[장안]와 그 주변 일곱 개 군(郡)에 사예교위를 두었다. 일곱 군이란 삼보(三輔, 경조윤, 좌풍익, 우부풍)와 삼하(三河, 하동, 하내, 하남) 그리고 홍농군(弘農郡)을 말하는데, 이곳은 권력을 가지고 있는 관리들이 거주하는 지역이었다. 무제는 이들 관리들을 감시하기 위해 사예교위에게 부절(符節)을 주어 공경들을 비롯하여 권력이 있고, 귀한 신분의 사람들을 황제의 명령으로 탄핵하게 했다. 천하를 완전히 황제의 권한 속에 넣으려는 작업을 진행시킨 것이다.

모든 것을 국가 통제하에 두는 정책

진 시황제가 채택했던 정책 가운데 부활한 것은 그뿐만이 아니었다. 진 시황제가 지방에서 무력을 갖지 못하게 하기 위해 각 지역에 산재해 있던 무기를 거두어 동인(銅人)을 만들었던 것과 마찬가지로 무제 유철 역시 중앙 조정의 군사력을 강화했다.

그리고 무제는 서역에서 한혈마(汗血馬)를 구해오는 일도 감행했다. 이는 한 왕조의 기병 능력을 향상시키려는 의도였다. 이를 위해 이광리(李廣利)를 서역에 파견하는 무리수를 두었지만 결국 한혈마를 획득하는데 성공했다. 또한 경제적으로 부유한 상인들에게 재산세라는 이름으로 세금을 대량 징수했다.

무제 원수 4년(119년) 겨울에 유사(有司)가 건의했다.

"부상대고(富商大賈)는 야금(冶金, 광석에서 금속을 골라내는 일)하고 주철(鑄鐵)하며 자염(煮鹽, 소금생산)하여서 재산은 만금을 쌓아 놓았는데, 국가에 급한 일이 있어도 돕지 않으니, 청컨대 전폐(錢幣)를 바꾸어 만들어서 이를 넉넉하게 사용하게 하여 들뜨고 음란하며 겸병(兼併)하는 무리들을 꺾으십시오."

무제는 유사의 건의를 듣고 흰 사슴의 가죽을 사방 한 자로 잘라서 주변에 수를 놓아 이것으로 피폐(皮幣, 가죽으로 된 화폐)를 만들고, 그 값을 40만 전으로 정했다. 그리고 왕후와 종실에서 조근(朝槿)하거나 초빙할 때, 제사를 지낼 때 반드시 피폐를 가지고 천벽(薦璧, 구슬을 올리는 일) 한 후에 시행하게 했다. 제후들의 재산을 강제로 징수한 것이다.

또한 사사로이 철기를 주조하거나 소금을 생산하는 것을 금하고,

이를 어길 때에는 왼쪽 복사뼈에 쇠고랑을 채우고 그 기물을 모두 몰수하도록 했다.

그리고 공경들로 하여금 여러 고인(賈人, 장사꾼)과 말기(末技, 지엽적인 기예)를 가진 사람들에게 각기 그들의 물건을 스스로 점검하게 하고, 민전(緡錢) 2천을 1산(算)으로 하도록 청하고, 백성이 초거(軺車)나 배로 5장(丈) 이상을 가지고 있는 것은 모두 1산으로 쳤다. 이는 재산을 조사한 것이었다.

1산이란 원래 한대(漢代)에 인두세를 부과하던 기준이다. 그런데 상인과 기예를 가진 사람의 재산이 일정한 정도에 이르면 그 재산에 인두세에 해당하는 세금을 부과한 것이다. 엄청난 세금 폭탄이었다. 이는 재산을 가진 사람에 대해 세금을 물림으로써 결국 그들을 약하게 만들려는 것이었다. 그리고 재산을 숨기고 점검하지 않거나, 점검은 하되 전부를 하지 않은 사람은 변방에서 1년간 수(戍)자리에 서게 하고, 민전(緡錢)을 몰수했다. 또한 고발하는 사람에게는 그 절반을 주게 하는 엄형주의로 나갔다.

또한 소금과 철, 술을 국가에서 전매(專賣)했고, 평준균수 정책을 시행하여 상인들의 어리(漁利, 어부지리)를 방지하여 정부의 세수입을 늘렸다. 이외에도 부유한 장사꾼과 세력 있는 사람들을 장안으로 옮기게 하여 지방에서의 반란을 근본적으로 막으려는 강간약지(强幹弱枝) 정책을 추진했다. 결국 모든 정책은 지방 세력을 약화시키기 위해 시행되었다.

나아가 흉노정벌이나 한사군의 설치 같은 정벌 전쟁을 일으켜 지방의 군사 세력을 동원함으로써 지방에서 군사 세력이 존재할 수 없게 만들었다. 그러한 점에서 무제의 일통 정책은 어느 하나 진 시황제의 일통 정책과 다를 것이 없었다. 결국 봉건제는 군현제로 바뀌어 가고 있었다.

반순복비의 죄

무제의 일통 정책은 강압적인 통치방법으로 시행되었다. 무제 원수 4년(기원전 119년)에 무제는 현관(縣官, 관부)에 명령하여 반량전(半兩錢)을 녹여 다시 삼수전(三銖錢)으로 주조하게 했다. 원래 17년 전인 무제 건원 5년(기원전 136년)에 삼수전을 철폐하고 반량전을 만들었었는데 이를 다시 환원시킨 것이다. 뿐만 아니라 여러 금전(金錢)을 몰래 주조한 사람은 모두 사형에 처하게 했다. 바로 전 세대인 경제 때까지만 해도 자유롭게 할 수 있었던 주전을 하루 아침에 금지하고 이를 어기는 사람을 엄벌한 것이다.

원래 제후들은 화폐주조권을 가지고 있었는데, 특히 오와 같은 나라는 이를 통해 부(富)를 얻을 수 있었다. 그러니 화폐주조권을 빼앗는 것은, 일차적으로는 제후들의 부의 축적을 막아 그들의 세력 확대를 예방하는 것이고, 이차적으로는 중앙 조정에서 주전(鑄錢)의 이익을 독점하려는 의도였다.

그러나 이러한 조치에도 불구하고 백금을 몰래 주조하는 사람은 오히려 늘어났고, 이를 처벌하는 형벌은 점점 더 엄격해졌다. 그 엄형은 이른바 '반순복비(反脣腹誹)의 죄'라는 것까지 만들어냈다. 반순(反脣)이란 입을 삐쭉 내미는 것을 말하고, 복비(腹誹)란 배 속으로 비방하는 것을 말한다. 그러므로 반순복비는 조정의 명령에 대해 불복하는 마음을 가졌으나 이를 겉으로 드러내지 않고 단순히 조정을 지적하는 것에 대해서도 죄를 씌워 처벌하는 것이다.

이러한 반순복비가 실제 법에 저촉되는 상황에 이르자, 공경과 대부들 중앙 조정에서 자신들을 발탁하기를 바라면서 입안의 혀와

◆반순복비의 죄

반순복비라는 말은 장탕(張湯)과 안이(顔異) 사이의 불화에서 비롯되었는데, 무제 원정 원년(기원전 116년)에 대농령(大農令) 안이가 반순복비의 죄로 주살된 사건을 말한다. 안이는 원래 청렴하고 강직하여 9경에 이르렀던 사람이다.

어느 날 무제가 백록피(白鹿皮) 화폐에 대해 장탕과 안이에게 의견을 물었을 때 안이가 이렇게 대답했다.

"오늘날 왕후들은 벽옥(碧玉)을 가지고 조하하고 있는데 그 가치는 수천에 지나지 않지만 피폐(皮幣, 백록피)로 천벽(선물을 올리는 것)을 하게 되면 40만에 이르니 본말(本末)이 맞지 않습니다."

선물은 수천 전인데 그 선물 밑에 깔아두는 피폐가 40만 전이라면 본말이 전도되었다는 뜻이다.

이러한 일이 있은 후에 장탕은 안이와 틈이 생겼다. 물론 무제 역시 이 말을 듣고 기분이 좋을 리 없었다. 그때 누군가 안이를 고발하는 일이 생기자 무제는 법 집행을 맡고 있는 장탕에게 이 사건을 처리하도록 했다.

고발한 내용은 안이가 손님과 이야기 한 내용이었다. 즉 어떤 사람이 안이와 이야기하면서 백록피로 천신하라는 조령이 내려지니 불편하다고 말했고, 이때 안이가 적극적으로 응답하지 않고 입술을 아주 조금 삐쭉[反脣] 내밀었는데 이것이 조령을 비난하는 모습이라는 것이었다.

이에 장탕이 상주했다.

"안이는 9경으로 조령에 불편한 것을 보고 들어와서 말하지 않고 속으로 비방[腹誹]했으니 사형에 처해야 합니다."

입을 삐쭉 내민 것은 속으로 비난하고 있다는 뜻이므로 처벌해야 한다는 주장이었고, 결국 이 건의에 따라 안이는 주살되었다.

같이 행동하며 아첨하기에 급급했다.

이에 대해 사마광은 《자치통감》의 사론에서 무제 유철이 한 일은 진 시황제의 그것과 같다고 지적했다.

> 효무제는 끝까지 사치하고 지극한 욕심을 가지고 번거로운 형벌을 사용하고, 세렴(稅斂)을 무겁게 거두어서 안으로는 궁실을 사치스럽게 꾸몄고, 밖으로는 사방의 이적(夷狄)들에게 일을 벌였으며, 신(神)의 괴이함을 믿고 현혹되어 순유(巡遊)하는데 절도가 없었다. 그리하여 백성들로 하여금 피폐하게 하여 일어나서 도적이 되게 했으니, 그것은 진 시황과 다를 바가 거의 없었다.

이러한 무제의 정치는 모두 황제의 권위를 높이기 위한 것이었고, 천하를 그의 명령 아래에 두려는 태도였다. 다만 진 시황제는 이러한 조치를 취하고 15년 만에 망했지만, 무제의 정책은 고조 유방 때부터 조금씩 조금씩 제후들의 권한을 축소하고 황제의 절대권을 확대해 온 결과였다. 한 왕조는 급진적인 진 시황제의 실패를 거울 삼아 몇 대에 걸쳐 시행했기 때문에 무제 시절에 이르러서 반발을 줄이고 자연스럽게 안착할 수 있었다.

그러한 점에서 한 왕조의 천하일통 정책은 성공적이었다. 한 고조 유방에서 시작된 지방 분권적이고 독립적인 봉건제와의 힘겨운 싸움은 군국제라는 타협과정을 거쳐서 한 무제 때에 와서 겨우 성공을 거둔 셈이라고 할 수 있다.

물론 그 방법은 조금 달랐다. 법가라는 급진적 강제수단을 썼던 진 시황제에 비해 한 무제는 유가(儒家)의 군신관(君臣觀)과 천하일통관(天下一統觀)으로 설득해 나가는 한편, 이를 실시하기 위해 진 시황제와 같은 엄형주의를 사용했다. 천하일통을 이루는 방법이 완성된 것이다.

반란의 싹과 폭압의 하수인

이와 같은 무제의 정책으로 일단 황제는 천자로 인식되었고, 황제에 대항하는 어떤 세력도 용납되지 않았다. 물론 제후가 있었지만 형식상으로 제후왕에 임명되었기 때문에 과거처럼 독자적인 세력은 형성할 수 없었다.

그럼에도 불구하고 산동이나 남부 지역에서는 반란의 시도가 있었다. 제일 먼저 군사를 일으킨 사람은 남부 지역의 회남왕(淮南王) 유안(劉安, 기원전 179년~기원전 122년)이다. 그는 유방의 손자이자 유장(劉長)의 아들이다. 문제 유항은 문제 전6년(기원전 174년)에 유장이 죽었을 때 추은령을 내려 회남국을 회남(淮南), 형산(衡山), 여강(廬江) 셋으로 나눠, 유장의 세 아들 유안과 유사(劉賜), 유발(劉勃)을 모두 제후로 삼아 그 세력을 약화시켰다.

회남왕 유안은 독서와 글쓰기를 좋아하고, 명예 얻기를 즐겨했다. 그는 빈객들과 방술(方術)하는 인사 수천 명을 불러 모았는데 그들 가운데 소비(蘇非), 이상(李尚), 좌오(左吳), 진유(陳由), 오피(伍被), 모주(毛周), 뇌피(雷被), 진창(晉昌)을 팔공(八公)이라 불릴 정도로 가까이 했다.

그의 여러 신하와 빈객들은 대부분 장강과 회하에 사이에 살던 경박한 인사들이었다. 그들은 여 태후가 죽은 후, 대신들이 문제 유항을 황제로 세웠을 때 이에 불만을 가졌던 유장이 귀양 가는 도중에 자살한 사건을 늘 들먹이며 유안을 자극했다.

그러다가 무제 건원 6년(기원전 135년) 8월에 혜성이 나타나자, 회남왕 유안은 이번에는 '천하의 군사들은 마땅히 크게 일어날 것이다'라는 말을 듣고 공격할 무기를 더 만들고 금전을 쌓아 두었다. 남부 지역에서 반란을 일으킬 때 보이는 전형적인 모습이었다.

그런데 유안의 태자인 유천(劉遷)과 틈이 생긴 뇌피가 장안으로 도망하여 이를 고발했고, 유안의 동생 형산왕 유사와 반목함으로써 모의는 실패로 돌아갔다.

이런 여러 상황 속에서 무제 원수 원년(기원전 122년)에 무제가 몰래 빈객을 모으고 반역을 모의한 죄를 물으려 하자 유안은 자살했고, 뇌피 이외의 사람들도 모두 주살되었다.

뿐만 아니라 형산왕 유사의 후계자를 정하는 과정에서 문제가 발생하자 공경들은 형산왕을 체포하여 처리해달라고 청했다. 그러자 형산왕 유사 역시 목을 매어 스스로 목숨을 끊었다. 이때 형산국의 왕후 서래와 태자 유상, 유효는 모두 기시되었으며, 함께 모반하려 했던 사람들도 모두 족멸되었다. 회남과 형산의 두 번에 걸친 옥사에 연계되어 열후와 이천석, 호걸들 수만 명이 죽었다.

이렇게 모반이라면 작은 싹만 보여도 처벌하는 바람에 비록 억울하다고 해도 감히 조정에 대해 반기를 들 수 없었다. 더구나 무제가 파견한 관리들은 엄형주의로 제후국을 통치해 나갔다. 예컨대 영성(甯成), 의종(義縱), 왕온서(王溫舒) 같은 관리였다.

먼저 영성이 관(關, 함곡관) 도위(都尉, 관문을 관장)가 되었을 때에 이

민(吏民, 지방의 아전과 백성) 가운데 함곡관[장안으로 들어가는 관문]을 출입하는 사람들은 그에 대해 이렇게 말했다.

"차라리 젖 먹이는 호랑이를 만날지언정 화난 영성을 만나는 일이 없었으면……."

장안으로 출입하려면 반드시 이 관문을 지나야 되는데, 이때 도위 영성을 만나는 것보다 새끼를 낳아서 사나울 대로 사나워진 호랑이를 만나는 것이 낫다는 말이다. 그만큼 영성이 가혹하게 통제했다는 것을 짐작하게 하는 대목이다.

또 의종이 남양(南陽, 하남성 남양시)태수가 되어 함곡관에 이르니 영성이 옆에서 영접하고 환송했는데, 의종은 남양군에 이르러서는 영(甯)씨를 조사하여 그 집안을 다 부수어 버렸다. 그리하여 남양의 관리나 백성들은 의종이 무서워서 두 발을 땅에 딛지도 못할 만큼 전전긍긍했다.

의종은 다시 정양태수로 자리를 옮겼는데, 도착하자마자 감옥에 있던 중죄인과 가볍게 잡혀 있는 200여 명을 가려내고, 빈객과 형제로서 사사로이 들어와 면회했던 200여 명을 한꺼번에 체포하고 국문(鞫問)하여 말했다.

"죽을죄를 풀어 벗어나게 해주고 싶다."

당시 법률을 보면 질곡(桎梏, 옛 형구인 차고와 수갑)과 겸자(鉗子, 가위)를 벗으면 1등급의 죄를 더 붙이도록 되어 있었다. 형구를 풀어 주는 대신 형벌을 한 등급 올려서 사형으로 결정하고 이를 집행한 것이다. 이렇게 이날 400여 명을 먼저 죽이고 나서 보고하니, 그 후로 정양군에 사는 사람들은 춥지도 않은데 벌벌 떨었다.

이 당시에 9경이었던 조우(趙禹)와 장탕(張湯) 역시 각박하기로 소문난 사람이었지만 그래도 그들은 법을 가지고 시행했었다. 그러나 의종은 마치 매가 새를 잡아채듯 일을 처리했다고 표현했다.

또 광평(廣平, 하북성 홍택현) 도위가 된 왕온서는 군내(郡內)에 있는 호걸 가운데 과감한 행동을 하는 사람 10여 명을 선발하여 조아(爪牙)로 삼았다. 이들은 범법한 것이 많은 사람들이었는데, 왕온서는 이들의 죄를 조사해 놓고, 이것을 볼모로 하여 풀어 놓아 관내에 도적들을 감독하게 했다. 이들은 자기들의 죄가 걸려 있기 때문에 왕온서의 뜻에 따라서 과감하게 사람들이 법을 어기는 지 감시할 수밖에 없었다.

그러한 연고로 제와 조의 교외에 있던 도적들은 감히 광평을 가까이하지 못했고, 광평에서는 길에 떨어져 있는 물건을 아무도 줍지 않았다고 한다.

왕온서는 다시 하내(河內, 하남군 무척현)태수로 자리를 옮기자마자 군에서 말 50필을 마련하여 역참(驛站)을 만들고, 군에 있는 호방하고 교활한 사람을 체포하여 서로 연좌시켰다. 그랬더니 1천여 집이나 걸려들었다. 왕온서는 편지를 올려서 큰 죄를 지은 사람은 멸족시키고, 작은 죄를 지은 사람은 사형시키며, 가산은 장물이니 모두 환수하겠다고 보고했다.

상주문을 올린지 불과 2~3일 만에 허가를 받고 사건을 처리했는데 흐르는 피가 10여 리나 이어졌다. 하내에서는 왕온서의 상주문이 이상하리만큼 신속하다고 생각했다. 왕온서가 부임한 지 석 달만인 연말이 되자 하내군에서는 아무런 소리도 나지 않았고, 감히 밤길을 걸어 다니지도 않았으며, 들에는 도적을 보고 개 짖는 소리조차 나지 않았다. 또 그는 미처 잡지 못하고 놓친 자는 이웃 군국(郡國)에까지 뒤쫓아가서 찾아냈다.

이듬해 봄이 되자 왕온서는 발을 구르며 탄식했다.

"아! 이번 겨울이 한 달만 더 길었더라면 나의 일을 충분히 할 수 있었을 텐데."

당시에 사형은 겨울에만 집행할 수 있었기 때문에 한 말이었다. 하여간 이들 모두 엄형을 통하여 백성들을 통제했고, 무제는 이들을 유능한 사람으로 여기고 그들을 발탁하여 중이천석(中二千石)으로 삼았다. 무제가 천하일통을 이루는 방법의 일단을 볼 수 있는 예였다.

황제절대권이 가져 온 부작용

무제 유철의 강압적 통치 방법은 앞에서 말한 바와 같이 진 시황제와 닮은꼴이었다. 여기에 힘입어 무제는 대외정벌에 나섰고, 봉선(封禪)을 통하여 황제가 하늘로부터 통치자로서의 정당성을 인정받았다는 의식을 거행했다.

그런데 이렇게 더 이상 황제권에 대항할 수 없는 상황이 되자, 진 시황제가 불로초를 구했던 것과 마찬가지로 무제는 신인(神人)을 찾기 시작했다. 또한 중원 천하뿐만 아니라 흉노를 정벌하기 위해 그들과 혈전을 거듭했고, 위만조선을 침략하여 국력을 소모시켰다. 내부적으로 무제를 위협하는 세력이 없었기 때문에 벌어진 일들이었다.

이때 궁중에서는 '무고(巫蠱)의 화'를 시작으로 무제 이후의 권력을 잡기 위한 투쟁이 일어났다. 이 틈바구니 속에서 태자가 죽는 사건이 일어났다. 그 뒤로 어린 태자 유불릉(劉弗陵, 기원전 95년~기원전 74년)을 남기고 죽게 된 무제는 곽광(霍光) 등에게 후임 황제를 부탁하고 죽는다.

황제절대권은 진 시황제의 꿈을 실현하기 위해 고조 유방 이후 100여 년간 꾸준히 완성하려고 노력해 온 꿈이었다. 그리고 무제 시기에 이르러서 드디어 진 시황제가 시도했던 천하일통의 꿈이 실현되었으나 뒤이은 황제 때부터는 황제 중심 정치체제의 부작용이 일어나기 시작했다.

무제가 어린 아들 유불릉을 곽광 등에게 부탁하고 죽은 후, 곽광은 이미 공고히 다져진 황제절대권을 신하로서 행사하면서 정적을 제거했다. 또 소제(昭帝) 유불릉이 죽고 난 다음 곽광은 창읍왕 유하(劉賀)를 황제로 세웠지만 그가 산동 지역에서 창읍 사람들을 대거 데리고 와서 권력을 위협하자 유하를 쫓아냈다. 그리고 천하의 고아로 아무런 배경이 없는 유순(劉詢, 기원전 91년~기원전 49년)을 황제로 세운다.

황제절대권은 세워졌지만, 정작 이 절대권을 행사할 황제가 없는 상황에 빠진 것이다. 물론 선제(宣帝) 유순이 곽광이 죽은 다음 황제 중심의 정치를 시작했던 것은 사실이다. 그래서 역사에서는 그를 중흥의 군주라고 부르고 있었다.

그러나 선제가 죽은 이후로 황제가 황제로서의 권력을 제대로 행사하지 못하는 상황은 계속되었다. 특히 태자 유석(劉奭, 기원전 76년~기원전 33년)은 선제의 아들로 성품이 온유하고 어질었으며 유가(儒家)를 좋아했다. 유석은 선제가 대부분 법가(法家)적인 관리를 채용하고 그들이 형벌을 가지고 아랫사람을 얽어매는 것을 보고 하루는 연회에서 선제에게 조용히 말했다.

"폐하께서는 형법에 의지하는 것이 너무 깊으니, 마땅히 유생(儒生)들을 써야합니다."

한 왕조의 정치 노선에 대해 문제가 발생한 것이다.

무제는 유가 사상을 수용하여 일통 사상으로 황제가 천하를 다 관장하는 제도를 확립하려고 했다. 그래서 유가를 교학체계로 받아들였지만 실제 통치방법은 법가적 엄형주의를 유지했다. 교육은 유가 사상을 수용하여 인의(仁義)정치를 이상으로 하면서 현실정치에서는 법가적 엄형주의를 채용하는 풀 수 없는 모순이 나타나고 있었던 것이다. 그래서 철저한 유가 사상을 공부해온 태자는 이것이 현실에 적용되는 않는 것을 비판한 것이다.

이 말을 듣고 선제가 탄식하며 말했다.

"한가(漢家)는 스스로 제도를 갖고 있는데, 본래 패도(覇道)와 왕도(王道)를 섞어 놓았으니, 어떻게 순수하게 덕교(德敎)에 맡겨서 주(周)의 정치를 채용할 것이냐! 또 세속적인 유가들은 그 당시의 적절한 것에 이르지 못하면서 옛것은 옳고 지금 것은 그르다고 하기를 좋아하여 사람들로 하여금 명목과 실제에서 미혹하게 하며 지켜야 될 것을 알지 못하니, 어떻게 그들에게 맡길 만하겠는가? 우리 집안[한 왕조]을 어지럽게 할 사람은 태자이다!"

선제가 예상한 대로 선제의 뒤를 이은 원제(元帝) 유석 이후로 황제권은 황제에게서 떨어져 나갔다. 원제가 살아있을 때부터 이미 황제의 권력은 환관 석현에게 전횡되었다. 이후 성제(成帝) 유오(劉驁, 기원전 52년~기원전 7년)는 후궁 조비연(趙飛燕)에게 빠져서 정사를 제대로 돌보지 않았다. 나약한 성제는 그의 황후 왕정군(王政君)의 친정 남동생인 왕(王)씨들을 채용했고, 그 결과 실제 정치는 이들에 의해 장악되었다. 성제 역시 스스로 황제의 권력을 행사하지 못했고, 그 황제권은 외척에게 넘어갔다.

성제가 갑자기 죽은 후에 애제(哀帝) 유흔(劉欣, 기원전 27년~기원전 1년)이 등장했고, 이번에는 그 조모 부(傅) 태후가 권력을 잡게 되었다. 하지만 7년 만에 부 태후가 죽고 권력은 다시 왕정군과 잠시 몸을 낮추고 있던 왕씨들에게 돌아갔다. 그리고 마지막으로 왕정군의 조카인 왕망(王莽)이 권력을 장악하여 한 왕조를 무너트리고 신(新) 왕조를 열었다.

유씨 황제가 황제절대권을 제도적으로 만들었으나 실제로 황제 자신이 이 권력을 제대로 행사하지 못하고 오히려 황제가 아닌 권신(權臣)과 외척이 이를 장악하는 예상치 못한 현상이었다. 그리고 그 마지막 단계에서 왕망은 실제적인 권한을 가지고 황제 자리까지 차지하게 되었다.

무제 정책을 되풀이 한 왕망

유교적 인치(仁治)를 이상으로 내세우면서도 법가적 엄형으로 통치하는 모순이 진행되는 과정에서 왕망이 신(新)을 세운다. 왕망은 유교적 지치(至治)주의를 내세우면서 무제 이후에 황제 아닌 사람들에 의해 농단된 황제권을 다시 직접 행사하기 시작했다. 이것은 외척으로 황제권을 행사하던 자신의 예전과는 다른 모습이다. 직접 황제가 되고 나서는 강력한 중앙집권적 황제권을 수립하기 위해 노력한 것이다. 그가 실시한 정책은 무제 유철의 정책과 닮아 있었고, 어떤 점에서는 그보다 더 중앙집권적이라고 할 수 있었다.

왕망은 첫 번째로 천하의 전지(田地)를 모두 왕전(王田)으로 바꾸어 외척지배 시대의 토지 겸병[귀족이나 양반의 대토지 소유] 등의 문제를 해결하려고 했다. 그 결과 개인은 전지를 매매할 수 없었고, 과거 주대(周代)에 있었다는 정전제(井田制)를 회복하려고 했다.

두 번째로는 전폐(錢幣)를 새로 주조했다. 무제도 몇 번에 걸쳐서 전폐제도를 바꾸었는데, 왕망은 이보다 좀 더 심하게 여러 번 고쳤다. 워낙 복잡하여 실패하기는 했지만 전폐를 만드는 것으로 중앙조정에서 경제를 장악하려고 했다는 점에서 무제와 같았다.

세 번째로 개인이 노비를 소유하지 못하게 하고 매매도 금지했다. 모두 공노비로 통일하려는 의도였는데, 노비를 재산으로 인식하던 당시의 상황에서 본다면 이것 역시 개인의 재산권을 제한하는 일이었다.

네 번째는 이른바 오균(五均)과 육관(六筦)의 실행이었다. 도읍 장안과 다섯 개의 도시에 오균사시사(五均司市師)를 두어 사대(賖貸, 대여)를 통해 백성들로부터 이자를 취하고, 물가를 관리하며 상세(商稅)를 징수했다. 또한 철, 소금, 술, 주전을 관리하며 산택세(山澤稅)도 징수했다. 이는 무제 때 소금과 철을 정부에서 전매하려던 염철론(鹽鐵論)보다 한걸음 더 나간 정책으로 중앙 조정이 경제적 이익의 독점을 꾀하려는 정책이었다.

그 이외에 중앙 조정 내의 기구를 고치고, 군현을 조정하고 획정(劃定)하여 관명과 지명을 고쳤다. 또한 주변 소수민족에 대한 봉호

(封號, 왕이 책봉하여 내려 준 호(號))를 고쳐 천자가 천하를 완전히 지배한다는 모양새를 갖추려고 했다. 천하일통을 구체적으로 실현하려 한 것이다.

이러한 제도의 정비는 진 시황제에서 시작하여 한 무제를 거쳐서 왕망에 이를 때까지 일관된 일통의 정책이었다. 천하를 하나로 하고, 하나된 천하를 황제 한 명이 전체를 지배한다는 꿈을 실현하려는 노력이었다.

그러나 진 시황제는 천하를 통일한 지 15년 만에 망했고, 그 뒤를 이어받은 한 고조 유방이 이 꿈을 버리지 못하고 점진적 방법을 통해 이를 이룩하려고 했다. 그리하여 100여 년간의 꾸준한 노력 끝에 무제 유철에 이르러 황제 1인 독재체제가 이루어졌지만 이 역시 그가 죽은 이후 권신과 외척에게로 권력이 넘어갔다.

이는 황제 혼자서 온 천하를 독재한다는 것이 사실상 불가능하다는 점을 증명하는 것이었다. 그런데 외척으로 권력을 장악한 왕망 역시 스스로 황제가 된 이후에는 진 시황제와 한 무제에 이어 황제 1인 독재체제를 지향하는 제도를 만든 것이다.

다만 한 무제의 경우에는 한 고조 때부터 점진적으로 제후권을 약화시키는 동시에 황제권을 강화하면서 천하를 장악하려고 했기 때문에 반항에 직면하지는 않았다. 그러나 결국 변상(變相)된 제후로서 외척과 권신들이 새로운 세력으로 성장하고 말았다.

이에 반해 왕망은 재산을 통제하는 방법을 사용했다. 이것은 그들의 이익을 정면으로 부정한 것이며 더욱이 급진적으로 시행하면서 강한 저항을 맞을 수밖에 없었다.

이러한 왕망의 강력한 중앙집권적 조치는 결국 반란을 가져왔다.

마치 강력한 중앙집권화 정책을 시행한 진 시황제가 죽고 난 후 반란이 일어난 상황과 비슷했다.

왕망 말년에 드디어 동남부 지역을 중심으로 군사가 일어났다. 그 중심이라 할 청주(靑州)와 서주(徐州)에 있던 녹림군(綠林軍)의 무리가 수십만 명이었는데, 문서나 호령(號令), 정기(旌旗), 부곡(部曲)이 없었음에도 병사가 일어나자 모두 장군이라고 자칭하며 성곽을 공격하여 땅을 빼앗았다.

다만 진말(秦末)에는 전국시대의 봉건제로 복귀를 기대했다면, 이번에는 왕씨에게 빼앗긴 유씨 왕조의 복귀를 그 슬로건으로 내세웠다. 똑같이 과거로의 복귀를 희망한 것이지만 왕망에 대한 반란은 달랐다. 한 무제 이후 100여 년간 유가교육을 통해 황제는 유씨이고, 다른 모든 사람들은 신민(臣民)이라는 생각을 고정시켜 두었기 때문이다.

이처럼 시대의 조류는 유씨 왕조의 부활이었지만 군사를 장악하고 있던 중심 세력은 허수아비 황제를 내세우고 실제적인 권력은 자기들이 장악하려고 했다. 그것 역시 무제 이후 유명무실화된 황제의 역사에서 배운 것이다.

그래서 당시 가장 큰 군사 세력을 가지고 있던 녹림군과 신시군(新市軍)에서는 유씨 가운데 자기들이 마음대로 조종할 수 있는 인물을 골라 황제로 세우기로 했다. 그들이 유현(劉玄)을 황제로 지목했다는 것은 그때의 상황을 봤을 때 군사집단들이 허수아비 황제를 세우려고 했음이 분명해진다.

용릉대후(舂陵戴侯)의 증손 유현은 평림병(平林兵, 농민군의 한 지파) 안에서 경시장군(更始將軍)으로 불렸다. 그때 산동 지역 일대에 이들이 일으킨 병사가 이미 10여만 명이나 되었지만 하나로 통합되지 못하고 있으니 제장들은 논의하여 황제는 유씨여야 한다는 당시의 바람에 부응하고자 했다.

이에 반해 왕망의 군사를 쳐부순 남양의 호걸들과 왕상 등은 모두 유수(劉秀)의 형 유연(劉演)을 세우고자 했다. 하지만 멋대로 행동하길 좋아한 신시병과 평림병의 장수들은 위엄과 엄명함이 있는 유연을 꺼려했다. 그래서 신(新, 왕망) 지황 4년(23년)에 녹림군의 지파가 모여 한나라 종실인 유현을 황제로 세웠다. 유현이 나약하다는 것을 알고 함께 그를 책립한 것이다. 이들은 진말처럼 봉건제로의 복귀를 바라지는 않았지만 각자 독자적인 세력을 가지고자 하는 생각을 하고 있었던 것이다. 일종의 변상된 봉건제를 원했다고 할 수 있다.

이러한 시대적인 상황 속에서 유수가 후한을 세울 수 있었던 까닭 가운데 하나는 왕망에 대한 반대 논리로써 200여 년간 유지해 온 한 왕조의 부흥이라는 시대사조에 힘입었고, 그가 군사를 일으킨 유씨 가운데 가장 큰 세력이었다는 점이다.

물론 허수아비 황제를 세우려는 녹림군과 바로 이해 충돌이 일어나서 형 유연이 죽는 어려움을 겪었지만 유수는 여러 호족들을 모아 연합하는 방법으로 후한을 세웠다.

호족연합으로 만들어진 후한

그래서 후한은 그 출발부터 진 시황제와 같은 중앙집권적 천하일통을 수행할 능력이 없었다. 오히려 진 시황제와 한 무제를 이어받아, 황제 중심적 천하일통을 이룩하기 위해 엄형주의를 가져 온 왕망에 대해 반발하는 시대적 상황이었기 때문에 강압에 의한 천하일통보다는 연합적 정권을 창출한 것이다.

이렇게 유수(劉秀, 기원전 6년~서기 57년)는 여타 군사 세력과 연합하여 왕조를 세웠기 때문에 이들에 대한 대우를 어떻게 하느냐가 중요한 과제였다. 이러한 점에서 전한의 유방이 처했던 상황과 같다고 볼 수 있다.

다만 전한초에 유방을 도왔던 여러 군사 세력들은 봉건제의 부활을 기대했던 시대사조로 인해 제후왕이 되기를 바랐지만, 후한 초의 군사 세력들은 그렇지 않았다. 왜냐하면 제후왕으로 책봉된 이후 여러 가지 이유로 유방에게 모두 토멸된 것을 역사를 통해 알고 있었기 때문이다. 모두 자기들의 이익을 챙기려고 했지만 전한과 같은 방법을 원하지는 않았다. 목적은 같았지만 시대가 달라졌으므로 방법을 달리한 것이다.

이러한 점에서 유수와 군사 세력 사이에는 적당한 타협점이 있어야 했다. 그래서 찾아낸 방법이 그들을 열후로 책봉하여 그 후손까지 보장해 주는 것으로, 유수는 반대 세력을 토벌한 후 공신들에게 논공행상을 하기에 이르렀다.

광무제 건무 2년(26년)에 유수는 여러 공신들을 모두 열후로 책봉했다. 그리고 양후(梁侯) 등우를 고밀후(高密侯)로 책봉하고 광평후(廣平侯) 오한과 함께 모두 네 현씩 식읍을 주었다. 이통(李通)을 고시후(固始侯), 가복(賈復)을 교동후(膠東侯)로 삼고 각기 여섯 현을 식읍으로 주었으며, 나머지 사람들도 각기 차등을 두어 식읍을 지급했다. 이미 죽은 사람은 그 자손에게 봉작을 덧붙여 주었고, 황제 유수의 지서(支庶)들에도 봉작을 바꾸어주었다.

이러한 논공행상에 대해 박사 정공(丁恭)은 지나치게 많은 대우라며 의견을 제시했다.

"옛날에 제후를 책봉할 때 준 식읍이 100리를 넘지 않았는데, 이는 줄기는 튼튼히 하고 가지는 약하게 하여 치세를 이루려 함이었습니다. 지금 네 현을 식읍으로 주며 책봉하셨으니 이는 법과 제도에 맞지 않습니다."

황제를 위한 발언이었지만, 이 말에 광무제는 반박했다.

"옛날 나라가 망한 것은 모두 무도(無道)했기 때문이었지, 일찍이 공신들의 봉지가 많아서 멸망했다는 것은 들어보지 못했소."

광무제는 자신의 무력이 약하다는 것을 알고 유교의 인치론으로 적당히 포장했다. 공신들에게 높은 대우를 하는 것을 원칙으로 삼은 것이다. 이것이 광무제가 군사 세력들을 어루만져서 흩어지지 않게 하는 정책이었다.

봉국을 분배하는 일은 낭중 풍근(馮勤)이 관장했는데 공로의 크기를 따지고, 봉국의 영토가 중앙에서 멀고 가까운 것과 땅의 형편이 풍요롭고 척박한 곳을 헤아려서 서로 넘거나 처지지 않게 하여 복종하지 않는 사람이 없었다.

또한 광무제 건무 13년(37년)에 오한이 촉 지역에서 군사를 떨치고 돌아오다가 완(宛, 하남성 남양시)에 이르렀는데, 조서를 내려 그의 집을 지나는 길에 조상의 무덤에 다녀오라며 곡식 2만 곡을 하사했다. 그리고 장군과 병사들에게 큰 잔치를 베풀고 공신들에게 식읍을 늘려주고 봉작을 바꾸어 주었는데 그 수가 365명에 달했고, 그 중에 외척과 은택을 입어서 책봉된 사람이 45명이었다.

그러나 광무제는 공신들에게 관직을 주지는 않았다. 광무제는 공신들이 이직(吏職)을 맡았다가 허물을 받게 하지 않겠다며, 모두 열후의 지위를 가지고 자기 집으로 돌아가게 하고 특진의 지위를 주어서 봉조청(奉朝請)하게 했다.

이러한 조치에 관해 《자치통감》에서는 이렇게 기록하고 있다.

> 황제[광무제 유수]는 비록 공신들을 제어했지만 매번 구부려서 용납했으며, 그들의 조그만 실수는 용서했다. 먼 곳에서 보내온 진귀한 음식은 반드시 먼저 제후들에게 두루 하사하게 하여 태관(太官)에 남긴 것이 없었다. 그러므로 모두가 그들의 복록(福祿)을 보존했고, 주살되거나 견책을 받는 사람이 없었다.

전한시대 유방에게 작위와 관직을 받은 공신들이 권력을 행사하게 되자 그들을 죽이게 된 역사에 비추어, 중앙권력과의 다툼을 없애고 공신들의 이익을 영구히 보존하는 방법을 택한 것이다. 달리 말하면 변상된 중건제후 정책인 셈이었다. 그래서 공신들은 전한시대와는 달리 중앙 조정에 의해 자기들의 이익을 보장받을 수 있었다. 그러한 점에서 후한의 황제는 호족연합체의 수장이라는 범위를 크게 벗어나지 않았다고 할 수 있다.

이러한 공신우대 정책은 유수의 뒤를 이어 황제가 된 명제 유장 시대에도 나타난다. 명제 영광 3년(60년)에 명제는 한나라를 중흥시킨 공신들을 위해 28명의 장군들의 초상을 남궁운대(南宮雲臺)의 벽에 그리도록 지시했다.

여기에 올라간 사람은 등우(鄧禹), 마성(馬成), 오한(吳漢), 왕량(王梁), 가복(賈復), 진준(陳俊), 경감(耿弇), 두무(杜茂), 구순(寇恂), 부준(傅俊), 잠팽(岑彭), 견담(堅鐔), 풍이(馮異), 왕패(王霸), 주호(朱祜), 임광(任光), 채준(祭遵), 이충(李忠), 경단(景丹), 만수(萬脩), 개연(蓋延), 비융(邳肜), 요기(銚期), 유식(劉植), 경순(耿純), 장궁(臧宮), 마무(馬武), 유융(劉隆)이었다. 여기에 왕상(王常)과 이통(李通), 두융(竇隆), 탁무(卓茂)까지 넣어 32명의 초상을 남겼다.

공적으로 보아 마원(馬援)도 여기에 포함되어야 하겠지만 당시 그는 마 황후의 부친이었기 때문에 제외했다. 이 숫자는 전한시대에 유방이 이성 제후를 두었던 것에 비하여 엄청나게 많다. 제후를 자잘하게 늘린 정책을 증명하는 자료이다.

후한 왕조는 공신들을 대우하면서 그들의 봉지를 빼앗으려는 정책을 쓰지 않고 호족연합으로서, 다시 말하면 변상된 중건제후 정책의 결과를 잘 지켰고 또 이에 만족했기 때문에 비교적 안정된 상태로 유지되었다. 따라서 후한 200여 년 동안 공신들의 봉지를 빼앗아서 중앙권력을 강화하려는 노력이 없는 평화의 공존이 진행된 셈이다. 진 시황제나, 한 무제, 혹은 왕망 같은 황제절대권을 통한 천하일통을 포기한 결과라고 할 수 있다.

후한은 서기 25년에 시작하여 서기 220년까지 195년간 왕조를 유지했다. 이 기간은 전한보다 약 20년 짧지만 등장했던 황제 수를 보면 전·후한 모두 각각 14명으로 같다.

광무제 유수와 그 뒤를 이은 명제 유장의 시기는 후한 왕조의 방향을 잡는 시기였다. 이때 명제는 유가 사상을 전적으로 수용하여 유가적 군신관으로 왕조를 유지하려는 기본 입장을 세운다. 그리고 힘에 의한 강압적 통치방법은 사용하지 않았고, 이른바 덕치를 내세웠다. 주초(周初)에 많은 제후를 두고 예(禮)의 질서를 통하여 천하 질서를 유지했던 것과 아주 흡사한 상황이 연출된 것이다.

변상적 봉건제

그러나 그 결과 광무제와 명제 이후에 등극하는 황제는 허수아비가 되고 말았다. 장제(章帝) 유달(劉炟)이 죽은 다음부터 황제권은 태후에게 넘어가 있었다. 태후란 공신집안과 황제집안의 혼인관계에서 나온 사람이고, 따라서 태후와 그 친정집에 의하여 정치가 주도되고 있다는 것은 변상의 봉건제를 가져온 것을 의미한다.

태후의 변화를 보면 3대 장제 유달의 황후인 두(竇)씨, 4대 화제(和帝) 유조(劉肇)의 황후인 등(鄧)씨가 각기 태후로써 후임황제를 결정하는 권한을 가지고 권력을 행사했다. 물론 여기에는 예외 없이 외척이 등장했다. 그리고 이러한 황태후와 외척의 등장은 6대 안제(安帝) 유호(劉祜)의 황후인 염(閻)씨로 이어졌다가 8대 순제(順帝) 유보(劉保)의 황후인 양(梁)씨에게로 넘어간다. 권력이 황제를 떠나 외척들 사이에서 전전했던 것이다. 이 시기에 태후는 본인이 오래도록 태후 자리에서 수렴청정을 하기 위해 고의적으로 나이 어린 사람을 황제로 올려놓는 일을 서슴지 않았다.

전한시대에 무제에 의해 확립되었던 황제의 권한을 황제가 직접 행사하지 못하고 태후와 외척에 의해 농단되고 있었던 것이다. 그러나 이들은 자기 호족의 이해에 몰두하였을 뿐 천자로서 천하일통의 힘을 행사할 수는 없었다. 그러기 때문에 마치 춘추시대의 패권을 행사한 정도였다.

이들 가운데 안제 유호의 황후 염씨가 무리하게 태자를 폐위시키고 어린 소제(少帝) 북향후(北鄕候) 유의(劉懿)를 황제로 세웠다. 그러나 유의가 바로 죽자 이번에는 환관들이 쿠데타를 일으켜 염 태후에게 쫓겨났던 유보를 황제로 세운다. 태후가 세우던 황제를 이제 환관이 세우게 되었다.

황제권이 황제를 떠나서 외척 사이를 오가는 실정을 익히 본 환관들은 직접 쿠데타를 일으키고 권력을 장악했다. 그러나 환관들에게는 공식적으로 권력을 행사할 직함이 없었다. 그래서 권력은 다시 양 태후와 그 외척에게 넘어갔다.

양 태후는 양씨가 권력을 계속 유지하게 하려고 무리하게 자신의 제랑(弟郎, 제부)인 유지(劉志)를 황제로 등극시켰다. 하지만 황제가 된 유지는 양 태후가 죽자 환관을 이용하여 양씨를 몰아냈다. 또다시 환관이 권력을 잡게 되었다.

환관이 권력을 장악하자 이번에는 태학생이 이들을 비판하고 나섰다. 환관들은 이들을 정치현장에서 몰아내기 위해 당고(黨錮)라는 방법으로 대응하여 대립하는 상황을 낳았다.

환제 유지가 죽은 다음에 어린 두(竇) 태후가 권력을 잡았지만 어설픈 환관제거 계획 때문에 도리어 환관들에게 공격을 받아 두 태후의 아버지 두무(竇武)가 죽고 말았다. 이후 환관에 대항할 세력은 없었다. 그러자 조정 밖에서 그에 대항하는 세력이 나타났다. 그것이 황건란(黃巾亂)이었고, 이로 인하여 후한 왕조는 더 이상 버틸 수가 없었다.

진 시황제에서 시작하고, 한 무제와 왕망으로 이어진 중앙집권적 왕조체제는 제도적으로는 형성되었으나 실제적으로는 이루어질 수 없었다. 부분적으로 봉건국을 두어서 지역적 특성을 살리거나, 혹은 외척이나 고관으로 불리는 권력자들이 지역을 나누어 지배하는 상태가 지속되어 갔다.

따라서 후한은 출발부터 진정한 황제 중심의 중앙집권화는 꿈조차 꾸지 못하고 변상된 봉건제도, 그것도 중건제후적 모습으로 존재했다. 물론 중앙에서 활동한 사람 대부분은 서부 출신이지만, 이들이 동남부 지역의 이익을 현저하게 침해하지 않았기 때문에 강력한 황제권의 행사 없이도 긴 평화의 시기를 보낼 수 있었다.

제6장

분열 속의 정족 현상

中國分裂

분열 속의 정족 현상

동남 지역에서 등장한 태평도

호족연합 정권, 변상된 다중제후 체제로 출발한 후한 왕조는 결국 황태후와 외척들이 등장하여 황제권을 남용하는 상황에서 다시 환관의 전횡으로 옮겨갔다. 광무제와 명제 이후에는 황제 스스로 황제절대권을 행사하는 일이 없었고, 허수아비 황제 뒤에서 권력과 재물을 착취하는 변상된 봉건 제후인 호족들이 황제권을 행사하는 시대였다.

그러므로 자체적으로 황제 스스로 황제절대권으로 찾아와 통일 왕조 체제를 수립할 방법을 찾을 수가 없었고, 동시에 권력을 경쟁하는 세력들의 내부적 혁신은 더더욱 기대할 수 없었다. 따라서 허수아비 황제와 권력을 농단하는 외척과 권신, 환관들의 전횡에 대한 저항은 권력과 동떨어진 백성들 사이에서 일어날 수밖에 없었다.

이들의 저항은 명목상으로만 존재하는 통일 왕조라는 이름도 더

이상 지탱할 수 없게 만들었다. 이때 등장한 황건란(黃巾亂)이라 불리는 민중의 봉기가 이름뿐인 통일 왕조를 무너트리는 계기가 되었기 때문이다. 황건란은 태평도(太平道)를 따르는 무리들이 일으킨 반란을 말한다.

당시의 혼란한 상황을 틈타 거록(鉅鹿, 하북성 평향현) 출신인 장각(張角)이 황제(黃帝)와 노자(老子)를 받들어 섬기며 태평도를 일으켰다. 그는 주문을 외며 부수(符水, 부적과 정화수. 또는 부적을 태운 물로 치료를 하는 술법)로써 병을 치료했는데, 병든 사람에게 무릎을 꿇고 잘못을 뉘우치며 머리 숙여 절하도록 했다. 그런데 간혹 병이 낫는 사람이 생겨나자, 그의 제자들은 사방으로 이를 전했다.

이렇게 10여 년이 지나자 그 무리가 수십만 명에 이르렀고, 청주(靑州, 산동반도), 서주(徐州, 강소성), 유주(幽州, 하북성 북부), 기주(冀州, 하북성 중부), 형주(荊州, 호북성과 호남성), 양주(揚州, 강서성과 안휘성), 연주(兗州, 산동성 서부), 예주(豫州, 하남성)의 여덟 주에 태평도가 퍼졌다. 거의 동남부 지역이었고, 이곳의 사람들 대부분이 이를 믿었다.

어떤 사람은 재산을 버리거나 팔고 그곳으로 달려가기도 했는데, 그곳으로 가는 도로가 인파로 꽉 막혔고 도착하지도 못하고 병들어 죽은 자가 1만 명을 헤아렸다. 일각에서는 당시 장각의 태평도가 전국 지역의 4분의 3정도에 퍼졌다고 말하기도 했다.

한편, 군과 현에서는 태평도의 의미를 이해하지 못하고, 거꾸로 장각이 바른 길로 가르치고 감화한다고 칭찬을 하기도 했다. 그래서 많은 백성들이 더욱 이 도(道)를 믿게 되었다.

이렇게 태평도가 퍼져나가자 태위 양사(楊賜)와 사도부의 연리 유도(劉陶)가 장각의 태평도가 위험하니 토벌해야 한다고 건의하였다.

그러나 정치적 감각이 무딘 영제(靈帝) 유굉(劉宏, 156년~189년)은 이에 대해 대수롭지 않게 생각했다.

한편 장각은 태평도의 조직을 10여 년 동안 가다듬어 나갔다. 그리고 영제 광화 6년(183년)에 이르자 36개의 방(方)을 두었다. 방은 장군과 같은 것인데, 대방(大方)은 1만여 명, 소방(小方)은 6천~7천여 명의 우두머리였다.

이렇게 조직이 만들어지자 장각은 말했다.

"창천(蒼天)은 이미 죽고 황천(黃天)을 세워야 하는데 갑자년에는 천하게 크게 길할 것이다."

그리고 경사[낙양]에 있는 관청의 출입문과 주와 군의 관부에 백토(白土)로 '갑자(甲子)'라는 글자를 쓰기 시작하니 이것이 곧 반란을 일으키려는 신호가 되었다.

태평도 신봉자들의 봉기

이렇게 되자 대방인 마원의(馬元義) 등은 먼저 남부 지역인 형주와 양주에 있는 수만 명을 거두어들이고, 시기를 정하고 업(鄴, 하북성 운장현)에서 출발하기로 했다. 반란이 본격적으로 모의된 것이다. 마원의는 자주 낙양을 왕래하면서 당시 권력을 잡고 있던 중상시 봉서(封諝)와 서봉(徐奉) 등에게 3월 5일에 움직임이 일어나면 안에서 호응하여 봉기하기로 약속까지 받았다.

그런데 다음 해인 효령제 중평 원년(184년) 봄에 장각의 제자인 당주(唐周)가 편지를 올려 장각이 반란을 일으킬 것이라는 사실을 조정에 알렸다. 장각 진영에서 내부적으로 배반자가 생긴 것이다.

그리하여 조정에서는 마원의를 잡아들여 낙양에서 차열(車裂)의 형벌에 처했다. 아울러 삼공과 사예교위에게 조서를 내려 궁성의 당번을 서는 위사(衛士)와 백성들 가운데 장각의 도를 섬기는 자를 조사하고 증거를 찾아 수천 명을 주살했다. 또한 기주에 내려가서 장각 등을 체포하도록 했다. 조정에서 태평도에 대하여 정면으로 공격을 가하기 시작했다.

장각 등은 이렇게 일이 발각되자 밤낮으로 말을 달려 여러 방에 연락하게 하고 일시에 함께 일어나도록 명령을 내렸다. 계획보다 먼저 군사를 일으키게 한 것인데, 이때 모두 황건(黃巾, 노란 수건)을 써서 태평도의 표지로 삼고, 또 노란색의 기치를 들게 하니, 당시 사람들은 이들을 '황건적(黃巾賊)'이라고 불렀다.

2월에 장각은 스스로 천공(天公) 장군이라 칭하고, 장각의 동생 장보(張寶)와 장양(張梁)은 각각 지공(地公) 장군과 인공(人公) 장군이라 불렸다. 태평도들이 머물고 있었던 지역에서는 그 지역 관부를 불태우고, 촌락과 읍을 약탈하자 주와 군은 거점을 잃었고 높은 직급의 관리들은 대부분 도망했다. 한 달이 못되는 사이에 천하 사람들이 서로 따라 일어서니 경사인 낙양까지 진동했다. 이것으로 동부 지역에서 일어난 세력이 서부로 진출함으로써 결국 다시 동서 대결의 양상이 다시 나타나게 되었다.

황건적이 일어나게 되자 안평(安平, 하북성 기현)과 감릉(甘陵, 산동성 청평현) 사람들은 각각 안평왕 유속(劉續), 감릉왕 유충(劉忠)을 사로잡고서 황건적에게 호응했다. 제후왕까지 황건적을 지지하는 사람들에게 사로잡힌 것이다. 원래 제후왕은 중앙 황실의 울타리로써 반란을 진압해야 하지만 사실상 그것이 불가능해졌고, 일반인들조차 조정에 대해 반란을 일으키고 황건적에 호응한 것이다.

이쯤 되니 후한 조정에서는 대책을 세워야 했다. 그리하여 3월에 하남윤(河南尹, 하남은 섬서성 낙양시) 하진(何進)을 대장군으로 삼고, 신후(愼侯)로 책봉하여 경사를 지키는 책임자로 삼았다. 그는 좌우림(左羽林)과 우우림(右羽林)에 소속된 다섯 군영의 병사들을 인솔하여 도정(都亭, 경사에 있는 역마의 중심)에 주둔하며, 무기와 기계를 수리하여 경사를 지켰다. 도정은 교통의 중심지이기 때문에 길목을 막으려는 의도였다.

그리고 함곡(函谷, 하남성 신안현 변경 지역), 태곡(太谷, 낙양 동쪽 지역), 광성(廣成, 낙양 남쪽 지역), 이궐(伊闕, 낙양 서남 지역), 환원(轘轅, 하남성 언사현 남쪽 지역), 선문(旋門, 하남성 범수현 서남 지역), 맹진(孟津, 하남성 맹진현 남쪽 지역), 소평진(小平津, 하남성 맹진현 북쪽 지역)의 여덟 관문에 도위(都尉)를 두었다. 낙양으로 들어 올 수 있는 길을 봉쇄해 우선적으로 도읍을 지키려는 생각이었던 것이다.

이어서 후한 조정에서는 천하의 정예 병사를 발동하고 북중랑장(北中郎將) 노식(盧植)을 파견하여 장각을 토벌하게 했다. 그리고 좌중랑장(左中郎將) 황보숭과 우중랑장(右中郎將) 주준(朱儁)에게 영천(潁川, 하남성 우현)의 황건적을 토벌하도록 했다. 영천은 낙양과 100리 정도 떨어진 곳이므로 황건적이 이미 경사[낙양]까지 위협하는 상태임을 알고 내린 조치였다.

이러한 후한 조정의 대응에도 불구하고 황건적의 활동은 여전했다. 남양(南陽, 하남성 남양시)의 황건적 장만성(張曼成)이 태수 저공(褚貢)을 공격하여 살해했다. 그리고 여남(汝南, 하남성 여남현)에 있던 황건적이 태수 조겸(趙謙)을 소릉(邵陵, 하남성 언성현)에서 제압했고, 또 광양(廣陽)에 있던 황건적이 유주자사 곽훈(郭勳)과 태수 유위(劉衛)를 살해했다. 황건적은 동부에서부터 중부 지역까지 그 세력의 범위를 확대하고 있었다. 전통적인 대결 구조인 서부에 대한 동부 지역의 반발과 공격 상황이 전개된 상황이었다.

반면 조정에서는 황보숭과 주준에게 4만여 명을 거느리게 하고 영천에 있는 황건적을 토벌하려 했지만, 주준은 황건적 파재(波才)와 전투 끝에 패했고, 황보숭은 겨우 장사(長社, 하남성 장갈현)를 지키는 정도였다.

황건적에 대한 대응조치

후한 조정에서는 자체적으로 황건적을 진압할 수 없자 새로운 대책을 내놓았다. 그 첫 번째는 환관들에 의해 당인(黨人)으로 낙인되어 금고(禁錮)에 처해진 사람들을 풀어 주는 일이었다. 말하자면 화합정책인 것이다. 이 일은 황건적이 낙양을 위협하게 될 즈음에 논의되었다. 영제 유굉이 황건적에 관한 문제를 논의하기 위한 군신회의를 소집했다.

이때에 북지(北地, 영하 자치구 영무현)태수였던 황보숭(皇甫嵩)이 주장했다.

"당금(黨禁)을 해제하고, 중장전(中藏錢, 황실 금고)과 서원(西園, 황제의 마구간)에 있는 말을 군사들에게 나누어 주어야 합니다."

이는 환관에 의해 쫓겨나서 금고에 처해진 당인들의 금고형을 해제하고 정상적인 활동을 하게 하여, 그들로 하여금 황건적을 막는 데 일정한 역할을 할 수 있게 하라는 것이었다. 또한 황실의 금고인 중장전의 돈과 황제의 마구간에 있는 말을 내어 황건적을 토벌하는 데 사용해야 한다는 말이었다.

이러한 건의를 받은 영제는 어찌 결정해야 할지 판단이 서지 않아 중상시 여강(呂强)에게 물었더니 여강이 대답했다.

"당고(黨錮)가 오랫동안 쌓여서 사람들의 마음에 원한과 분함이 있으므로 만일 사면하지 않는다면 쉽게 장각과 더불어 모의할 것입니다. 그 후 변란이 더욱 커진다면 이를 후회해도 구원할 방법이 없습니다."

당인들의 금고를 해제하지 않아 이들이 황건적과 함께 한다면 커다란 문제가 될 수 있다며 황보숭의 의견에 찬성한 것이다. 당고란 환관 등을 부패한 세력으로 보고 태학생을 중심으로 청류운동을 펼치다가 금고에 처해졌던 사건을 말한다.

그리고 여강은 다시 다른 대책을 하나 내놓았다.

"지금 청하건대 우선 주위에 있는 탐욕스럽고 혼탁한 자를 주살하고 당인들을 크게 사면하며, 자사와 이천석 관리를 능력이 있는지 없는지를 가려서 쓴다면 평정되지 않을 도적은 없습니다."

위기를 맞은 조정이 취할 수 있는 정책으로 화합과 부패척결이라는 카드를 쓰라는 것이다. 영제는 여강의 말을 듣고 황건적과 당인이 결탁할까봐 두려워서 천하의 당인들에게 사면령을 내리고, 귀양간 여러 사람들을 돌아오게 했다.

그리고는 앞에 말한 대로 노식과 황보숭, 주준을 보내 낙양에서 100리 밖에 있는 영천까지 와 있는 황건적을 토벌하도록 했던 것이다. 그러나 앞에서 말한대로 주준은 큰 성과를 올리지 못했다. 도리어 여남태수 조겸과 유주자사 곽훈, 유주태수 유위가 패하거나 죽고 말았다.

오직 황보숭만이 어느 정도 전과(戰果)를 올리고 있었다. 이때 황건적인 파재가 장사에서 황보숭을 포위했고, 황보숭의 병력이 적어 부대 안에서는 모두 파재의 군대를 두려워했다. 큰 위기였다.

그러나 이런 위기에 처한 황보숭은 황건적이 풀숲에 의지해서 군대의 영채(營寨)를 마련해 놓은 것을 보고 큰바람을 이용하기로 마음먹었다. 황보숭은 날쌘 군사들을 포위망 밖으로 나가게 하여 이리저리 불을 놓으며 크게 소리를 지르도록 했다. 그리고 성 위에서 횃불을 들어 올리며 호응하게 하니 황건적이 놀라서 달아났다. 황보숭이 극적으로 승리한 것이며 이는 처음으로 조정의 군대가 황건적을 대파한 일이었다.

황보숭과 주준은 승리의 여세를 몰아 전진하여 여남(汝南, 하남성 평여현)과 진국(陳國, 하남성 회양현)에서 황건적을 토벌하고, 양적(陽翟, 하남성 우현)에 있는 파재를 추격했다. 그리고 서화(西華, 하남성 서화현)에서 황건적의 수령 가운데 하나인 팽탈(彭脫)을 공격하여 나란히 이들을 쳐부쉈다. 그러자 나머지 황건적도 항복하거나 흩어져서 영천군과 진국군, 여남군 세 군이 모두 평정되었다.

황보숭은 이와 같은 상황을 보고하면서 그 공로를 주준에게 돌렸다. 그러자 영제는 주준의 봉작(封爵)을 서향후(西鄉侯)로 올려 삼고, 진적(鎭賊)중랑장으로 승진시켰다. 그리고 조서를 내려 황보숭에게는 동군(東郡, 하남성 복양현)을, 주준에게는 남양(南陽, 하남성 남양시)을 토벌하도록 했다.

한편 북중랑장 노식이 장각과 잇달아 싸워 목을 베거나 사로잡은 사람이 1만여 명이 되니 장각 등이 달아나서 광종(廣宗, 하북성 위현)을 지켰다. 노식은 포위망을 구축하고 참호를 파고 운제(雲梯, 성을 공격하는데 쓰는 사다리)를 만들어 공격했고, 거의 그곳을 함락시키게 될 참이었다.

이렇게 조정의 군대가 황건적의 군대와 피나는 전투를 벌이고 있는 순간에도 조정에 있는 환관들은 평소대로 뇌물을 받는 일을 멈추지 않았다. 영제는 소황문 좌풍(左豊)을 파견하여 노식의 군대를 감시하게 했는데, 이때 좌풍은 노식에게 뇌물을 요구했다. 노식이 전공을 세웠지만 환관은 뇌물을 받은 다음에야 그 전공을 보고하겠다는 뜻이었다. 이는 이러한 상황에서도 조정은 자정 능력을 잃고 있었다는 단적인 예였다.

노식이 이에 응하지 않자 좌풍은 돌아가서 그를 참소했고, 영제는 대노하여 함거를 보내 노식을 불러들였다. 영제는 노식을 처벌하고 대신 농서(隴西, 감숙성 임조현) 사람 동중랑장(東中郎將) 동탁(董卓)을 불러서 광종으로 보내도록 했다. 산서 지역의 군부 세력을 끌어들인 것이다. 이것은 향후에 황건적을 토벌하는 일이 끝난 다음에 서부 세력이 장안에서 발호할 수 있는 단초를 제공했다. 부패한 환관이 또 다른 방향으로 정세를 몰고 간 것이다.

서부 지역에 뿌리를 둔 동탁이 드디어 동쪽으로 와서 황건적을 진압하는 일을 맡음으로써 또다른 동서 대결이 시작되었다. 동탁은 성품이 거칠고 사나운데다 꾀까지 있어 강인(羌人)과 호인(胡人)들이 그를 두려워했다. 이러한 사이에 전국적으로는 혼란이 가중되었다.

이때 간의대부 유도(劉陶)가 말했다.

"천하가 전에는 장각의 난을 만났고, 후에는 변장(邊章)의 노략질을 만났으며, 지금 서강(西羌)족의 반역한 무리들이 이미 하동(河東, 산서성)을 공격하고 있으니, 결국은 점차 커져서 상경(上京, 낙양)으로 멧돼지같이 덤벼들까 걱정입니다."
변장은 금성(金城, 감숙성 난주시) 사람으로 서부 지역에서 이름을 날렸는데 도적들의 유혹을 받아 금성태수를 죽이고 반란했었다.

황건적의 기병에서 시작된 혼란이 초기에 적절한 대책을 세우지 못함으로써 계속하여 확대 재생산되었고, 서부에서도 반란이 일어났는데 바로 그 서부 출신인 동탁이 낙양으로 진출할 길을 열어주게 된 것을 걱정한 말이었다.

동탁의 낙양 진출과 황제 폐립

이러한 혼란 속에서 군사력을 가진 원소(袁紹)가 드디어 낙양으로 들어와서 낙양의 북궁문을 닫고 모든 환관들을 체포하여 죽였다. 그 수는 2천여 명이 넘었고, 그 가운데에는 수염이 없어서 환관으로 오해를 받아 죽은 사람까지도 있었다.

원소는 대대로 고관을 지낸 집안 출신으로 당고의 정치적 회오리바람이 불 때에 은거(隱居)하면서 당인들과 관계를 맺었고, 또 이들을 보호하는 일을 했던 사람이다. 그가 당인의 금고가 풀리자 당인들의 원한을 샀던 환관을 제거하면서 낙양을 장악하려 했다.

그리고는 원소가 군대를 이끌고 궁궐로 밀고 들어갔는데, 단문(端門)의 지붕에 올라가 궁궐 안을 공격하는 사람도 있었다. 이때 영제는 이미 피난했고, 영제의 부름으로 낙양으로 향하던 동탁은 현양원(顯陽苑, 낙양의 서쪽 교외)을 지나고 있었다. 동탁은 멀리 낙양에서 불길이 오르는 것을 보고 변고가 있음을 알아차려 군대를 이끌고 급히 궁궐로 향했다. 원소의 낙양 공격으로 인해 동탁이 서부 세력을 이끌고 급히 도읍 낙양으로 들어오게 된 계기가 마련되었고, 이는 노식을 제거한 영제가 만들어 낸 것이다.

원소는 이제 동탁과 대결하지 않으면 안 될 처지에 놓였다. 때마침 기도위 포신(鮑信)이 태산에서 병사를 모집하여 낙양에 도착했다. 포신이 원소에게 유세했다.

"동탁이 강력한 군대를 가지고 있어서 장차 다른 뜻을 가질 터이니 지금 일찍 도모하지 않으면 반드시 제압당하게 될 것입니다. 그가 이곳에 도착했으니 피로할 때 그를 습격한다면 사로잡을 수 있습니다."

포신은 산동 세력으로 산서 세력을 제압할 것을 제의하고 있었다.

그러나 원소는 동탁이 두려워 감히 군사를 발동하지 못했다. 그러자 원소에게 기대할 수 없었다고 생각한 포신은 군대를 이끌고 태산으로 돌아갔고, 동탁은 손쉽게 낙양으로 들어올 수 있었다. 산동 세력이 주춤거리는 사이에 산서 세력에 의해 낙양에서 밀려난 셈이다.

동탁이 낙양으로 들어올 때에 그가 거느린 보병과 기병은 사실상 3천 명을 넘지 않았다. 이 정도의 규모로는 낙양을 장악하기에는 너무 부족했기 때문에 동탁 스스로도 사람들이 복종하지 않을까 두려워했다.

그래서 4~5일 동안 밤마다 몰래 군사를 가까운 진영으로 출동시켰다가 다음날 아침에 깃발을 세우고 북을 치며 크게 줄지어 돌아오게 하는 계략을 썼다. 마치 서부에서 군사들이 계속하여 낙양으로 오고 있는 것처럼 보이려고 허장성세(虛張聲勢)한 것인데, 이 허장성세에 원소는 보기 좋게 속아 넘어간 것이다.

낙양에서 이러한 동탁의 사술을 눈치 챈 사람은 아무도 없었다. 동탁의 꾀가 먹혀 든 것이다. 이처럼 대세가 동탁에게 기우는 것으로 보이자 황후의 오빠이자 대장군인 하진(何進)과 동생 거기장군 하묘(何苗)가 부곡(部曲)들을 거느리고 모두 동탁에게 귀부했다. 이 일로 호랑이가 날개를 단 형국이 된 동탁의 세력은 거칠 것이 없게 되었다.

게다가 동탁은 다시 자기 근거를 보강하기 위해 몰래 집금오 정원(丁原)의 부곡사마(部曲司馬) 여포(呂布)를 시켜 정원을 죽이고 그 무리들을 병합하니 드디어 동탁의 군대가 가장 강력한 세력으로 성장했다. 여포는 오원(五原, 내몽고 자치구 포두시 서북 지역) 사람으로 서부세력을 끌어들이고자 하는 동탁의 계책에 알맞은 사람이었다.

그리고 뒤이어서 동탁은 모든 신료들을 모아놓고서 머리를 곧추 세우고 말했다.

"황제가 아둔하고 허약하니 종묘를 받는 천하의 주군으로 삼을 수 없소. 이제 이윤과 곽광이 실행했던 옛날 사례에 의거하여서 진류왕으로 바꿔 세우고자 하는데 어떠하오?"

황건적을 평정하라고 불러 온 동탁이 낙양에 들어와서 황제를 바꾸겠다는 말을 한 것이다.

그러나 공경 이하의 신하들은 모두 그의 세력이 두려워서 감히 대답하지 못했다. 동탁이 또 소리를 높여 말했다.

"예전에 곽광이 계책을 결정하자 전연년(田延年)이 칼을 쓰다듬었었소. 감히 이렇게 큰 논의를 저지하려는 자가 있다면 모두 군법으로 일을 처리하겠소."

결국 무력으로 대소신료를 누르고 그동안 영제의 뒤를 이어 황제 자리에 올랐던 홍농왕(弘農王)을 폐위시키고 헌제(獻帝) 유협(劉協, 181년~234년)을 세웠다. 홍농왕 유변(劉辨)은 영제의 적장자로 황제 자리에 올라 1년을 넘기지 못하고 동탁에게 쫓겨나서 소제(少帝)라고 불리기도 한다. 어쨌든 동탁은 이렇게 황제를 폐립하면서 후한의 권력을 장악했다.

동탁이 권력을 잡았다는 것은 전통적으로 권력을 잡았던 서부 세력의 권력 장악을 의미한다. 후한말 동부 지역에서 황건란이 집권세력에 대한 저항으로 반란을 일으켰고, 이 황건란으로 인한 혼란을 안정시키고자 동탁을 불렀는데, 결국 동탁의 서부 세력이 이를 진압하면서 권력을 잡은 것이다. 서부 지역의 지배는 바뀌지 않은 셈이다.

상황이 이러하니 동부 지역에서 다시 반기를 들고 일어나는 것은 당연한 일이었다. 황건란과 연결지어서 생각해 보면, 황건란의 실패는 황건란을 지휘했던 지도자들의 실패이지 황건란이 일어난 동부 지역 전체의 몰락을 의미하는 것은 아니었다.

명분과 방법이 어떠하든지 중국이 원래 가지고 있는 동서 대결의 양상은 변하지 않았다. 서부 세력인 동탁이 권력을 장악했기 때문에, 동부 지역에서는 새로운 지도자가 나오고 새로운 명분을 갖는다면 언제든지 서부 지역에 대해 대항할 수 있었다.

동부 세력의 대표로 등장한 조조

당시 동부 지역을 이끌고 있던 사람은 조조(曹操, 155년~220년)였다. 조조는 황건란을 소탕하면서 새로운 무장 세력으로 등장했다. 조조의 아버지 조숭(曹嵩)은 중상시 조등(曹騰)의 양자로 조조는 당시 한나라 황실의 사정에 밝았을 것으로 추측된다. 그가 등장한 것은 기(騎)도위로써 황건적 토벌을 지휘했던 황보숭을 도왔던 때이다.

황보숭이 황건의 우두머리 파재에게 포위를 당했다가 화공(火攻)을 펼치며 위기에서 벗어날 즈음에 조조는 황보숭을 돕기 위에 적시에 그곳에 나타났었다. 이로 인해 황보숭과 조조, 주준이 군사를 합쳐 다시 황건적과 싸워 그들을 대파했던 것이다. 그 후 조조는 전군(典軍)교위가 되었다가 다시 교기(驍騎)교위가 되었다.

그러나 서부에서 온 동탁이 전횡하고 조정을 장악하고 황제를 폐립하기에 이르자 낙양에 있는 조정과 연계할 수 있는 길이 막히고 말았다. 결국 조조는 몸을 피해 동쪽으로 달아났다. 황건적을 격파한 공로와 상관없이 서부 세력에게 밀린 동부 세력의 모습이었다.

조조는 진류(陳留, 하남성 진류현)에 이르러 집안의 재산을 풀어 군사를 모아 5천 명 규모의 독자적인 군사 세력을 만들었다. 그리고 헌제 초평 원년(190년) 정월에 관동(關東, 함곡관의 동쪽)에 있는 주와 군에서 군대를 일으켜 동탁을 토벌했는데, 이때 발해태수 원소(袁紹)를 맹주로 추대했다. 원소는 낙양에 진출했다가 동탁에게 쫓겨 온 동부의 대표였기 때문이다.

드디어 동탁의 서부 세력과 조조의 동부 연합 세력이라는 대결 구도가 만들어졌다. 이때 동부 지역에서는 원소를 중심으로 하내(河

內, 하남성 무척현)태수 왕광(王匡), 기주목(冀州牧) 한복(韓馥), 예주(豫州, 하남성)자사 공주(孔伷), 연주(兗州, 산동성 서부)자사 유대(劉岱), 진류(陳留, 하남성 진류현)태수 장막(張邈), 광릉(廣陵, 강소성 양주시)태수 장초(張超), 동군(東郡, 하남성 복양현)태수 교모(橋瑁), 산양(山陽, 산동성 금향현)태수 원유(袁遺), 제북(濟北, 산동성 장청현) 재상 포신(鮑信), 후장군(後將軍) 원술(袁術)이 연합 전선을 펴면서 업(鄴, 하북성 운장현), 영천(潁川, 하남성 우현), 산조(酸棗, 하남성 연진현), 노양(魯陽, 하남성 노산현)에 주둔했다.

그러나 뿌리가 다른 이들 군사 집단에게 굳은 결속은 기대할 수 없었다. 헌제 초평 2년(191년) 정월에 관동 지역의 제장들이 모여 유주목 유우(劉虞)를 세워 주군으로 삼으려는 논의를 하기도 했다. 새로 세워진 헌제는 나이도 어리고 동탁에게 압박을 받고 있는 상황 속에서 그 생사를 알 수 없다는 이유였다. 이것은 동탁이 세운 황제를 인정하지 않고, 종실이자 현명하고 출중하다는 이유를 들어 유우를 동부 지역에서 별도의 황제로 세우려는 의도였다.

그러나 각 세력간에는 이해 관계가 서로 달랐기 때문에 이는 성사되지 않았다. 하지만 이 지역에서 일어난 반란에 대항하게 하려고 맹주로 추대된 원소가 조조로 하여금 황건 반란 세력을 평정하게 했다. 혼란한 시기에 조조는 또 한 번의 기회를 얻게 되었다.

이때 반란 세력인 흑산(黑山), 우독(于毒), 백요(白繞), 휴고(眭固) 등 십여 만의 무리가 동군(東郡, 하남성 복양현)을 침략했는데 조조가 군사를 이끌고 동군으로 들어가 복양에서 백요를 격파했다. 일단의 공로를 세운 것이다. 이에 원소는 조조를 동군태수로 삼고, 동무양(東武陽, 산동성 신현)을 치소로 삼도록 표문을 올렸다. 황건적을 격파한 공로로 조조는 동군태수가 된 것이다.

그 후에 청주(青州, 산동반도)의 황건적이 연주(兗州, 산동성 서부)를 침략하였는데, 연주자사 유대는 포신의 만류를 뿌리치고 맞서 싸우다가 살해되었다. 유대가 전사하자 여러 사람들은 동군태수 조조를 영접하여 연주자사의 업무를 관장하게 했다. 동군은 연주에 속했기 때문이다. 조조는 군의 태수에서 일약 주 자사의 권한을 행사하게 된 것이다.

다시 조조가 황건적을 쫓아 제북(濟北, 산동성 장청현)에 이르자 그에게 모두 항복하니 조조는 융졸(戎卒, 융족으로 이루어진 병졸) 30여만 명을 포함하여 남녀 100여만 명을 얻게 되었다.

조조는 그 가운데 정예로운 자를 거두어 청주병(青州兵)이라고 불렀다. 산동 지역을 근거로 삼고 반란을 일으켰던 황건적의 항복을 받아 그 가운데 정예병을 뽑아 자기 세력을 삼은 것이다. 조조는 황건적 때문에 일어나서 황건적을 이용하여 자기의 세력을 확장시켰다. 그렇게 조조는 동부 세력의 대표가 되어 가고 있었다.

동탁이 없는 세상, 동부의 조조와 남부의 손권

이제 조조는 산동을 근거로 동부 지역을 자기의 세력 아래에 두는 작업을 진행해야 했다. 그 사이 동탁은 후한의 도읍인 낙양에서 서부로 이동하여 자기의 근거지인 장안으로 헌제 유협을 옮기는 등 자기 세력을 지키기 위하여 고군분투했지만 그의 의자(義子) 여포에게 죽임을 당했다. 서부 세력의 중심인물이 없어진 것이다.

서부 세력이 없어진 상황에서 조조는 낙양으로 돌아 온 헌제를 자기의 근거지인 허(許, 하남성 허창시 동쪽)로 옮겼다. 힘없는 황제는 강한 군사 세력에 의하여 이리저리 옮겨지고 있었으니, 이미 후한 왕조는 거의 망한 상태나 다름없었다.

황제를 끼고 있게 된 조조는 대장군이 되었고, 조조는 헌제의 이름을 빌어서 권력을 행사하기 시작했다. 400년 전통을 가진 한나라 황제는 비록 아무런 권력을 갖고 있지 못했지만 그 황제라는 명칭이 갖는 권위를 이용하는 사람은 다른 세력에 비하여 우위를 점할 수 있었다. 그러기 때문에 이후 조조는 동부 지역을 장악하고 아울러 합법적으로 황제의 명령이라는 커다란 권한을 근거로 서부와 남부로 그 세력을 확장해 가면서 천하일통을 이루려고 했다.

그러나 그가 아직 통일 왕조를 이룩하기에는 각 지역에서 할거하는 세력을 효과적으로 또는 명분적으로 제어하기에 부족했다. 그러기 때문에 비록 조조가 황제를 끼고 있는 유리한 고지를 점하고 있다고 하여도 지역별로 군사 세력이 할거하는 것은 자연스러운 상황이었다.

이러한 상황 속에서 남부의 토호인 손권(孫權)이 강남을 토대로 그 세력을 확장하고 있었다. 손권의 아버지인 장사(長沙, 호남성 장사시)태수 손견(孫堅)이 강남 지역에서 경쟁 관계에 있던 형주(荊州, 호북성과 호남성)자사 왕예(王叡)를 공격하여 죽인 것이 헌제 초평 원년(190년)의 일이다.

그 후 손견은 그 세력을 확대하여 낙양에까지 이르렀지만 함께 힘을 합쳤던 원소와 뜻이 맞지 않았고, 다시 황조(黃祖)를 공격하는 과정에서 죽고 말았다. 그 후 열일곱 살 먹은 그의 아들 손책(孫策)이 그 뒤를 이었지만 헌제 건안 4년(199년)에 오군(吳郡, 강소성 소주시)태수

허공(許貢)을 살해한 일 때문에 암살 당했고, 그 동생 손권에게로 그 중심이 이어졌다.

이후로 손권은 서쪽으로 가서 아버지가 공격했다가 실패했던 황조를 공격하여 그의 수군(水軍)을 격파했다. 다만 성을 빼앗는데는 실패해 더 이상 서쪽 형주로는 나아가지 못했지만, 동남부 지역으로 그의 세력을 확장할 수 있었고 중국의 세 축 가운데 하나인 남부의 중심이 될 수 있었다.

계속해서 헌제 건안 8년(203년)에 손권은 예장(豫章, 강서성 남창시)을 지나면서 정로(征虜)중랑장 여범(呂範)에게 파양(鄱陽, 강서성 파양현)과 회계(會稽, 절강성 소흥시)를 평정하게 하고, 탕구(蕩寇)중랑장 정보(程普)에게 낙안(樂安, 강서성 덕흥현)을 토벌하게 했다. 그리고 건창(建昌) 도위 태사자(太史慈)에게 해혼(海昏)을 관장하게 했다. 또 별부사마(別部司馬) 황개(黃蓋), 한당(韓當), 주태(周泰), 여몽(呂蒙) 등 극현(劇縣)을 지키는 영장(令長, 현령과 현장)에게 산월(山越)을 토벌하게 하여 모두 평정했다.

또 건안(建安, 복건성 건구현), 한흥(漢興, 강소성 오흥현), 남평(南平, 복건성 남평현)의 백성이 반란을 일으켜 무리가 각각 만여 명씩 모였지만, 손권은 남부도위 가제(嘉齊)에게 토벌하게 하여 모두 평정하고, 다시 현과 읍을 세우고 병사 1만 명을 선출했다. 이렇게 하여 확고부동하게 남부 지역을 그의 세력권 아래 두었다.

서부로 들어간 유비

한편 탁군(涿郡, 하북성 탁현) 출신의 유비(劉備)는 어려서 아버지를 잃고 어머니와 함께 신발을 팔았던 가난한 집안의 아들이었다. 비록 전한시대 경제 유계의 아들인 중산정왕(中山靖王) 유승(劉勝)의 후예라고 하나, 설령 그것이 사실이라고 해도 이미 350년 전의 일이었다. 그러니 특별한 신분으로 대우받을 처지는 아니었다.

유비는 비록 큰 뜻을 갖고 있었지만 이를 실현하기에는 너무도 토대가 없었다. 다만 일찍이 공손찬과 함께 노식(盧植)을 스승으로 모셨던 까닭에 공손찬에게 가서 의지할 수 있었다. 공손찬은 유비에게 전해(田楷)와 함께 청주를 순시하도록 지시했는데 유비는 여기에서 공로를 세워 평원(平原)의 재상이 되었다. 이것이 그가 출발할 수 있었던 계기였다.

이때 서주(徐州, 강소성)자사 도겸(陶謙)의 별장이 조조의 아버지 조숭을 죽이는 바람에 도겸은 조조의 공격을 받았고, 이때 유비가 도겸을 도움으로써 조조와 적대 관계가 되었다. 이를 계기로 유비는 도겸의 뒤를 이어 서주를 관장하게 되었다. 그러나 유비는 원술(袁術)에게 공격을 받게 되었고, 여포와의 복잡한 관계 속에서 다시 예주(豫州, 하남성)자사가 되어 동남부 지역에서 맴돌았다.

이렇듯 유비는 그 기반이 튼튼하지 못한 가운데 조조와의 틈이 생겼고 결국 여남(汝南, 하남성 평여현)에서 조조의 직접적인 공격을 받았다. 이때 유비는 형주(荊州, 호북성과 호남성)자사 유표(劉表)에게로 달아났는데, 유표는 유비가 도착한다는 소식을 듣고 직접 교외로 나가 맞이하고 상빈(上賓, 높은 손님)의 예로써 그를 대우했다. 또한 유비에게 병사를 보태주어 신야(新野, 하남성 신야현)에서 주둔하게 했다. 유비는 유표의 신세를 지고 겨우 명맥을 유지할 수 있었다.

유비는 형주에서 몇 년을 보냈으나, 유표가 죽은 후에 그 뒤를 이어받은 유표의 아들 유종(劉琮)이 조조에게 항복하는 바람에 다시 형주를 쫓기듯 떠나야 했다. 다행히 강동 지역에 자리잡은 손권과 합작하여 조조가 형주로 남하하는 것은 막을 수 있었으나, 이번에는 손권의 영향권 아래에 있게 되는 형태였다.

유비는 비로소 아무런 배경 없이 독자 세력을 만들어 나간다는 것이 쉽지 않음을 알게 되었다. 동시에 조조나 손권이 갖지 못한 자기의 장점을 살릴 방법을 강구할 수밖에 없었다는 것도 깨닫게 되었다. 그래서 그는 유장(劉璋)이 자사로 있는 익주(益州, 사천성과 운남성)로 들어간다.

우선 중국의 세 중심축의 하나인 서부 지역에 뿌리를 내리려는 의도였다. 그리고 자신이 한나라 국성인 유씨라는 점을 이용하여, 한나라를 지탱하던 유교의 인의(仁義)와 덕치(德治)를 내세우며 한 왕조의 부흥을 기대하는 보수 세력을 모아 서부에서 자리를 잡는다. 유비의 이 조치는 변하는 시대에 맞추어 새로운 세력을 구축하려는 조조나 손권과는 다른 방향이었다.

결국 후한말 황건란이 일어난 이후의 혼란상은 헌제 유협을 손아귀에 넣고 정권을 장악한 동부 저항 세력의 대표 조조와, 중원으로부터 독립하고자 하는 강남 지역의 토호 손권, 그리고 한 왕조의 부흥이라는 명분을 내세우며 보수 세력을 결집시킨 서부 지역의 유비까지 세 사람의 정족(鼎足) 상태가 이루어진다.

이것은 중국의 자연 환경에 따른 세 중심핵이 균형을 이룬 상태다. 결국 조조의 아들 조비(曹丕)가 후한 헌제로부터 선양을 받아 위(魏) 왕조를 개창했고, 이를 계기로 유비는 촉한(蜀漢)을, 손권은 오(吳)를 건국하여 삼국시대가 된다.

이는 춘추시대의 남북 분열과 전국시대의 7국 분열의 재판이며, 전·후한 400년간 끊임없이 분리 독립하려고 했던 동부와 남부 지역이 독자적인 세력을 이룬 상태였다. 동부와 남부 사람들의 입장에서는 오랜 투쟁 끝에 얻은 결과물이었으며, 이는 서부 지역이 약화된 상태에서 이루어진 것이다. 그러나 이는 자연적·지리적 조건에 맞게 세 지역이 독자 세력을 구축한 것으로 볼 수 있다.

진(晉)의 통일과 5호의 남하

세력의 균형을 유지하던 삼국 중에서 동부 세력을 집결시킨 위에서 변화가 일어났다. 촉한의 제갈량과 대치한 것으로 유명한 위나라 사마의(司馬懿)와 그 아들 사마사(司馬師), 사마소(司馬昭)가 중심이 되어 사마씨들이 쿠데타를 일으키고 다시 천하일통을 목표로 움직인 것이다.

그리하여 촉한을 멸망시키고, 사마소의 아들 사마염(司馬炎)이 위로부터 선양을 받아 진(晉) 왕조를 개창하고 남쪽으로는 오나라까지 멸망시켰다. 다시 통일 왕조를 이룩하는데 성공한 것이다. 동부 세력이 중심이 된 통일이었고, 중국 역사 최초로 동부의 승리라고 할 수 있다.

그러나 통일을 유지하는 것은 쉬운 일이 아니었다. 일통 정책을 강력하게 추진했던 한 고조 유방이나 한 무제 유철의 정책에서도 보았듯이 서로 다른 문화와 경제 조건을 가진 세 지역을 하나의 왕조 안에서 통일적으로 유지하는 것은 쉽지 않은 일일 수 있다.

진 무제 사마염은 통일을 이룩한 지 10년 만에 죽고, 그 아들 사마충(司馬衷)이 뒤를 잇는다. 진은 혜제 사마충이 등극한 뒤 황후 가남풍이 전횡하는 상황 속에서 여덟 명의 제후왕이 군사를 일으키는 이른바 8왕의 난을 맞는다.

가남풍은 진 왕조를 세울 때 공로를 세웠던 가충(賈充, 217년~282년)의 딸로서, 가남풍이 권력을 잡았다는 것은 그 아버지 가충이 권력을 잡았다는 것을 의미한다. 가충은 평양(平陽, 산서성 양분현) 사람으로 대표적인 서부 세력이기에, 진 왕조를 개창하는데 공로를 세운 서부 호족(豪族) 가씨와 동남 지방에 가 있던 제후왕들 사이의 다툼이 벌어진 것이라고 할 수 있다.

8왕의 난은 언뜻 보면 실제로 진 왕조를 일으킨 사마의의 아들과 그의 손자가 일으킨 것으로, 위로부터 선양을 받아 진 왕조를 개창한 사마염의 아들, 그리고 사마의의 동생들의 손자들이 벌인 반란이다. 이처럼 진나라는 왕조를 세우고 명목상으로 통일을 이뤘다고는 하지만 실제로 이렇게 여러 세력들로 나뉘어져 있었다.

그러나 조금 더 깊이 살펴보면 이들 대부분이 변방, 특히 동남부 지역에 근거를 둔 사람들이라는 것을 알 수 있다. 구체적으로는 여남왕(汝南王) 사마량(司馬亮), 초왕(楚王) 사마위(司馬瑋), 하간왕(河間王) 사마옹(司馬顒), 장사왕(長沙王) 사마예(司馬乂)가 남부 세력이고, 제왕(齊王) 사마경(司馬冏)과 동해왕(東海王) 사마월(司馬越)이 동부 세력이었다. 그 외에 북부 지역에 근거를 둔 조왕(趙王) 사마륜(司馬倫)과 서부

◆서진 시대 8왕의 난

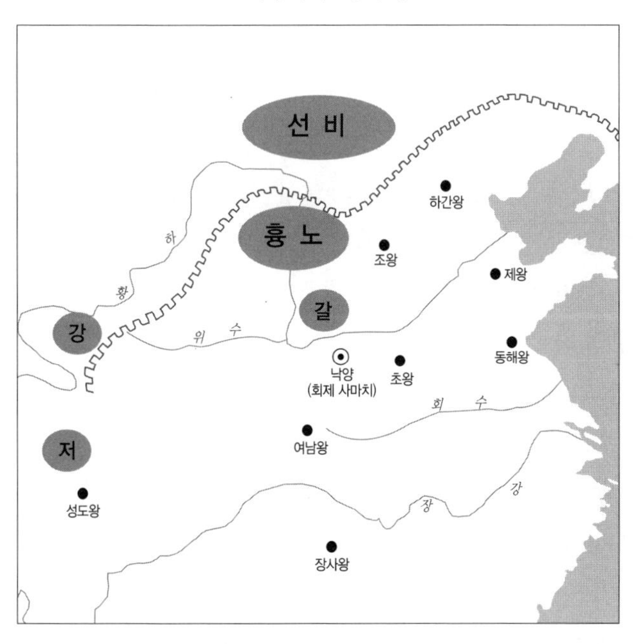

순서	왕작	이름(생졸연도)	관계
1	여남왕(汝南王)	사마량(司馬亮, ?~291)	사마충의 3촌 사마의의 4자
2	초왕(楚王)	사마위(司馬瑋, 271~291)	사마충의 동생
3	조왕(趙王)	사마륜(司馬倫, ?~301)	사마충의 3촌 사마의의 9자
4	제왕(齊王)	사마경(司馬冏, ?~302)	사마충의 육촌 (사마사의 손자)
5	하간왕(河間王)	사마옹(司馬顒, ?~306)	사마충의 동생
6	성도왕(成都王)	사마영(司馬穎, 279~306)	사마충의 동생
7	장사왕(長沙王)	사마예(司馬乂, 276~304)	사마충의 동생
8	동해왕(東海王)	사마월(司馬越, ?~311)	사마충의 재당숙 사마의 동생의 손자

세력이라 할 수 있는 성도왕(成都王) 사마영(司馬穎)이 있다.

즉 중부 지역에 근거를 두고 있던 진 왕실에 대해 주로 동부와 남부 지역에서 권력을 장악하기 위해 군사를 일으킨 것이다. 그러므로 8왕의 난은 사마씨 내부의 권력 투쟁이자 내재하고 있던 지역 간의 반목이 함께 드러난 다툼이라고 할 수 있다. 진이 천하를 통일했다고는 하지만 사마염 시절을 제외하고는 여전히 지역적 분열 속에 있었고, 각 지역에서는 중앙 권력을 잡으려는 다툼이 있었다.

8왕의 난이 끝난 즈음에는 북방에서 5호(五胡)가 내려오기 시작했다. 진(晉, 서진)의 황제 두 사람이 연이어 북방 왕조에 포로로 잡혀가는 수모를 겪었고, 결국 남쪽에서 진을 부흥시켰는데 역사에서는 이를 동진(東晉)이라고 한다.

명목상은 서진의 통일 기간이 잠시 있었지만 북쪽 5호의 남하로 강남 지역에 동진이 건설되었다. 다시 크게 본다면 남과 북으로 나뉘어 대치하는 상황으로 분열된 상태였다. 그리고 실제로는 호족 세력들이 가진 군사력에 의해 권력이 농단되고 있었고 더 이상 황제는 실제적인 힘을 쓸 수 없는 시기였다.

이러한 상황 속에서도 한나라 때 완성된 황제 제도만은 그 명목이 남아 있었다. 실제로 정치를 주관하는 사람이 앞에 나서는 것이 아니라 절대권을 쥐고 있다고 명명된 황제를 앞세운 것이다. 그리고 황제는 명목상으로는 천자이자 천하의 주인이기 때문에 당장은 여의치 못하더라도 힘이 생겨 명실상부한 황제권을 누리게 될 때에는 천하일통을 이루겠다는 목표를 버릴 수 없었다.

그러므로 황제 제도를 채용한 이상 끊임없는 지역 간의 분쟁은 이어질 수밖에 없었다. 자연적인 조건은 역사와 문화, 경제적인 차이에 따라 분열되어야 하지만 정치적·사상적으로 황제 제도를 유지함으로써 억지로라도 통일하고자 하는 꿈을 버리지 못하는 상태가 되었다.

결국 자연적인 조건에 따른 지역분열과 황제 제도를 채택함으로

◆ 5호16국 형세도

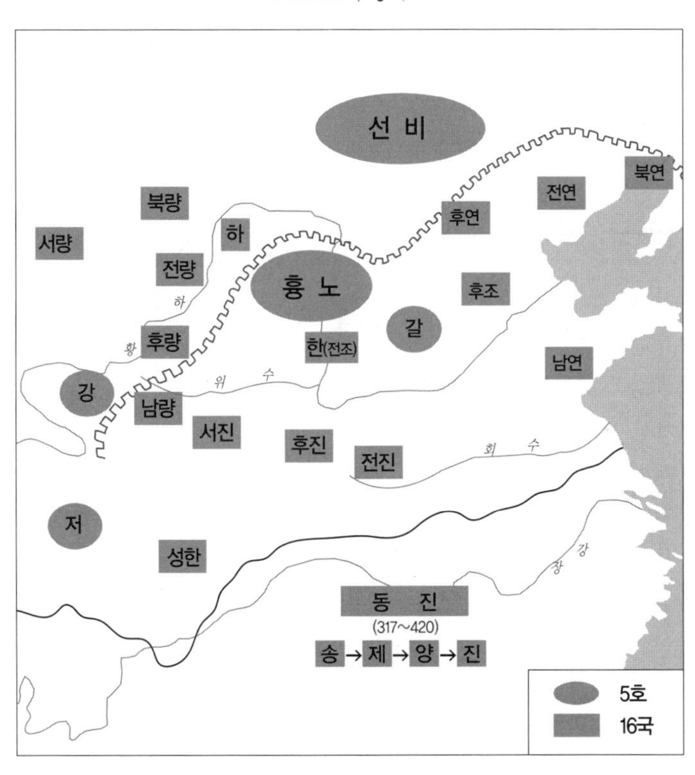

서진(西晉)에서 권력을 잡기 위한 황족 8명이 대결하면서 여러 왕이 전쟁을 위해 흉노와 선비 등 북방민족을 끌어들였다. 이 내란의 영향으로 서진이 멸망하게 된다. 이후 중원은 한족과 더불어 흉노, 갈, 선비, 저, 강의 이른바 5호가 잇달아 등장해 약 150년 동안 16개 국가를 세우니, 이것이 5호16국시대이다.

써 포기할 수 없었던 천하일통의 꿈이 계속적으로 충돌하여 수많은 전쟁을 치러야 했다. 그 가운데 지역분열의 움직임이 대세를 이뤘던 시기가 위진남북조와 5호16국시대다.

북방 지역을 5호에게 빼앗기고 남부 지역에서 세워진 동진은 유(劉)씨에 의한 송(宋), 소(蕭)씨의 제(齊), 그리고 다시 소(蕭)씨의 양(梁), 진(陳)씨의 진(陳) 왕조로 이어졌다. 그래서 삼국시대의 오까지 합하여 강남 지역에서 독자적인 왕조를 유지했던 이 시대를 6조(朝) 시대라고 말한다.

이 6조는 오가 건국된 서기 222년부터 진(陳)이 수(隋)에 멸망한 서기 589년까지 공식적으로 367년간 강남 지역에서 독자적인 왕조를 유지했다. 그러므로 실제로 강남 지역은 후한 이후 400년 가량 확실하게 분리되어 지냈다고 할 수 있다.

항상 서부나 동부 지역의 지배를 받아왔던 남부 지역에서 모처럼 만에 장기간 독립을 유지했던 시기였다. 물론 이 기간 동안에도 남조에서는 천하일통의 이상을 가진 황제 제도를 유지하며 기회가 있기만하면 북조를 통일하려고 전쟁을 벌였고, 마찬가지로 북조에서도 남조를 통합하려고 했다. 하지만 이 기간은 이러한 꿈은 이루어지지 않고 자연 상태에 따른 분리독립이 유지된 시기였다.

북방 지역에서의 동서 분립

이 시기에 회하 이북 지역은 5호에 의하여 북조(北朝)가 이루어진다. 북조는 수가 통일할 때까지 16개의 왕조가 교체되었다고하여 5호

16국시대라고 통칭하고 있다. 초기에 서부 지역에 성한(成漢)이라고 불리는 한족(漢族) 왕조가 잠시 있었지만 대세를 바꾸기에는 역부족이었다.

천하일통 사상으로 북조와 남조의 통일을 시도한 것은 전진(前秦)의 부견(苻堅)이었다. 그는 북조를 통일한 후 동진까지 통일하려는 생각으로 동진과 전쟁을 벌였다. 이러한 남북 대결 상황에서 부견은 유명한 비수(肥水)의 전투에서 실패했고, 그 후로 수(隋)로 통일 될 때까지 200여 년간 남북의 통일은 시도되지 않은 채로 분열 상태가 유지되었다. 그러나 동남부 지역을 중심으로 생각하면 오랜 독립기간이라고 할 수 있다.

그러나 사실 북조도 완전히 통일된 상태는 아니었다. 회하 이북의 상황을 보면 5호의 남하로 중국과 북방족을 가르는 경계선인 만리장성은 그 의미가 없어졌다. 하지만 산동과 산서 지역의 대결은 한족이 통치하던 시기와 다를 것 없이 여전했다. 지리적 환경에 의해 그렇게 되는 것은 당연한 현상이기 때문이다.

먼저 서진을 남쪽으로 몰아낸 흉노족 유연(劉淵)이 세운 전조(前趙, 한(漢)을 포함, 301년~329년)에서 독립한 갈족(羯族) 석륵(石勒)이 동부 지역에서 후조(後趙, 319년~350년)를 세우고 10년 만에 전조는 멸망했다. 대신 서북쪽에는 전량(前涼, 345년~376년)과 대(代, 310년~376년)가 세워졌다. 여전히 동서 대결의 양상을 보인 것이다.

또 후조가 멸망한 동부 지역에서는 선비족의 전연(前燕, 337년~370년)이 세워졌고, 서부에는 전진(前秦, 351년~394년)이 세워졌다. 황하를 경계로 동서로 나누어진 것이다. 이것 역시 전통적으로 산동과 산서의 기준인 효산(崤山)을 중심으로 하고 있다.

이러한 상황에서 전진이 전연과 대결하다가 멸망시키고, 전량까지 멸망시킴으로써 잠시 북조를 통일하게 된다. 하지만 동진까지 통일하겠다는 생각에 시작한 침략 전쟁을 하던 중에 비수의 전투에서 패배하면서 북조는 다시 사분오열 되었다. 전진이 북조를 통일한지 고작 10년도 안된 시기였다. 이러한 과정을 겪으면서도 전체적으로 동서구분선은 크게 달라지지 않았다. 동부와 서부 지역이 더 잘게 나눠졌을 뿐이다.

전진이 비수에서 실패하자 다시 전진 지역에는 후진(後秦, 385년~403년)이 세워지고, 전연 지역에는 후연(後燕, 384년~409년)이 세워졌다. 각 지역은 다시 분열되어 동부 지역의 연은 남연(南燕, 398년~410년)과 서연(西燕, 384년~394년)으로 나뉘었다가 북연(北燕, 409년~436년)으로 바뀌고, 서부 지역의 전진에서는 후진 이외에 서진(西秦, 385년~431년)으로 분리되었다. 그리고 원래 전량 지역은 다시 후량(後凉, 385년~403년)과 남량(南凉, 397년~414년), 북량(北凉, 397년~439년)으로 나뉘어 흥망의 과정을 거친다.

이러한 여러 왕조의 교체에도 불구하고 이때에도 역시 연(燕) 지역과 진(秦) 지역이 동서로 갈렸고, 그 경계 지역도 조금의 변화는 있지만 역시 전진과 전연의 영역과 대동소이했다. 그리고 이것은 전국시대의 진(秦)과 연(燕), 제(齊)의 영역과 유사하다.

이러한 과정에서 탁발(拓拔)씨의 북위(北魏, 386년~534년)가 등장했다. 북위는 북조에 세워진 많은 왕조를 차례로 멸망시키고, 마지막으로 북연을 멸망시킴으로써 다시 북조를 통일한다. 북조를 통일했었던 전진이 멸망한지 30여 년이 지난 후였다.

그러나 북위가 북조를 통일하고 100여 년이 지나자 북조는 다시 동서로 나뉜다. 서부 지역에는 북주(北周)가, 동부 지역에서는 북제(北齊)가 성립되었다. 그리고 이 상태에서 북주가 다시 통일을 시도했고, 결국 북주를 이어받은 수 왕조가 천하를 통일하게 된다. 서부 지역을 중심으로 하는 동서의 통일이었다.

이러한 분열상은 얼핏 보면 복잡한 것 같지만 회하를 중심으로 남북으로 갈라지고, 북방에서는 효산을 중심으로 동서로 분리되는 패턴에서 보면 변화는 크지 않았다. 이런 양상은 앞에서도 말했지만 장안과 북경, 남경을 중심으로 하는 정족 상태였다.

이러한 분열에는 종족적 요소와 정치적 상황이 분명히 존재한다. 하지만 어떤 종족이 어떤 정치적 환경 속에서 왕조를 세운다고 해도 그 지역적 한계만은 일정하다는 점이 공통적이다. 그것은 이 세 지역이 하나의 제도로 묶여 있는 것이 불편하다는 점을 웅변한다고 할 수 있다.

제7장

천하일통의 한계와 동서 대립

中國分裂

천하일통의 한계와 동서 대립

서북 세력을 중심으로 한 통일의 시도

수(隋) 왕조를 세운 문제(文帝) 양견(楊堅, 541년~604년)은 북주(北周)시대부터 권력을 장악했던 관롱(關隴) 집단에 그 배경이 있다고 할 수 있다. 관롱 집단은 북위시기에 산서 북부 지역인 대(代, 關隴)에 기원을 두고 출현한 신흥 귀족 집단으로, 이들이 중심이 되어 서위(西魏), 북주(北周), 수(隋), 당(唐)의 네 왕조를 건설했다. 비록 왕조는 네 번 바뀌었지만 그 중심에는 관롱 집단이 있었고, 동서남의 세 핵을 가지고 분석한다면 이들은 역시 서북 지역의 세력이었다.

이 세력은 북위시기에 여덟 명의 주국(柱國)을 배출했다. 주국은 주국대장군을 지칭하는 말로 북위시절에는 그 직위가 승상보다 높은 권력을 가진 자리이다. 이 여덟 명은 우문태(宇文泰)와 원흔(元欣), 이호(李虎), 이필(李弼), 그리고 조귀(趙貴)와 우근(于謹), 독고신(獨孤信)과 후막진숭(侯莫陳崇)을 말한다. 이 가운데 독고신은 양견의 장인이었으니, 양견은 북주에서 세력을 길렀던 여덟 주국을 배후 세력으로 하고 있다고 할 수 있다.

양견은 이러한 토대 위에서 권력을 장악하고 동부의 북제(北齊)와 남부의 진(陳) 왕조를 멸망시켜 오랜만에 천하일통을 달성했다. 이것은 그 수장으로서 생각해온 천하일통 관념과 황제 제도의 이상을 실현한 것이다. 근 400년 만에 지리적 자연 조건으로 분할된 지역들을 하나로 묶으려는 중국적 꿈이 실현된 듯했다.

그러나 지리에 관한 지식이 증가함에 따라서 통일을 해야 할 천하의 범위는 넓어졌고, 결국 천하일통이란 무한정의 영역 확대를 의미하게 되었다. 그래서 수 문제 양견은 고구려를 멸망시켜 그들의 영역에 넣어야 천하일통이 완성된다고 생각했다.

그리하여 양견은 고구려에 침략 전쟁을 선언하며 말했다.

"저들이 있는 한 구역은 비록 땅이 좁고 사람이 적으나 지금 만약 왕[고구려 왕]을 내친다면 비워둘 수는 없으니 끝내 다시 관속을 뽑아서 그곳에 가서 안무해야만 할 것이다. 왕이 만약 마음을 닦고 행동을 바꾸고 법과 제도를 따른다면 이는 곧 짐의 훌륭한 신하이니 어찌 수고롭게 따로 재능이 뛰어난 사람을 파견하겠는가!"

고구려왕에게 수나라의 신하로 복종할 것을 요구하고 있는 대목이다. 이러한 생각은 그 아들 양제(煬帝) 양광(楊廣, 569년~618년)에 이르러서도 여전했다. 황제에 오른 양제는 등극한 다음해인 양제 대업 2년(606년)부터 천하일통을 완성하기 위한 작업에 착수했다.

우선 지역적으로 구분되어 오랫동안 경제·문화가 다르게 형성되어 온 남북을 하나로 묶는 작업을 시행했다. 양제는 상서우승 황보의(皇甫議)에게 황하 남쪽과 회수 북쪽에 사는 여러 군의 백성들 100여만 명을 징발하여 통제거(通濟渠)라는 운하를 개착하도록 명령했다.

천하 개념의 확대와 고구려 침략

이 운하로 서원(西苑, 낙양)에서부터 곡수(穀水)와 낙수(洛水)를 끌어들여 황하에 도달하게 하고, 다시 판저(板渚, 하남성 형양현 북쪽)에서부터

◆ 대운하와 식량창고

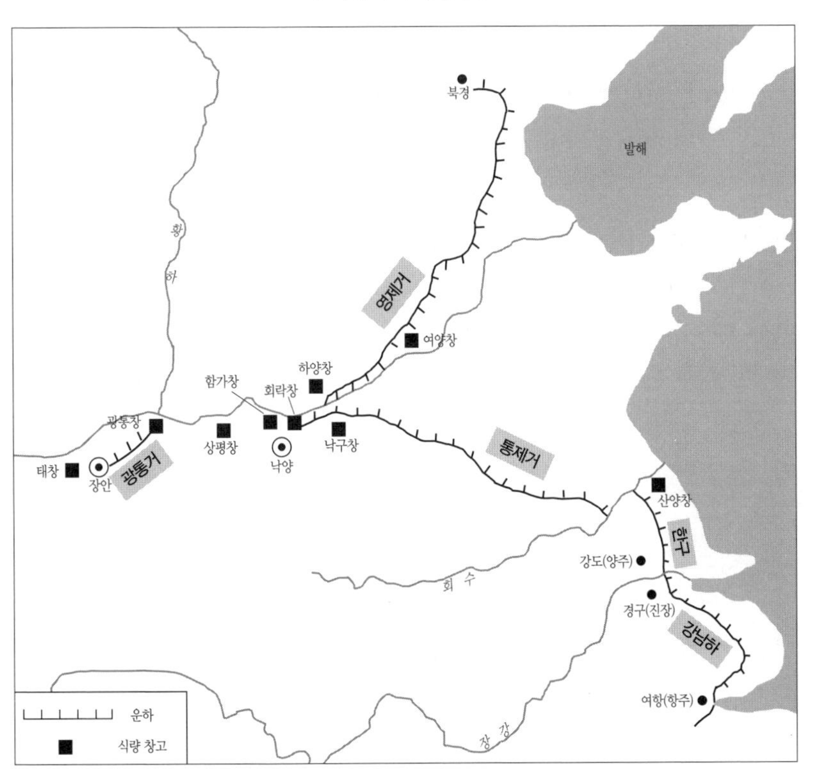

황하의 물을 끌어들여 형택(滎澤, 하남성 정주시 서북쪽)을 거쳐 변수(汴水)로 들어가게 했다. 또 대량(大梁, 하남성 개봉시)의 동쪽에서부터 변수의 물을 끌어들여 사수(泗水)로 들여보내 회수에 도달하게 하고, 회수 남쪽에 사는 백성 10여만 명을 징발하여 한구(邗溝)를 개착하여 산양(山陽, 강소성 회안시)에서부터 양자(揚子, 강소성 양주시 남쪽 장강 나루)에 이르러 장강에 들어가게 했다. 남북을 수로로 연결시키는 큰 작업이었다.

운하의 너비는 40보(步)로, 운하 옆에는 어도(御道, 황제가 다니는 길)를 수축하고 버드나무를 심었다. 그리고 장안(長安, 섬서성 서안시)에서부터 강도(江都, 강소성 양주시)에 이르기까지 40여 곳에 이궁(離宮)을 설치했다. 이러한 대 역사(役事)를 위해서는 많은 사람을 동원해야 했다. 그에 대한 부작용은《자치통감》에 기록되어 있다.

> 황문시랑 왕홍(王弘) 등을 파견하여 강남(江南, 장강 이남)에 가서 용주(龍舟, 황제가 타는 배)와 잡선(雜船) 수만 척을 건조하게 했다. 동경(東京, 낙양)의 관리들이 부역 나온 정남(丁男)들을 혹독하고 성급하게 감독하여 부역 나온 정남들 가운데 죽은 사람들이 열에 네댓이었다. 일을 맡은 부서에서는 죽은 정남을 수레에 싣고 동쪽으로 성고(成皐, 하남성 형양현 서북쪽 사수진)에까지 갔고 북쪽으로는 하양(河陽, 하남성 맹현)에까지 도착했는데, 서로 길에서 바라보였다.

이렇게 천하일통을 이룩한 수 왕조의 규모에 대해 양제 대업 5년(609년) 기준으로, 군(郡) 190개, 현(縣) 1,255개, 호(戶)가 890여 만이었으며, 동서 9,300리이고 남북으로는 1만 4,815리, 인구는 4,601만 명이라고 기록되어 있다.

보기에 따라서는 이 운하를 통해 중원 지역을 보다 쉽게 통일할 수 있고, 남북이 지형 때문에 대치하는 장애를 없앤 것이므로 천하일통을 성공적으로 이뤘다고 할 수 있다. 그러나 앞서 말한 바와 같이 수대에는 천하일통 관념 가운데 천하의 개념이 넓어졌기 때문에, 당시 동북 지역에 자리한 고구려를 합병하지 않으면 천하일통은 미완이라는 생각이었다. 이러한 만족할 줄 모르는 태도가 결국 안정을 꾀하기 보다는 전쟁을 선택하게 되는 원인이 된다.

양제는 대업 8년(612년)에 고구려 침략 전쟁에 돌입한다. 남북을 통합하는 대운하를 개착하고 모든 국력을 동원하여 고구려를 침략한 것이다. 이 전쟁에 동원된 군사에 관해 《자치통감》에는 '무릇 113만 3800명이었는데 200만 명이라고 불렀으며, 군량미를 수송하는 사람은 그 두 배가 되었다'라고 기록되어 있다. 그러나 이처럼 모든 국력을 동원해서 대대적인 침략 전쟁에 나선 수는 고구려의 을지문덕에게 패배하고 말았다.

고구려 침략으로 인해 가장 큰 고통을 당한 곳은 동남 지역이었다. 대운하를 개착할 때도 이 지역 사람들을 대거 동원했었는데, 침략을 위한 기지 역할까지 하게 되면서 피해가 가장 컸다.

사실 동남 지역은 북주시절부터 수가 통일할 때까지 오랜 기간 동안 서부 지역 사람들에게 압박을 당하고 있었다. 그런데 대운하와 고구려 침략 전쟁 때문에 또 다시 큰 피해를 보게 된 것이다. 거기에 수 왕조가 이전과 같은 강력한 통제력을 상실한 까닭에 이곳을 중심으로 하는 반란이 만연하기 시작했다.

양제 대업 9년(613년) 3월에 제음(濟陰, 산동성 정도현) 사람 맹해공(孟

海公)이 도적이 되어 주교(周橋, 정도현 동남)를 점거하니 그를 따르는 무리가 수만 명에 달했다. 이어서 도처에서 도적이 일어났는데, 제군(齊郡, 산동성 제남시) 사람 왕박(王薄)과 맹양(孟讓), 북해(北海, 산동성 청주시) 사람 곽방예(郭方預), 청하(淸河, 하북성 청하현) 사람 장금칭(張金稱), 평원(平原, 산동성 능현) 사람 학효덕(郝孝德), 하간(河間, 하북성 하간시) 사람 격겸(格謙), 발해(勃海, 산동성 양신현) 사람 손선아(孫宣雅)가 각기 무리를 모아서 공격하고 약탈했다. 무리의 수가 많은 곳은 10여 만 명에 이르렀고, 적은 곳도 수만 명이어서 산동(山東, 효산 동쪽)에서는 이를 고통스럽게 생각했다. 반란은 경우에 따라서는 격파되기도 했으나 그것만으로 문제가 해결되는 것은 아니었다.

특히 양현감(楊玄感, ?~613년)의 반란이 수나라를 혼란에 빠뜨렸다. 양제 양광은 고구려를 침략하면서 양현감에게 여양(黎陽, 하남성 준현)에서 운반하는 일을 감독하는 일을 맡겼는데, 양현감이 고의로 조운을 지연시키고 시간에 맞춰 출발을 시키지 않아 요하를 건너간 여러 부대들의 식량이 부족해지고 있었다.

당시 우교위(右驍衛)대장군 내호아(來護兒)는 주사(舟師, 수군)을 거느리고 동래(東萊, 산동성 내주시)에서 바다로 들어가 고구려의 도읍인 평양(平壤)으로 가려고 하고 있었다. 그런데 양현감은 자신의 노복을 동방에서 온 사자라고 거짓으로 꾸며, 내호아가 반란을 일으켰다고 고발하고 이를 토벌한다는 명분으로 군사를 모집했다.

양현감은 군과 현의 관리들 가운데 간부로 쓸 만한 사람이 있으면 양식을 운송한다는 명목으로 그들을 추가로 모집했다. 조회의(趙懷義)를 위주(衛州, 하남성 기현 동쪽)자사로 삼고, 동광(東光, 하북성 동광현)현위(縣尉) 원무본(元務本)을 여주(黎州, 하남성 준현)자사로, 하내군(河內

郡)의 주부(主簿)인 당의(唐禕)를 회주(懷州, 하남성 필양시)자사로 삼았다.

또한 운부(運夫, 운반담당 인부) 가운데 젊고 건장한 사람 5천여 명을 선발했고 단양(丹陽, 강소성 남경시)과 선성(宣城, 안휘성 선주시)에 사는 고초(篙梢, 뱃사공) 3천여 명을 뽑고 세 마리의 희생제물을 잡아서 무리들과 맹세했다. 이어서 그들과 더불어 군사를 일으켜서 수많은 피폐된 백성을 구제한다고 하자 무리들이 모두 뛸 듯이 기뻐하며 만세를 불렀다. 수 왕조에 대한 반란이었다.

양현감은 수나라의 제2차 고구려 침략을 계기로 반란을 일으키고 낙양으로 향했지만 실패했다. 수는 이 사건을 계기로 혼란기에 접어들었고, 동남부의 반란이 일반화되기 시작했다.

같은 해 7월에 여항(餘杭, 절강성 항주시)의 백성 유원진(劉元進)이 군사를 일으켜서 양현감에게 호응했다. 유원진이 군사를 일으켰다는 소식이 퍼지자 사람들이 망명하여 구름같이 모여들었는데, 순월(旬月, 열흘 또는 달포) 동안에 수만의 무리가 모였다.

하남 지역에서는 와강군(瓦崗軍)이라는 이름으로 적양(翟讓)과 이밀(李密)이 군사를 일으켰고, 또 하북 지역에서는 두건덕(竇建德)이, 강회(江淮) 지역에서는 두복위(杜伏威)와 보공석(輔公祏)이 큰 세력을 유지했다. 남방에서는 소선(蕭銑)이 가장 강력했다. 동남 지역의 반란은 점점 낙양을 향해 서진했다.

이러한 혼란 속에서 서북 지역에 위기가 닥쳤다. 그러자 이연(李淵)이 서북 지역의 진양(晉陽)을 근거로 당 왕조를 건설하여 다시 이 세력들을 통합한다.

이처럼 수말의 반란은 이른바 와강군과 하북 세력, 그리고 강회군으로 대별(大別)되고 있으며, 이들이 이연의 서북 세력과 대결하게 된다. 결국 수나라는 통일을 이룬지 얼마 되지 않아 동부와 남부 그리고 서부로 다시 나뉘고 말았다.

◆ 수말 군웅할거 지역도

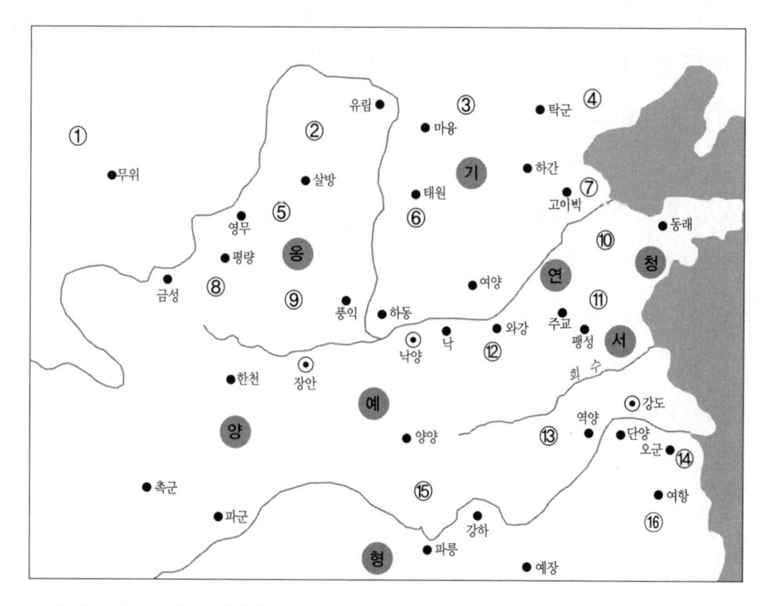

수 왕조의 마지막 세 황제의 근거지

●장안: 양유(이연이 장안에서 세운 수의 황제)

●낙양: 양동(수 양제가 죽은 후 낙양 세력이 낙양에서 세운 수의 황제)

●강도: 양제

①이숙 ②양사도 ③유무주 ④나예 ⑤백유사 ⑥이연 ⑦두건덕 ⑧설거 ⑨손화 ⑩왕박 ⑪맹해공 ⑫이밀 ⑬두복위 ⑭ 주섭 ⑮소선 ⑯유원진

동서로 나뉜 황자들의 현무문 사건

수말의 분열은 서북 지역인 진양에서 출발한 이연(李淵, 566년~635년)의 당 왕조에 의해 다시 통일되었다. 이는 서북 지역의 승리이며 역시 수 왕조의 통일 정책을 이어받은 것이었다. 그리고 그 중심인물은 당 태종(太宗) 이세민(李世民, 599년~649년)이었다. 수 왕조는 천하일통을 이룩한 다음 너무 급진적으로 이를 통합하려고 했고, 더 넓은 천하를 통일하겠다는 조급함 때문에 왕조가 멸망에 이르렀다.

마치 진(秦)이 천하일통을 이룩하고 15년 만에 남동부의 반란으로 인해 멸망했듯이 수 왕조도 통일 후 30년을 채우지 못하고 망한 것이다. 그리고 진이 멸망한 후, 유방이 천하일통에 대한 꿈을 한(漢) 왕조로 이루려고 했던 것과 마찬가지로 수를 이은 당 왕조가 그 꿈을 이루려고 했다. 차이가 있다면 한 고조 유방이 분봉을 통해 일단 세태를 안정시켰다가 한 무제 시기에 이르러 이를 전부 황제 휘하로 통일한 것에 비해, 당 왕조는 태종 이세민에 의하여 바로 이룩되었다는 점이다.

사실 당 고조 이연의 세 아들은 통일 과정에서 각기 장악했던 지역적 기반을 가지고 서로 분쟁을 일으켰다. 당 고조 이연이 수말의 반란을 진압할 때 그의 아들 이세민이 큰 역할을 담당했으며, 그는 서부 지역을 토대로 하고 있었다. 그러나 이연의 다른 두 아들인 태자 이건성(李建成, 589년~629년)과 제왕(齊王) 이원길(李元吉, 603년~626년)은 산동 지역에 그 토대를 갖고 있던 사람이었다.

이들이 황제 자리를 두고 격돌한 것은 이미 '현무문(玄武門)의 사건'으로 널리 알려져 있다. 현무문은 당의 도읍지인 장안에 있는 황궁의 북쪽 문을 말한다. 현무문 사건은 태자 이건성과 제왕 이원길이 연합하여 통일하는 과정에서 가장 큰 공로를 세웠던 이세민을 정치적으로 공략하자, 이세민이 이들에 맞서 대항했던 쿠데타였다.

이세민은 이건성과 이원길이 연합하여 자신을 공격하는 것을 모면하기 위해 두 사람이 고조 이연의 후궁과 사통(私通)한다는 사실을 이연에게 알렸다. 이연이 이 사실을 조사하기 위해 세 아들을 황궁으로 불렀던 날에 사건은 일어났다. 이세민은 현무문에 미리 군사를 숨겨두었다가 이건성과 이원길을 죽였고, 이 사건을 계기로 이연은 황제에서 물러나고 이세민이 황제 자리에 오르게 되었다. 또 다시 서북 세력의 승리였다.

이에 관한 기록이 《자치통감》에 실려있다.

> 이연이 후궁과 두 아들의 사통 사실을 이세민에게 듣고 말했다.
>
> "내일 마땅히 국문(鞫問)하여야 할 것이니 너는 의당 일찍 참석하도록 하라."
>
> 이로써 다음날 두 형이 입궁할 것을 안 이세민은 장손무기(長孫無忌) 등을 인솔하여 현무문에 군사를 숨겨 놓았다.
>
> 두 아들과 사통관계에 있는 황제 이연의 후궁인 장(張) 첩여는 이세민이 올린 표문의 뜻을 알아내고 말을 달려가 이건성에게 이 사실을 알렸다. 이를 알게 된 이건성과 이원길은 논의 끝에 함께 황궁으로 가기로 하고 현무문으로 가다가 현무문에 도착하기 직전 임호전(臨湖殿)에 도착했을 때 변고가 있음을 깨닫고 즉시 말을 돌려서 동쪽으로 가서 궁부(宮府)로 돌아갔다.
>
> 그러나 이세민이 좇으면서 그들을 불렀고 이원길이 활을 당겨서 이세

민을 쏘려고 했다. 그런데 이원길의 활은 두세 번이나 당겼지만 당겨지지 않아서 이세민이 이건성을 쏘아서 그를 죽일 수 있었다.

또 이세민의 수하인 울지경덕(尉遲敬德)이 70여 명의 기병을 거느리고 현무문에 도착해서 좌우에서 이원길을 쏘아서 말에서 떨어뜨렸다. 이원길을 쫓던 이세민은 말을 몰고 숲 속으로 들어갔다가 고삐를 놓치고 나뭇가지에 걸리는 바람에 말에서 떨어져서 일어날 수가 없었다. 이때에 이원길이 갑자기 나타나 활을 빼앗고 이세민을 누르게 되어 이세민이 위기를 만났다. 이때에 울지경덕이 말을 타고 달려와 이원길을 질책(叱責)했다. 울지경덕을 본 이원길은 걸어서 고조 이연이 있는 무덕전(武德殿)으로 가려고 했지만 울지경덕은 좇아가 활로 쏘아서 그를 죽였다.

이세민이 두 형제를 죽인 것이다. 이 사실이 고조 이연에게 전해질 때 이연은 해지(海池)에서 배를 타고 있었다. 그는 갑옷을 입고 창을 들고 들어온 울지경덕을 보고 물었다.

"오늘 화란을 일으킨 사람은 누구인가? 경(卿)은 여기 와서 무엇을 하려는가?"

황제를 숙위(宿衛)하는 사람이 바뀌자 황제 이연은 바로 무슨 일이 생겼음을 알아챘고, 사건의 진상을 물은 것이다. 이에 울지경덕이 대답했다.

"태자[이건성]와 제왕[이원길]이 난을 일으켜 진왕(秦王, 이세민)이 군사를 들어서 그들을 주살했으니, 폐하를 놀래켜 움직이게 할까 두려워서 신을 파견하여 숙위하게 했습니다."

이건성과 이원길이 난을 일으키려 해서 이세민이 이들을 주살하고, 숙위하는 임무를 자기에게 맡겼다는 것이다. 황제를 숙위하는 사람이란 황제를 가장 측근에서 호위하는 사람이고, 따라서 황제가 가장 믿을 만한 사람이다. 그런데 황제인 이연의 허락 없이 숙위하는 사람이 바뀌었다는 것은 황제의 권력이 이미 다른 사람에게로 옮겨졌다고 말하는 것과 같았다.

상황을 파악한 고조 이연이 옆에 있던 그의 측근인 배적(裴寂) 등에게 향후 대책을 묻자 이들이 대답했다.

"이건성과 이원길은 본래 의로운 모의에 참여하지 않았으며 또 천하에서 공로를 세운 것도 없으면서 진왕[이세민]의 공로나 명망이 높고 중한 것을 질투하여 함께 간사하게 꾀했습니다. 지금 진왕이 이미 토벌하여 이들을 죽였으니 진왕의 공로는 우주를 덮었으며 전국에 사는 사람들의 마음이 쏠리고 있으니, 폐하께서 만약 진왕을 원량(元良, 태자)으로 두시고 나라의 일을 위임하시면 다른 일은 없을 것입니다."

이세민을 태자로 삼고 권력을 그에게 인계하라는 것이었다. 이연은 며칠 후 바로 이세민을 태자로 삼고 모든 권한을 주었다.

"지금부터 군국(軍國)에 관한 여러 가지 일은 적고 크고 관계없이 태자에게 모두 맡겨서 처결하게 하고 그런 다음에 상주문으로 보고하라."

그리고 그 다음날 이세민에게 황제 자리를 물려주었으며, 다시 며칠이 지나고 이연은 태상황(太上皇)이 되었다.

이렇게 현무문 사건을 계기로 이세민과 경쟁하던 두 형제는 죽고, 이연은 황제에서 물러나게 됨으로써 이세민이 당 왕조를 실제로 장악하게 되었다.

통일과정에서 나타났던 동서 대결

일단 현무문 사건은 권력을 둘러 싼 황실 내부의 충돌로 볼 수 있다. 많은 공로를 세운 고조 이연의 둘째 아들 이세민을 시기하는 태자 이건성과 넷째 아들 이원길이 힘을 합하여 대항한 것으로 보는 것이다. 사실 정치사에서 형제간의 권력 투쟁은 흔히 볼 수 있는 것이기 때문에 이 경우도 그런 왕자의 난의 한 종류라고 할 수도 있다.

그러나 이 사건은 단순한 난으로만 볼 수 없는 점이 숨어 있다. 우선 수말의 혼란 속에서 이세민은 진왕(秦王)이었고, 이원길은 제왕(齊王)이었다. 이것은 수말의 혼란을 통일한 이후에도 변함없었다. 이세민과 이원길의 대결은 마치 서부의 진(秦) 지역과 동부의 제(齊) 지역의 대결과 같았다. 즉 전국시대의 진과 제의 동서 대결을 떠올리게 하는 것이다. 그리고 태자 이건성은 이세민의 공로 때문에 태자 자리의 위협을 느끼고 있었기 때문에 이원길과 한패를 이룬 것이다.

이때 이세민과 이원길에게 내린 진왕과 제왕이 실제 지역적 기반을 가지고 있었던 것인지에는 이견이 있을 수 있다. 왜냐하면 이세민도 산동 지역에 가서 반란 세력을 토벌하는데 참가한 일이 있고, 이원길 역시 서북 지역에서 반란 세력의 토벌에 참여했었기 때문이다.

그러나 이원길은 당 왕조의 뿌리인 진양(晉陽)을 지키는 책임을 맡았을 때 유무주(劉武周, ?~622년) 세력에게 쫓겨 도망했던 일이 있다. 이원길이 도망치자 유무주는 회주(澮州, 산서성 익성현)와 우주(虞州, 산서성 운성시 동북쪽 안읍진), 태주(泰州, 산서성 만영현 서남쪽 영하진)를 함락시키고 하현(夏縣, 산서성 하현)과 포반(蒲反, 산서성 영제현)을 점거했다. 산서 지역을 유무주에게 빼앗긴 것이다. 이연은 자신의 근거지인 산서 지역을 유무주에게 내줄 상황이었다.

이때 이연조차도 스스로 힘이 부족한 것을 인정하고, 진양이 있는 황하의 동쪽 평야지대는 포기하고 서쪽의 좁은 지역이나 지키겠다고 말했다. 그러나 이세민은 빼앗긴 산서 지역을 수복하겠다며 표문을 올렸다.

"태원(太原, 산서성 태원시)은 왕업(王業)이 터를 닦은 곳이며 나라의 근본입니다. 하동(河東)은 부유하고 알찬 곳이어서 경읍(京邑, 장안)의 밑천이 되는 곳인데, 만약에 이를 버린다면 신은 가만히 분하고 한스럽게 생각합니다. 바라건대 신에게 정예의 병사 3만을 주시면 반드시 유무주를 평정하여 없애고 분주(汾州)와 진주(晉州)에서 이겨서 수복하겠습니다. 기대해주십시오."

그리하여 이세민은 이 지역을 되찾기 위하여 하루에 여덟 번을 싸웠는데, 그때마다 모두 그들을 격파하고 수만 명을 사로잡거나 목을 베어 승리했다. 이로 인해 이세민은 이 지역에서 기반을 단단히 할 수 있었다. 산서 지역을 사이에 둔 헤게모니 쟁탈전에서 이세민이 승리한 것이다.

그 후에 이세민은 산동과 강남 지역을 평정하는 과정에서도 상당한 전과를 올렸지만 고조 이연은 이 지역을 이원길에게 맡겼다.

산동 지역의 중요성을 역설한 위징

이때 산동 지역에 뿌리를 두고 있는 유흑달(劉黑闥)이 난을 일으키고 몰래 연주(兗州, 산동성 연주시) 총관 서원랑과 모의했다. 그러자 동북쪽 여덟 주에서 세력 있는 사람들이 모두 그에게 호응했다. 이원길이 산동 지역의 반발에 대처하지 못하자 다시 이세민은 산동에 도착하여 서원랑을 공격하여 10여 개 성을 함락시켰다.

이러한 이세민의 위엄이 회수(淮水)와 회하 하류에 있는 사수(泗水) 일대를 흔들자, 강남 지역에 근거를 두고 있던 오왕 두복위(杜伏威)가 항복했다. 결국 이세민은 회수와 제수(濟水)의 사이를 경략하여 산동과 강남 지역을 평정했다. 이렇게 이세민은 서부에서 시작하여 동남 지역으로 세력기반을 늘릴 수 있었다.

그런데 이러한 상황에서 북쪽 돌굴이 당을 위협해 왔다. 돌굴 힐리가한의 15만 기병이 산서 지역의 안문(鴈門, 산서성 대현)과 병주(并州, 산서성 태원시), 원주(原州, 녕하성 고원현)를 노략질한 것이다. 그러자 당 왕조는 이세민이 확보한 산동 지역을 제왕 이원길과 태자 이건성에게 맡기게 하고 다시 이세민을 산서 지역으로 보냈다.

이로써 이세민은 자기가 개척한 산동 지역을 이건성과 이원길에게 넘겨주어 그들이 책임지게 하고, 다시 산서 지역 방어를 맡게 된다. 이 때문에 이건성과 이원길이 산동 지역에 있던 유흑달의 군사 세력을 진압하게 되었고, 그 결과 이원길이 동부와 남부 지역에 기반을 둘 수 있게 되었다.

결과적으로 이세민은 산서 지역에, 이원길과 이건성은 산동 지역에 기반을 두게 되었으며, 이로써 동서 대결이라는 지역적 대결이

형제간의 대결로 보이게 되었던 것이다.

사실 태자 이건성의 지위가 이세민에게 위협받고 있을 때 태자부(太子府) 중윤(中允) 왕규(王珪)와 선마(洗馬) 위징(魏徵)이 이건성에게 산동 지역을 장악하라고 권고했다.

"진왕[이세민]의 공로는 천하를 뒤덮고, 안팎의 사람들의 마음이 그에게 돌아가고 있는데, 전하께서는 다만 나이가 많다는 것으로 동궁(東宮)에 살고 계시지만 큰 공로를 세워서 해내를 누르고 복종시킨 일이 없습니다.

지금 유흑달이 흩어지고 도망한 나머지 무리가 1만 명을 채우지 못하고 밑천과 식량도 모자라고 부족하니, 대군을 가지고 그들에게 가면 형세는 마치 썩은 나무 끌 듯 할 것이니, 전하께서 의당 스스로 이를 쳐서 공로와 명성을 얻으시고 이어서 산동의 호걸들과 관계를 맺고 받아들이면 거의 스스로 안심할 수 있습니다."

훗날 태종 이세민을 도와서 정치를 했던 위징이, 산서 세력 이세민과 대항하기 위해서는 동남 지역의 확보가 무엇보다 중요하다는 사실을 태자 이건성에게 일깨워 준 것이다.

이들의 건의를 듣고 이건성은 고조 이연에게 이세민이 평정하고 있는 산동으로 가게 해달라고 했고, 이를 허락받아서 이원길과 함께 산동으로 가서 유흑달을 평정했다. 이건성과 이원길이 산동에 간 것 자체가 산동 지역을 기반으로 하여 이세민과 대결하려는 의도가 있었던 증거가 되는 사건이다.

한편 이세민은 현무문 사건에서 승리하여 태자가 된 후 자기에게 적대적일 수 있는 산동 지역에 대하여 바로 적절한 조치를 취했다. 이세민은 태자 이건성의 선마(洗馬)이자, 이건성에게 산동을 장악해야 한다고 충고했던 위징을 불러들여 간의대부로 삼아 자기편으로 수용하고 그에게 산동의 안정을 도모하게 했다.

명령을 받고 산동으로 가던 위징이 자주(磁州, 하북성 자현)에 도착했을 때 마침 주현(州縣)에서 이건성의 천우(千牛, 호위무사)였던 이지안(李志安)과 이원길의 호군이었던 이사행(李思行)을 형틀에 매어서 경사로 호송하는 일행과 마주쳤다.

위징이 말했다.

"내가 명령을 받던 날, 전의 동궁과 제왕부의 좌우에 있던 사람은 모두 사면하고 죄를 묻지 않는다고 했는데, 지금 다시 이사행 등을 호송한다면 누가 스스로 의심하지 않겠는가? 비록 사자를 파견한다고 하여도 사람들 가운데 누가 이것을 믿겠는가? 나는 자신이 혐의받을 것이라고 생각하지만 나라를 위하여 염려하지 아니할 수 없다. 또 이미 국사(國士)의 예우를 입었으니 감히 국사로서 이에 보답하지 않겠는가?"

이처럼 태자 이건성의 수하였다가 이세민에게로 온 위징은 이세민을 위하여 산동 사람들과의 적대 관계를 해소함으로써 자기에게 부여된 동서화합의 정치력을 발휘한 것이다. 그리고 이들을 모두 풀어서 놓아주었고, 이세민은 위징을 통하여 이건성과 이원길을 도왔던 산동 사람들을 위무하고 수용하여 정치적으로 통합해 나갈 수 있었다.

북주 이후 계속되는 천하일통 의식

남북조시대에 북위가 북조를 통일한 이후 다시 동서로 나뉘었다. 동부 지역에 기반을 둔 고환(高歡)과 서부 지역에 기반을 둔 우문태(宇文泰)의 분열로 북제(北齊)와 북주(北周)로 갈라졌던 것이다. 그리고 결국 우문씨가 북제를 멸망시켜서 북조를 통일하는데 성공했다.

그 후에 북주의 외척으로 권력을 잡은 양견(楊堅)이 북주를 이어받아 수(隋) 왕조를 열었고, 남조인 진(陳)을 멸망시켜 천하일통을 이룩했다. 앞에서부터 계속 강조하고 있는 세 개의 핵 가운데 결국 서부 지역이 중심이 되어 동부와 남부를 통합하는 형태로 통일된 것이다. 하지만 다른 말로 표현한다면 이러한 통일은 동부와 남부 지역이 서부에 지배당하는 상황이 되었음을 의미한다. 만약 서부 지역이 그 지배력을 상실하게 되면 동남부에서는 바로 반란 혹은 기병이라는 이름으로 서부 지역에 대항하게 된다.

이러한 상황은 수나라의 고구려 침략이라는 사건을 계기로 생겨났다. 수말에 남부와 동부를 중심으로 반란이 일어나고 있었던 것은 앞에서 살펴본 바와 같다. 그리고 당의 재통일이란 수의 뒤를 이은 서북 세력이 수말에 일어난 동남 세력을 진압, 지배하게 된 것을 말한다. 당 내부의 정쟁 또한 서북 지역에 근거를 가진 이세민과 동남 지역에 근거를 둔 이건성, 이원길과의 충돌이었고, 역시 이세민이 승리함으로써 서북의 동남 지배라는 형식을 계속적으로 이어받고 있는 것이다.

이렇게 그들이 확대를 계속 추진한 것은 그들이 가지고 있는 천하일통 관념 때문이었다. 황제가 된 당 태종 이세민도 당 중심의 천하질서를 이룩해야 한다는 의식을 갖고 있었다. 당 왕조가 천자의 나라이고 그 외의 지역은 당연히 당에게 칭신(稱臣)해야 하는 것으로 인식한 것이다.

당 태종 정관 3년(629년)에 돌궐의 돌리가한이 당에 조현한 일이 있다. 이때 당 태종 이세민은 말했다.

"과거에 태상황께서 백성들 때문에 돌궐에게 신하임을 자처했는데, 짐은 항상 마음이 아팠소. 지금 선우가 머리를 조아리니 전의 수치를 거의 씻을 수 있다 하겠소."

이세민은 고조 이연이 군사를 일으켰을 당시 돌궐에 칭신했던 일을 수치로 생각하고 있었던 것이다. 이는 중원 지역에 있는 국가는 다른 나라에 머리를 조아려서는 안 된다는 인식에서 비롯되었다. 역시 중원에 있는 천자가 국제 질서를 지배해야 한다는 천하일통관에서 나온 생각이다.

이러한 일통관 아래에서는 각 지역이 대등한 관계로 우호 관계를 유지할 수 있는 것이 아니다. 반드시 상하의 질서가 존재해야 한다고 생각했다. 그것은 이세민이 태종 정관 2년(628년)에 상하질서를 강조한 말에서 알 수 있다.

"최근에 노복이 주인의 반역을 발고한 사람이 있는데, 이것은 폐단이 있는 일이다. 무릇 모반이란 홀로 할 수 있는 것이 아니어서 반드시 다른 사람과 더불어 이것을 함께하는 것인데, 어찌 드러나지 않을까 걱정하여 하필이면 노복으로 발고하게 하는가? 지금부터 노복이 주인을 발고한 것이 있으면 모두 받아들이지 말고 이어서 그를 목 베라."

모반의 발고는 권력자에게는 중요한 정보를 제공하는 것으로 권력자를 위한 행위이다. 그래서 일반적으로 모반을 발고한 사람은 그 신분과 상관없이 대우를 받기도 한다. 그런데 이세민은 비록 모반을 발고하더라도 신분질서를 어기면 안 된다고 한 것이다. 상하질서의 중요성을 강조한 이세민의 이러한 사고는 훗날 국가간에도 적용되어 천하의 지배를 목표로 삼게 된다.

이러한 생각은 수 양제가 고구려를 침략했던 것과 궤를 같이 한다. 그래서 당 태종 이세민도 당에 복종하지 않는 고구려를 침략하기에 이른다. 비록 고구려 침공은 실패로 끝나고 이세민은 그 때문에 죽기도 했지만 말이다. 그리고 그의 아들인 고종 시대로 넘어와서도 이러한 영토 확장의 의도는 조금도 줄지 않았다. 그리하여 고구려, 백제, 신라 사이의 갈등을 이용하여 기어이 고구려를 멸망시켰다. 여기까지는 진 시황제 이후로 계속된 황제들의 천하일통 관념이 실현되는 듯했다.

결국 황제 지배 체제 속에서는 만족할 줄 모르는 확대 지배를 당연한 것으로 수용하기 때문에 분쟁과 전쟁은 필연적으로 일어나게 되어 있다. 이 넓은 땅을 지역적 평등이 무시된 황제 체제가 가져온 결과이다.

다시 시작된 동남 지역의 반발

그러나 황제 체제 아래서의 무력적 지배를 통한 통합은 오래 지속되기 어려웠다. 당나라는 서돌궐까지 멸망시켰으나 얼마 뒤에 돌궐은 바로 재흥(再興)하게 되었고, 고구려를 멸망시켰으나 발해의 건국으로 결국 원래의 상태로 돌아갔다. 또한 한반도에 대한 지배도 신라에 의해 무산되었다.

그리하여 끝없는 팽창주의는 현실적으로 힘이 부족하여 무너지기 시작했으며, 더 나아가서 원래의 중국 영역을 통합하는 것조차 점점 어려워졌다. 특히 서부 지역에 통폐합되어 있던 산동과 강남 지역에서는 기회만 있으면 반발했다.

그러던 가운데 무측천(武則天, 624년~705년)의 등장을 명분으로 반란이 일어났다. 고종의 황후였던 무조(武曌)는 고종이 죽은 후 예종(睿宗)과 중종(中宗)을 차례로 세우더니 이들이 자기의 아들임에도 불구하고 폐위시키고 스스로 황제 자리에 올라 국호를 주(周)로 바꾸는 정변(政變)을 일으켰다. 이러한 정변은 조정에 반대하는 군사를 일으키기에 좋은 명분과 구실을 주었다.

그 첫 번째 인물은 이경업(李敬業)이다. 무측천이 문수(文水, 산서성 문수현) 출신으로 산서 사람인데 비해, 이경업의 조상은 조주(曹州) 이호(离狐, 산동 하택 동명현 서남) 사람으로 그는 산동에 뿌리를 두고 있었다. 이경업은 중원의 통일과정에서 당 왕조에 귀부하여 큰 공을 세우고 미주(眉州, 치소는 사천성 미산현)자사로 지내고 있었다. 그런데 무측천이 권력을 잡은 그 해에 유주(柳州, 치소는 광서장족자치구, 유주시) 사마(司馬)로 좌천되었다. 당이 중원을 통일하는데 큰 공로를 세웠지만, 자사에서 사마로, 그것도 남부 오지(奧地)로 좌천된 것이다.

이를 계기로 이경업은 군사를 일으켰다. 이때가 중종 사성 원년(684년)이었으니 당 태종이 죽은 지 겨우 35년만에 남부 지역에서 일어난 반발이었다. 이경업은 양주(揚州)의 군대를 일으키고, 광복부(匡復府), 영공부(英公府), 양주대도독부(揚州大都督府)라는 세 개의 관부까지 열었다. 그리고 스스로 광복부의 상장(上將)이라 칭하며 양주대도독(揚州大都督)의 업무를 관장했다. 동부 사람이 남부 지역에서 조정에 반대하는 군사를 일으킨 것이다. 그러자 역시 남부 지역인 초주(楚州, 치소는 강소성 회안시) 사마 이숭복(李崇福)이 자기에 소속한 세 개의 현을 거느리고 이경업에게 호응했다.

이때 이들은 무측천이 황제를 폐위하고 스스로 황제가 된 것을 문제 삼았다. 하지만 그것은 명분이었고, 군사를 일으킨 저변에는 서부 지역의 지배에 대한 반발이 깔려있었다. 그래서 이경업 진영의 설중장(薛仲璋)은 강남에서의 독립을 주장했다.

"금릉(金陵, 강소성 남경시)은 왕업의 기운이 있고, 또 큰 강[장강]이 천연의 험난한 곳이어서 충분히 공고하게 만들 수 있으니, 먼저 상주(常州, 치소는 강소성 상주시)와 윤주(潤州, 치소는 강소성 진강시)를 빼앗고서 패업(霸業)을 이루는 기지로 정하고, 그렇게 한 다음에 북쪽으로 향해 나아가 중원을 도모한다면 전진해도 불리할 것이 없고 후퇴해도 돌아갈 곳이 있으니, 이것이 좋은 계책입니다."

이에 대해 이경업의 모사인 위사온(魏思溫)은 산동과 강남 세력을 가지고 장안을 향해 가자고 주장했다.

"산동(山東, 효산, 하남성 낙녕현 북동쪽)에 있는 호걸들은 무씨(武氏, 무측천 무조)가 전제하기 때문에 분노하고 불평하고 있었는데, 공께서 거사했다는 소식을 듣고 모두 스스로 보리밥을 쪄서 식량을 만들고 호미를 늘려서 무기로 만들고는 남쪽에 있는 군대[양주에 있는 이경업 군대]가 도착하기만 기다리고 있습니다. 이러한 기세를 타고 큰 공적을 세우지 않는다면 다시 감추고 오그라들어서 스스로 구덩이를 파는 것을 꾀하는 것이니, 먼 곳과 가까운 곳에서 그 소식을 듣는다면 그 누가 해산하지 않겠습니까?"

강남 지역의 독립을 주장하는 사람과 강남이 중심이 되어 천하를 제패하자는 주장이 갈린 것이다. 그러나 결과적으로 이경업의 기병은 무측천이 보낸 토벌군에 의해 실패로 돌아갔다. 강남의 독립도, 강남 중심의 천하일통도 이루어지지는 못했다.

하지만 이 사건을 통해서 당 왕조의 천하일통 역시 서부의 동남부 지배라는 틀을 조금도 벗어나지 못하고 있는 것이 분명해진 셈이었다. 그렇기 때문에 강압적인 지배력이 느슨해지면 언제든지 반발이 일어날 수 있었고, 적당한 명분만 있으면 그 불만은 표출될 수 있는 상태였다. 이경업의 기병도 그 가운데 하나였다.

이경업의 기병 이후 당 조정은 밀고를 장려하여 반란의 정보를 수집하는 한편, 또 내준신(來俊臣)을 중심으로 사람을 등용하여 엄격한 형벌을 적용했다. 역시 전통적인 엄형을 통해 통일천하를 유지하려는 방책이 무측천에 의해서도 사용되었다.

이런 강력한 조치를 통해 중원 내부의 반란은 어느 정도 막을 수 있었으나, 거란이나 돌궐의 돌발에는 제대로 대처하지 못했다. 당 왕조가 추구했던 끝없는 팽창주의는 벽에 부딪치게 된 것이다.

그리고 현종 이륭기(李隆起, 685년~762년)의 쿠데타를 거쳐서 이른바 개원의 시대가 열렸다. 이 시기에 이르자 비로소 천하의 개념을 무한정 확대하려 했던 초기의 인식을 고집할 수 없다는 것을 사실을 인지하게 되었다. 당의 황제는 명목상 천자이기는 하지만 천하를 다 지배할 수는 없다는 것을 깨달은 것이다. 당은 발해와 토번 등 주변 세력과 전쟁을 인정했고, 아울러 그들과 화친을 이루면서 현상을 유지하는 상태로 만족해야 했다.

제8장

동북 지역 안록산의 기병

中國分裂

동북 지역
안록산의 기병

동북 지역에서 등장한 안록산

현종 이륭기는 쿠데타로 황제에 올랐지만 그 후반기인 천보(天寶) 연간(742년~756년)에 들어서면서 정사는 환관과 결탁한 이림보(李林甫, 683년~752년)에게 맡기다시피 했다. 그리고 그 뒤를 이어서는 현종이 총애한 양(楊) 귀비(719년~756년)와 그녀의 친척 오빠 양국충(楊國忠, ?~756년)이 등장하여 국정을 좌우하면서 당 조정은 중심을 잃어 가고 있었다.

이러한 상황에서 등장한 사람이 바로 안록산(安祿山, 703년~757년)이다. 안록산은 영주(營州) 유성(柳城, 요령성 조양) 사람으로, 본래 성은 강(康)씨이고 이름은 알락산(軋犖山)이다. 그 아버지는 중앙아시아 소그디아나 출신이고, 어머니는 돌궐의 무사(巫師)이며 조로아스터교를 신봉했다.

안록산이 어렸을 무렵 아버지가 죽자, 안록산의 어머니는 돌궐의 장군 안파주(安波注)의 형이자 돌궐의 관리인 안연언(安延偃)에게로 개가(改嫁)했다. 그때 안록산은 성을 안(安)으로 바꾸고, 이름도 록산(祿山)으로 바꾸었다. 그의 생부인 강씨와 계부인 안씨는 모두 중앙아시아 소무(昭武) 아홉 개 성(姓: 康·史·安·曹·石·米·何·穆·蘇)에 속한 사람이었다. 이들은 남북조와 수당시기에 서역에 있는 시르 강(Sir daryo)의 남쪽과 아모하(阿姆河, Amu darya) 유역에 살던 소그디아나 족속으로, 그들이 세운 국가 혹은 그 후예들 가운데 장액(張掖, 감숙성 장액시 임택현)에 와서 사는 사람들을 말한다.

이들은 중앙아시아 실크로드 선상에 있던 나라에서 동부로 이동해 왔으며, 그 가운데 강국(康國) 출신과 석국(石國) 출신이 가장 많았다. 안록산의 생부가 바로 강국 출신이었으며, 이들은 장사를 잘해서 일찍부터 중국과 통상(通商)을 했는데 이들은 수나라 때에는 돌궐에 속했다가 당대에 와서 당에 귀속되어 외상(外商)으로 불렸다.

전해지는 말에 의하면, 서역에 뿌리를 두고 동북 지역에 정착했던 안록산은 6개국의 언어에 능통했다고 한다. 그래서 처음에는 호시(互市, 외국과의 물물교역하는 시장)에서 통역을 하다가 당나라 장수 장수규(張守珪, 684년~740년)의 양자가 되었다.

그는 이러한 배경을 이용하여 그 후 계속 승진하여 영주(營州, 요령성 조양시)도독을 거쳐 현종 천보 원년(742년)에는 평로(平盧, 요령성 조양시)절도사에 이르게 된다. 그리고 다시 2년 뒤에는 범양(范陽, 치소는 유주 북경시)절도사와 하북(河北)채방사를 겸하게 되고, 다시 천보 10년(751년)에는 하동(河東)절도사를 겸하게 되었다. 그리하여 안록산은 요령의 서부 지역에서부터 산서 지역 일대까지의 군사와 민정, 재정권을 장악하게 되었다. 동북부 지역을 뿌리로 하여 서부 지역까지 그 범위를 넓혀 장악하고 있었던 것이다.

이렇게 안록산이 등장하여 그 세력이 확대됨으로써, 동부로부터 서부에 이르는 지역까지 반기를 들 수 있는 세력을 확보하게 된 것이다. 아울러 안록산은 동북 지역에 근거를 두면서 이 지역 사람들의 반(反)서부 지역 감정을 이용하여 서부로 세력 확대를 획책할 수 있는 여건을 마련한 셈이었다.

안록산과 양국충의 충돌 분위기

안록산은 특유의 재능을 가지고 현종 이륭기에게 총애를 받았다. 게다가 그는 현종이 양 귀비를 대단히 총애한다는 것을 간파하고 양 귀비를 집중 공략했다. 현종과 양 귀비가 함께 앉아 있으면 양 귀비에게 먼저 절을 하는 특별한 행태를 취했고, 여기에서 더 나아가서 스스로 그녀의 아들이 될 것을 청하면서 그에게 가까이 접근했다.

그리고 현종은 천보 9년(750년) 안록산에게 상곡(上谷, 하북성 이현)의 다섯 개의 노(壚, 용광로)에서 동전을 주조하도록 허락했다. 그 대가로 안록산은 동전의 견본(見本)으로 1천 민(緡)을 현종에게 올렸다. 사실 동전을 주조할 수 있는 노를 허락한다는 것은 경제적인 토대를 마련해준다는 의미이기에 그만큼 현종은 안록산을 신임한 것이다.

이렇게 양 귀비와 현종의 총애를 한몸에 받아 거침 없는 안록산이었지만, 오직 한 사람 재상 이림보만은 안록산에게 두려움의 대상이었다. 이림보는 19년 동안 재상의 자리에 있었던 사람인데, 《자치통감》에는 안록산이 장안을 방문했을 때의 정황을 기록한 내용이 있다.

이림보가 안록산과 더불어 이야기를 하면서 매번 그의 마음을 헤아려서 알고 먼저 말을 하니 안록산은 놀라서 복종했다. 안록산은 공경들을 모두 업신여기고 모욕을 주었지만 오직 이림보만은 꺼렸는데, 그를 매번 볼 때마다 비록 한겨울이라 하더라도 항상 땀을 흘려 옷을 적셨다.

이것으로 보아 안록산은 재상 이림보가 있을 때에는 감히 다른 생각을 하지 못했던 것으로 보인다.

하지만 안록산은 이림보나 혹은 자기에게 은총을 베풀어 준 현종이 없어질 경우를 대비해서 언제든지 군사를 일으킬 준비를 진행하고 있었다. 그래서 그는 동라(同羅, 몽골 울란바토르 북쪽), 해(奚), 거란(契丹)에서 항복한 사람들 8천여 명을 양성하며 그들을 '예락하(曳落河)'라고 불렀다. 예락하는 호족어(胡族語)로 장사(壯士)라는 뜻이다.

뿐만 아니라, 용감하고 전투를 잘하는 가동(家僮, 노복) 100여 명을 두었는데, 모두가 일당백으로 한 사람이 백 사람을 당해낼 정도였다. 또 전마(戰馬, 전투용 말) 수만 필을 기르며 많은 병기를 모았고 호족 상인을 여러 도(道)로 파견하여 장사를 시켜 매년 진귀한 재화 수백만을 들여왔다. 그리고 사사로이 비자포(緋紫袍, 비단으로 만든 자줏빛 도포)와 어대(魚袋, 품계를 표시하는 물건)를 만들었는데 그 숫자가 100만 개를 헤아렸다. 이는 언젠가 독자적으로 사사로이 관직을 주겠다는 의미였다.

그런데 천보 11년(752년)에 이림보가 죽었다. 안록산이 두려워하던 이림보가 없는 조정이 된 것이다. 그 대신에 양 귀비의 친척 오빠인 양국충이 우상에 올라 문부(文部)상서를 겸했다. 현종은 그의 판사(判使) 직책은 모두 예전과 같게 해주었다. 이림보를 대신하여 양국충이 당 조정에서 최고의 실권자가 된 것이다. 하지만 양국충은 이림보 만큼의 위엄을 갖추지 못했다. 다만 권력을 향수(享受)하는 데 몰두할 뿐이었다.

예를 들어 양국충은 기밀업무를 결재할 때, 자세히 검토하거나 앞뒤를 가리고 의심하지 않고 과감하게 조치했고, 그 결과 그의 결정에는 허점이 많았다. 그리고 또 조정에서 소매를 걷어 붙이고 공경 이하의 사람들에게 턱으로 지시하는 등 기세를 부리니 사람들이 모두 그를 두려워했다.

뿐만 아니라 시어사로부터 재상에까지 무려 40여 개의 사직(使職)을 스스로 관장했다. 개인 한 사람이 아무리 능력이 있다고 하여도 이 많은 업무를 제대로 수행하기는 어려운 일이지만, 양국충은 그저 모든 권력을 독점하기에 급급했다. 또한 자신이 쓴 사람이 아니면 대성(臺省, 어사대와 중서성)의 관리로서 재능이 있는 사람들이라도 모두 내보냈다. 이 때문에 자연스럽게 조정 안에 양국충을 반대하는 사람이 많아지게 되었다.

조정에서 관리들이 분열되고 있는 이러한 상황을 알게 된 안록산은 어사중승이 되어, 경기·관내채방등사(京畿·關內采訪等使)에 충임된 길온(吉溫)을 포섭한 후 장안 조정의 움직임을 자기에게 보고하게 했다. 길온의 편지는 하룻밤이 지나면 안록산에게 도착했으니, 안록산은 동쪽 범양에 앉아서 장안의 사정을 다 파악하고 있었다.

안록산 역시 이림보보다 양국충이 상대하기 더 쉬웠다. 당 조정을 위협할 만한 무력을 지닌 안록산을 견제함에 있어 양국충은 이림보에 비해 턱없이 부족한 사람이었던 것이다. 그래서 안록산은 양국충을 한 수 아래로 보고 그를 무시했다.

그러나 스스로 무소불위의 권력을 가졌다고 생각하는 양국충으로서는 자기를 대놓고 무시하는 안록산이 눈엣가시처럼 여겨졌다. 상황이 이러하니 안록산과 양국충의 관계가 좋을 리 만무했고, 이들은 자연스럽게 서로를 등지게 되었다. 말하자면 군사력을 이미 준비해 놓고 호시탐탐 조정을 넘보고 있는 안록산과, 양 귀비의 오빠라는 특수 관계를 이용하여 조정에서 권력을 잡은 양국충의 대결 양상이 나타난 것이다. 지역적으로 보면 서부의 장안 세력과 동부의 범양 세력의 갈등이 나타난 것이다.

이 두 사람의 대결 한 가운데에는 현종 이륭기가 있었다. 현종이 누구의 손을 들어주느냐에 따라 이 대결의 승패가 좌지우지 되는 것이다. 먼저 양국충이 공격에 들어갔다. 양국충은 현종에게 여러 차례 안록산이 반란을 일으킬 것이라고 경고한 것이다.

그러나 오랜 세월 안록산을 신임해 왔던 현종은 양국충이 권력을 독점하기 위해서 안록산을 모함한다고 생각하고 그의 경고에 귀 기울이지 않았다. 양국충의 공격이 무위로 끝난 안록산의 승리였다.

서부 군사 세력을 이용한 양국충

사실 양국충은 권력을 잡기는 했지만 실제적으로 군사력은 갖고 있지 않았다. 따라서 군사력을 보유하고 있는 안록산과의 정면 대결은 불가능한 상황이었다. 이 점을 생각한 양국충은 방법을 바꾸기로 했다.

양국충은 서부 지역에서 군사력을 갖고 있는 가서한(哥舒翰, ?~757년)을 이용하기로 했다. 가서한은 서돌궐의 별부인 돌기시(突騎施) 출신으로 토번 정벌에 공로를 세웠고, 서부 지역인 농우(隴右)·하서(河西)·돌궐아포사의 군사를 지휘했던 사람이다. 그래서 일단 산동 지역의 군사력과 맞먹는 군사력을 지니고 있는데다가, 개인적으로도 안록산과 사이가 좋지 않기 때문에 지역적으로도 감정의 골이 깊은 동서의 대결을 만들 수 있다고 생각한 것이다. 역시 서부 세력을 이용하여 동부 지역의 안록산을 제압하려는 구도였다.

양국충은 주문을 올려 가서한에게 하서(河西, 치소는 무위, 감숙성 무위시)절도사를 겸하도록 했다. 그리고 가서한에게 작위를 내려 서평군왕(西平郡王)으로 삼자, 이번에는 가서한이 시어사 배면(裴冕, ?~770년)을 하서(河西)행군사마로 삼아달라는 표문을 올렸다. 황제 측근의 관직인 시어사를 데려다가 군사를 움직이는 책임자로 삼겠다는 것이었다. 양국충은 이와 같은 방법으로 중앙 조정과 서부 군사 세력을 결합하여 안록산을 대비하려 했다.

완벽한 대결 구조를 만들어 놓은 양국충은 천보 13재(754년)에 안록산이 반드시 반란을 일으킬 것이라고 현종에게 다시 보고했다. 그리고 안록산을 신임하는 현종에게 자기의 말이 맞는지 틀리는지 안록산을 장안으로 불러 시험해 보라는 말까지 덧붙였다. 양국충은 안록산이 스스로 찔리는 것이 있어서 아무리 황제가 부르더라도 장안에서 잡힐 것을 두려워하여 결코 오지 않을 것이고 주장했다. 그리고 이는 곧 안록산이 반란을 준비하고 있다는 증거라는 것이다.

게다가 나이가 이미 45세였던 태자 이형(李亨) 역시 안록산이 반드시 반란을 일으킬 것이라고 현종에게 아뢰었다. 비록 태자가 황제 자리를 이을 사람이기는 하지만 정치적 현안에 자기의 의견을 내지 못하는 것이 황제체제 아래서의 상식이다. 이러한 상식을 뒤엎으면서까지 태자 이형이 안록산의 위험을 알린 것이다. 이처럼 당시 장안에 있는 사람들은 대부분 안록산의 반란을 짐작하고 있었다. 그러나 오직 구중궁궐에 있는 현종만이 이를 제대로 알지 못했다.

그리하여 현종은 안록산을 시험해 볼 겸 안록산을 장안으로 불러들였다. 안록산은 양국충이 끊임없이 자신을 모함한다는 사실을 알고 있었기 때문에 장안행을 고민했다. 현종이 그를 조금이라도 의심하거나, 아니면 무관심하기만 해도 장안에 온 그를 양국충이 체포할 것이기 때문에, 안록산이 장안으로 온다는 것은 대단한 모험이었다. 그렇다고 장안으로 오지 않는다면 그가 반란을 일으킬 것이라는 양국충의 말이 증명되는 셈이었다. 안록산으로서는 진퇴양난의 상황이었고, 어려운 결정을 해야만 했다.

사실 장안에는 안록산을 위해 일하는 길온처럼 그의 아들 같은 사람들이 꽤 많았다. 그래서 그는 장안에서 일어나는 모든 일에 대해 훤히 알고 있었고, 당연히 양국충이 현종에게 건의한 안록산에 대한 시험도 알고 있었다. 따라서 약간의 위험을 무릅쓰고라도 장안에 오는 것이 이득이라고 판단했다.

그리하여 안록산은 현종의 명령을 받자마자 바로 장안으로 들어와서는 양국충의 허를 찔렀다. 그리고 양국충의 계략은 오히려 그 자신의 목을 옭아 매는 역효과를 내게 되었다. 안록산은 현종에게 자신이 양국충에게 미움을 받고 있다고 하소연했고, 현종은 양국충이 동북 지역을 잘 방위하고 있는 안록산을 모함한다고 생각하게 되었다. 꾀가 얕은 양국충이 교활한 안록산에게 다시 패한 것이다.

이 일을 거치면서 안록산에 대한 현종의 신뢰는 더욱 돈독해졌고, 그를 더욱 가까이 두고자 했다. 반대로 안록산에 대한 양국충의 말은 콩으로 메주를 쑨다고 해도 믿지 못할 정도로 현종에게 전혀 먹히지 않게 되었다. 결과적으로 안록산은 안심하고 자기의 계획을 추진할 수 있게 되었다.

안록산은 위험을 무릅쓰고 장안에 온 보람대로 그동안 현종을 흔들던 자신에 대한 소문을 잠재우는 데 성공한 셈이었다. 그렇다고 전적으로 안심할 수 있는 처지는 아니었다. 어쨌든 장안에 머무르는 것은 위험한 일이었기에, 하루라도 빨리 자신의 근거지인 동부 지역 범양(范陽, 북경시)으로 돌아가야 했다.

안록산은 양국충이 주문을 올려 자기를 장안에 남겨두도록 할까 봐 두려워 현종에게 작별 인사를 한 후 서둘러 동관을 벗어났다. 그리고 동관을 벗어나자마자 바로 배를 타고 황하를 따라 내려갔다. 중간에 잠시 배가 쉬는 동안에라도 양국충의 방해가 있을까 두려워한 나머지, 선부(船夫, 배를 움직이는 사람)에게 승판(繩板)을 잡고 안측(岸側, 황하의 강기슭)에 서있도록 명령했다. 그리고 선부가 지칠 것을 예상하여 이들을 15리마다 바꿀 수 있도록 조치했다. 배는 밤낮으로 한 번도 쉬지 않고 계속하여 하루에 수백 리를 갔는데 군이나 현을 지나면서도 안록산은 배에서 내리지 않았다.

현종은 반란을 꿈에도 생각하지 못할 정도로 안록산을 신임했지만, 양국충이 권력을 장악하고 있는 한 필사적으로 그의 손아귀에서 벗어나야 했다. 이번에야 운이 좋게 현종의 눈과 귀를 막을 수 있었지만, 언제 다시 현종에게 자기의 반란 의도가 알려지고 그가 믿게 될지 모르는 상황이 되었다. 더 이상 머뭇거릴 시간이 없었다.

빈 고신첩을 대량으로 준 현종

안록산이 장안에 왔을 당시에 현종은 그를 신임한 나머지 그에게 재상의 지위인 동평장사(同平章事)를 덧붙여 주고자 했다. 현종의 뜻대로라면 안록산은 재상의 지위를 갖고 있는 절도사가 되는 것이다. 그러나 양국충은 이것을 그대로 수용할 수 없었다.

양국충이 간했다.

"안록산이 비록 군공(軍功)이 있다고는 하나, 눈으로 글자를 보아도 이를 알지 못하는데 어찌 재상이 될 수 있겠습니까! 제서(制書)가 만일 내려가면 사방에 있는 이적들이 우리 당을 가볍게 여길까 두렵습니다."

결국 안록산은 글자를 모른다는 이유 때문에 재상이 될 수 없었다. 그 대신 현종은 안록산에게 재상보다 한 등급 아래 관직인 좌복야를 덧붙여 주고, 그의 아들들에게 각각 3품(三品)과 4품관(四品官)을 내려주었다.

안록산의 입장에서 본다면, 당 조정에서 권력을 잡고 있는 양국충과 같은 직급을 가지는 기회를 잃어버렸지만, 그 반면 자신에 대한 현종의 확고한 신임을 확인할 수 있는 일이었다. 그래서 안록산은 현종의 신임을 이용하여 현종에게 요청했다.

"신(臣)이 맡고 있는 장군과 사졸들이 해(奚, 난하 상류), 거란(契丹, 요하 상류), 구성(九姓, 내몽고 황하가 굽어지는 지대), 동라(同羅, 몽골공화국 울란바토르 시) 등을 토벌하여 공훈이 매우 많으니, 정해진 격식에 구애되지 마시고 자질을 뛰어넘어 상을 베풀어 주실 것을 빕니다. 또한 훌륭하게 쓴 고신(告身, 관직 임명장)을 신에게 맡기시면 그것을 군대 안에서 주도록 하겠습니다."

이는 자기 영역에서 마음대로 벼슬을 내려줄 수 있게 해달라는 것으로 정상적이라면 있을 수 없는 요구였다. 그러나 안록산이 양국충에 의하여 모함을 받고 있다고 이해하게 된 현종은 이를 허락했다. 양국충은 안록산을 제거하려고 장안으로 불렀다가 오히려 안록산에게 날개를 달아 주는 꼴이 된 것이다.

그리하여 안록산의 영역 안에서 장군으로 벼슬을 받은 사람이 500여 명이었고, 중랑장(中郞將)의 벼슬을 받은 사람이 2천여 명이었다. 안록산은 당나라의 관직을 줄 수 있다는 큰 권한을 가지고 여러 사람들의 마음을 사로잡을 수 있었고, 이것은 반란을 일으키는 기본 바탕이 될 수 있었다.

안록산은 장안에서 이런 성과를 얻어낸 후, 앞에서 말한 바와 같이 급하게 자기의 본거지인 산동 지역으로 돌아갔다. 하지만 양국충 역시 그리 호락호락하지 않았다. 양국충은 장안에서 안록산과 연결된 사람은 모두 좌천시키면서 안록산의 세력을 꺾으려는 조치를 계속했다.

이렇게 안록산과 양국충의 대결 상황은 더욱 심해져 갔고, 그런 와중에 해가 바뀌어 천보 14년(755년)에 안록산은 부장 하천년(何千年)을 조정에 보내 한인(漢人) 출신 장군을 번장(蕃將) 32명으로 대체해 줄 것을 요청했다. 번장이란 원래는 토번(土蕃) 출신의 장군을 말하는 것이지만 점차 한족(漢族) 이외의 종족 출신 장군을 의미하는 말이 되었다. 장군을 한족이 아닌 사람으로 대대적으로 교체해 달라는 의미였다.

안록산이 번족(蕃族) 출신이므로 그와 같은 종족으로 장군을 교체

하겠다는 것은 한족으로서는 경계해야 될 일이지만, 온 천하의 사람들이 모두 황제의 신민(臣民)이라는 논리에서 본다면 그것을 구별하는 것은 자체 모순에 빠지는 일이기도 했다.

어쨌거나 현종은 안록산의 요청대로 고신을 주었고, 안록산 휘하의 장군이 한인 출신에서 번장으로 교체되었다. 안록산은 계획대로 독립 정권을 향해 한 걸음 더 나아가고 있었다.

묵살된 양국충의 경고

고신을 기병을 위한 안록산의 준비라고 생각한 양국충 등은 현종에게 안록산을 다시 장안으로 불러들여 전에 주려고 하다가 주지 못했던 동평장사를 주라고 건의했다. 재상을 시키자는 것이었다. 그 대신에 안록산이 가지고 있는 세 개의 절도사 직책은 가순(賈循), 여지회(呂知誨), 양광홰(楊光翽)에게 하나씩 나누어 주어 안록산이 가진 군사력을 약화시키려고 했다. 양국충으로서는 절묘한 계책이었다. 명목상으로 안록산을 재상으로 높이고 절도사를 한인(漢人)으로 바꾼다는 것이다. 이대로만 된다면 안록산도 실제로 힘을 쓸 수 없을 것이기 때문이다.

거듭된 건의를 받은 현종은 중사(中使, 환관) 보구림(輔璆琳)을 안록산이 있는 곳에 파견하여 그 상황을 직접 확인하게 했다. 하지만 현종의 의도를 파악한 안록산은 보구림에게 큰 뇌물을 주었다. 그리하여 보구림은 장안으로 돌아와 안록산이 있는 힘을 다하여 충성하며 나라를 받들고 두 마음을 가지고 있지 않다고 보고했다. 현종이 안록산에 대하여 제대로 파악할 수 있는 기회가 다시 안록산의 교활함에 걸려서 무산되었다.

보구림의 보고를 받은 현종은 양국충 등에게 말했다.

"안록산에게는 짐이 마음으로 밀면서 그를 대우했으니 반드시 다른 뜻이 없을 것이다. 동북쪽에 있는 두 오랑캐[해족과 거란족]는 그의 군진(軍鎭)에 의지하여 막고 있다. 짐이 스스로 그를 보증하니 경(卿) 등은 걱정하지 마라!"

북방족의 남하를 안록산의 힘을 빌려 막아야 하는 입장이었던 현종은 안록산의 세력을 굳이 약화시키려 하지 않은 것이다. 그리고 안록산은 보란듯이 해와 거란을 깨뜨렸다고 현종에게 보고함으로써 현종의 조치가 옳았다는 것을 증명해 보였다.

그런데 자신의 근거지인 범양으로 돌아온 안록산은 이때부터 신하로서 황제에 대한 예를 차리지 않기 시작했다. 조정에서 배사엄(裴士淹)을 사신으로 파견했는데, 안록산은 병이 났다는 핑계로 마중을 나가지 않았다. 그리고 20여 일이 지나서야 무기와 장비를 가득 늘어놓고서 사신을 접대했다. 사신이란 왕조를 대신하는 사람이어서 황제의 대리자로 극진한 대우를 해야 한다. 그러나 안록산이 당 왕조의 신하로서의 예의를 차리지 않았고, 이는 당의 입장에서 보면 반역이었다.

한편 장안에 있는 양국충은 여전히 안록산을 경계하면서 밤낮으로 안록산이 반란을 꾀하는 정황을 찾으려고 노력했다. 경조윤으로 하여금 그의 집을 포위하도록 하고, 안록산의 빈객인 이초(李超) 등을 체포하여 어사대(御史臺) 감옥으로 보내 몰래 살해하기도 했다.

이 사실을 안록산의 아들 안경종(安慶宗)이 알게 되어 아버지에게 보고했다. 안경종은 영의군주(榮義郡主)와 결혼하여 경사[장안]의 공봉관(供奉官)으로 살고 있었기 때문에 이러한 사실을 알 수 있었다. 본격적으로 안록산을 제거하려는 양국충의 의도가 드러나고 있었다.

빗나간 조정의 유인책

이러한 상황에서 현종의 아들 결혼식이 있었다. 현종은 안록산을 유인하려고 이 결혼식에 참석하라고 연락을 했으나 안록산은 또다시 병이 났다는 핑계를 대고 오지 않았다.

그 대신에 안록산은 표문을 올려 말 3천 필을 바치겠다고 하면서 말 한 필마다 말고삐를 잡고 끌고 올 사람을 2명씩으로 하고 번장 22명을 파견하여 부별(部別)로 호송하겠다고 지적했다. 당 조정에 말을 헌납하는 것은 분명히 공물의 성격을 띠었지만, 그 말을 몰고 오는 사람이 모두 안록산의 사람이라면 다른 해석이 가능한 것이었다.

이러한 안록산의 제의에 대하여 반대한 사람은 하남윤(河南尹, 하남은 하남성 낙양시) 달해순(達奚珣, ?~758년)이었다. 그는 6천 명이 말 3천 필을 몰고 오면서 이를 지휘하는 번장 22명이 함께 온다는 것은 변란을 일으킬 위험이 있다고 했다. 사실 안록산의 사람 6천 명과 이를 지휘하는 사람 22명이 정예 군사라고 한다면 엄청난 군사력으로 변할 수 있는 상황이기 때문에 달해순의 반대는 충분한 이유가 되었다.

그 위에 때마침 이전에 현종의 명을 받아 안록산의 반란 기미를 알아보려고 정찰을 보낸 보구림이 안록산에게 뇌물을 받았던 일이 탄로 났다. 이 사실을 알게 된 현종은 다른 일을 핑계로 보구림을 때려 죽였다.

현종은 비로소 안록산의 뜻을 의심하여 직접 조서를 써서 중사 풍신위(馮神威)를 파견해 안록산에게 보냈다.

"짐이 새롭게 경을 위하여 온천탕 하나를 만들겠으니, 10월에 화청궁(華淸宮)에서 경을 기다리겠소."

다시 안록산을 유인하여 장안으로 불러 올리려는 것이었다. 그러나 이 조서를 받은 안록산 역시 현종의 뜻을 알아차렸다. 조정에서 자기가 말을 바치겠다는 것은 거절하면서, 다른 핑계를 대며 장안으로 오라는 것은 자신의 반란 계획을 눈치챈 현종의 유인책이라고 판단했다.

안록산은 이 소식을 가지고 온 현종의 사자 풍신위에게 침상에 누워서 말했다. 황제의 사자에게 절해야 하는 법도를 지키지 않는 무례한 행동이었다.

"성인(聖人, 황제, 현종)께서는 평안하시고 무사하신가?"

이 역시 당 왕조의 입장에서 본다면 신하로서 사용할 수 없는 언사였다. 안록산은 이제 결심을 굳혔고 막 나가기 시작했다.

"말을 올리지 말라고 해도 또한 괜찮으니 10월에 불을 밝히며 경사로 가겠다."

말 3천 필을 바치겠다고 했는데 이를 거절했으니 10월에 바로 군사를 일으켜서 불을 밝히며 장안으로 향하겠다는 뜻이었다. 군사를 일으키겠다는 통보였다.

뿐만 아니라 사자로 온 풍신위를 관사(館舍)에 두도록 하고 다시 만나보지 않았다. 며칠이 지나서야 풍신위를 장안으로 돌려보냈는데 황제에게 올리는 표문도 따로 없었다.

풍신위가 돌아와서 현종에게 울면서 말했다.

"신이 다시는 대가(大家, 황제)를 뵙지 못할 뻔 했습니다."

안록산에게 갔다가 죽는 줄 알았다는 말로, 이제 장안의 당 조정과 안록산 사이에 더 이상 군신관계는 없다는 확인이었다. 안록산은 독자적인 세력으로 독립했다고 할 수 있었다.

측간 제거의 명분을 내세운 안록산

안록산이 혼자서 세 개 진(鎭)의 절도사를 겸하면서 군사를 일으킬 준비를 한지 거의 10년이 되었다. 이렇게 오랫동안 준비를 했음에도 불구하고 차마 기병을 하지 못한 것은 그에 대한 현종의 신임이 두터웠기 때문이었다. 그런데 장안에서 양국충이 안록산을 견제하고 이로 인해 자주 충돌하자 원래 계획을 실행에 옮기기 시작했다.

안록산은 서둘러 군사를 일으킬 것을 결심하고 홀로 공목관(孔目官)과 태복승(太僕丞) 엄장(嚴莊), 장서기(掌書記), 둔전(屯田)원외랑 고상(高尙), 장군 아사나승경(阿史那承慶)과 더불어 몰래 이를 모의했다. 한편으로는 군사를 일으키기 몇 달 전부터 여러 차례 사졸들에게 잔치를 베풀어주고 말에게 먹이를 주며 병기를 날카롭게 하게 했다. 평상시와 다른 이러한 일이 벌어지자 모두들 영문도 모르는 채 이를 괴상하게 여길 뿐이었다.

마침 동북 삼진에서 올리는 주문을 장안에서 받아 올리는 삼진의 주사관(奏事官)이 장안에서 안록산이 있는 범양으로 돌아왔다. 모든 사람이 주사관이 장안에서 온 것을 알고 있는 사실을 이용해 안록산은 황제의 칙서를 가짜로 만들어 주사관이 이 조서를 가지고 온 것으로 꾸몄다.

안록산은 여러 장수들을 불러놓고 거짓 조서를 보여주며 말했다.

"밀지(密旨, 비밀로 전하는 황제의 뜻)가 있는데, 나 안록산으로 하여금 병사를 거느리고 들어가 조현하고 양국충을 토벌하라고 했으니 여러분은 마땅히 곧바로 군사행동을 좇아야 합니다."

물론 이 말은 범양에 있는 사람들에게 기병의 정당성을 설득시키려고 꾸민 거짓이었다.

보통 군사를 일으킬 때면 의례 측간(側奸)을 제거한다는 명분을 내세운다. 하지만 이때 양국충을 측간으로 볼 수 있는 상황이었기 때문에, 가짜 조서의 내용은 안록산의 휘하에 있는 장군들도 그럴 수 있다고 믿을 만 했다.

그리하여 현종 천보 14재(755년) 11월에 안록산은 휘하의 병사와 동라, 해, 거란, 실위의 15만의 무리를 발동하여 범양에서 군사를 일으켰다. 그러나 대외적으로는 20만 명이라고 과장하여 상대방을 압도하고 기선을 제압했다.

안록산은 범양절도부사 가순(賈循)으로 하여금 범양을 지키게 하고, 평로(平盧, 요녕성 조양시)절도부사 여지회(呂知誨)는 평로를 지키게 하며, 별장(別將) 고수암(高秀巖)은 대동(大同, 산서성 삭주시 동쪽)을 지키도록 명령했다. 자기의 근거지를 자기 밑에 있는 절도부사로 하여금 지키게 하고, 나머지 여러 장수와 함께 병사를 이끌고 밤에 범양을 출발했다. 본격적으로 당 왕조를 공격하러 나선 것이다.

다음날 아침 안록산은 계성(薊城, 범양의 치소, 북경시)의 남쪽에서 출발하면서 대대적인 열병(閱兵, 군사들의 훈련 상태를 점검)을 하여 사기를 북돋우며 무리들에게 맹세하게 했다. 그리고 양국충을 토벌하는 것을 명분으로 삼고, 군대 안에 방(牓)을 붙인 후 병사를 이끌고 장안이 있는 남쪽을 향했다.

안록산은 쇠로 된 수레를 탔는데 정예(精銳)의 보병과 기병이 그 뒤를 따랐다. 군대가 지나가면서 나는 연기와 먼지는 천 리에 이어졌으며, 울리는 북소리는 땅을 흔들었다. 당시 해내(海內, 천하)에는 정치적인 투쟁은 있었지만 군사가 동원되는 일이 없었기 때문에 겉으로는 오랫동안 평화가 이어지고 있었다. 그래서 백성들은 여러 세대에 걸쳐서 전쟁을 알지 못했는데, 갑자기 범양에서 군사가 일어났다는 소식을 듣고 모두가 놀라고 두려워했다.

안이하게 대처한 양국충

범양에서 출발한 안록산의 군대가 장안으로 향하는 길목에 위치한 하북(河北, 하북성) 지역은 모두 안록산이 다스리는 영역 안에 있었다. 따라서 안록산의 군대가 지나가는 주(州)와 현(縣)에서는 그의 풍문만을 듣고도 무너져서 안록산의 영역이 되었다. 수령(守令, 태수와 현령)들은 모두 문을 열고 나가 영접하거나, 아니면 성을 버리고 달아나 숨거나 혹은 사로잡혀 죽었다. 감히 이를 막는 사람이 없었다.

안록산은 또 장군 하천년(何千年)과 고막(高邈)에게 해(奚)의 기병

20기(騎)를 이끌게 하고 겉으로는 사생수(射生手, 활을 잘쏘는 병사)를 장안에 올리는 것이라고 속여 역참(驛站)의 말을 타고 태원(太原, 산서성 태원시)으로 가게 했다. 북경 부유수(副留守) 양광홰가 나와 영접하니 하천년과 고막은 그를 위협만 하고 그곳을 떠났다.

북부 지역을 손아귀에 넣는 일인데, 너무 쉽게 자기들을 영접하는 바람에 하천년 등은 그들의 속내를 제대로 파악하지 못했다. 안록산의 기병이 떠나자 태원에서는 그 상황을 조정에 자세히 보고했다. 동수항성(東受降城, 내몽고 탁극탁현 남쪽)에서도 역시 안록산이 반란을 일으켰다는 주문을 올렸다. 현종은 그동안 안록산을 의심할 일들을 겪었고, 또 이렇게 안록산의 기병이 정식으로 현종에게 보고되었는데도 불구하고 여전히 안록산을 미워하는 사람들이 거짓말을 하고 있다고 여기며 그 말을 믿지 않았다.

하지만 얼마 후 안록산이 반란을 확정했다는 사실이 분명해지자 비로소 재상을 불러 대책을 모의했다. 양국충은 자기의 말이 적중했으므로 의기양양했고, 자신 있게 안록산의 기병에 대하여 분석하며 건의했다.

"지금 반란을 일으킨 사람은 오로지 안록산뿐이고 장군과 사병들은 모두 원하지 않습니다. 열흘이 지나지 않아 반드시 수급(首級)이 전해져서 행재소(行在所)에 이를 것입니다."

안록산 이외의 사람들은 모두 기병을 원하지 않으니, 가만히 있어도 누군가 안록산을 잡아 그 수급을 보내 올 것이라는 말이었다. 양국충은 안이하고 낙관적으로 전망한 것이다. 안록산의 기병을 대수롭지 않게 보고한 것이고, 이는 다른 말로 자기가 재상으로써 정치를 잘 했다는 말이기도 했다.

그러나 그동안 고선지를 좇아서 많은 전공을 세웠고, 마침 이 무렵에 장안에 들어와 있던 봉상청(封常清)의 생각은 달랐다.

"지금 태평한 세월이 오랫동안 쌓여 있어서 사람들은 풍문을 듣고서 적을 두려워하고 있습니다. 그러나 일에는 거꾸로 되는 순서도 있으며, 형세에는 기이한 변화도 있으니, 신이 청컨대 말을 타고 동경(東京, 낙양)으로 가서 부고(府庫)를 열어 굳세고 용감한 사람들을 모으고 말채찍을 휘두르며 황하를 건너게 해주시면, 날짜를 헤아리며 반역한 호족의 머리를 가져다가 대궐 아래에서 올리겠습니다."

자기가 낙양으로 가서 안록산을 방어할 준비를 하겠다는 요청이었다. 이에 현종은 봉상청에게 안록산이 가지고 있던 범양·평로절도사를 주었다. 산서 출신으로 산서 지역에서 활동했던 봉상청으로 하여금 동부 지역의 반란을 진압하도록 한 것이다.

봉상청은 그날로 역참의 말을 타고서 낙양에 이르러 병사를 모집했는데, 열흘이라는 짧은 시간 동안 6만 명이 모여들었다. 그렇게 되자 안록산의 서진을 막기 위해 황하의 하양교(河陽橋, 하남성 맹현, 하양 황하대교)를 끊고서 방어 준비를 구축했다.

당 조정에서 안록산의 서진에 방어 태세를 취하는 동안, 안록산은 박릉(博陵, 하북성 정주시) 남쪽에 도착하여 양국충에게 붙었던 양광홰를 사로잡아 목을 베어 조리돌렸다. 안록산은 그의 양자이자 장군인 양충지(安忠志)로 하여금 정병을 이끌고 토문(土門, 하북성 녹천시 서쪽)에 진을 치도록 했다. 안록산은 이미 서쪽으로 많이 진출해 있었다.

다시 대결하는 동서 지역

안록산은 어느새 고성(藁城, 하북성 고성시)에 이르렀다. 이때 상산(常山, 하북성 정정현)태수는 안고경(顔杲卿)이었는데, 그는 힘으로 안록산을 막을 수가 없다는 것을 깨닫고 장사 원이겸(袁履謙)과 더불어 나아가 그를 영접했다. 실제로 이후 안고경의 행동을 보면 안록산을 막아야 한다는 생각을 가지고 있었던 것은 분명하지만, 당장 힘이 없어서 기회를 엿보고자 함을 알 수 있다. 그만큼 안록산의 기병은 파괴력을 갖고 있었다.

당 왕조에서도 안록산의 반란에 대한 조치를 취해 가고 있었다. 우선 장안에 살고 있던 안록산의 아들인 태복경 안경종(安慶宗)의 목을 베고, 영의군주는 스스로 목숨을 끊게 했다. 분명하게 안록산에 대하여 적대적인 행동을 보였다.

그리고 안록산에 대응하는 인사조치도 단행했다. 삭방(朔方)절도사 안사순(安思順)을 호부상서로 삼고, 안사순의 동생인 안원정(安元貞)을 태복경으로 삼았다. 구원(九原, 내몽고 오원현)태수인 곽자의(郭子儀)를 삭방절도사로 삼았으며, 우우림(右羽林, 금군 제2군)대장군 왕승업(王承業)을 태원윤(太原尹, 태원은 산서성 태원시)으로 삼았다. 또 장개연(張介然)을 하남(河南, 치소는 진류, 하남성 개봉시)절도사로 삼아 진류(陳留) 등 13개의 군을 관장하도록 했다. 또 중원 내륙에도 군진을 설치하고 절도사를 두기 시작했다. 또한 여러 군 가운데 안록산을 맞이하는 요충지에는 방어사를 설치하기도 했다.

그뿐만이 아니었다. 이완(李琬, 현종의 아들)을 원수로 삼고, 우금오(右金吾, 위군 제12군)대장군 고선지(高仙芝)에게 여러 군대를 이끌고 동정(東征)하여 이완을 돕도록 했다. 고선지는 이미 상당한 전공을 세운 사람이었기 때문에 그를 기용한 것이다. 또 내부(內府)의 전(錢, 돈)과 비단을 꺼내 장안에서 병사를 불러 모으기도 했다. 열흘 동안에 11만 명이 응모했으니 적지 않은 수였지만, 이들은 모두 저자거리에 있는 사람들의 자식들이었다. 조정에서는 이들을 천무문(天武軍)이라 불렀다.

고선지는 비기(飛騎)와 곽기(彍騎) 같은 특별 기병부대와 새로 모집한 병사, 그리고 경사[장안]에 와 있었던 변경에 있던 병사까지 모두 합하여 5만 명을 거느리고 장안을 출발했다. 그러나 현종은 감군(監軍)으로써 장군 고선지를 감독하는 환관도 아울러 함께 보냈다.

감군은 군대의 지휘를 맡지는 않지만 황제를 대신하여 군대를 감독하기 때문에 반란을 일으킬 수 없도록 사선에 예방하는 제도였다. 그런데 이 제도의 부작용으로 아무리 잘 싸워도 감군이 황제에게 제대로 보고하지 않으면 상급이나 좋은 관직을 얻을 수 없는 점이 있다. 그래서 전쟁 상황을 제대로 보고해야 하는 이 감군이 경우에 따라서 작전을 지휘하는 장군에게 많은 뇌물을 요구하기도 했다. 마치 후한말의 환관과 같은 짓이었다.

이러한 부작용이 있음에도 불구하고 현종은 여전히 자신이 믿는 환관인 감문(監門)장군 변령성(邊令誠)을 파견하여 고선지의 군대를 감독하도록 했고, 그는 섬군(陝郡, 하남성 삼문협시)에 주둔했다.

어쨌거나 또 다시 전형적인 동부의 안록산과 서부에 근거를 둔 고선지의 대결이라는 동서 대결 구도가 만들어졌다. 당 왕조가 아무리 통합 정책을 펼치고 산동 출신들을 대우했다고 하지만 동서 대결 구도는 깨어지기 어렵다는 것이 다시 한 번 증명되었다.

낙양에서 황제에 등극한 안록산

안록산이 일단 군사를 일으키고 서쪽에 있는 장안을 향해 전진하자, 당 조정의 군대는 이를 감당하지 못했다. 비록 앞에서 말한 바와 같이 안록산에 대항하는 군대를 파견했다고 하지만, 철저한 준비를 마친 안록산의 군대는 남쪽으로 내려와 황하에 다다라서 장안을 향하고 있었다.

반면 당 조정의 관군은 서북쪽 황하의 구원(九原, 내몽고 오원현)에서 출발하여 태원(太原, 산서성 태원시)을 거쳐 산동 지역으로 들어가고, 또 다른 군대는 장안에서 동쪽으로 낙양을 향했다. 즉 관군은 둘로 나누어 한 부대는 안록산의 본거지를 향해 동진했고, 다른 한 부대는 안록산이 거칠 것으로 예상되는 낙양으로 향했던 것이다. 전략적으로는 옳은 판단이었다.

그런데 안록산이 군사를 일으킨 지 한 달여 만에 낙양을 함락시켰다. 사실 낙양은 후한시대의 도읍지였으므로 당 조정이나 안록산의 입장에서 모두 대단히 중요한 지점으로 여기고 있었는데, 안록산이 점령한 것이다. 결국 관군이 낙양을 제대로 지키지 못한 것으로 안록산의 큰 승리였다.

낙양을 점령한 안록산은 승리에 자신했는지 다음해[756년] 정월에 바로 대연(大燕) 황제라고 자칭하며 황제 자리에 올랐다. 이때 연호를 성무(聖武)로 하고 국호는 연(燕)이라 정했다. 연이란 춘추시대 이후로 전국시대와 5호16국시대에도 끊임없이 동부 지역에서 왕조가 탄생할 때마다 붙여졌던 왕조의 이름이다. 안록산이 이를 의식했든 아니든 동부 지역을 대표하는 왕조가 열린 것이다.

이제 장안과 낙양에서 각기 다른 두 명의 황제가 대치하는 국면이 형성되었다. 그동안 당 왕조의 통치 아래에서 조용히 잠재하고 있던 동서 대립의 현상이 안록산의 연 왕조로 인하여 확실하게 드러난 것이다.

안록산이 낙양을 점거함으로써 서부 세력인 당 왕조와 동부 세력인 안록산의 전세가 역전되었다. 장안이 위험해 진 것이다. 이제 현종은 안록산을 뒤쫓는 추격자의 위치가 아닌, 안록산으로부터 장안을 사수해야하는 입장이 되어버렸다. 당 조정에서는 장안을 지키기 위한 최후의 조치를 취해야 했다. 당시의 안록산을 저지할 사람은 양국충이 미리 점찍어 둔, 서부 지역에서 군사력을 장악하고 있던 가서한 뿐이었다.

상황이 긴박하게 돌아가자 현종은 가서한을 장안으로 들어가는 길목에 위치한 동관(潼關)으로 파견하여 이 요새의 주변 지역을 지키도록 했다. 그런데 당시 가서한은 병이 들어서 직접 군사를 지휘할 수 없는 상황이었다. 그럼에도 불구하고 현종은 그를 전장으로 계속하여 내몰았다. 사실 여기에 양국충의 음모가 내재해 있었다. 당 조정의 재상으로써 여전히 권력을 쥐고 있던 양국충은 가서한이 자기를 도모하려고 한다고 생각하고 있었기 때문에 무리하게 병든 가서한의 출장을 밀어붙였던 것이다.

이미 안록산의 반란을 예상했었다며 의기양양한 양국충의 말을 들을 수밖에 없었던 현종은 가서한에게 중사(中使, 환관)를 파견하여 전쟁에 나갈 것을 계속 재촉했다. 가서한은 어쩔 수 없이 병사를 이끌고 동관으로 나갔다.

그러나 이미 전쟁터에서 직접 군사를 지휘할 수 없었던 몸 상태로 인하여 가서한은 부장 두 사람에게 지휘하도록 했고, 이들이 가서한을 대신하여 군사를 지휘했다. 그러나 이들은 가서한만큼 효과적으로 전투를 지휘할 수 없었고, 결국 안록산의 부장인 최건우(崔乾祐)를 만나서 실패하고 말았다. 최건우가 이끄는 병사는 1만 명이 넘지 않았으나, 관군이 지나가는 예상 지점에 군사를 매복했다가 불시에 관군을 공격하는 작전으로 승리를 거두었다.

◆안록산 군대 진출방향과 당나라 군대 진출방향

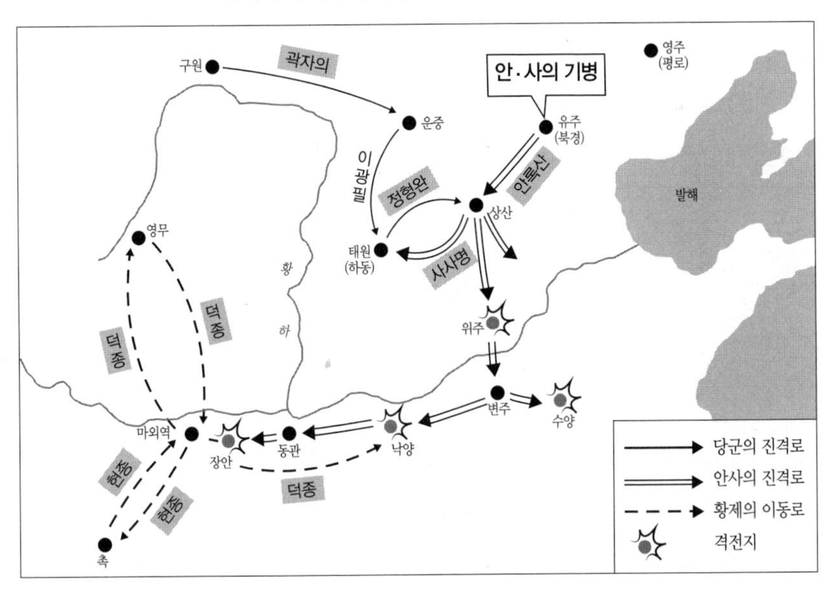

안록산에게 항복한 가서한

동관의 주변은 지형적으로 좁아서 관군은 창을 사용할 수가 없었고, 미리 높은 지대를 차지한 안록산의 군대는 돌과 나무를 굴리거나 던져서 관군을 공격했다. 또 화공(火攻)으로 눈을 뜰 수 없게 하자 관군은 당황한 나머지 자기편끼리 싸우는 한편, 연기가 나는 곳에 안록산의 군대가 있을 것이라고 생각하고 그곳으로 궁노(弓弩)를 모아 쏘았다. 그러나 날이 저물고 화염이 그친 다음에 보니 그곳에는 안록산의 군대는 하나도 없었고, 당의 관군들은 쓸모 없이 아까운 화살만 모두 다 소비하고 말았다. 허무한 패배였다.

결국 가서한은 휘하에 있는 수백의 기병(騎兵)과 함께 달아나 수양산(首陽山, 산서성 영제현 남부)의 서쪽에서 황하를 건너 요새인 동관에 들어가야 했다. 동관은 튼튼한 성으로 그곳에서라면 안록산의 군대를 막을 수 있기 때문이었다. 그러나 동관에는 적병의 공격을 차단하기 위한 해자(垓子)가 세 개 있었다. 해자의 너비는 2장(丈)이고 깊이가 1장이었으니, 꽤 큰 해자임을 알 수 있다.

그런데 적군의 침입을 막는 해자가 당 관군인 가서한의 군대에게도 진입을 방해하는 존재가 되어버렸다. 보통 때 같으면 이러한 해자를 피해 돌아가는 안전한 방법을 취했겠지만, 안록산의 군대에 쫓겨 도망하는 처지였으니 안전하게 해자를 돌아서 건너 성안으로 들어갈 여유가 없었다.

그리하여 가서한의 군대는 급하게 움직이는 바람에 많은 군사와 말이 해자 속으로 밀려 떨어졌고, 잠깐 사이에 군사와 말들로 해자가 채워졌다. 그리하여 나머지 무리들은 그들을 밟고서 해자를 건넜다. 동관으로 들어온 군사들은 겨우 8천여 명만 남게 되었다. 가서한은 제대로 싸워보지도 못하고 많은 군사를 잃었고, 또 동관으로 들어오면서도 많은 손실을 입은 것이다.

동관으로 들어온 가서한은 그래도 안심할 수 없었다. 가서한은 전열을 가다듬을 틈도 없이 동관 방어 체제에 돌입했다. 안록산의 부장인 최건우의 군대가 그뒤를 바짝 뒤쫓아 오고 있었기 때문이었다. 가서한은 관서역(關西驛, 섬서성 화음시 동부)에 도착하여 방(牓)을 걸어 흩어진 병사를 거두어들이고 다시 동관을 지키려고 했다.

당시 그의 휘하에 있던 번장(蕃將) 화발귀인(火拔歸仁) 등이 기병 100여 기(騎)를 데리고 관서역을 포위한 뒤 가서한에게 가서 말했다.

"역적이 도착했으니 청컨대 공[가서한]께서는 말에 오르십시오."

가서한 휘하에 있던 번장이 배반하여 오히려 안록산에게 항복하라고 권고한 것이다.

더 이상 버틸 수 없었던 가서한이 말에 올라 관서역을 나가자 화발귀인은 무리를 인솔하고 머리를 조아리며 말했다.

"공[가서한]께서는 20만의 무리를 가지고서 한 번 싸우고 그들을 버렸으니 무슨 면목으로 다시 천자[현종 이륭기]를 보겠습니까? 또 공께서는 고선지와 봉상청을 보지 못했습니까? 청컨대 공께서는 동쪽으로 가십시오."

화발귀인은 두 가지의 이유를 들어 안록산에게 항복할 것을 권유했다. 많은 군사를 가지고 와서 다 잃었으니, 당 현종을 어떻게 볼 것이냐 하는 것과 설사 승리를 한다고 하여도 감군들의 농간으로 죽을 수도 있다는 고선지와 봉상청의 경우를 예로 들은 것이었다.

사실 맞는 지적이었다. 앞서 이미 말한 대로 고선지가 안록산의 군대를 막으려고 나갔을 때에 감군 변령성(邊令誠)은 고선지를 자주 간여했지만, 고선지는 대부분 따르지 않았다. 이로 인하여 변령성이 모함하여 주문을 올렸고, 이일로 인해 현종이 군대 안에서 고선지와 봉상청을 목 베게 했다. 이들은 안록산과는 싸워보지도 못하고 감군의 농간으로 제거되었었다.

화발귀인은 이러한 일을 예로 들면서 가서한에게 항복하기를 권유했다. 그래도 가서한은 안록산에게 항복하기를 반대했으나 화발귀인은 그의 다리를 말의 배에 묶었고, 장수들 가운데 이를 좇지 않는 사람들도 모두 잡았다.

마침 안록산의 장수인 전건진(田乾眞)이 도착하자 화발귀인은 그들을 안록산에게 항복시키고 모두 낙양으로 호송했다. 당 조정의 최후의 보루라고 할 가서한이 무너진 것이다. 당 조정의 도읍인 장안은 이제 지킬 방법이 없게 되었다.

마외역에서의 비극

드디어 현종이 피난할 수밖에 없는 상황이 되었다. 양국충은 양 귀비의 자매인 한국(韓國) 부인과 괵국(虢國) 부인을 궁궐로 들여 보내어 현종에게 촉(蜀)으로 들어갈 것을 권하도록 했다.

결국 현종은 양 귀비와 그의 자매, 자기의 아들, 비(妃), 공주, 손자, 양국충, 위견소(韋見素), 위방진(魏方進), 진현례(陳玄禮) 그리고 가까이 하는 환관, 궁인들과 함께 연추문(延秋門, 궁성 서문)을 나가서 서쪽으로 떠났다. 도망하는 것이 너무 급한 나머지 이들 궁전 안에 있던 사람들을 제외한 궁전 밖에 있던 다른 비빈과 공주, 손자들은 모두 버리고 떠날 수밖에 없었다.

다음날 현종 일행은 마외역(馬嵬驛, 섬서성 흥평시 서부)에 도착했다. 그러나 문제는 엉뚱한 곳에서 발생했는데, 바로 황급히 떠나오는 바람에 보급품을 전혀 공급하지 못한 것이다. 장사(將士)들은 굶주리고 피곤했으며, 이렇게 된 상황에 대하여 모두 분하게 생각하면서 화를 냈다. 그리고 이 지경에 이르게 된 것에 대한 비판과 함께 책임 있는 처벌을 현종에게 요구했다.

결국 작금의 사태에 대한 책임과 비난은 양국충에게 집중되었고, 위기를 느낀 양국충은 달아났다. 그러나 병사들은 그의 뒤를 쫓았고, 그를 잡아 죽여 사지를 가르고 그의 머리를 잘라 마외역 문 밖에 내다 걸었다.

또한 양귀비의 자매인 한국 부인과 진국 부인도 함께 죽였다. 아무리 황제라고 할지라도 성난 군중으로부터 이들을 지켜줄 수 없었다. 어사대부 위방진도 죽고, 좌상 위견소는 마외역 밖으로 나왔다가 난병(亂兵)들에게 채찍을 맞았는데 뇌에서 나온 피가 땅에 흘렀다.

이제 황제인 현종이 직접 나서지 않을 수가 없었다. 현종은 이러한 혼란 속에서 신발을 신고 지팡이를 짚고 역 문으로 나와 병사들을 위로하고 대오(隊伍, 군대의 행렬의 줄)를 거두도록 했다. 그러나 병사들은 호응하지 않았고, 오히려 양 귀비 역시 황제를 잘 모시지 못했다면서 죽일 것을 요구했다.

사실 양국충이나 양 귀비에게 책임을 전가하여 죄를 씌우는 것이 적당한 것인지는 알 수 없지만, 다만 누군가는 이에 대한 책임을 져야만 황제도 무사할 수 있는 분위기였다.

고력사가 현종의 곁에서 사정을 말했다.

"귀비는 진실로 죄가 없지만 장수와 병사들이 이미 양국충을 죽였는데 귀비가 폐하의 좌우에 있다면 어찌 감히 스스로 편안할 수 있겠습니까? 바라건대 폐하께서는 그것을 깊이 생각하십시오. 장사들이 편안해지면 폐하는 편안해집니다."

이 말은 옳았다. 병사들이 무고하게 양 귀비의 오라비 양국충을 이미 죽였으니, 이제 양 귀비를 죽이지 않으면 훗날 그 후환이 병사인 자신들에게로 돌아올 것이라고 두려워한다는 말이었다. 배고픈 장사들이 양국충에게 분풀이를 했던 사건은 걷잡을 수 없이 확대 재생산되고 있었다.

자기를 호위하고 있는 병사들의 요구이니 현종은 이들과 맞설 힘이 없었다. 이 사건을 초기에 진압하지 않으면 자신도 위기에서 벗어나기 어렵다는 것을 안 현종은 이들의 요구를 들어줄 수밖에 없었다. 현종은 불당(佛堂)에 있는 양 귀비를 끌어내어 목매어 죽게 했다. 이것이 바로 마외역의 비극이다. 현종은 아끼는 양 귀비를 죽이고 나서야 화난 병사들을 무마할 수 있었고, 겨우 살길을 찾아 계속하여 서쪽의 촉으로 도망 길을 나설 수가 있었다.

제9장

다시 분열되는 중국

中國分裂

다시 분열되는 중국

일통천하관이 없는 안록산

안록산이 군사를 일으키고 장안을 공격하자 현종 이륭기는 촉 지역으로 피난했다. 그러던 중 태자 이형(李亨)이 현종과 헤어져 영하(寧夏)로 가게 되면서 황제와 태자가 서로 연락할 수 없는 상황에 놓이자, 이형은 스스로 황제가 되었다. 황제만이 당의 군사를 지휘할 수 있었기 때문에, 당시 피난으로 연락이 끊겨 생사를 알 수 없는 현종을 대신하여 안록산에 대항하기 위한 최선의 선택이었다.

그래서 이형은 영무성(靈武城, 영하 영무현)의 남쪽 누각에서 황제 자리에 올랐고 현종을 상황천제(上皇天帝)로 높였다. 물론 현종은 이 사실을 알 수 없었으니, 당 왕조는 촉과 영하에 각각 한 명씩 두 명의 황제가 존재하는, 역사상 유일무이한 비정상적 상황에 놓였다.

한편 장안까지 점령한 안록산에게는 애초부터 통일 제국을 건설하는 꿈 따위는 없었다. 그가 전통적인 중국 황제들처럼 천하일통 사상을 갖고 있지 못했기 때문일 것이다. 그래서 안록산은 통일 제국을 건설하기 위한 통합 정책보다는 그저 마음에 안 드는 사람을 제거하는 작업을 제일로 두었다.

그리하여 안록산은 손효철을 시켜 현종의 여동생 곽국(霍國) 장공주와 왕비, 부마 등을 숭인방(崇仁坊)에서 죽이고 그들의 심장을 도려내어 자기가 기병한 후 당 조정에 잡혀 죽은 아들 안경종을 위해서 제사를 지냈다. 먼저 자식의 원수를 갚은 것이다.

그리고 양국충과 고력사의 무리, 그리고 평소 자기가 미워하던 사람들을 모두 죽였는데, 그 수가 모두 83명이었다. 이들을 처단하면서 쇠몽둥이로 두개골을 부수니 흐르는 피가 길을 가득 채울 정도였다. 뿐만 아니라 안록산은 현종의 손자와 군주(郡主)와 현주(縣主) 작위를 가진 황실 여인 20여 명도 함께 죽였다.

안록산은 일단의 숙청 작업을 마치자 그대로 현실에 안주했다. 그래서 당 왕조의 황제인 현종 이륭기와 숙종 이형이 서쪽에서 피난하고 있다는 것을 전혀 고려하지 않았다. 엄청난 위험 요소인 이들을 감안하지 않고 그저 황제 자리에서의 연회를 즐기고 싶어했다. 안록산은 현종이 포연(酺宴)할 때마다 시행했던 놀이를 자기가 중심이 되어 놀기로 했다.

현종은 포연할 때에 먼저 태상(太常)에 아악좌부(雅樂坐部)와 입부(立部)를 설치했고, 고취(鼓吹), 호악(胡樂), 교방(敎坊), 부현(府縣)의 산악(散樂), 잡희(雜戲)를 가지고서 뒤를 잇게 했다. 또 산거(山車)와 육선(陸船)에 악기를 싣고 왕래했고, 궁녀를 내보내 〈예상우의(霓裳羽衣)〉를 추게 했다. 춤추는 말 100필에게 술잔을 물려 오래 살기를 빈다는 의미로 술잔을 받치도록 가르쳤으며, 코뿔소와 코끼리를 끌고 입장하여 절을 하고 춤을 추게 하기도 했다.

당시 장안에 왔던 안록산은 화려한 현종의 연회를 보고 기뻐했는데, 장안을 점령하고 나자 그때 이 연회에 동원되었던 악공을 모두 찾아오도록 명령했다. 그리고 악기와 무용복, 춤을 추는 말, 코뿔소, 코끼리를 수레에 실어서 모두 낙양에 보내도록 했다.

이러한 안록산의 행동은 왕조를 일으킨 명분과 정당성을 부여하기에 역부족이었다. 또한 황제라면 반드시 가져야 할 천하일통관 역시 가지지 못한 것도 결격 사유가 되었다. 그래서 당 왕조에 불만을 가지고 있던 사람들조차 자기의 사람으로 받아들이는 것에 실패할 수밖에 없었다. 거기에 무력은 있었으나 정치력이 없었다. 무력 없는 정치력이 힘이 없는 것처럼 정치력 없는 무력 또한 사상누각이다. 실패가 예견되는 부분이었다.

안진경의 등장과 대연 세력의 분열

그런 가운데 당 조정은 물론이고 안록산의 기병에 대항하는 사람들이 하나둘 나타나기 시작했다. 가장 눈에 띄는 사람은 유명한 서예가로 알려진 안진경(顔眞卿)이었다. 안진경은 원래 평원(平原, 산동성 능현)태수로 안록산이 반란하려는 것을 알고 미리 장마를 이용하여 성(城)의 해자(垓子)를 준설하는 일을 끝냈으며, 장정들을 헤아리고 양식 창고를 가득 채워서 전쟁에 대한 준비를 마쳤다.

안록산은 반란을 일으킨 뒤 안진경에게 공문을 보내 평원과 박평(博平, 산동성 요성시)의 병사 7천 명으로 하진(河津, 황하를 건너는 나루터)을 방어하도록 했다. 안진경은 서생(書生)이었기 때문에 별다른 의심을 하지 않은 것이다. 그러나 안록산의 의도와는 달리 안진경은 안록산을 막으려고 생각했다. 그리하여 평원의 사병(司兵)인 이평(李平)을 샛길로 보내어 이러한 사정을 현종에게 아뢰었다.

안진경은 용사들을 불러 모았는데, 그가 모은 병사는 열흘 동안 1만여 명에 이르렀다. 안진경이 무기를 들고 안록산을 토벌할 것을 일러 깨우치며 계속하여 눈물을 흘리자 병사들이 모두 몹시 분개했다. 자발적으로 당 조정을 위하여 안록산에 대항하는 사람이 생겨나기 시작한 것이다.

그리고 요양(饒陽, 하북성 심주시)태수 노전성(盧全誠)은 안록산이 자기를 대신해서 요양태수를 새로 임명하자 성을 점거하고는 새로 부임해 온 태수를 받아들이지 않았다. 또 하간(河間, 하북성 하간시) 사법(司法) 이환(李奐)은 안록산이 임명한 장사 왕회충(王懷忠)을 살해했고, 이수(李隨)는 유혁장(遊弈將) 자사현(訾嗣賢)을 파견하여 황하를 건너가 안록산이 임명한 박평태수 마기(馬冀)를 죽였다.

비록 당 조정은 안록산의 기병에 제대로 대응하지 못했지만 오히려 안록산의 영향 아래에 있던 지역에서 그에 대항하는 사람들이 나타나기 시작한 것이다. 그리고 이들이 거느린 군사가 각각 수천 혹은 1만이 되자 모두 안진경을 추대하여 맹주(盟主)로 삼고 군대의 일을 모두 보고했다. 안록산이 만난 가장 큰 저항이었다.

이 무렵 당 조정에서도 조금씩 안록산을 제어할 조치를 취했다. 당 조정에서는 삭방우상(朔方右廂)병마사이며 구원(九原, 내몽고 오원현) 태수인 곽자의(郭子儀)를 삭방(朔方, 치소는 영무, 영하성 영무현)절도사로 삼아서 안록산을 토벌하도록 했다. 그리고 곽자의는 이광필을 하동 절도사로 삼아달라고 하여 두 사람이 연합하여 안록산이 점거한 하북 지역으로 진군하여 안록산의 부장인 사사명(史思明)을 격퇴시키고 하북 지역을 수복했다.

이러한 혼전 속에서 장안은 다시 당 조정의 손에 들어갔고, 안록산의 군대는 낙양에서도 패퇴하여 업군(鄴郡, 하남성 안양시)으로 물러났다. 그리고 관군에게 쫓기던 사사명은 그가 거느리고 있던 13개의 군과 8만 명의 군사를 가지고 당 조정에 항복했다. 당에서는 그를 귀의왕(歸義王)으로 삼고 범양절도사로 임명했다.

하지만 당 조정에서 사사명을 믿지 못하여 그를 제거하려고 하니 사사명이 다시 군대를 일으켰다. 이때 안록산의 아들 안경서는 아버지를 살해하고 스스로 대연(大燕) 황제에 올랐고, 안경서가 곽자의를 중심으로 한 60만 군대에게 포위되자 사사명이 안경서를 도와서 관군을 패퇴시켰다.

그 후에 사사명은 안경서를 죽이고 대연 황제가 되었으며, 다시 사사명은 그 아들 사조의(思朝義)에게 죽임을 당했다. 안록산의 기병은 내부 분열로 그 끝을 향해 달려가고 있었다.

독립적 동부 지역의 무장 세력들

그러나 당 조정에서는 분열하는 이들을 효과적으로 진압하지 못했다. 안록산의 부장이었던 전승사(田承嗣, 704년~778년)가 막주(莫州, 하북성 임구시 북쪽 막주진)를 가지고 투항하자 오히려 그를 위박(魏博, 치소는 위주, 하북성 대명현)절도사로 삼았다. 그 후에도 범양(范陽, 유주)을 가지고 투항한 사조의의 부하 이회선(李懷仙)을 유주(幽州, 치소는 유주, 북경시)절도사로 삼았으며, 이보신(李寶臣)을 성덕(成德, 치소는 항주, 하북성 정정현)절도사로, 설숭(薛嵩)을 소의(昭義, 치소는 상주, 하남성 안양시)절도사로 삼았다.

이들 무장 세력은 소속만 대연에서 당으로 바꾼 것이고, 독립적 상황은 변한 것이 없었다. 당 왕조는 안록산에게 소속된 세력을 받아들여서 안록산을 격퇴한 것처럼 보이지만, 실제로는 안록산이 거느렸던, 다시 말하면 동부 지역 세력이 그대로 섬멸되지 않고 남아 있는 미봉적 상태였다. 이는 당 왕조가 자신의 힘으로 완전히 전국을 장악할 수 없었기 때문에 어쩔수 없는 선택이었다.

결국 안록산의 기병 이후 가장 마지막까지 남았던 사조의가 당나라 군사에게 쫓기던 중 숲 속에서 자살하면서, 이른바 안사의 난은 7년 2개월 만에 끝을 맺는다. 하지만 안록산의 근거지에 남아 있는 안록산의 휘하에 있던 군사 세력은 산동 지역에 그대로 독립적으로 남아 있는 결과를 낳았다.

겨우 안사의 난을 마무리한 당 왕조는 이들 남은 군사 세력을 절도사로 삼았고, 이 절도사들은 반독자적인 세력으로 존재하며 끊임없이 당 조정을 흔들기 시작했다. 이제 당 왕조는 절도사들의 할거시대로 접어들면서 중국은 다시 장기 분열 상태로 들어가기 시작했다.

당 왕조의 천하일통이란 당 태종이 등극하고 반란을 진압했을 때부터 안록산이 기병할 때까지라고 할 수 있다. 길게 보아도 100년을 조금 넘긴 기간이다. 이 이후로 당 왕조는 명목상으로만 남아 있었고, 절도사들은 독자적인 세력으로 난립했다.

이러한 상황을 전통적으로는 '혼란'이라는 말로 표현하고 있는데, 사마광은 《자치통감》에서 이 시대를 한 마디로 표현했다.

> 이로 말미암아 재앙과 혼란이 계속하여 일어나고 전쟁이 쉬지 않으며 백성은 도탄에 떨어져도 알리고 하소연할 곳이 없는 지 무릇 200여 년이었으며 그런 후에 우리 위대한 송(宋)이 천명(天命)을 받았습니다.

사마광은 '송 왕조의 탄생은 안사의 난 이후 200년에 걸친 혼란에서 비롯되었다'고 기술했다. 따라서 290년간의 당나라 역사는 100여 년간의 통일 왕조와 나머지 200년간의 분열 상태로 존재했다고 봐야 할 것이다.

사실 당 왕조도 진 시황제가 추구한 천하일통을 이루려고 했으나 그 꿈은 역시 자연적인 분열 상태, 즉 동서 대결과 남북 대결의 상태로 되돌아가고 말았다. 중국의 통일지향적인 성격이 황제의 일통천하관에 의한 강제적·인의적인 힘에 의해 추진되었다면, 분열지향적인 모습은 순리적·자연적인 힘에 의해 진행된다는 것을 이 경우에서 다시 한 번 확인할 수 있다.

제후의 변상인 절도사

사실 당 중기 이후 일부 지방군정장관인 절도사들이 해당 지역에서 할거하면서 중앙 조정의 명령에 복종하지 않는 정치적 국면에 들어선다. 이는 예종 경운 2년(711년)에 하발연사(賀拔延嗣)를 양주(涼州)도독으로 삼고 그를 하서(河西)절도사에 충임한 것에서 시작한다.

물론 처음에 절도사는 군사적인 통수와 군사에 관한 일을 관장하게 하여 외적을 막게 했을 뿐이었고, 주(州)와 현(縣)의 민정(民政)을 관리하는 책임은 주지 않았다. 그러나 이러한 원래의 목적을 효과적으로 달성하기 위해서는 군(軍)을 비롯하여 민(民), 재(財)도 함께 관할할 수 있어야 했다.

또한 부병제가 무너진 마당에 모병제에 의해 군대를 유지하려면 더욱 민정과 재정을 아울러 관장해야 했다. 그래서 절도사에게 점차적으로 군정과 민정, 재정의 권한을 주게 되었다. 역사의 흐름 속에서 어쩔 수 없이 주어진 권한이었다. 동시에 그 관할 지역에서는 자사를 통제하고, 주재하는 곳에서는 자사를 직접 겸임했다. 그러므로 절도사는 그가 관할하는 지역에서는 제왕과 다를 바가 없게 되었다.

하발연사를 하서절도사로 충임한 것은 토번과 돌궐을 방어하는 책임을 맡기기 위해서 시작한 것이지만 그것을 위하여 양주, 감주, 숙주, 과주, 사주, 이주, 서주 등 일곱 개의 주를 통괄하게 했던 것이다. 그리고 몇 년이 지난 현종 개원 연간(713년~741년)에는 적서(磧西, 치소는 쿠차, Kucha, 신장위구르), 북정(北庭, 치소는 북정, 신강성 길목살이현), 하서(河西, 감숙성 중부 및 서부), 농우(隴右, 치소는 선주, 청해성 악도현), 삭방(朔方, 치소는 영주, 영하 영무현), 하동(河東, 치소는 태원부, 산서성 태원시), 범양(范陽, 치소는 계성, 북경시), 평로(平盧, 치소는 유성, 요녕성 조양시), 검남(劍南, 치소는 성도, 사천성 성도시), 영남(嶺南, 치소는 남해, 광동성 광주시) 등 열 개의 절도사를 두었다.

이 열 개의 절도사가 있는 군진(軍鎭)은 중원 이외의 지역, 즉 동서남북 사방에 다 걸쳐 있고, 이는 전한시대 봉건국의 위치와 대체

◆당말에 45개로 증가한 번진도

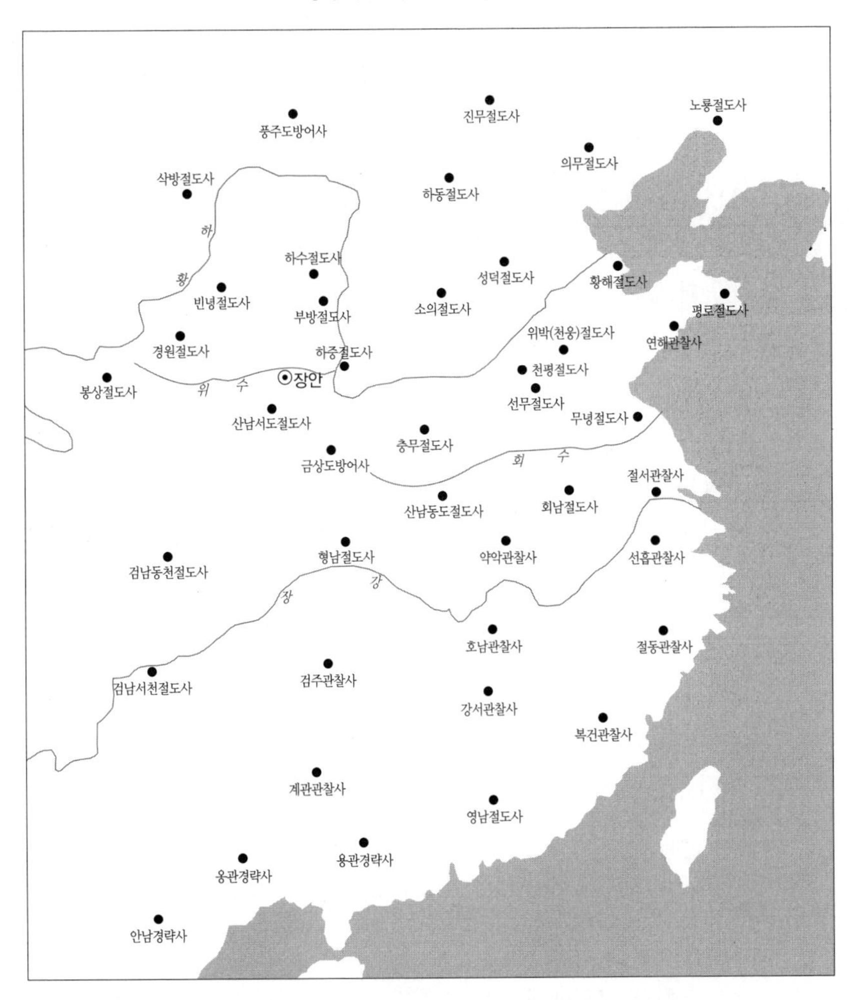

710년에 절도사가 책임지는 하서(河西)번진이 처음으로 설치된 이후로 안사의 난 직전까지 변경에 10개의 번진이 설치되었다. 안사의 난이 평정된 뒤에는 내지에도 잇따라 설치되어, 약 45개가 출현하였다. 결국 황소의 난을 계기로 번진이 일제히 자립하여, 마침내 당은 멸망하였다. 이후 번진들은 무인들이 중심이 되어 정치를 하는 5대 10국시대를 연다.

적으로 일치했다. 전한시대의 봉건국 왕이 당대(唐代)에 절도사로 명칭이 바뀌었을 뿐이니, 이것은 또 다른 봉건의 변상인 것이다. 이를 분열이라고 본다면 중국이 분열되기 시작한 것은 당 예종 시대, 아무리 늦게 잡아도 현종 시대부터라고 할 수 있다.

그리고 현종 시절에 안록산을 평로절도사로 삼았다가 천보 3재(744년)에 범양절도사를 겸하게 했고, 다시 천보 10재(751년)에 하동절도사를 더해 혼자서 세 개의 절도사를 겸임하도록 한 것은 당 왕조의 분열이 사실상 기정사실화된 것이라고 볼 수 있다.

다시 안사의 난 이후에 반란을 방어하기 위해 군사 진수(鎮守) 지역을 변방뿐만 아니라 내지(內地)에도 확대하여 설치했고, 중요한 주에는 절도사를 두어 몇 개 주의 군사를 두었다. 또 절도사를 두기에 적은 주에는 방어사 혹은 단련사를 두어 군사적 요지를 방어하게 했다. 이리하여 전국에는 적지 않은 절도사와 방어사, 단련사 등의 대소 군사 진수 지역을 두게 되니 전국적으로 무장한 군대가 퍼져 있게 되었다.

물론 이렇게 군사들이 진수하는 지역이 모두 당 조정의 명령을 벗어나서 독립적으로 할거하고 있는 것은 아니었다. 예컨대 서부 지역인 섬서, 사천과 강회 이남 지역에 있는 다수의 방진(方鎮)은 조정의 지휘를 받아서 공부(貢賦)를 중앙에 납부하고 직관의 임면(任免)은 조정의 명령에 준거했다.

그러나 하북 지역에서는 명목상 당 조정의 지방관일뿐 실제로는 조정의 명령을 받지도 공부를 보내지도 않았다. 이른바 하북 삼진, 즉 안록산이 거느렸던 범양, 성덕, 위박 군진은 물론이고 오늘날의 산동, 호북, 산서 지역도 오랜 기간 하북 삼진과 유사한 상태였다.

상당히 넓은 지역이 중앙 조정의 명령을 듣지 않는 상태로 남아 있었던 것이다. 이미 당 왕조는 서부 지역만을 지배하고 있었고 동남부 지역은 당 왕조의 영향에서 벗어난 있던 셈이었다.

인정할 수밖에 없는 지역 차이

이렇게 된 원인은 현종 시기에 균전제(均田制)가 와해된 이후, 그 기초 위에 세워진 부병제까지 와해되어 모병제로 바뀌었던 것에 있다. 군사를 모집하여 이에 응모한 사람들로 군대를 만들다 보니, 이들에게 공급할 충분한 재원을 마련하는 사람이 지휘권을 갖게 되었고, 병사란 결국 그 재원을 조달하는 지휘관의 사병(私兵)과 같게 된 것이다. 그렇기 때문에 군진의 책임자는 자기가 군사를 모으고 자기 책임 아래 그들을 유지했으니 당 왕조에 귀속할 이유가 그만큼 적어진 것이고, 독립국에 가까워진 것이었다. 이것이 번진이 할거하게 된 이유라고 할 수 있다.

당 왕조의 입장에서 안사의 난이라고 불리는 '안록산과 뒤이어 등장한 사사명의 기병'에 대해 겉으로는 모두 승리했다. 형식상으로 이들 반란의 핵심 인물들이 모두 죽고 그 세력을 이어 가지 못했기 때문에 당 왕조인 서부 지역의 승리, 안사의 근거지인 동부 지역의 패배로 보는 것이다. 그러나 이와 동시에 당 왕조가 건설된 이후 위진남북조 400년 동안 지속되어 온 지역적 분열을 통일하려고 노력했던 작업은 종언을 고한 것과 같았다.

당 왕조는 명목만 가지고 있었을 뿐 황제는 환관에게 선택되었고, 실제로 황제권을 행사하는 사람은 환관이었다. 그리고 지방에는 수많은 절도사들이 반독립적인 상태로 존재했다. 비록 위진남북조와 같이 많은 왕조가 난립한 상태는 아니었지만 전체적으로는 변상의 봉건적 분열이 형성되었던 것이다.

사실 당 조정이 분열되지 않았을 때에도 지역별 특색에 따라서 전국을 열 개의 도(道)로 나눈 일이 있다. 하남, 하북, 하동, 관내, 영남, 검남, 강남, 농우(隴右, 육반산~롱산 이서), 회남, 산남(장강 이북, 진령 이남)이 그것이다. 이 10도는 행정적인 분류는 아니었지만 조정에서는 지방의 사정을 관찰하는 데 필요한 구분으로 삼았었다.

이것이 바로 각 지역이 다른 지역과 다르다는 것을 전제로 한 분류였다. 아무리 통합한다 해도 지역적 차이가 있기 때문이었다. 그리고 현종 시절에 와서는 변방을 방어하기 위해 앞에서 말한 바와 같이 변방에 열 개의 군진을 설치하여 절도사를 두었고, 그 외에 영남 5부에 경략사를 두었다. 안사의 난이 있기 바로 전인 현종 시절에도 지역적 특색을 감안하여 이미 분리되고 있었다.

안사의 난 이후 중앙 조정이 약화되고 번진(藩鎭)은 강대해져서 서로 싸우는 국면에 이르렀다. 당시의 절도사는 혼자서 한 지방의 군사와 정치, 재정권을 독점했고, 그 직위도 그의 자제나 부장이 이어받아 중앙 조정의 지휘를 받지 않았다.

9세기 초에 번진은 전국적으로 40여 개에 달하여 서로 공벌(攻伐)하거나 혹은 연합하여 중앙 조정에 대항했다. 이에 대하여 중앙 조정에서는 누차 번진을 약화시키려고 노력했지만 그 효과를 보지 못했다. 춘추시대의 상황과 유사했다. 이러한 분열은 결국 200년 동안 계속되다가 결국 송초에 이르러서야 끝이 난다.

절도사를 세습하려는 사람들

앞에서도 이미 거론했지만 안사의 난이 평정된 이후에도 황하 하류, 즉 산동 지역에서는 각 절도사들이 많은 군사를 가지고 할거하고 있었다. 그리고는 조정의 명령은 듣지 않은 채 절도사의 직위를 세습해 나갔다. 예를 들면 위박절도사 전승사(田承嗣)가 죽자 그의 조카인 전열(田悅)이 그 자리를 계승했는데, 당 조정에서는 이 일에 대해 아무 말도 하지 못했다.

원래 전승사는 대대로 노룡(盧龍, 치소는 북평군, 하북성 노룡현)의 소교(小校, 하급장교)였는데 안록산이 전봉(前鋒)병마사로 삼았었다. 그 후 그는 안록산, 사사명을 이어 사조의의 중요한 장군이 되었다가 당 왕조에 항복했다. 전승사가 안록산 일파로 활동했었음에도 불구하고 당 조정에서는 그를 처벌하기는 커녕 대종 광덕 원년(763년)에 적당한 타협책으로 위·박·덕·창·영(魏·博·德·滄·瀛)의 오주도방어사(五州都防禦使)로 삼았다가 위박(魏博, 치소는 위주)절도사로 삼았다.

다시 10년이 지난 대력 8년(773년)에 전승사는 안록산과 사사명의 부자를 네 성인이라 칭하고 사당을 세웠다. 그리고 자기 자신을 재상으로 삼아 줄 것을 요구했다. 당 왕조의 입장에서 본다면 반역의 무리인 안록산과 사사명의 사당을 세운다는 것은 자신들을 무시한 처사였다. 물론 힘 없는 조정에서는 그를 겨우 달래서 사당을 헐기는 했지만 결국 전승사에게 동평장사라는 재상의 직위를 부여해 주었다. 이런 조치는 전승사가 독립적인 활동을 하고 있었다는 증거들이었다.

전승사는 그 후에도 계속해서 영역을 넓혀 갔고 조정의 명령 따위는 안중에 없었다. 여러 우여곡절을 겪었지만 대력 11년(777년)에 전승사는 위·박·상·위·명·패·전(魏·博·相·衛·洺·貝·澶)의 일곱 주(州)를 점거하게 되었다.

대종 대력 14년(779년)에 전승사가 사망하자 군진에서는 조카인 중군(中軍)병마사 전열을 지군사(知軍事)로 하고 전승사의 여러 아들들은 그를 보좌하도록 했다. 그리고 전열은 스스로 위박유후가 되어 조정의 명령을 듣지 않고 멋대로 위박절도사의 업무를 맡았다. 그러나 당 조정에서는 이를 막지 못했다.

당 조정은 전열에게 절도사를 세습하도록 허락했지만 적어도 천하일통의 이념을 포기한 것은 아니었다. 다만 힘이 없어서 막지 못했을 뿐이었다. 예를 들면 전열이 절도사를 세습한 지 2년 후인 건중 2년(781년)에 성덕절도사 이보신이 죽은 후의 상황을 보면 알 수 있다.

이보신은 사조의의 옛날 장수로 경종 보력 원년(762년)에 당에 투항했고, 안사의 난이 끝난 다음에 성덕절도사가 된 사람이다. 조건으로 본다면 전승사와 크게 다를 바가 없다. 그런 그가 대종 대력 11년(777년)에 이르렀을 때 항·역·조·정·심·기·창(恒·易·趙·定·深·冀·滄)의 일곱 주(州)를 점거했다.

그런데 이보신이 죽자 전열과 마찬가지로 이번에는 그의 아들 이유악(李惟岳)이 아버지의 자리를 세습하겠다고 나섰다. 하지만 당 조정에서는 이대로 가다가는 산동 지역이 완전이 독립 지역으로 갈 수 있다고 판단하고 이를 거절했다. 천자로서 천하일통을 마냥 포기할 수 없다고 생각한 것이다.

원래 이보신은 죽기 전에 절도사의 자리를 아들인 행군사마 이유악에게 물려주려고 생각했다. 그런데 당시 이유악은 나이가 어리고 나약했기 때문에, 이보신은 혹여 아들을 방해할 만한 휘하의 장군들을 일시에 죽였고, 이 일로 인해서 그의 세력이 많이 약화되어 있었다. 당 조정은 이렇게 이보신의 군사 세력이 약해진 상황을 틈타서 절도사의 세습을 막아보려고 한 것이다.

이보다 앞서 이보신은 당 조정에 귀부할 당시 사성(賜姓)을 받아 당의 국성인 이(李)씨로 바꿨는데, 대종 대력 13년(778년)에 다시 성을 장(張)씨로 회복하겠다고 요청했다. 물론 이보신의 요청대로 원래의 성을 회복하도록 허락하긴 했지만, 당 조정의 입장에서 봤을 때 이는 당의 국성을 사용하는 것을 영광스럽게 생각하지 않는다고 판단할 수 있는 사건이었다. 그래서 이유악이 아버지 이보신의 직위를 세습한다는 것은 전승사의 경우와는 달리 당 왕조를 백안시하는 것이라고 치부한 것이었다.

당시 황제였던 덕종은 이들이 절도사라는 직위를 이용해서 권력을 휘두르는 것이라고 여기고, 그들을 제압하기 위해서는 절도사 세습을 중지시켜야 한다고 생각했다. 이유악의 절도사 세습을 거절함으로써 명목만 남아 있는 당 왕조의 천하일통의 길을 다시 시작하려고 한 것이다.

그런데 이보신을 비롯하여 하북 삼진을 각기 점거하고 있는 또 다른 세력인 이정기(李正己, 732년~781년), 전승사, 양숭의(梁崇義, ?~781년)는 서로 밀접한 관계를 유지하며 토지를 자손에게 물려 줄 것을 기약한 일이 있었다. 당 왕조와 상관없이 자기들끼리 합의했던 사항이다.

대종 영태 원년(765년)에 성덕절도사 이보신, 위박절도사 전승사,

상위(相衛, 치소는 상주)절도사 설숭(薛嵩), 노룡(盧龍, 치소는 유주)절도사 이회선(李懷仙)은 안록산과 관계를 갖고 있었을 뿐만 아니라 안사(安·史)의 남은 무리들을 거두어 각기 강한 병졸 수만을 가지고 군사를 다스리고 있었다. 이들은 성벽을 안전하게 하고 스스로 문무(文武)의 장리(將吏)를 임명했으며 조정에 공부를 바치지도 않는 등, 이미 독립적 체제로 움직이고 있었다.

이이제이의 기미책

이러한 약속에 따라서 전승사가 사망하자 이보신은 조정에 전열이 세습할 수 있도록 해 줄 것을 요청했고, 그 덕분에 전열은 전승사의 자리를 세습할 수 있었다. 그만큼 그들은 서로 유대관계를 굳게 맺고 있었다. 그런데 전열의 세습은 허락했던 조정이 이유악의 세습을 허락하지 않자, 이보신에게 신세를 진 전열은 이정기와 함께 각각 사신을 파견하고 몰래 병사를 챙겨 명령을 거절하기로 은밀히 모의했다.

약속에 따라 이정기는 병사 1만 명을 발동하여 조주(曹州, 산동성 정도현)에 주둔했다. 전열 역시 성곽을 완전히 정비하고 백성들을 모아 대비를 하면서 양숭의, 이유악과 함께 멀리서 서로 도움에 응하기로 하니 하남의 사민(士民)들이 떠들썩하게 놀랐다. 당 조정에서 절도사의 세습을 거절하자 집단적으로 반발한 움직임이었다.

이유악에게 호응한 이정기의 원래 이름은 이회옥(李懷玉)이다. 그는 안사의 난 때 평로절도사 후희일(侯希逸)의 부장으로 안록산에 대항하여 공로를 세웠다. 대종 영태 원년(765년)에 이회옥이 절도사 후희일을 쫓아냈으나 조정에서는 이를 막지 못하고 오히려 이회옥을 평로·치청절도관찰사로 삼고 이정기라는 이름도 하사했었다.

그 후 대종 대력 11년(776년)에 변송(汴宋, 치소는 변주, 하남성 개봉시)유후(留後) 전신옥(田神玉)이 사망한 후 이령요가 독립하여 조정에 반대하자 이정기는 이 기회를 이용하여 그 영역을 넓혀서 모두 15주를 관장했다. 양숭의는 내진(來瑱)을 좇아서 산남동도(山南東道)로 내려왔는데, 내진이 정원진(程元振)의 무고를 받아 죽자 독립하여 산남동도절도사가 되었다.

양숭의와 이정기는 정략적으로 결혼관계를 맺으면서 표리(表裏)를 이루었다. 하지만 오로지 고식적(姑息的)으로 일을 처리한 당 조정에서는 번신(藩臣)이라는 이름만을 가지고 있는 이들을 통제할 수 없었다. 그저 이들을 속박하고 견제하는[羈縻] 방법 외에 가능한 일이 아무것도 없었다.

그런데 자신들의 요구를 모두 받아주던 당 조정에서 갑자기 이유악의 절도사 세습을 거절하자, 이들은 이제 조정의 군대가 자기들을 공격해올 것이라 예상하고 방어태세를 구축했다. 물론 이들은 과거 안사의 난이 일어난 지역의 군대를 근간으로 세력을 형성하고 있었지만, 당시와 같이 직접적으로 당 조정에 저항하기 위해 기병하는 것이 아니라 앞으로 다가올 조정의 토벌에 대비하여 방어적 자세를 취했던 것이다. 그들은 그저 자신들의 독립적 지위를 유지하려고 했을 뿐이었다.

물론 약간의 차이는 있었지만 당시 역시 조정의 통치권을 거부하며 독립적 지위를 유지하려는 점에서 이미 분열된 상태라고 봐야한다. 이 상황에서 당 왕조가 이들의 독입적 지위를 그대로 묵인한다면 전국시대나 한초의 군국제 아래의 봉건 제후의 지위와 다를 바가 없었다.

그리하여 여전히 일통천하의 꿈을 꾸고 있던 덕종은 이유악의 절도사 계승을 막고자 했다. 당 조정에서는 보병과 기병 2만을 파견하여 전열을 토벌하려 했고, 유주유후(幽州留後) 주도(朱滔)에게 조서를 내려 이유악을 토벌하도록 했다. 힘이 부족한 당 조정은 이번에도 다른 세력을 동원하여 조정의 명령을 듣지 않는 전열과 이유악을 치려는 작전을 세운 것이었다.

그리고 덕종 건중 2년(781년)에 조서를 내려 이유악의 관직과 작위를 삭제하고, 거느린 사람 가운데 항복한 자는 사면한 뒤 상을 주었다. 절도사를 통제하기 위한 강온 전략을 구사한 것이다. 결국 이유악은 주도에게 잡혀 죽었고 그 수급은 장안으로 보내졌다. 절도사들의 독립에 성공적으로 제동을 건 듯 보였다.

그러나 그것도 잠시였다. 바로 그 다음해인 건중 3년(782년)에 주도는 이유악을 토벌한 공로에 대해 불만을 품고 모반했다. 그리고 그 다음해에는 그의 형 노룡(盧龍, 치소는 유주, 북경시)절도사 주차(朱泚)를 천거하여 대진(大秦) 황제로 세우기까지 했다.

덕종의 정책은 일시적으로는 어느 정도 효과가 있는 듯 했지만 실상은 윗돌을 뽑아서 아랫돌을 고이는 이이제이(以夷制夷)의 형국이었다. 문제를 해결하기 위해 다른 군진 세력을 끌어들였으니 오히려 더 큰 문제를 만든 것이라고 할 수 있다.

남부 지역에서 독립한 이희열

이러한 상황에서 이유악과 함께 당 조정의 명령을 거부했던 양숭의가 입조하기를 거절했다. 이에 덕종은 회서(淮西)절도사 이희열(李希烈, ?~786년)에게 양숭의를 토벌할 것을 명령했고, 이희열이 양양(襄陽, 호북성 양번시)을 깨뜨리자 양숭의는 스스로 목숨을 끊었다. 이것으로 이유악에서 비롯된 산동 지역의 반란이 잦아드는 듯했다.

그런데 덕종 건중 3년(782년)에 이정기의 뒤를 이어 스스로 평로·치청절도관찰사가 된 이납(李納, 758년~792년)이 위박군(魏博軍)과 결맹한 후, 대군을 인솔하고 전진하여 복양(濮陽, 하남성 복양시)에 주둔하는 일이 벌어졌다. 이납은 평로절도사 이정기의 아들로 아버지가 죽자 그 지위를 계승하기를 주청했다. 그런데 당 조정에서 이를 거절하자 자기 자리를 지키기 위해 독립을 선언했다. 이 역시 절도사 세습을 막으려는 당 조정의 조치에 대한 반발이었다.

그러자 당 조정은 회녕(淮寧, 회서를 회녕으로 개칭함)절도사 이희열에게 평려·치청·연운·등래·제주(平盧·淄青·兗鄆·登萊·齊州)절도사를 겸하게 한 후 이납을 토벌하도록 했다. 한 명의 절도사를 토벌하기 위해 한 사람에게 여섯 군진의 절도사를 겸하게 한 것이다. 이 역시 임시변통에 지나지 않는 조치였다.

그런데 명령을 받은 이희열은 부하 3만을 인솔하여 허주(許州, 하남성 허창시)로 옮겨서 진수하고, 가까이 하는 사람을 이납에게 파견했다. 그리고 이납과 함께 변주(汴州, 하남성 개봉시)를 기습하도록 했다. 그런데 이납을 토벌하라고 절도사로 임명한 이희열이 당 조정의 의도와는 오히려 반대로 조정의 반대 세력과 힘을 합쳐버렸다. 그리고 몰래 이유악을 토벌한 주도와도 서로 왕래했다. 이렇게 되니 이납 역시 자주 유격대를 파견하여 변수(汴州, 하남성 개봉시)를 건너서 이희열을 맞이했다.

이러한 독립 세력들의 등장으로 동남 지역에서 당 왕조의 조정으로 전수(轉輸)하는 물자는 모두 변거(汴渠, 황하와 회하를 잇는 운하, 통제거라고도 함)를 경유하지 못하고 채수(蔡水, 하남성 개봉현, 변하에서 영하로 들어가는 하천)로부터 올라갔다. 그만큼 당 조정의 보급에 문제가 생긴 것이다.

물론 독립 세력에게도 보급로가 충분한 것은 아니었다. 이때 당 조정에 반대하여 독립을 선언한 주도 등은 몇 개월 째 관군과 서로 대치하고 있었다. 관군은 보급이 원활했으나 본거지에서 멀리까지 와 있던 주도와 왕무준(王武俊, 735년~801년)은 보급물자를 전열에게 의지하게 되었다. 하지만 전열은 스스로도 어려웠기 때문에 보급로가 원활하지 못한 주도와 왕무준 등은 모두 더욱 곤궁해졌다.

주도는 마침 이희열의 군사 세력이 아주 왕성하다는 소식을 듣고 서로 모의한 끝에 사자를 허주(許州, 하남성 허창시)로 파견하여 이희열에게 황제를 칭하도록 권했다. 이희열은 이로 말미암아 그 해[782년] 12월에 스스로 천하도원수(天下都元帥)·태위·건흥왕(建興王)을 칭했다. 당 조정에서는 주도를 이용하려다가 그를 중심으로 새로운 왕조가 세워졌고, 다시 이희열을 이용하려고 하다가 또 다른 왕조가 만들어졌다. 당 덕종의 치세에서 벌써 몇 번이나 반복해서 새로운 왕조와 황제가 탄생하고 있었다.

덕종 건중 4년(783년) 정월에 이희열은 세력을 넓히려고 그의 장수 이극성(李克誠)을 파견하여 여주(汝州, 하남성 여주시)를 기습하여 함락시키고 별가(別駕) 이원평(李元平)을 잡았다.

이원평은 본래 호남(湖南) 판관으로 재주가 적고 성격은 엉성하고 거만했지만 큰소리를 치며 군사에 관한 이야기하기를 좋아했다. 이를 본 재상 관파(關播)가 그를 기이하게 여겨 덕종에게 장상의 그릇이라고 추천했고, 그 후에 이원평은 여주별가(別駕, 지방 행정장관인 자사의 보좌관)가 되었고 지주사(知州事)가 되었다. 이희열이 허주에 있었기 때문에 그에 대항하게 하려고 허주에서 가장 가까운 여주별가로 삼았던 것이다.

이희열을 토벌하러 여주에 도착한 이원평은 즉시 공인(工人)을 모아서 성을 정비했다. 이희열의 공격에 대비하여 성을 정비하여 방어하는데 있어서 소홀함이 없도록 하려는 것이었다. 그런데 이때 이희열은 그의 장사(壯士) 수백 명을 공인으로 위장하여 은밀하게 여주로 들여보냈는데, 이원평은 그 사실을 알아차리지 못했다.

이렇게 준비를 마친 이희열은 그의 장수 이극성(李克誠)을 파견하여 수백의 기병을 거느리고 돌진하여 성 아래에 도착하도록 했다. 그러자 첩자로써 미리 성 안으로 들어가 있던 이희열의 군사들이 성 안에서 호응하여 이원평을 묶어 말에 싣고 나왔다. 잡혀 온 이원평은 이희열을 보자 평소에 큰 소리 치던 것과는 달리 오줌을 질질 쌀 정도로 벌벌 떨었다. 특단의 조치라고 내보낸 당 조정의 토벌군이 이 모양이었으니, 당 조정에서 독립 세력을 막는 조치는 성공한 경우가 거의 없었다.

덕종은 하는 수 없이 안사의 난 때에 공로를 세웠던 안진경을 허주로 보내 이희열에게 위로의 뜻을 전하며 타협적인 태도를 취했다. 당 왕조로서는 현 상태나마 유지하려는 어쩔 수 없는 조치였다.

토벌군이 반란군이 되는 상태

한편 산동 지역에서 조정의 명령을 듣지 않았던 주도(朱滔)와 왕무준(王武俊), 전열(田悅), 이납(李納)은 각기 이희열에게 사자를 파견하여 신하를 칭하고 제위(帝位)에 나가도록 권하는 표문을 올렸다.

이들의 사자들은 이희열 앞에서 절을 하고 춤을 추며 유세했다.

"조정이 공로가 있는 신하를 죽여 없애어 천하의 신뢰를 잃었는데, 도통(都統, 이희열)의 뛰어난 무용(武勇)이 하늘로부터 왔고 큰 공로가 세상을 덮었으나 조정에서 시기를 당하여 장차 한신(韓信)과 백기(白起)의 화(禍)를 당할 것이니, 바라건대 속히 존호(尊號, 황제)를 칭하시어 사해(四海, 천하)에 있는 신하와 백성들로 하여금 돌아갈 곳이 있다는 것을 알게 하십시오."

이희열에게 황제에 오르라고 권고한 것이다.

이러한 상황은 덕종이 한림학사(翰林學士)로 채용한 육지(陸贄)의 말 속에 잘 드러나 있다.

"지난날 천하의 걱정거리가 만들어지니, 모두 말하길 '그들을 없애면 태평시대를 불러올 수 있다'고 하였습니다. 그들은 이정기, 이보신, 양승의, 전열입니다. 또 지난날 국가의 신임을 받자, 모두 말하길 '그들에게 일을 맡기면 재앙과 혼란을 없앨 수 있다'고 하였습니다. 그들은 주도와 이희열입니다. 이보신이 죽자 이유악이 그 뒤를 이었으며, 양승의가 평정되자 이희열이 배반했고, 이유악이 죽임을 당하자 주도가 떨어져나갔습니다."

당시의 상황을 적절하게 정리한 논평이었다. 어느 누구도 당 왕조를 구할 사람은 없고 적당히 말하고, 또 기회가 되면 자기 세력을 만들어 갔다는 말이다.

덕종 건중 4년(783년)에 덕종은 가서요(哥舒曜)를 좌룡무(左龍武)대장군으로 삼고, 봉상(鳳翔, 섬서성 봉상현), 빈녕(邠寧, 섬서성 빈현), 경원(涇原, 감숙성 경천현), 봉천(奉天, 섬서성 건현), 호치(好畤, 섬서성 영수현 서남) 행영에 있는 군사 1만여 명을 거느리고 이희열을 토벌하도록 했다. 또 여러 도(道)에도 같은 내용의 조서를 내렸다.

이어서 덕종은 4월에도 신책군사(神策軍使) 백지정(白志貞)을 경성소모사(京城召募使)로 삼고 금병을 모아서 이희열을 토벌하도록 했다. 이렇게 경원(涇原, 치소는 경주, 감숙성 경천현) 지역에 있는 여러 도의 병사들을 발동하여 양성(襄城, 하남성 양성현)을 구원하도록 했다. 덕종으로서는 이희열의 세력을 제어하려고 거의 모든 서부 지역 군사를 다 동원하려고 한 것이었다.

그러나 이것 역시 소기의 성과를 거두지 못했다. 10월에 경원절도사 요령언(姚令言)이 군사 5천을 거느리고 경사[장안]에 도착했을 때의 일이다. 군사들은 비가 오고 추위도 심했지만 대부분 아들과 형제까지 데리고 왔다. 언뜻 보기에는 당 왕조에 충성하려는 것 같았지만, 실제로는 후한 하사물품을 얻어 가족들이 먹고 살게 하려는 목적이었다. 그러나 도착해 보니 하사물품은 하나도 없었다. 비록 군사를 모집하기는 했지만 이를 뒷받침할 재원이 모자란 상황이었다.

산수(滻水, 파수의 지류)에 도착했을 때 기대와는 달리 현미와 채소를 먹이자, 군사들이 화를 내며 이를 차서 엎어버리고 큰소리로 말했다.

"우리들은 장차 적에게 죽을 것인데 먹는 것도 배부르게 하지 않으니 어찌 작은 명령을 가지고 칼날을 막겠는가! 듣건대 경림(瓊林)과 대영(大盈) 두 창고에 황금과 비단이 차고 넘친다니 그것을 서로 주고 빼앗는 것만 같지 못하다."

군사들은 마침내 갑옷을 두르고 깃발을 펴고 북을 치고 함성을 지르며 돌아서서 경성(京城, 장안)을 향했다. 동부 지역의 군사 세력을 진압하기 위해서 서부 지역에서 모집한 군대가 오히려 반란을 일으킨 것이었다.

이들이 빗장을 베고 들어오자 덕종은 서둘러 왕(王) 귀비, 위(韋) 숙비, 태자, 여러 왕들, 당안(唐安) 공주와 함께 궁원(宮苑)의 북문으로 나갔다. 왕 귀비는 전국보(傳國寶)를 옷 속에 매고서 뒤를 좇았으며 후궁과 여러 왕과 공주 가운데 따라 붙지 못하는 사람이 열에 일고여덟이었다. 그리고 이들은 밤에 함양(咸陽, 섬서성 함양시)에 도착했고, 겨우 밥 몇 숟가락만을 먹고 다시 길을 나섰다. 한편 갑자기 일어난 일이다 보니 미리 장안에서 황제의 피난을 알지 못한 많은 신하들은 황제가 간 곳을 알지 못했다.

결국 덕종 흥원 원년(784년)에 당 왕조는 왕무준, 전열, 이납에게 사면령을 내려 그들과 타협할 수밖에 없었다. 황제권을 세워서 천하를 지배하고자 하는 꿈은 사실상 제대로 펼쳐보지도 못하고 수포로 돌아갔다. 또한 혼자의 힘으로는 독립할 수 없다는 것을 알게 된 이들 독립 세력들도 타협하는 쪽으로 태도를 바꾸어 모두 왕호(王號)를 버리고 표문을 올려 사죄했다. 형식상으로는 독립 세력들이 당 조정으로 귀부한 것이지만, 실제로는 이들 양쪽의 타협은 분열을 인정한 고착화였다.

덕종의 사면령에도 불구하고 많은 재물과 강한 군사력을 가지고 있던 이희열만은 당 조정의 제안을 받아들일 필요가 없었다. 그래서 이희열은 당 왕조와 대등하게 스스로 황제라 칭하고 황제 자리에 올랐다.

이희열은 나라의 국호를 대초(大楚)라 정하고 연호를 무성(武成)으로 정했다. 동부 지역 출신인 안록산과 사사명이 대연과 대제의 황제가 되었듯이 남부에서도 역시 전통적으로 존재했던 왕조의 명칭인 초를 사용한 것이다. 이희열은 백관을 두었는데, 그의 측근 정분(鄭賁)을 시중으로 삼고, 손광(孫廣)을 중서령으로, 이완(李緩)과 이원평(李元平)을 동평장사로 삼았다. 또 그 경내를 나누어 네 개의 절도(節度)를 만들었다. 이희열에 의하여 남부 지역에 독립 정권이 정식으로 탄생했다.

꼬리를 잇는 절도사의 독립

덕종 정원 2년(786년) 3월에 이희열은 그의 별장을 보내 정주(鄭州, 하남성 정주시)를 공격했지만 의성(義成, 치소는 활주, 하남성 활현)절도사 이징(李澄)에게 패배하고 말았다. 이후 이희열의 세력은 날로 움츠러들었고, 마침 이희열에게도 병이 생겼다.

그리하여 그 해 4월에 이희열의 장수 진선기(陳仙奇)가 의사 진산보(陳山甫)를 시켜 이희열을 독살했고, 이어서 그의 형제와 처자들을 모두 주살한 후 무리를 들어 당 조정에 항복했다. 당 자체의 힘으로 이희열을 죽인 것이 아니고, 다만 자체 분열로 망하기에 이르렀다.

그러자 덕종은 이희열을 죽이는데 공로를 세운 진선기를 회서(淮

西)절도사로 삼았다. 이는 이희열을 진선기로 바꾼 것에 지나지 않는 것이지만 이로써 4년을 끌던 이희열과의 전쟁은 마치 마감되는 듯 보였다. 그러나 당 조정이 실제적으로 상황을 이끌어 가지 못하다 보니 군사적 반란은 연이어 계속되었다.

덕종 건중 원년(780년)에 사진·북정(四鎮·北庭)유후(留後) 유문희(劉文喜)는 이회광을 임명하는 조정의 조서를 받지 않고 스스로 정절(旌節, 정기와 부절)을 요구하는 한편, 경주(涇州, 감숙성 경천현)를 점거하고 군사를 일으키며 아들을 토번에 인질로 보내 원조해 주기를 요청했다. 전통적인 당 왕조에 우호적인 서북 지역에서조차 당 왕조에서 독립하려 한 것이다. 그러자 덕종은 동부 세력인 주차와 이회광에게 그를 토벌할 것을 명령했다. 당 조정은 이렇게 작은 세력을 토벌하기 위해 더 큰 세력을 끌어들였고, 그들은 결국 스스로 황제를 칭하고 나섰으니 호랑이를 집에다 키운 것이나 다름없었다.

앞에서도 말했지만 이희열이 살아있을 때 주차도 황제에 올라있었다. 덕종 건중 4년(783년)에 덕종은 경원(涇原, 치소는 경주, 감숙성 경천현)의 군사들이 대우가 나쁘다는 것을 이유로 소란을 피우는 바람에 장안을 떠나 있었는데, 이때 경원에서 온 병사들은 수백의 기병을 파견하여 진창리(晉昌里)의 저택에서 주차를 영접했다. 그리고 얼마 후에 이들은 이충신, 장광성 등과 더불어 노룡절도사 주차를 옹립하고 장안에 들어왔던 것이다.

주차는 한밤중에 말고삐를 잡고 횃불을 늘어놓고 소리치며 궁전 안으로 들어가, 함원전(含元殿)에 머무르며 경비를 엄하게 하고 스스로 권지육군(權知六軍)이라 칭했다. 관직에서 권(權)이란 임시직이고, 지(知)란 알아서 업무를 처리하는 직책이므로 권지육군이란 임시로 전군(全軍)을 지휘하는 직책인 것이다.

주차는 이미 조정의 명령을 받지 않으면서 하북 지역에 있는 여러 번진들과 서로 호응하던 중, 이 기회를 이용하여 장안에 있는 백화전(白華殿)에 있다가 선정전(宣政殿)으로 들어가 결국 스스로 대진(大秦) 황제라 하고 연호를 응천(應天)으로 정했다. 주차는 전통적으로 서부 지역의 왕조 이름인 진을 사용했는데, 서부 출신의 경원에서 온 군사들의 영접을 받은 터라 동부 출신으로 서부까지 장악하겠다는 의지를 표현한 것일 수도 있다.

일단 황제에 오른 주차는 요령언을 시중·관내(關內)원수로 삼고, 이충신을 사공 겸 시중으로, 원휴를 중서시랑·동평장사·판탁지로 삼았다. 또 장진(蔣鎭)을 이부시랑으로, 번계(樊系)를 예부시랑, 팽언(彭偃)을 중서사인으로 삼고, 나머지 장광성(張光晟) 등부터는 각기 차등을 두어 벼슬을 내렸다. 그리고 가장 큰 공을 세운 동생 주도를 황태제(皇太弟)로 책립했다. 요령언은 원휴와 함께 조정의 정사를 관장했고, 주차가 계획하는 것과 관직의 승진과 임명, 군대, 물자를 모두 원휴에게 품신(稟申)했다.

주차는 원휴가 경성에 있는 당 왕조의 종실을 죽여 사람들의 희망을 끊어야 한다고 권하자 군왕, 왕자, 왕손 77명을 모두 죽였다. 그리고 얼마 후에 장진을 문하시랑으로 삼고 이료평(李了平)을 간의대부로 삼고 나란히 동평장사로 삼았다. 동부 지역에서 하나의 세력을 이룬 것이다.

그리고 서부 지역에 있는 봉천(奉天, 섬서성 건현)으로 도망한 덕종을 공격했다. 그러나 주차는 전투에서 패하고 도망치다가 당나라 부장인 양정분(梁庭芬)이 쏜 화살을 맞고 말에서 떨어졌고, 그 후에 한민(韓旻)에게 죽고 말았다. 이렇게 주차는 기병을 실패했지만, 그 역시 유주절도사에서 출발하여 산동 지역의 절도사로서는 처음으로 장안에 들어갔고, 이때 덕종의 아버지인 대종(代宗) 이예(李豫, 726년~779년)가 친히 그를 불러 위로할 정도였다.

다음으로 등장한 사람은 이회광(李懷光)이었다. 이회광은 유주 출신으로 역시 산동 사람이었으나, 그는 주로 산서 지역인 연·경·반녕(寧·慶·邠寧, 섬서성 빈현)절도사와 삭방(朔方)절도사로 있으면서 위박(魏博)의 전열을 토벌하기도 했다.

덕종 건중 4년(783년)에 주차가 대진 황제에 올라 봉천에 있는 덕종을 공격할 때 이회광은 5만의 병마로 주차를 대파했다. 그런데 이회광은 당의 재상 노기(盧杞)가 자신을 꺼려한다는 사실을 알고는 결국 공격을 받을까 두려워 먼저 군사를 일으켰다. 역시 당 왕조의 이이제이가 실패한 순간이었다. 이후 이회광은 혼감(渾瑊)과 하동절도사 마수(馬燧)에게 포위되어 결국 스스로 목숨을 끊었다.

비록 이러한 독립 세력들의 중심 인물들이 죽었다고 해도 그것이 바로 당 조정의 안정으로 이어질 수는 없었다. 한 명의 강력한 절도사가 무너지면, 무너진 그 자리에 또다른 강력한 절도사가 들어섰다. 그렇기 때문에 당 조정으로서는 많은 군사를 가진 절도사를 통제할 힘이 없었고, 그렇다고 그들을 대우하며 세력을 확장하는 것을 잠자코 구경만 할 수도 없는 상황이었다.

기병에 실패해도 처벌되지 않는 절도사

당시 활동한 인물 가운데 오소성(吳少誠, ?~809년)이라는 절도사가 있다. 그는 어려서 군대에 들어갔다가 절도사 유준(庾準)의 신임을 받아서 아문장이 되었고, 이희열의 밑에서 대장군이 되었으며, 회서(淮西)병마사에 올랐다. 그는 덕종 정원 2년(786년) 7월에 진선기를 살해하고 스스로 유후가 되었는데, 덕종은 그를 신채절도사로 삼았다.

덕종 정원 13년(797년) 10월에 회서절도사가 된 오소성은 제멋대로 도구(刀溝, 하남성 무양현 동북쪽)를 뚫어 물이 여수(汝水, 하남성 노산현에서 발원하여 동남쪽으로 흘러 안휘성 부양현에 이르는 하천)로 흘러 들어가게 했다. 덕종이 중사를 파견하여 이를 그치도록 타일렀으나 오소성은 따르지 않았다. 당 왕조는 이미 절도사를 통제할 수 없었다.

다시 덕종 정원 14년(798년)에 창의절도사가 된 오소성이 병사를 파견하여 수주(壽州, 안휘성 수현)의 곽산(霍山, 안휘성 곽산현)을 노략질하고 진알사(鎭遏使) 사상(謝詳)을 살해했으며, 땅 50여 리를 침범하여 병사를 두고 진수했다.

그 다음해인 정원 15년(799년) 3월에는 병사를 파견하여 당주(唐州, 하남성 필양현)를 습격하고, 감군 소국조(邵國朝)와 진알사 장가유(張嘉瑜)를 살해했으며, 백성 1천여 명을 약취(掠取)해 갔다. 오소성이 결국 당 조정과 맞선 것이었다. 그리고 8월에 진허(陳許, 치소는 허주)절도사 곡환이 사망하자 오소성은 병사를 파견하여 임영(臨潁, 하남성 임영현)을 노략질하며 자신의 세력을 확장해 갔다. 이에 덕종은 왕령충(王令忠)을 파견하여 병사 3천을 거느리고 가서 임영을 구원하게 했지만 모두 오소성의 포로가 되었다.

물론 조정에서는 오소성의 관직과 작위를 삭탈하고, 여러 도(道)로 하여금 그를 토벌하게 했다. 그 가운데 선무(宣武)절도사 한홍(韓弘)이 허주(許州, 하남성 허창시) 아래에서 오소성을 공격하여 그의 세력이 많이 약해졌다. 그렇지만 오소성을 토벌하는 사람들은 일정한 지휘계통이 없어서 매번 병사를 내보낼 때마다 자신의 이득만을 꾀하다 보니 나아가고 물러남이 한결같지 않았다. 당 조정이 반란토벌군을 제대로 지휘하지 못했으니, 누가 토벌하건 누가 토벌당하건 군부 세력의 독자적 행동은 큰 변화가 없었다.

그렇게 되니 덕종 정원 16년(800년) 2월에 산남동도(山南東道)절도사 우적(于頔)은 오소성을 토벌한다며 병사를 크게 모집하고 갑옷과 무기를 수선하고 다듬었다. 그리고 한남(漢南, 한수 남쪽)을 점거할 생각으로 재화를 거두어들여 모으고 제멋대로 주살하면서 윗사람을 업신여기고 아랫사람을 능멸하는 것을 일로 삼았다.

결국 우적의 세력으로 오소성의 세력은 약화되어, 오소성은 병사를 이끌고 그의 본거지인 채주(蔡州)로 돌아갔다. 하지만 반복되는 이러한 상황을 두고 당 조정은 고민에 빠졌다. 설사 오소성 세력이 제거된다고 해도 우적이 또다른 세력으로 등장할 것이기 때문이었다.

이 문제를 놓고 논의가 분분했다. 이에 대해 위고(韋皐)가 말했다.

"만약에 오소성이 일단 죄가 가득 차고 나쁜 일이 여물게 되면 부하들에게 살해될 것인데, 또 그의 작위를 그 사람에게 내려 주게 된다면 이는 한 명의 오소성을 없애고, 다시 한 명의 오소성을 만드는 것이니, 걱정거리는 끝이 없을 것입니다."

위고가 옳은 진단을 내리기는 했지만 그 진단에 따른 처방을 제시하지 않았다. 그저 공염불에 불과했다.

이번에는 가탐(賈耽)이 말했다.

"적들은 속으로 역시 황상께서 은혜를 베풀어 용서하기를 바라니, 아마도 그가 살아날 수 있는 길을 열어주기를 기다릴까 걱정입니다."

현재와 같은 방법 밖에 다른 길이 마땅치 않다는 말이었다.

이러한 상황에서 사정이 여의치 않았던 오소성이 관군을 감독하는 관리에게 서신과 전폐를 보내며 죄를 씻어 줄 것을 요구하니 감군이 이를 아뢰었다. 그러자 덕종은 조서를 내려 오소성과 창의(彰義, 치소는 채주)의 장사들을 사면하고 관직과 작위를 회복시키도록 했다. 그리고 창의절도사 오소성에게는 동평장사를 덧붙여 주었다.

이처럼 군사를 일으켜서 성공하면 황제를 칭하고, 실패한다고 해도 직위를 그대로 유지하는 상황이었다. 덕종은 천자로서의 천하일통의 꿈을 다시 실현하려고 했지만 결과적으로는 오히려 분열의 길을 재촉하고 있었던 것이다. 물론 이러한 조치가 인순고식(因循姑息)적 방법임을 모르는 것은 아니었지만 그나마 당 왕조로서 이 정도의 명목이나마 유지할 수 있는 방법은 이것밖에 없었다.

천자로서 다시 한 번 천하일통을 달성하기 위해 황제권을 확보하려고 했던 덕종도 결국 끊임없는 동남부 지역에서의 기병 때문에 고식적인 타협으로 그 끝을 맺었다. 결국 분열의 고착을 인정하는 결과를 낳았을 뿐이었다.

제10장

허망된 황제권 회복의 꿈

中國分裂

허망된 황제권 회복의 꿈

환관 손아귀에 들어간 황제

당 왕조의 명맥이 살아 있는 한, 천하일통을 이루어 천하를 지배하려는 황제의 꿈은 사라질 수 없는 것이었다. 지금의 굴욕적인 상황은 현실적으로 힘이 없어서 잠시 타협하는 것일 뿐, 천하일통은 황제라면 반드시 이루어야 할 숙원 사업이었다.

그래서 우선 군사력을 가진 절도사들을 효과적으로 통제하기 위해 현종 이후부터 환관을 감군(監軍)으로 파견했다. 황제가 자기의 최측근인 환관을 통해 군사를 통제하는 것인데, 이것 역시 천자로서 천하를 지배하기 위해 고안된 하나의 방법이었다.

덕종 정원 17년(801년) 5월에 삭방의 빈·녕·경(邠·寧·慶)절도사 양조성(楊朝晟)이 영주(寧州, 감숙현 영현)에서 방추(防秋)하다가 죽었다. 방추란 가을이 되면 북방족의 남하를 막기 위해 변방으로 군사를 동원하는 일을 말한다. 양조성은 죽기 직전, 자신이 죽은 후 조정에서 새롭게 파견할 절도사를 염려하여 영주자사 유남금(劉南金)을 자신의 후임으로 삼으라는 유언을 남겼다. 죽는 그 순간까지 조정으로부터 간섭받길 원하지 않았던 것이다.

그러나 덕종은 환관 설영진을 파견하여 금군(禁軍)에 양조성의 군대를 예속시키게 했던 이조채(李朝寀)를 절도사로 삼고, 유남금은 부관으로 삼아서 조정의 뜻을 관철시켰다. 일단 덕종의 뜻대로 중앙조정에서 절도사를 임명했으니 절도사의 세습을 끊을 수 있는 가능성이 보였다.

이렇게 절도사를 통제하는 감군제도를 통하여 환관의 역할이 점차 커지면서 심지어 황제를 보위하는 금군인 용무(龍武)와 신무(神武), 우림군(羽林軍)까지 환관들이 담당하기에 이르렀다. 금군이란 황제를 보위하는 군대로, 환관이 이 금군을 장악하게 되자 오히려 환관의 힘이 조정내에서 누구도 대항할 수 없을 정도로 커져버렸다. 원래 환관은 황제의 최측근인 데다가 황제를 호위하는 금군조차 환관이 지휘하게 되었기 때문이었다.

따라서 환관을 통해 군대를 감독하려 한 덕종의 꿈은 일장춘몽에 지나지 않았을 뿐만 아니라, 이제 권력을 쥔 환관의 감시감독을 받는 꼭두각시 황제가 되었다. 환관이 군사력을 가지고 지근거리에서 황제를 보위하며 자신들의 이익과 상충되면 황제를 농락할 수 있게 되었다. 이후로 환관들은 결국 자기들 입맛에 따라 황제를 죽이거나 새로운 황제를 세우는 일을 서슴지 않았다.

이와 관련한 내용은 졸저 《황제뽑기》에 구체적으로 적어 두었는데, 여기서 간단히 서술하자면 환관들은 경종(敬宗) 이담(李湛, 809년~826년)을 살해한 뒤 황제의 유서를 위조하여 문종(文宗) 이앙(李昻, 809년~840년)을 세운다. 문종 이앙은 황제가 되었지만 환관들이 장악한 조정에서 할 수 있는 일이 없었다.

그래서 문종은 다시금 황제권을 되찾기 위해 환관을 제거하려고 했지만 이른바 '감로(甘露)의 변'에 의해 이 계획은 수포로 돌아갔다. 이 사건으로 인해 황제는 본격적으로 환관에 의해 선택되었고 여기에는 어떤 원칙도 없었다. 환관들은 무종(武宗) 이염(李炎, 814년~846년)이 죽자 그의 숙항(叔行)인 선종(宣宗) 이침(李忱, 810년~859년)을 황제로 세웠다. 그리고 선종이 죽은 다음에도 환관들은 유서를 위조하여 선종이 원래 세우고 싶어 했던 아들 기왕(夔王) 이자(李滋) 대신에 의종(懿宗) 이최(李漼, 833년~873년)를 황제로 세웠다.

의종 이최가 죽은 다음에도 환관들은 의종의 맏아들을 죽이고 5남 이현(李儇, 826년~888년)을 세웠으니, 이 사람이 희종(僖宗)이다. 희종이 죽은 다음에도 환관 양복공(楊復恭)은 똑똑한 그 동생 길왕(吉王) 이보(李保)를 세우지 않고 더 어린 동생 수왕(壽王) 이걸(李傑)을 세우는데, 이걸은 황제에 오르면서 이름을 이엽(李曄, 867년~904년)으로 바꾸었다. 이 사람이 소종(昭宗)인데, 이때부터 당 왕조의 운명은 완전히 끊어지게 된다.

이러한 환관의 발호는 후에 절도사 주전충(朱全忠, 852년~912년)에 의해 제압되었고, 주전충이 당 황제의 선양을 받아 후량(後梁)을 세우는 상태에 이르게 되면서 당 왕조는 끝을 맺는다.

관행이 된 절도사 세습

당의 황제는 절도사로부터 권력을 빼앗을 생각으로 환관을 이용했지만 결과적으로 환관은 권력을 잡자마자 도리어 황제권을 빼앗았다. 물론 환관이 권력을 장악하고 조정을 농락하는 가운데에도 황제는 기회만 있으면 자신의 권력을 찾으려는 시도를 하고 있었다.

예를 들어 덕종의 뒤를 이은 헌종(憲宗) 이순(李純, 778년~820년)의 경우가 그러하다. 헌종 원화 4년(809년)에 성덕절도사 왕사진(王士眞)이 죽자 그 아들 부대사(副大使) 왕승종(王承宗)이 스스로 유후(留後)가 되었다. 이처럼 하북의 세 진(鎭)에서는 각기 부대사를 두고 적장자를 부대사로 삼았는데, 아버지가 죽으면 군사적인 일을 대신 관장하게 하고 있었다.

헌종은 하북 지역에서 절도사를 세습하는 폐단을 없애고자 기회를 엿보고 있었고, 마침 왕사진이 죽자 다른 사람에게 직위를 제수하고 이를 따르지 않으면 군사를 일으켜 토벌하려고 했다. 그러나 헌종의 이러한 의도는 현실적으로 불가능했다.

배기(裴垍)가 말했다.

"이납은 멋대로 날뛰어 공손하지 않았고, 왕무준은 나라에 공을 세웠으며, 폐하께서 전에 이사도를 허락했는데, 지금 왕승종을 빼앗으면 악을 방지하고 선을 권하는 이치에 어긋나니, 저들은 반드시 복종하지 않을 것입니다."

왕무준은 왕사진의 아버지였고, 왕사진이 그 뒤를 이었으며 이번에는 왕승종이 그 뒤를 이을 차례였다. 사실 성덕(成德, 치소는 恒州, 하북성 정정현)은 왕무준 이래로 부자가 이어서 절도사를 맡은 지 40여 년이 지나왔다. 그래서 백성들의 마음으로나 관습으로 보아 왕씨 집안에서 지배하는 것이 그르다고 여기지 않았다. 즉 이미 절도사를 세습하는 일이 잘못이 아니라고 생각하는 지경에 이른 것이다.

그래서 헌종이 왕승종의 세습을 끊으려는 조치는 쉽게 이루어질 수 없다고 반대했던 것이고, 그것 또한 사실이었다.

다시 헌종 원화 7년(812년) 8월에 위박(魏博)절도사 전계안(田季安)이 죽자 헌종은 이번에야 말로 절도사들의 세습을 효과적으로 단절시키기로 결심했다. 그래서 좌용무대장군 설평(薛平, 소의절도사 설숭의 아들)을 정활(鄭滑, 치소는 활주)절도사로 삼아서 위박을 통제하려고 했다. 이 문제를 두고 조정에서는 또 탁상논쟁이 벌어졌다.

이때에 이길보(李吉甫)는 군사를 일으켜 그곳을 토벌하자고 하며 헌종의 의견에 동의했으나, 호부시랑 이강(李絳)은 위박에는 굳이 군사를 사용할 필요가 없다고 주장했다. 이강이 말했다.

"군사를 가볍게 움직여서는 아니 됩니다. 재작년에 항주를 토벌하는데 사방에서 군사 20만을 발동했고 또 두 신책병(神策兵)을 경사[장안]로부터 징발하여 그곳에 가게 하니, 천하가 소란스럽게 움직였고 소비한 것은 700여만 민(緡)이었으나 공로 없이 끝나서 천하의 웃음거리가 되었습니다.

지금 다친 상처가 아직 회복되지 않아서 사람들이 모두 전쟁을 두려워하는데, 만약 또 칙명으로 그들을 전장으로 몰아낸다면 신은 단지 공로를 세우지 못하는 것뿐만 아니라 다른 변고를 만들까 두렵습니다. 더구나 위박은 반드시 군사를 사용하지 않아도 일의 형세가 명백하니, 바라건대 폐하께서는 의심하지 마십시오."

결국 이강의 말대로 군사를 동원하지 않았고 헌종의 뜻은 실행되지 못했다.

문종 이앙의 뒤를 이은 무종 이염도 마찬가지였다. 무종 회창 3년(843년)에 소의절도사 유종간(劉從諫)이 죽자 그의 조카 유진(劉稹)은 감군인 환관에게 자신을 유후로 삼아 달라고 요청하도록 압박했다. 사실 유진은 유종간의 조카였지만 아들을 대신하면서 역시 절도사의 지위를 세습하려고 했다.

이때도 조정에서는 이 안건에 대한 논의가 있었는데, 대부분의 사람들은 회골(回鶻)과의 전쟁 때문에 유진의 세습을 인정해야 한다는 의견을 냈다. 조정에 힘이 없으니 현실을 인정할 수밖에 없다는 논리였다. 그러나 역시 천하일통을 포기하지 못한 무종은 강경한 태도를 보이며 황제권을 지키려고 했다.

"짐은 무릇 공로가 있으면 응당 드러내는 상을 내리고, 죄가 있으면 구차하게 피해서는 아니 된다고 생각하오."

맞는 말이지만 이 역시 조정에서 밀고 나갈 힘이 있을 때에나 가능한 일이었다. 힘도 없는 처지에 절도사의 세습 요구를 거절했으니, 유진은 결국 소의군진(昭義軍鎭)을 가지고 군사를 일으켰다.

어쨌건 유진의 기병은 실패로 돌아갔지만 이미 절도사들이 황제의 명령을 거부하여 반발하는 상황이 더이상 특별하지 않은 일반적인 것으로 인식되어 버렸다.

황제권에 대한 절도사들의 불복종은 계속 이어졌다. 무종 회창 원년(841년) 8월에 유주에 치소를 둔 노룡군(盧龍軍)에서 군사를 일으켰다. 그러나 이것은 절도사가 아닌 절도사의 아장(牙將)인 진행태(陳行泰)가 절도사 사원충(史元忠)을 죽이고 조정의 허락을 받지 않은 채 절도사의 업무를 관장하면서 일으킨 일이었다.

이 일로 황제가 절도사를 통제하지 못하게 되었을 뿐만 아니라, 절도사 가운데서도 자기 군진을 통제하지 못하는 일이 있음을 보여주었다. 이는 당 왕조가 위에서부터 아래에 이르기까지 무질서하여 총체적 난국의 상황이라는 것을 알렸고, 이제 새로운 질서가 나타나야 된다는 것을 보여준 사례이다.

농민 구보의 기병

선종 이침 때에 이르러서는 절도사가 아닌 농민 반란이 일어나기 시작했다. 절도사들은 자기 지역을 자기만의 절대적인 영향력 아래에 두고자 조정의 명령을 따르지 않게 되었는데, 황제의 통제권에서 벗어나자 절도사들의 전횡이 이어졌다. 자기 지역을 안정적으로 통치할 이상이나 방법을 갖지 못한 절도사들은 농민들을 무자비하게 수탈했고 이는 결국 농민들의 저항을 불러왔다.

그중의 하나가 무종 대중 13년(859년)에 남부 지역인 절동(浙東)에서 구보(裘甫, ?~860년)가 농민을 대표해서 반기를 들고 일어난 사건이다. 구보는 가난한 농가 출신으로 사염(私鹽) 매매업자였다. 당시 조정의 통제에서 벗어난 번진들은 토지겸병을 자행했고, 많은 농민들은 농토를 잃고 유민(流民)이 되었다. 그런데 조정에서는 소금과 술, 차에도 세금을 무겁게 부과했다.

이러한 상황에 백성들의 불만은 점점 고조되었는데, 마침 구보가 사람을 모아 군사를 일으킨 후 상산(象山, 절강성 상산현)을 공격하여 함락시켰다. 이러한 민란군의 공격이 거세지자 절동(浙東)절도사의 속주(屬州)였던 명주성(明州城, 절강성 영파시)에서는 결국 한낮에도 성문을 걸어 잠그고 열지 않았다. 치안을 확보할 수 없게 된 상황이었다.

구보의 세력은 나아가 섬현(剡縣, 절강성 승현, 월주의 속현)을 압박했다. 처음 이들의 수는 고작 100여 명에 불과했지만 절동 지역을 어지럽히기에는 충분했다. 이제 절도사뿐만 아니라 농민들까지 들고 일어나기 시작했다.

이에 절동관찰사 정지덕(鄭祗德)은 토격부사(討擊副使) 유경(劉勍)과 부장(副將) 범거식(范居植)을 파견하여 군사 300명을 거느리고 태주군(台州軍, 절강성 임해시)과 함께 그들을 토벌하도록 했다. 그러나 당시 절강 지역은 오래도록 평온하여, 사람들은 전투하는 것에 익숙지 않았고 갑옷과 무기는 모두 썩고 무뎌져 있었다. 게다가 현존하는 병졸은 300명을 채우지 못했다. 그래서 정지덕이 새로이 병졸을 모

◆구보의 기병과 활동 동선도

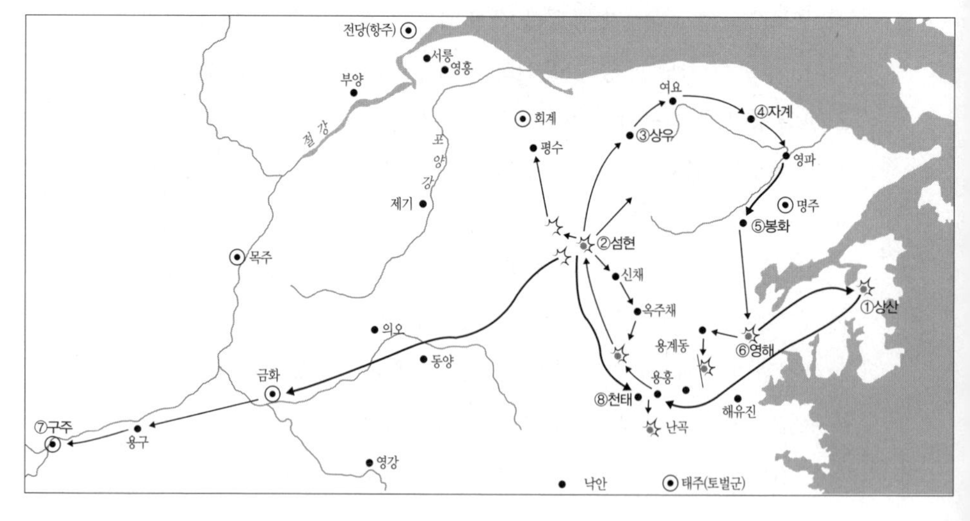

* ①상산은 군사를 일으킨 지점이며, ②섬현은 구보군의 중심지이다.

집하여 여기에 보탰지만 군리(軍吏)들이 중간에서 뇌물을 받으니 모인 사람은 대부분 잔약한 사람들뿐이었다.

정지덕은 소장(小將) 심군종(沈君縱), 부장(副將) 장공서(張公署), 망해(望海, 절강성 진해현, 명주 소속)의 진장(鎭將) 이규(李珪)를 파견하여 새로운 병졸 500명을 거느리고 구보를 치도록 했다. 그러나 구보는 섬서(剡西, 절강성 승주시 서부)에 있는 삼계(三溪, 절강성 조아강 상류)의 남쪽에서 관군이 파견한 세 장수를 모두 죽였고 그들의 병졸 역시 거의 다 죽거나 도망쳤다.

절도사가 파견한 군대의 허약함이 노출되자, 산과 바다에 있던 여러 도적들과 의지할 곳이 없어 다른 도(道)로 망명한 무리들이 구보에게 사방에서 구름처럼 모여, 그 무리가 3만에 이르렀다.

구보는 이를 나누어 32대(隊)로 만들었다. 그 32대의 각 우두머리를 뽑는데, 꾀와 책략이 있는 사람들은 대표로 유왕(劉暀)을 추대하고, 용력(勇力)이 있는 사람들은 유경(劉慶)과 유종간(劉從簡)을 추대했다. 이제 민란이 군대의 편제까지 갖추게 되었다.

구보의 무리들은 멀리까지 편지와 비단을 소통하며 그들의 휘하에 들어올 것을 요구했다. 구보는 스스로 천하도지병마사(天下都知兵馬使)라고 칭하고 연호를 나평(羅平)으로 고쳤으며, 인장을 주조하여 천평(天平)으로 했다. 크게 물자와 양식을 모으고 훌륭한 공인을 사들이고 무기와 기계를 정비하니 그 명성이 중원을 흔들었다. 구보는 드디어 농민 출신으로 독립 정권을 창출했다.

구보의 세력은 상우(上虞, 절강성 상우현), 자계(慈溪, 절강성 영파시 서북 慈城鎭), 봉화(奉化, 절강성 봉화시), 영해(寧海, 절강성 영해현)를 격파하고, 군사를 나누어 구주(衢州, 절강성 구주시)와 무주(婺州, 절강성 금화시)를 약탈함으로써 남부 지역의 절강성 일대를 석권했다.

당 조정에서는 구보의 세력이 빠르게 확대되자 급히 안남도호(安南都護) 왕식(王式)을 절동관찰사로 삼아 그곳으로 파견하여 이를 진압하도록 했으나 자체 군사로 이를 해결할 수 없었다. 그러자 왕식은 군사를 모집하고 강회 지역에 와 있던 회골(回鶻) 사람들과 토번(吐蕃) 사람들로 기병을 편성했고, 이들이 투입되고서 7개월이 걸려서야 이를 진압하는 데 성공했다. 여전히 힘과 능력이 부족한 당 조정은 이번에도 어김없이 외부 세력의 도움으로 반란 진압에 나선 것이다.

남조 방어병들의 불만

이어서 또다른 군사가 일어났다. 당시 변방에서는 수(戍)자리를 서는 병사들이 양료(糧料)판관 방훈(龐勛, ? ~869년)을 추대하여 우두머리로 삼고 군사를 일으킨 것이다. 이 일의 발단은 의종 함통 4년(863년) 정월에 남조(南詔) 왕조가 당의 영역이었던 교지(交趾, 베트남 하노이)를 함락시키면서 시작되었다.

원래 선종 대중 13년(859년)에 서천절도사 도종의 건의에 따라서 당 조정에서 남조 왕조에 보내는 하사품을 줄이자, 남조의 7대왕 풍우(豊祐)가 화를 내고 그의 하동사자(賀冬使者)가 표문을 수주(嶲州, 사천성 서창시, 검남도의 주)에 남기고 돌아간 일이 있었다. 당연히 장안까지 와야 할 하동사자가 그 의례를 어긴 것이었으니 당 왕조에게 불손한 행동이었다.

뿐만 아니라 남조에서는 배우고 익힌 자제들을 찾아내어 이들에게 당 왕조에 대한 불손한 첩(牒, 편지)를 돌리기 시작했다. 이때부터 관례를 깨고 때가 되어도 입공(入貢)하지 않았고, 변경(邊境) 또한 크게 어지럽게 했다. 이는 남조 조정에 대한 당 조정의 영향력이 크게 떨어진 것을 시사하는 것이었다.

그리고 2년 뒤인 의종 함통 2년(861년) 12월에 안남(安南, 치소는 베트남 하노이)의 토착 세력인 만족(蠻族)이 남조의 군사와 함께 3만여 명을 이끌고 교지를 공격하여 함락시켰다. 당 조정이 하찮게 보았던 남조가 당의 전통적인 영역인 교지를 잠식한 것이다. 그런데 교지를 지키기 위해 당 왕조에서 임명한 안남도호(都護) 이호(李鄠)는 남조가 공격해 오자 감군과 더불어 무주(武州, 광서 의산현)로 달아났다.

남조가 교지를 함락시킨데 이어 안남을 공격하자 당 조정에서는 서사(徐泗, 강소성 서주시)에 칙령을 내려서 군사 2천을 모집하여 원조하게 했다. 그리고 한편으로는 모집된 병사 가운데 800명을 나누어 별도로 계주(桂州, 광서성 계림시)를 지키게 했다. 더는 남조의 세력이 확장되어 당의 영역을 침범하지 못하게 하는 미봉책이었다.

사실 당시 수자리를 서던 수졸(戍卒)들은 모두 장강 유역에서 동원되었다. 장강에서 남쪽으로 멀리 떨어진 계주까지 가는 것은 많은 고통이 따르기 때문에, 이들에게 3년에 한 번씩 수자리 서는 것을 교대해주기로 약정했었다. 하지만 당 조정에서는 이 약속을 제대로 지키지 못했는데, 수졸을 새로 모집하고 교대할 재정적 능력과 그 일을 도맡아 처리할 책임자도 마땅치 않았기 때문이다.

당시 수졸들은 이미 6년째 계주에서 교대 없이 수자리를 서고 있었고, 수졸들은 약속대로 업무를 교대하고 집으로 돌아가게 해달라고 요구했다. 이때 그들의 요구를 받은 군장(軍將) 윤감(尹戡)이 관찰사 최언증(崔彦曾)에게 이 일을 보고했다. 하지만 윤감은 현재 군대의 금고가 비었고 군사를 발동한 비용이 많았다는 사정을 말하면서 다시 1년만 더 수졸들을 머물게 하자고 건의했다. 이에 최언증도 그의 말을 좇았다.

병사들에게 추대된 방훈의 반란

수졸들은 자기들의 요구가 받아들여지지 않자 화가 났다. 이들은 계주로 오기 전 대부분 도적떼에 속해 있던 사람들이었다. 남조를 방어하기 위해 사람들을 모집할 당시 당 조정의 입장에서는, 출신이 어찌되었든 전투 경험이 있어 별도의 군사 교육이 필요없다는 점을 큰 이점으로 생각하고 이들을 받아들였었다.

그리고 이들 중에는 지휘관에 속하는 아직(牙職)에 보임된 사람들도 있었는데, 그 가운데 허길(許佶)은 도우후(都虞候)였고, 조가립(趙可立), 요주(姚周), 장행실(張行實)은 모두 군교(軍校)였다. 이들은 지휘 능력도 있었고, 그만한 위치도 확보하고 있었던 셈이다.

이런 전력을 가진 허길 등이 난을 일으켜 도장(都將) 왕중보(王仲甫)를 죽이고 양료판관 방훈을 추대했다. 또 부고(府庫, 창고)에 있는 무기를 겁탈하여 닥치는 대로 약탈했지만 주와 현에서는 이들을 막을 수가 없었다.

당은 남조의 침략으로 인해 방어군을 모집하면서 급한 대로 도적떼 출신의 사람들까지 군사로 받아들였으나, 이들과의 약속을 지키지 못했다. 원래 성품 자체가 거친 도적 출신들이 들고 일어났으니 그 사나움을 미루어 짐작할 수 있다.

어쨌든 당 왕조에 대항하는 무리들의 출신들이 점점 다양해지고 있었다. 맨 처음 봉기한 절도사들이 중앙 조정에 대하여 독립하려고 했고, 이어서 농민과 도적떼가 저항하며 독립 정권을 만드는 중심이 되었다. 이들은 출신과 봉기의 이유는 제각기 달랐지만, 당 왕조가 더이상 왕조 자체를 유지할 능력이 없었다는 사실만은 입증된 것이다.

방훈의 세력은 계주에서 일어나 바로 자기들의 고향인 서사(徐泗, 강소성 서주시)가 있는 북쪽을 향해 올라갔다. 가는 도중 호남과 호북, 안휘, 절강, 강소를 거치면서 서주(徐州)로 갔는데, 그 사이 많은 농민들이 이들에게 호응했다. 그러자 순식간에 세력이 커지면서 자연스럽게 회구(淮口, 사수가 회하로 들어가는 입구)를 점거하고 장안을 위협하는 상황에까지 이르렀다.

반면 당 조정에서는 방훈의 군대를 제대로 막을 수 없었다. 방훈 세력은 그 무엇도 거칠 것이 없는 무인지경(無人之境)으로 달리면서 자신들의 세력을 불려 나갔다. 이때 이들 가운데 몇몇 병사들은 중앙 조정에서 더이상 자기들을 막을 수 없다는 생각에 미치자, 그동안 숨어있던 도적떼의 버릇이 나타나 자기 멋대로 횡포를 부리기도 했다. 이들 세력은 몸집만 커졌을 뿐 온전한 정치 세력으로 변모하기에는 그 조직의 체계와 규율이 너무 안이했던 것이다.

하지만 시간이 흐르자 점차 이들도 독립적 세력으로서 그 기반을 구축해 나갔다. 허길 등은 공동으로 방훈을 추대하여 천책(天策)장군·대회명왕(大會明王)으로 부르라고 했다. 물론 방훈은 왕작(王爵)을 사양하고 천책장군만을 수용했지만 독립된 정권이 수립된 것은 분명했다. 이는 농민들에 의해 이룩된 또 다른 정권이고, 역시 당 왕조의 영향력이 미치지 못하는 세력이었다.

당 조정에서도 문제의 심각성을 깨닫고 함통 10년(869년)에 강승훈(康承訓), 왕연권(王宴權), 대가사(戴可師) 등에게 20만의 군대를 주어 이를 진압하게 했다. 당 조정의 대대적인 토벌 작전이 시작되자 방

◆방훈의 기병과 활동 동선도

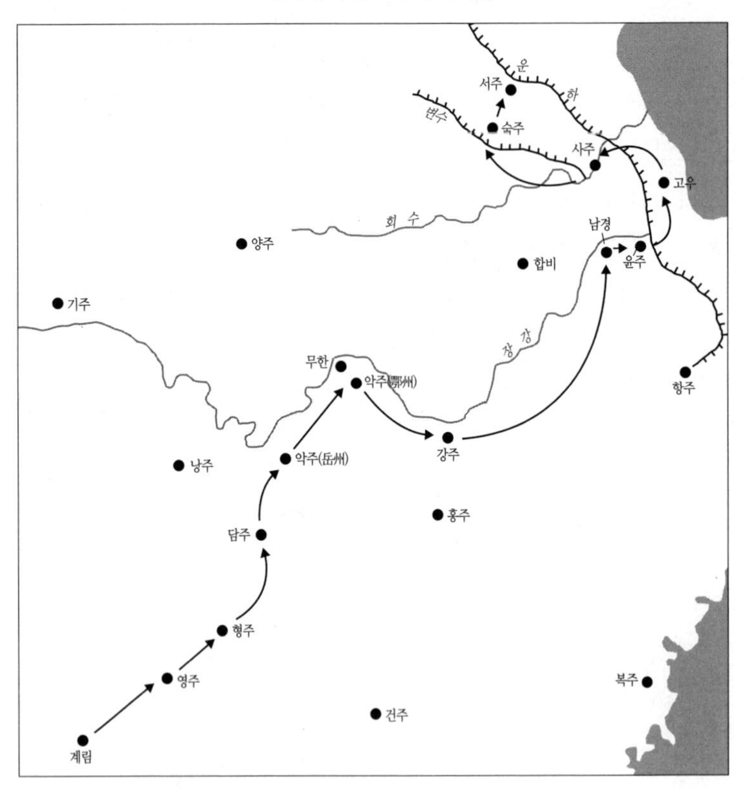

훈의 군대는 체계적인 훈련을 받은 관군에게 전투마다 몰리게 되었다. 그래서 방훈은 군사를 이끌고 환수(渙水, 회수)를 따라서 동쪽으로 내려가 팽성(彭城)으로 돌아가려고 했다.

그러나 방훈의 군대가 다른 사람의 재산을 빼앗고 부녀자를 약탈했을 때 방훈이 이를 통제할 수가 없었던 까닭에, 백성들이 그의 군대를 싫어하게 되어 어떤 도움도 받을 수가 없었다. 그리하여 방훈의 군대는 팽성으로 가는 도중에 관군을 만나 근 1만 명이 죽고 나머지는 환수에 빠져 죽었으며, 살아서 항복한 사람은 겨우 1천 명 정도였다. 방훈 역시 이때 죽음으로써 이 민란은 종결되었다.

방훈의 기병은 체계적인 조직이나 엄격한 지휘계통과 같은 어떠한 철학도 갖고 있지 못했다. 거기에 농민들에게 횡포를 부리는 등 자생력마저 없었기 때문에 실패한 것이다. 그러나 분명 이 민란 역시 당 왕조 황제의 통치역량이 지방까지 미치지 못한다는 현실을 일깨워주었다. 천하일통의 꿈은 이미 실현할 수 없는 것이며, 황제는 허울만 천하의 주인일 뿐, 실제로는 각 지역이 분할되어 있었음을 의미한다.

왕선지의 등장과 기병

희종 건부 원년(874년), 방훈의 기병이 마무리 되고 10여 년이 지난 무렵에 산동 지역의 백성들은 떠돌다가 굶어죽는 지경이었지만 호소할 곳이 없게 되었다. 그리하여 이들은 도적의 무리가 되어 각자의 위치에서 벌떼처럼 일어났다. 그중 복주(濮州, 산동성 연성현) 사람 왕선지(王仙芝)가 무리 수천을 모아 장원(長垣, 하남성 장원현)에서 군사를 일으켰다.

왕선지와 그의 무리인 상군장(尙君長)이 복주와 조주(曹州, 산동성 정도현)를 공격하여 함락시켰고, 그의 무리는 이제 수만 명에 이르게 되었다. 이때 운주(鄆州, 산동성 동평현)에 치소를 둔 천평(天平)절도사 설숭(薛崇)이 군사를 내어 이들을 쳤지만 오히려 패배하고 말았다.

그러자 같은 산동 지역인 원구(冤句, 산동성 동명현 남쪽 마두집) 사람 황소(黃巢)도 무리 수천 명을 모아서 왕선지에게 호응했다. 앞서 서부 지역에 반발하는 남부의 구보와 방훈에 의한 기병이 발생한 것에 이어, 또 다른 지역인 동부에서도 민간에 의한 기병이 일어난 것이다.

황소는 왕선지처럼 사염(私鹽)을 팔았는데, 말타기와 활쏘기를 잘하고 임협(任俠, 협객을 자처하는 사람)을 좋아했다. 그는 《서전(書傳)》도 탐독했고, 비록 합격은 하지 못했지만 진사시험을 치기도 했던 어느 정도의 지식인이라고 할 수 있다.

하지만 주변 환경에 의해 결국 이런 반(反)지식분자인 도적이 되어, 왕선지와 함께 주와 현을 공격하고 노략질하며 산동을 횡행했다. 그러자 백성들 가운데 무거운 수탈로 곤란을 당하는 사람들이 앞다투어 그들에게 귀부했으며, 몇 달 사이에 무리가 수만에 이르렀다.

왕선지는 스스로 천보평균대장군(天補平均大將軍)이라고 칭하고 조주와 복주에서 싸워 승리했다. 후에 조주에서 일어난 황소와 회합하여 다시 북쪽으로 기주(沂州, 산동성 임기현)를 압박했다. 왕선지의 세력은 이미 커져 있었다.

그러자 당 조정에서는 평로절도사 송위(宋威)에게 금군 3천 명과 각 방진에서 파견된 군사를 지휘하는 권한을 주어 이를 제압하게 했다. 그리하여 희종 건부 2년(875년)에 왕선지가 기주를 공격했을 때 송위는 기주의 성 아래에서 왕선지를 물리쳤다. 관군이 크게 승리한 이때에 송위는 왕선지가 죽지 않았는데도 불구하고 왕선지가 죽었다고 보고하고 군대를 돌렸다. 그래서 왕선지는 다시 전열을 가다듬을 수 있었고, 이듬해(876년) 8월에 양적(陽翟, 하남성 우현)과 겹성(郟城, 하남성 겹현)을 함락시킬 수가 있었다.

당황한 당 조정에서는 한편으로는 충무(忠武)절도사 최안잠(崔安潛)에게 이를 치게 하고, 다른 한편으로는 소의(昭義)절도사 조상(曹

◆왕선지의 기병과 활동 동선도

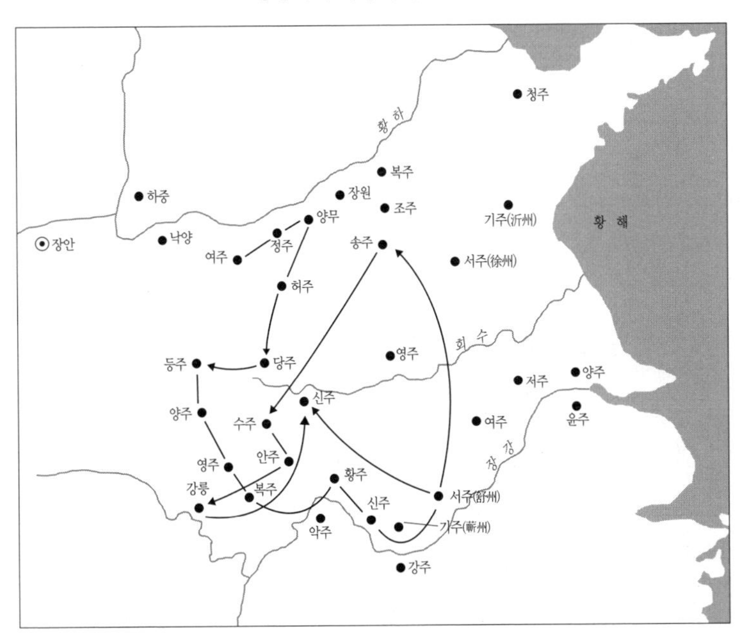

翔)에게 동도(東都, 낙양)의 궁궐을 지키게 하며, 좌산기상시 증원유(曾元裕)를 초토부사로 삼아 동도를 지키게 했다. 또 산남동도절도사 이복(李福)에게 조서를 내려 보병과 기병 2천을 선발하여 여주(汝州, 하남성 여주시)와 등주(鄧州, 하남성 등주시)의 요로(要路)를 지키게 하는 등 방어태세를 갖췄다.

당 조정에서 이렇게 방어태세를 갖추었지만 왕선지는 여주를 압박했고, 결국 9월에 여주를 함락시키고 자사 왕료(王鐐)를 붙잡았다. 왕선지는 다시 양무(陽武, 하남성 원양현)를 함락시키고 정주(鄭州)를 공격했는데, 이번에는 소의(昭義)감군판관 뇌은부(雷殷符)가 중모(中牟, 하남성 중모현)에 주둔하면서 왕선지를 공격해 그를 깨뜨렸다.

서쪽으로의 길에서 방어선에 막히자 왕선지는 10월에 남쪽으로 방향을 틀어 당주(唐州, 하남성 필양현)와 등주를 공격했고, 영주와 복주 두 주를 공격하여 이를 함락시켰다. 그리고 12월에는 다시 신·광·여·수·서·통(申·光·廬·壽·舒·通) 등의 여섯 주(州)를 공격했다.

상황이 이렇게 되자 당 조정에서는 왕선지에게 관직을 주어 그를 달래기로 했다. 늘 하던 대로 반란을 일으킨 사람에게 관직을 주어 타협하여 일을 마무리하려고 한 것이다. 그리하여 왕선지를 좌신책군(左神策軍) 압아(押牙) 겸 감찰어사로 삼기로 하고, 왕선지가 있는 기주로 중사를 파견하여 고신(告身, 임명장)을 전달했다. 그러자 왕선지는 조정의 제안에 수락하려고 했다.

그런데 이때 왕선지와 같이 군사를 일으켰던 황소가 자신은 관직을 받지 못하게 되자, 왕선지가 관직을 받는 것에 반대하고 나섰다. 이에 왕선지는 생각을 바꾸어 당 조정의 제안을 거절하고는 자기가 머무르고 있던 기주에서 크게 노략질을 했다. 성 안에 있는 사람들은 대부분 죽거나 다쳤으며 많은 집들이 불탔다.

다시 해가 바뀐 희종 건부 4년(877년) 정월에 왕선지가 악주(鄂州)를 함락시켰다. 그리고 6월에 왕선지와 황소는 송주(宋州, 선무의 치소)를 공격했다. 평로, 선무, 충무도 세 도(道)의 군사가 이에 대항하여 싸웠지만 결국 왕선지가 안주(安州, 호북성 안륙현)를 함락시켰다. 황제에 대하여 독립적인 위치를 가질만큼의 무력을 가진 절도사도 왕선지 군을 감당하지 못했다. 그러자 왕선지는 다시 수주(隨州, 호북성 수주시)를 함락시키며 이리저리 횡행하다가 복주(復州, 호남성 천문시)과 영주(郢州, 호북성 종상시)를 노략질했고, 11월에는 형남(荊南)을 노략질했다.

그러던 와중에 희종 건부 5년(878년) 정월에 산남동도절도사 이복(李福)이 양양(襄陽)에 있던 사타족(沙陀族) 500명과 함께 형문(荊門, 호북성 형문시)에 도착하여 왕선지의 무리들을 만났다. 이때 사타족들이 기병을 풀어 놓아 싸우게 하자, 이들이 분발하여 왕선지의 무리를 쳐서 깨뜨렸다. 이족 병사들만이 왕선지의 군사를 물리칠 수 있었던 셈이다. 왕선지는 이 소식을 듣고는 강릉(江陵, 호북성 강릉시)에 불을 지르고 노략질을 한 후 그곳을 떠났다.

그후로 초토부사 증원유(曾元裕)가 신주(申州, 하남성 신양시)의 동쪽에서 왕선지를 대파했다. 이때 죽인 사람이 1만 명에 달했고, 그 외에 초무(招撫)하여 항복시키고 흩어지게 한 사람 역시 1만 명이었다. 그리하여 왕선지의 세력은 크게 약화되었고, 얼마 후에 왕선지가 황매(黃梅, 호북성 황매현)에서 죽었다. 이로써 드디어 왕선지의 기병은 끝이 났다.

그러나 비록 왕선지가 기병에 실패하긴 했지만, 중요한 것은 절도사 등 무장 집단뿐만 아니라 농민 집단이 당 조정에서 독립하고 있다는 사실이었다. 물론 비록 농민 집단의 기병이라 할지라도 여전히 동남부 지역에서 산서 정권에 대한 독자적 정권을 세우려는 것이었다.

독립 정권을 이룬 황소

한편 황소의 활동은 더욱 활기를 띠었다. 황소는 왕선지가 군사를 일으키자 이에 호응했었고, 또 왕선지가 당 조정에서 주는 관직을 수용하려고 하자 이를 크게 반대했다.

"시작할 때에는 함께 크게 맹세하고, 천하를 가로질러 돌아다녔는데, 지금 홀로 관직을 얻어가지고 좌군(左軍, 좌신책군, 왕선지의 관직)에 부임한다면 이 5천여 무리들로 하여금 어디로 돌아가게 하려는 것인가?"

이 일로 왕선지는 당 조정의 관직을 포기했고, 얼마 후에 황소는 왕선지와 갈라서게 되었다. 당시 이들 무리는 모두 5천이었는데, 이 가운데 3천여 명은 왕선지와 상군장(尙君長)을 따르고, 나머지 2천여 명을 황소가 지휘하기로 했다. 이렇게 두 진영이 각기 다른 길을 걷게 된 것이 희종 건부 3년(876년)의 일이었다.

이렇게 왕선지로부터 독립한 황소는 다음해(877년)에 운주(鄆州, 산동성 운성현 동쪽)를 공격하여 이를 함락시키고 천평(天平, 치소는 운주)절도사 설숭(薛崇)을 죽였다. 3월에는 다시 기주(沂州, 산동성 임기현)를 함락시키는 등 황소의 활동이 성공 가도를 달리고 있었다.

다시 6월에 황소는 왕선지와 함께 송주(宋州, 선무의 치소)를 공격했다. 이때에 평로, 선무, 충무도 세 도의 군사가 이들 황소의 무리들을 막으려고 했지만 이들은 승리하지 못했다. 그래서 황소의 무리는 송주에서 송위(宋威)를 포위했다. 비록 송위는 늙었지만 전에 왕선지를 깨뜨린 전력이 있는 장군이었다.

송위가 포위되자 조정에서는 좌위위(左威衛)상장군 장자면(張自勉)에게 충무(忠武)의 군사 7천을 거느리고 송주를 구원하게 했다. 이 싸움에서 황소는 무리 3천여 명을 잃고 송위의 포위망에서 겨우 벗어나 숨었다. 황소가 수세에 몰리게 된 형국이었다. 또 황소는 기주와 황주(黃州, 호북성 신주현)를 노략질했지만 증원유가 그를 공격을 하여 4천 급(級)의 목을 베자 황소는 숨어서 달아났다. 11월이 되어서야 황소는 광성(匡城, 하남성 장원현 서남쪽)을 함락시키고, 복주(濮州, 산동성 인성현)도 함락시킬 수가 있었다.

하지만 예전만큼 세력을 다시 떨치는 것은 쉽지 않았다. 희종 건부 5년(878년) 정월에 황소는 박주(亳州, 안휘성 박주시)를 공격했으나 실패했다. 이 무렵 왕선지가 죽고 그와 함께 있던 상양(尙讓, 상군장의 동생)이 왕선지의 남은 무리를 인솔해 황소에게 돌아옴으로써 황소의 무리는 다시 새로운 전기를 맞이하게 되었다. 상양은 황소를 천거하여 주군으로 삼아 이름을 충천(衝天)대장군이라 하고, 연호를 왕패(王霸)라고 고쳤으며 관속들을 임명했다. 동부 지역의 농민 세력이 독립 정권을 출범하는 순간이었다.

그리하여 황소는 다시 옛 명성을 되찾고 드디어 기주와 복주를 함락시켰다. 3월에 활주(滑州, 하남성 활현 동부)에서부터 송주, 변주를 침략했고, 위남(衛南, 하남성 활현의 동쪽)을 공격하고, 섭주(葉州, 하남성 섭현)와 양적(陽翟, 하남성 우주시)을 공격했다.

조정 타협안의 실패

물론 당 조정에서 황소에 대한 대책을 마련하기도 했지만 그럼에도 불구하고 황소는 군사를 이끌고 장강을 건너서 건주(虔州, 강서성 공주시)와 길주(吉州, 강서성 길안시), 요주(饒州, 강서성 파양현), 신주(信州, 강서성 상요시) 등지를 공격하여 함락시켰다. 황소가 남부 지역까지 자신의 세력을 엄청나게 넓혀가고 있었다.

이후 황소는 비록 8월에 선주(宣州, 안휘성 선주시) 공격이 실패했지만, 더 남쪽으로 군사를 이끌고 내려가서 절동(浙東, 치소는 월주)을 공격하고 산길 700리를 열고 복건(福建)의 여러 주를 사납게 공격했다. 이어서 12월에 복주(福州, 복건성 복주시)를 함락시키자 관찰사 위수(韋岫)는 성을 버리고 달아났다.

그러나 애초에 황소의 목표는 그 자신이 독립 정권을 수립하는 것이 아니라 당 조정으로부터 높인 관직을 부여받는 것이었다. 사실 왕선지가 조정으로부터 관직 받는 것을 반대했던 까닭은 단순히 자기만 관직을 받지 못했기 때문이었다.

그저 소박하게 합법적인 지위를 얻고자 했던 황소는 자기 세력에 기반을 두고 있는 천평(天平, 치소는 운주)에서 절도사를 시켜달라고 당 조정에 요구했다. 그러나 조정에서는 이를 받아들이지 않았고, 희종 건부 6년(879년) 9월에 솔부솔(率府率)의 고신(告身)을 주었을 뿐이다. 솔부는 당 왕조의 동궁에 속한 무관을 지휘하는 관부이고, 솔(率)은 여러 부솔 가운데 한 책임자였다. 절도사에 비한다면 현격하게 차이가 나는 관직이었다.

황소는 당 조정으로부터 기대에 못 미치는 대우를 받는다는 생각에 크게 분노했다. 그리고 조정의 정치 담당자를 욕하며 바로 광주(廣州, 광동성 광주시, 영남동도의 치소)를 공격하여 그날로 함락시키고 절도사 이초(李迢)를 붙잡았다. 그리고 영남(嶺南) 지역에 있는 여러 주(州)와 현(縣)을 약탈했다. 계속하여 남부 지역을 공격하려던 찰라에 장역(瘴疫, 풍토병)이 돌아 사졸들 가운데 죽은 사람이 열에 서넛이나 되었다. 황소에게는 큰 장애물인 셈이었다.

그러자 황소의 무리들이 그에게 북쪽으로 돌아가서 큰일을 도모하라고 권고했고, 황소는 그 말을 좇아 북쪽으로 방향을 틀었다. 황소는 계주(桂州, 광서성 계림시)에서 큰 뗏목 수십 개를 만들어 홍수를 타고 상강을 따라 아래로 내려가서, 형주(衡州, 호남성 형양시)와 영주(永州, 호남성 영주시)를 거쳐 담주성(潭州城, 호남성 장사시) 아래에 다다랐다. 남부의 영남 지역에서 북부의 장강 지역까지 올라온 것이다. 그리고나서 황소는 담주를 공격하여 하루 만에 그 곳을 함락시켰고, 상양이 기세를 몰아 강릉(江陵, 호북성 강릉시)을 압박했다. 그러자 황소를 따르는 무리가 크게 늘어 50만에 달하게 되었다.

도적을 남겨두어야 하는 토벌군

그런데 황소가 계속해서 북쪽에 위치한 양양(襄陽, 호북성 양번시)을 향하던 중에 산남동도절도사 유거용(劉巨容)의 공격을 받아 패배하고 말았다. 황소는 상양과 함께 남은 무리를 수습하여 장강을 건너 동쪽으로 달아났다.

이때 유거용이 황소를 계속 공격했다면 황소의 무리를 완전히 소탕

할 수 있었으나, 그는 더이상 공격하지 않았다.

사실 유거용은 황소를 공격하라는 사람의 말에 이렇게 대답했다.

"국가(國家, 황제)는 다른 사람에게 책임 지우기를 좋아하고, 급한 일이 있으면 장사(將士)들을 위무하여 살게 하며 관직과 상을 아끼지 아니하는데, 일이 편안해지면 이를 버리거나 혹은 다시 죄를 얻게 되니, 도적들을 남겨 두어 부귀하게 되는 밑천이 되게 하는 것만 못하다."

이는 도적을 잡을 수 있지만 잡게 되면 오히려 불리해진다는 말로 상식적이지 않은 이야기다. 이에 대하여 호삼성은 당 말기의 정치 상황은 바로 유거용의 말과 비슷하다고 논평했다. 당 조정의 군사력을 가지고 황소를 잡을 수 없는 것은 아니었지만, 그에 대한 적절한 조치가 이루어지지 않는 행정적, 정치적 파행을 이루고 있는 상황을 웅변으로 말한 것이다.

이렇게 유거용은 한 번의 공격으로 반란군 토벌에 성공한 것을 보여줌으로써 당 조정에 자기에게 충분한 공격 능력이 있다는 것을 알려 주고, 또한 섬멸해야 할 적을 남겨둠으로써 자기의 지위를 확보하려고 했다. 이것이 바로 유거용이 황소를 완전히 몰아내지 않은 이유였다.

유거용이 일회성으로 공격을 끝내고 더 이상 추격하지 않자 황소는 다시 세력을 재정돈할 수 있었고, 그 힘으로 악주(鄂州, 호북성 무한시)를 공격하여 그 외곽을 함락시켰다. 그리고 돌아다니면서 요주(饒州, 강서성 파양현), 신주(信州, 강서성 상요시), 지주(池州, 안휘성 귀지시), 선주(宣州, 안휘성 선주시), 흡주(歙州, 안휘성 흡현), 항주(杭州, 절강성 항주시) 등 15개 지역에서 약탈했고 그 무리가 20만 명에 이르렀다. 관군이 스스로 공격할 수 있는 기회를 포기했기 때문에 황소가 계속 활개를 칠 수 있었다.

그러던 가운데 희종 광명 원년(880년)에 회남(淮南)절도사 고병(高駢)이 그의 장수인 장린(張璘) 등을 파견하여 황소를 공격했고 연달아 승리했다. 고병이 마침내 격문을 전하여 천하에 군사를 널리 불러 모집하자, 회남 지역의 토착민 출신과 다른 지역에서 온 외부 사람을 합하여 병사 7만을 얻었다. 고병은 그 위엄과 명망을 크게 떨쳤고 당 조정에서도 그에게 깊이 의지했다.

이어서 장린이 장강을 건너서 황소의 우두머리인 왕중패(王重霸)를 쳐서 항복시켰으며 그 후에도 여러 차례 황소의 군대를 격파했다. 황소는 물러나서 요주(饒州, 강서성 피양현)를 지켰고, 별장 상굉(尙宏)은 그 무리 수만 명을 가지고 관군에 항복했다. 다시 장린이 요주를 공격하자 황소는 달아났다. 이렇게 황소군을 공격하는 것이 성공을 거두자 강회(江淮)의 여러 군사들이 여러 차례 도적을 격파한 것을 과장하여 주문을 올렸고, 이 보고를 받은 당 조정에서는 황소에 대한 염려를 놓을 수 있다고 생각한 나머지 조금 편안하게 생각했다.

황소는 요주에서 도망쳐서 신주(信州, 강소성 상요시)에 주둔했지만 이번에도 역질을 만나 졸병들이 대부분 죽었다. 이때 또 다시 장린이 공격해오자 황소는 장린에게 금을 뇌물로 주고, 고병에게 편지를 보내 항복을 받아달라고 청하면서 자신의 안전을 보증하는 주문을 올려달라고 요구했다. 황소가 관군에게 타협을 요구한 것이다.

당시 소의(昭義, 치소는 노주), 감화(感化, 치소는 서주), 의무(義武, 치소는 정주) 등의 군사들이 모두 회남(淮南)에 도착했다. 황소와의 싸움에서 전공을 세운 고병은 그 공로를 새로 온 군사들과 나누게 될까 두려워 '도적은 며칠 안 되어 마땅히 평정될 것이니 여러 도의 병사를 번거롭게 하지 말라'라는 주문을 올려 모두 돌아가게 해달라고 요청했다. 이는 황소를 토벌한 공로를 오로지하기 위하여 다른 군사들이 황소의 토벌에 참여하는 것을 막기 위함이었다.

그런데 여러 도의 병사들이 북쪽으로 회하를 건너 돌아가는 것을 확인한 황소는 자신들을 공격할 군사가 고병의 군사 외에는 없다는 것을 알게 되었다. 황소는 상황이 자기에게 유리하게 돌아가자, 바로 항복하겠다는 태도를 바꾸고 고병에게 관계를 끊자고 통보한 뒤 바로 전투를 준비했다. 하루아침에 돌변한 황소의 태도에 화가 난 고병은 장린을 내보냈지만 군사는 패배했고 장린도 죽고 말았다. 고병의 과욕이 부른 참담한 실패였다.

유거용은 자기 자리를 지키려고 고의적으로 황소를 공격하지 않았고, 뒤에서 고병은 전공을 독차지 하려고 원조를 사양했다. 이와 같이 당 조정의 신하들은 국익보다는 사익을 앞세워 일을 그르친 것이다. 조정의 무능한 통솔 능력의 한계가 만천하에 드러나 있었다. 그 덕택에 황소는 그 세력을 유지하면서 키워나갔다.

그리하여 이해(880년) 6월에 황소의 별장이 목주(睦州, 절강성 건덕시)와 무주(婺州, 절강성 금화시)를 함락시켰고, 황소는 선주를 공격하여 이를 함락시켰다. 7월에 황소가 다시 채석(采石, 안휘성 마안산시 서남쪽)에서 장강을 건너서 천장(天長, 안휘성 천장시)과 육합(六合, 강소성 육합현)을 포위하자 군사들의 기세가 대단히 왕성했다.

이때 천평(天平, 치소는 운주)절도사·겸동면(兼東面)부도통 조전정(曹全晸)이 그 무리 6천을 가지고 15만 명의 황소의 무리와 싸웠다. 조

◆황소의 기병과 활동 동선도

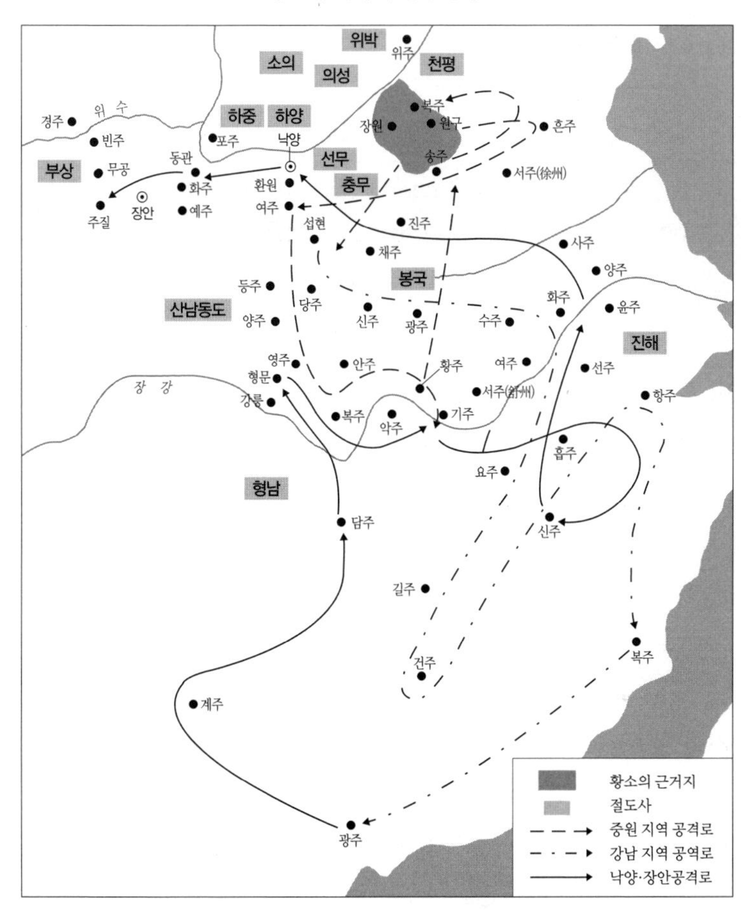

황소는 산동 사람으로 소금장수 출신이었는데, 상업활동을 하면서 자주 조정의 관원과 충돌했다.
희종 건부 원년(874년)에 먼저 왕선지가 군사를 일으켰고, 그 이듬해에 황소가 산동 지역에서 왕선지에 호응하여 군사를 일으켰다.
그 후 황소는 전국적으로 그 세력을 뻗쳤다. 왕선지가 실패하자 그 나머지 사람들이 황소에게 귀부하여 황소의 세력이 전국을 흔들었다.

전정은 강서(江西)초토사인 치주(淄州, 산동성 치박시)자사였을 때 유거용과 군사를 합쳐서 형문(荊門, 호북성 형문시)에 주둔하며 황소를 막았다. 승리의 기세를 타고서 북쪽으로 황소의 무리를 몰아 강릉(江陵)에 이르렀을 즈음에는 포로로 잡고 목을 벤 수가 열에 일고여덟이나 되었다. 관군으로서는 처음으로 맛 본 짜릿한 승리였다.

이처럼 조전정은 황소에게 엄청난 피해를 주면서 상당한 전과를 올리기는 했지만, 수적 열세를 극복하지 못하고 물러날 수밖에 없는 상황에 부딪치게 되었다. 그러나 당 조정에서는 아무런 손도 쓰지 않고 방치해 버렸다. 당 조정은 이길 수 있는 싸움을 자신들의 이해 다툼으로 스스로 포기한 것이나 다름없었다.

장안에서 황제에 오른 황소

당 조정의 안일한 대응으로 황소는 무리를 다시 모을 수 있었다. 황소의 무리는 회하를 건넜는데, 지나는 곳에서 노략질은 하지 않고 오직 장정만 붙잡아서 군사를 늘려 나갔다. 조금씩 정치적 군대로 변모하고 있다는 증거였다. 다시 황소가 신주를 함락시키고 영주(潁州, 안휘성 부양시), 송주(宋州, 하남성 상구시), 서주(徐州, 강소성 서주시), 연주(兗州, 산동성 연주시)의 지경(地境)으로 들어갔는데 이르는 곳마다 이민(吏民)들은 도망하고 무너졌다.

그리고 드디어 희종 광명 원년(880년) 11월에 여주(汝州, 하남성 여주시)의 경계에 들어갔다. 황소가 동도인 낙양 가까이까지 진격한데 이어 동도마저 함락시키니, 낙양유수(留守) 유윤장(劉允章)이 백관을 인솔하고 나와서 알현했다. 황소는 입성하여 위로하는 말만 물었을 뿐, 마을은 편안함 그대로였다.

단순한 도적은 눈앞에 있는 물건을 약탈하지만, 장차 정치적으로 세력을 키워 나라를 세우고자 할 때에는 의도적으로 약탈을 자제하고 위로하며 기존 조직을 일단 받아들여서 자기의 세력으로 만든다. 황소가 이미 정치적인 조치를 취할 수 있을 정도로 성장했음을 알 수 있는 대목이다.

이렇게 황소의 세력이 커지자 당 조정에서는 황소에게 제서(制書)를 내려서 천평절도사로 삼겠다고 다시 타협 정책을 내놓았다. 그러나 황소는 이에 대해 별다른 대꾸도 하지 않았다. 오히려 12월에 황소의 선봉장인 시존(柴存)으로 하여금 장안을 장악하게 했다. 당의 도읍이 황소에게 점령된 것이다. 이때에 당 조정의 금오(金吾)대장군 장직방(張直方)이 문무관원 수십 명을 인솔하고 패상에서 황소를 영접했으니, 이제 당 왕조에 명백하게 망조(亡兆)의 기운이 스며들기 시작했다.

황소는 금으로 장식한 견여(肩輿)를 타고 그 무리들은 모두 머리를 풀어헤쳐 붉은 비단으로 묶고 수놓은 비단 옷을 입었다. 무기를 들고서 따르는 갑옷 입은 기병은 물 흐르는 것과 같았고, 치중(輜重)은 길을 메웠는데 그 무리들과 연락하는 것이 천 리에 이어졌고 끊어지지 않았다.

황소는 장안에 들어와서 바로 당 종실들을 모두 죽이고 궁궐로 들어가 함원전(含元殿)에서 황제 자리에 올랐다. 검은 비단에 그림을 그려 넣은 곤의(袞衣)를 입고 전고(戰鼓)를 수백 번 쳐서 금석(金石, 악기)의 음악을 대신했다. 그리고 단봉루(丹鳳樓, 대명궁 남쪽 궁성의 정문)에 올라가서 사면하는 글을 내리고, 국호를 대제(大齊)라고 하고 연호를 고쳐서 금통(金統)이라고 했다. 안록산이 장안을 점령하고 나라를 세우면서 동북 지역에 전통적으로 있었던 연(燕)을 가져다 쓴 것처럼 황소도 장안에 들어와서 동부 지역의 대표적인 국호인 제(齊)를 가져다 쓴 것이다.

이때에 황소는 당 희종이 쓰던 광명(廣明)이라고 한 연호를 '황가(黃家)의 일월(日月)'이라고 해석하며 자기들에게는 상서로운 부신(符信)으로 생각했다. 광(廣)이라는 글자에서 아래 몸체[广]를 없애버리면 황(黃)이 되는데, 이 황은 자기의 성(姓)인 황씨를 뜻하며, 명(明)은 일월(日月)을 붙인 것이라고 의미를 부여했다.

황소는 이렇게 장안에서 정식으로 당 왕조를 몰아내고 새로운 왕조 대제를 세웠다. 황소의 승리는 동서 대결에서 동부 지역의 승리였다. 서부 지역의 대표라 할 당의 황제 희종은 다시 서쪽에 있는 성도(成都)로 도망했다. 새로운 세력의 등장으로 역사는 다시 전통적인 동부·서부·남부의 대결로 진행될 수밖에 없는 시점에 도달하게 되었다.

제11장 다시 연출되는 동서 대결

中國分裂

다시 연출되는 동서 대결

정치력이 없는 황소의 한계

황소에게 장안을 빼앗긴 당 조정은 이제 황제로서의 권위만을 내세워 천하일통의 꿈을 주도할 수 없게 되었다. 당 왕조라는 명칭만은 그대로 사용했기 때문에 명맥은 유지하고 있었다고 할 수 있지만, 각지에서 일어나는 군사 세력을 막을 방법이 없었던 것이다.

그래도 한때는 황제의 측근인 환관을 감군으로 파견하여 각 지역의 절도사들을 통제하려는 시도를 했었다. 그러나 더이상 절도사들의 전횡을 막을 수가 없는 상황에서 절도사들은 고삐 풀린 망아지처럼 멋대로 농민들을 수탈하기 시작했다. 그러자 이번에는 농민들이 절도사에 대항하며 기병을 했다. 황소는 농민을 기반으로 일어난 것이니 농민 기병이 성공했음을 뜻한다.

당시 당 조정에서는 절도사의 기병 때와 같이 이들 농민의 기병을 잠재우기 위해 군사 세력을 가진 농민의 우두머리에게 관직을 주는 정책을 취하고 있었다. 그러나 중앙 조정에서 권력을 잡고 있는 중신들은 그러한 파격적인 조치가 자기들의 권력기반에 위험을 줄 수 있다고 판단하여, 여러 가지 이유를 들어 이를 반대했다. 그리하여 당 조정은 농민군과 타협할 기회를 종종 잃곤 했다.

희종 건부 6년(879년)에 황소는 상황이 여의치 않게 되자 스스로 절동(浙東)관찰사 최구(崔璆)와 영남동도(嶺南東道, 치소는 광주)절도사 이초(李迢)에게 자기를 천평(天平, 치소는 운주, 산동성 동평현)절도사로 삼아줄 것을 요구하는 편지를 보낸 적이 있는데, 역시 조정에서는 이를 허락하지 않았다.

그러자 황소는 재차 표문을 올려서 광주(廣州, 영남동도의 치소)절도사라도 시켜달라고 요구했다. 자신이 군사를 일으켰던 산동에서 한발 물러서서 먼 남부 지역인 광주에 머물겠다고 한 것이니 황소 입장에서는 굉장히 타협적인 요구였다.

그러나 당 조정의 중신들은 대체로 거절해야 한다는 분위기였다. 특히 좌복야 우종(于琮)이 크게 반대했다.

"광주는 시박(市舶, 장사하는 배)하는 보화(寶貨)가 모이는 곳인데 어찌 도적으로 하여금 이곳을 얻게 하겠는가?"

광주에 국내외 무역을 담당하는 시박사(市舶司)를 두었던 점을 고려하여 그 경제적 이익을 황소에게 내주지 않으려는 생각이었다.

황소에 대처하는 당 조정의 입장은 황소 세력을 제압할 힘도 능력도 없으면서 그의 요구도 들어주기 싫은 모양새였다. 양 손에 떡을 쥐고 어느 하나도 양보하지 않겠다는 어리석은 조치였다. 그렇지만 무엇이라도 황소 손에 쥐어 줘며 달래야만 했다.

결국 조정에서는 황소를 부솔(府率)로 제수하기로 결정했다. 당시 동궁(東宮)에는 동궁을 시위하는 십솔(十率)이 있었고 각 왕들에게도 부솔이 있었으니, 부솔은 그가 요구한 절도사에 비교할 수 없을 정도로 낮은 관직이다. 한 도시의 책임자를 원한 사람에게 동네 골목대장을 시킨 꼴이다. 황소로서는 수용하기 어려운 조건이었다.

당 조정은 그 해(879년) 9월에 황소에게 솔부솔의 고신(告身)을 전했지만 황소는 오히려 크게 화를 내고 바로 광주를 공격하여 그날로 함락시키고 절도사 이초를 붙잡았으며, 더 나아가서 영남에 있는 여러 주와 현을 약탈했다. 황소와 타협할 길을 놓친 결과였다. 뿐만 아니라 그 후에 황소는 장안에 들어가 스스로 대제(大齊)의 황제가 되었고, 희종은 결국 성도(成都)로 도망했다. 당 왕조는 결국 잘못된 판단으로 소탐대실한 우스운 꼴이 되었다.

황소는 장안에 진출하고 왕조를 선포했지만, 이들 농민 세력은 새로운 질서를 창출할 능력은 없었다. 그리고 왕조를 유지할 힘과 이상 역시 없었다. 대대로 염상(鹽商)을 했던 집안에서 자라난 황소의 꿈은 오히려 단순했다. 그의 꿈이란 그저 높은 관직을 갖는 것이었으니 만약 그에게 조정에서 적당한 관직을 내려 주었다면 이를 수용했을 사람이었다. 황소보다 먼저 민란을 주도했던 왕선지(王仙芝)가 조정으로부터 좌군에 임명되었을 때 자기의 임명장은 빠졌다며 화를 냈던 것으로도 알 수 있는 일이다.

황소가 천평절도사나 광주절도사를 시켜달라고 요구했을 때 그를 당의 제도권 안으로 수용했더라면, 황소가 장안을 점령하여 대제 황제가 되는 일은 없었을 것이다. 당 조정에서 적절하게 조치했다면 절도사로 만족했을 수도 있는 일이었다.

어쨌든 황소는 장안에 입성했지만 왕조를 건설할 준비는 안 되어 있었다. 황소의 무리들은 처음에는 가난한 사람을 보면 자기가 가

진 물건을 나눠주기도 했다. 하지만 그들에게 특정한 정치적 목표가 없었던 탓일까, 얼마가 지나자 도적 집단의 특성을 나타내기 시작했다.

그들은 제각각 나가서 노략질하고 저자에 불을 지르며 사람을 죽였다. 특히 관리들에게 앙심을 품고 있었는지라 관리는 붙잡는 대로 모두 죽여버렸다. 목표를 세워 철저히 준비하여 왕조를 건설할 능력을 지닌 사람이라면 응당 이들의 횡포를 차단할 수 있었겠지만, 어부지리로 왕조를 건설한 황소에게는 그럴 능력이 없었다. 자기 무리들조차 제대로 통솔할 수 없었던 것이다.

원래 있던 당 왕조는 그 체제를 스스로 유지할 수 없었고, 그런 조정에서 사리사욕을 챙기는 절도사와, 그런 절도사에 반발하여 기병한 황소의 농민 세력 역시 새로운 질서를 구축하기에는 역부족이었다. 오히려 정치력을 가진 세력이 등장하는데 밑거름이 되는 역사적인 가교(架橋) 역할을 담당할 뿐이었다.

조정을 돕지 않는 관군

희종 이현은 왕조를 지킬 능력이 없었다. 희종의 무능은 희종의 밑에서 권력을 잡고 있는 중신들의 무능과도 일맥상통한다. 촉 지역인 성도로 도망한 희종은 제일 먼저 빼앗긴 장안을 탈환해야 했다. 그러기 위해서는 관군을 동원해야 하지만, 당시 명장으로 손꼽히던 고병(高騈)조차도 당 조정을 위해 움직이지 않았다.

고병은 희종 광계 2년(886년)에 군사를 인솔하여 교지(交趾)를 수복하고 만병(蠻兵) 20여만을 격파한 것으로 유명했다. 그리하여 그는 천평(天平)과 서천(西川), 형남(荊南), 진해(鎭海), 회남(淮南) 등의 남부 지역 절도사를 역임했는데, 그때가 바로 황소가 한참 활동하던 시기였다.

그래서 희종은 황소를 토벌하기 위해 고병을 제도행영병마도통사(諸道行營兵馬都統使)에 임명하고 여러 도의 군사를 모두 동원하여 이를 통제할 수 있는 관직을 주었다. 하지만 고병은 자신의 휘하에 있는 대장 장린(張璘)이 패배하자 다시 나와서 싸우려 하지 않았다. 그래서 결국 황소가 순조롭게 장강을 건너 장안을 공격하여 함락시킬 수 있게 되었다.

이후 고병은 황소로부터 장안을 수복할 때까지 3년간 회남에 머물면서 당 조정을 위한 어떠한 일도 전혀 돕지 않았다. 이처럼 당 왕조를 도울 세력이 없다는 것은 황소가 쉽게 장안에서 황제에 오를 수 있었던 까닭이기도 하다.

그리고 당 조정에서는 성도에서 희종을 모시고 있던 관병(官兵)조차도 제대로 관리하지 못했다. 당시 황제 옆에는 환관 전령자(田令孜)가 권력을 휘두르고 있었다. 희종이 성도로 도망했을 때에 황제를 호위하는 병사는 장안에서 좇아온 객병(客兵)과 성도에 있던 토병(土兵)들로 이루어졌다. 그런데 이들 토·객 병사들에게 공정해야 할 전령자는 자기가 데리고 온 객병들에게만 좋은 대우를 하고 토병들은 차별하는 근시안적인 태도를 취했다.

사실 희종이 성도에 도착하여 촉의 군사, 즉 토병들에게 상으로 준 전(錢, 돈)은 3민(緡)뿐이었다. 그런데 전령자는 행재(行在)도지휘처치사가 되어 사방에서 공물로 들어온 금과 비단을 번번이 거가를 좇아온 여러 군사들에게 매달 거르지 않고 하사했다. 하지만 촉 지역에 원래 있던 토병에게는 급여가 지급되지 않았으니 토병들이 불만을 갖는 것은 당연했다.

한번은 전령자가 토·객 도두(都頭, 우두머리)들에게 연회를 베풀었는데, 금으로 된 술잔으로 술을 돌리고 이어서 이를 하사하니 여러 도두들은 모두 절하고 이를 받았다. 전령자가 모처럼만에 토병과 객병 구별 없이 군사지휘관들의 마음을 사려는 것이었다.

그런데 이때에 서천의 황두군사 곽기(郭琪)만이 홀로 받지 않고 일어나서 말했다.

"제장들은 매월 봉료(俸料)를 받아서 풍족하여 여유가 있으니 항상 보답하기 어려움을 생각하는데, 어찌 감히 만족함이 없겠습니까! 하지만 촉군(蜀軍)과 제군(諸軍, 황제를 좇아 온 군사)들이 똑같이 숙위(宿衛)를 하는 것을 돌아보건대, 상으로 주는 것이 현격하게 다르니 자못 원망함이 있어서 만에 하나라도 변고가 있을까 두렵습니다. 바라건대, 군용(軍容)께서 제장에게 사여하는 것을 줄여 촉군에게 고르게 하여 토·객이 하나같게 한다면 위아래가 아주 다행이겠습니다."

군용이란 모든 군사를 감독하는 직책인 관군용사(觀軍容使)를 말하는 것으로 환관 전령자를 가리키는 말이다. 곽기가 전령자에게 토병을 대신하여 토·객을 공평하게 대우하라고 건의한 것이다. 이 말은 들은 전령자가 잠자코 있다가 틈을 타서 곽기에게 무슨 공로를 세운 사람인지를 물었다. 전령자는 곽기가 누구인지도 제대로 파악하지 못하고 있었다.

이에 곽기는 자기의 전력을 말했다.

“저 곽기는 산동(山東)에서 자랐는데 정벌하고 변방을 수비하여 일찍이 당항(党項)과 17번 싸웠고, 거란과 10여 번 싸워서 쇠붙이에 다친 것이 온 몸에 있으며, 또 일찍이 토욕혼(吐谷渾)을 정벌하는데 옆구리를 다쳐서 창자가 나왔으나, 실로 꿰매고 다시 싸웠습니다.”

곽기는 당시 뛰어난 용장으로 산동 지역에서 희종을 좇아 온 객병이어서 이미 대우를 받고 있었다. 그럼에도 불구하고 전령자가 토·객을 차별하는 것이 워낙 심하여 군사력을 하나로 모으는데 도움이 되지 않을 뿐만 아니라, 분열을 조장한다는 사실을 절실하게 느끼고 목숨을 걸고 건의한 것이다. 당시 당 조정에 더없는 간청이었다.

그러나 전령자는 이 말을 듣고 오히려 곽기에게 독주(毒酒)를 따라주면서 죽이려고 했다. 곽기는 전령자가 따라준 술에 독이 들어있다는 것을 이미 눈치챘지만, 일단 부하로서의 예의를 갖추어 그 술을 다 마셨다. 그리고 돌아와서 비녀(婢女)를 죽여 그 피를 핥아 마시고 독을 해독하여 검은 즙(汁) 몇 되를 토하고 나서야 겨우 살아날 수 있었다. 그 후 곽기는 부하들을 인솔하여 난을 일으키고 마을과 시장에 불을 지르고 노략질을 했다. 전령자는 당 조정에 이로운 사람을 자극하여 오히려 조정에 등을 돌리게 만들고 말았다.

권력자인 전령자 뿐만 아니라 황제인 희종마저도 당 조정을 분열시키는데 일조했다. 희종은 밤낮으로 환관과 같이 천하를 논의하며 외신(外臣, 정부의 관원)을 대우하는 것이 더욱 소홀하고 야박해졌다. 내신(內臣, 환관)과 외신을 구별하여 대우한 것이다. 농민군이 일어나 중앙 조정을 압박하는 이 어려운 상황에서 황제와 내신(환관)들이 조정에 힘을 모아 일치단결하여 난관을 극복해도 모자란 이 판국에,

서로 분열을 조장할 뿐이었다.

이때 좌습유 맹소도(孟昭圖)가 소문을 올렸다.

"지난 겨울에 거가가 서쪽으로 행차하면서 남사(南司)에는 알리지 아니하여 재상과 복야 이하로 하여금 모두 도적에게 도륙되게 했는데, 다만 북사(北司)만이 평화롭게 잘 되었습니다."

남사란 중서성 등 관원들이 있는 부서이고, 북사란 황궁의 업무를 담당하는 환관들이 있는 부서이다. 희종이 환관들에게 쫓겨 외신들에게 알리지도 않고 환관들만 데리고 성도로 피난해 오는 바람에 많은 관리들이 황소에게 잡혀 죽었다는 것이다. 이러한 조치는 조정의 내외신의 분열을 가져왔고, 그 결과로 결국 곽기마저 반란을 일으켰다고 덧붙여 설명했다.

하지만 맹소도의 건의는 전령자에게 차단되어 희종에게 전달되지 않았다. 오히려 전령자는 맹소도를 가주(嘉州, 사천성 낙산시)사호로 좌천시킨 다음 사람을 보내 막이진(蟆頤津, 사천성 미산현 동북쪽)에서 물에 빠뜨려 죽였다. 희종은 철저하게 전령자에게 조종 당했고, 그러는 사이에 당 조정은 분열되고 있었다.

관직을 받는 반란자들

한편 무녕(武寧, 치소는 서주, 강소성 서주시)절도사 지상(支詳)이 아장인 시부(時溥)와 진번(陳璠)을 추천하여, 그들로 하여금 군사 5천을 거느리고 동관(潼關)을 넘어 관중으로 들어가서 황소를 토벌하게 했다. 지상은 사방에서 들어오는 공납과 표문, 주문을 올리는 일을 관장하는 지사방관사(知四方館事)를 맡았다가 만족과의 문제가 생겼을 때 남조(南詔) 조정과의 화의를 주관했던 사람이다.

그가 추천한 시부는 동도(東都, 낙양)에 이르자 지상의 명령을 어기고 군사를 돌려 진번과 군사를 합친 후, 하음(河陰, 하남성 정주시 서북쪽 도화곡)을 도륙하고 정주(鄭州, 하남성 정주시)를 약탈하여 동쪽으로 갔다. 황소를 토벌하라고 보낸 관군의 지휘관이 독립적으로 군사행동을 한 것이다.

하지만 지상은 이들을 통제할 수 없었고 시부가 스스로 지류무(知留務)가 되자 지상은 중앙 조정으로 돌아가려고 했다. 지무류는 관부의 지휘관이 없게 된 상태에서 남아서 관부의 일을 주관하는 사람을 뜻한다. 그런데 이때 진번이 갑병(甲兵, 갑옷 입은 병사)을 칠리정(七里亭, 강소성 서주시 서쪽 7리 지점)에 매복시켰다가 지상과 그 가족을 모두 죽였다. 물론 진번이 지상을 죽인 것은 조정의 뜻이 아니었다. 그러나 진번을 처벌할 힘이 없었던 당 조정은 오히려 시부를 무녕(武寧)유후로 삼았다. 그러자 시부는 지상을 죽인 진번을 숙주자사로 삼게 해 달라고 표문을 올렸다. 또다시 반란을 일으킨 사람에게 도리어 관직을 준 것이다.

또 수주(壽州, 안휘성 수현)에 사는 도축업자인 왕서(王緖)가 그의 매부 유행전(劉行全)과 함께 무리 500명을 모아 도적질하며 본주(本州, 수주)를 점거했다. 그들은 한 달여 만에 다시 광주를 함락시키고 스스로 장군이라고 했는데, 더불어 무리 1만여 명을 갖게 되었다. 그렇게 되자 봉국군(奉國軍, 蔡州, 하남성 여남현의 승격) 방어사(防禦使) 진종권(秦宗權)은 반란을 일으킨 왕서를 광주자사로 삼았다. 이 역시 당 왕조의 자멸과 지역의 분열을 가속화하는 현상을 잘 나타낸다.

사타군을 불러 들인 조정

황소는 장안을 점령했으나 새로운 질서를 구축할 능력이 없었다. 또한 황소에게 쫓겨난 당 조정도 내부 분열 속에서 스스로 왕조를 유지할 능력을 상실해 갔다. 이제 권력은 새로운 시대를 이끌 세력을 기다리고 있었다.

회남절도사 고병이 동당(東塘, 강소성 양주시 동쪽)에서 100일을 머무르는 동안, 조정에서는 조서를 내려 누차 황소를 공격하라고 재촉했다. 하지만 고병은 사이가 좋지 않은 진해(鎭海)절도사 주보(周寶)와 절동(浙東)관찰사 유한굉(劉漢宏)이 남쪽에 버티고 있는 상황에서, 황소를 공격한다면 배후에 있는 이들의 공격을 받을 수도 있다고 염려하여 군사 활동을 중지하고 군부(軍府)로 돌아갔다. 곳곳에 절도사들이 있었지만 서로 각각의 영역을 다투느라고 정작 진압해야할 반란군을 공격하지 못했다.

사실 당시 고병은 군대를 움직이지 않는 등 이미 조정의 말을 따르지 않았고, 공부 역시 바치지 않았기 때문에 당 조정에서 독립했다 해도 무방한 상태였다. 훗날 고병은 신선을 깊이 믿고 술사인 여용지(呂用之)와 장수일(張守一) 등을 중용했는데, 여용지가 전횡하자 희종 광계 3년(887년)에 그의 부장이던 필사탁(畢師鐸)이 군사를 일으켰고, 그러한 과정을 거치면서 고병도 비명에 죽었다.

어쨌든 당 조정은 더이상 재기할 힘이 없었다. 그렇다고 중국내에서는 어느 누구에게도 도움을 청할 수 없는 처지였다. 더이상 방법이 없는 당 조정은 외부로 손을 벌렸는데, 바로 사타족(沙陀族)이었다. 사타는 돌궐의 일부로 중국의 입장에서 본다면 외족이었는데,

그 세력의 대표가 이극용이었다.

사실 이 사타 세력은 예전에 이미 중국 안으로 들어 왔던 적이 있다. 이극용의 본래 성은 주야(朱邪 혹은 朱耶)로, 그의 아버지 주야적심(朱邪赤心)이 방훈이 기병했을 때 공로를 세웠다. 이때 의종은 그에게 이(李)씨 성을 하사하고 이름을 국창(國昌)으로 고치게 했다. 그래서 이극용도 그 아버지의 성을 이어받아 중국식 성명을 갖게 된 것이다.

당 조정의 요구를 받은 이극용이 희종 건부 5년(878년)에 사타(沙陀) 부병마사가 되어 울주(蔚州, 하북성 울현)를 지키고 있었는데, 하남 지역에서 도적들이 벌떼처럼 일어났다. 이때 당 조정의 힘이 서부 지역에 미치지 못하는 상황을 보고는 운주(雲州, 대동의 치소)사타병마사 이진충(李盡忠)은 아장 강군립(康君立), 설지근(薛志勤), 정회신(程懷信), 이존장(李存璋)과 더불어 이국창과 이극용 부자를 중심으로 독자적 길을 걷고자 했다. 당 조정이 끌어들인 외족인 사타 세력이 독립 세력으로 발돋움한 것이다.

마침 이때에 대동(大同, 치소는 운주)방어사 단문초(段文楚)가 수륙발운사(水陸發運使)를 겸하고 있었는데, 대(代)의 북쪽에 다시금 기근이 들었다. 그런데도 조운(漕運)이 부족하게 되자 단문초는 군사들의 의복과 쌀을 줄였다. 뿐만 아니라 벌칙도 엄격하게 적용하니, 군사들은 모두 원망하며 화를 냈다. 이진충은 이 기회를 놓치지 않고 울주에 있는 이극용에게 군사를 일으켜 단문초를 제거하고 그를 대신하여 유세하라고 했다. 사타족들은 이를 자신의 세력을 확장하는 기회로 삼았다.

그리하여 다음해인 희종 건부 6년(879년)에 이극용이 운중(雲中, 대동의 치소)을 점거했다. 이에 그 해 4월에 당 조정에서는 예전에 대동군(大同軍)방어사였던 노간방(盧簡方)을 진무(振武, 치소는 안북부)절도사로 삼고, 이극용의 아버지인 진무절도사 이국창을 대동절도사로 임명했다.

당 조정은 이로 인해 이극용이 절대로 항거하지 못할 것이라고 생각했으나, 조정의 생각과는 달리 이극용의 사타군은 계속하여 그들의 활동을 이어 나갔다. 당 조정은 간접적으로 회유하는 온건정책으로 새로운 외족인 이극용의 사타 세력을 억제하려 했지만 성공하지 못했다.

그러자 당 왕조에서는 이번에 무력을 사용한 강압 정책으로써 하동선위사(河東宣慰使) 최계강과 소의절도사 이균을 토벌군으로 파견했지만 모두 이극용에게 패했고 이균은 싸우다 죽었다. 그러나 이극용이 삭주(朔州, 산서성 삭주시)에서 고문집(高文集)을 칠 때에 노룡절도사 이가거(李可擧)가 이를 막아 대파했다. 이 일로 이극용은 부장 이진충과 정회신을 죽음으로 잃으면서 그의 세력이 한풀 꺾이는 계기가 되었다.

그 후 이국창도 사타족을 몰아내기 위해 동원한 토욕혼 도통(都統) 혁련탁(赫連鐸) 등에게 잇달아 패하여 무리들이 모두 무너지자 아들 이극용과 종족들과 함께 당군에 쫓겨 북쪽 달단(達靼, 한해사막 남쪽)으로 들어갔다. 사타 세력을 중국에서 몰아 낸 셈이었다.

그런데 황소가 장안을 점령하여 희종 이현이 성도로 피난하자, 이극용에게 중원 지역으로 들어올 수 있는 기회가 다시 열렸다. 이극용은 당이 어려움에 처하자 이를 이용하기로 하고, 당 조정에 자기의 죄를 사면해 준다면 황소를 쳐서 공로를 세우겠다는 뜻을 전했다.

고립무원의 상태에서 한 명의 병사도 아쉬웠던 당 조정은 희종 중화 원년(881년)에 구진(瞿稹)과 이우금(李友金)이 진경사(陳景思, 환관인 감군)에게 이국창과 이극용 부자의 죄를 사면하고 대북(代北) 사람들을 모아 황소를 토벌하는 책임을 맡기라고 유세했다. 황소를 막기 위해 다시 사타족 이극용을 끌어들인 것이다. 뿐만 아니라 조정에서는 기병 5백과 조서를 가지고 이우금을 달단에 보내 이극용을 영접하니, 이극용은 달단의 여러 부족 1만 명을 인솔하여 이우금이 있는 대주(代州, 산서성 대현)로 왔다.

이극용은 조서를 받들어 군사 5만을 거느리고 황소를 토벌하겠다고 하동(河東)에 첩서(牒書)를 보냈다. 이에 정종당(鄭從讜)은 이극용의 군사를 대접하고 그들에게 물자와 양식을 공급했지만 이극용은 며칠이 지나도 황소를 토벌하러 출발하지 않았다. 당 조정은 어려움을 벗어나려고 이극용을 이용하려 했지만 이극용이 중국으로 들어올 기회만 주었을 뿐 소기의 목적을 이루지 못했다.

낭호곡에서 죽은 황소

오히려 이극용은 사타(沙陀)의 병사들로 하여금 거주하는 백성들을 사납게 약탈하게 했으며 끝내 양곡(陽谷, 산서성 양곡현)과 유차(楡次, 산서성 유차시)를 노략질하고 돌아갔다. 황소군을 친다는 명분을 내세웠던 이극용은 사타군을 거느리고 와서 노략질만 하고 돌아간 것이었다.

다시 희종 중화 2년(882년)에도 이극용은 울주(蔚州, 하북성 울현)를 노략질했다. 이때에 진무(振武, 치소는 안북부)절도사 글필장(契苾璋)이 천덕(天德, 내몽고 오이라트 특전기), 대동(大同, 산서성 대동시)과 함께 이극용을 토벌하겠다고 했다. 조정에서는 하동절도사 정종당에게 조서를 내려 글필장을 응원하라고 지시했다. 장안을 점거한 황소 때문에 끌어들인 이극용이 오히려 골칫거리로 전락한 것이다.

사실 이때 이극용은 여러 번 표문을 올려서 겉으로는 항복을 받아 달라고 했지만, 흔(忻, 산서성 흔주시)과 대주(代州, 산서성 대현)를 점거하고 자주 병(并, 산서성 태원시)과 분(汾, 산서성 분양현)을 침략하며 누번감(樓煩監)과 다투었다. 그러자 당 조정에서는 대대로 이극용과 혼인관계를 맺어온 의무(義武, 치소는 정주)절도사 왕처존(王處存)에게 조서를 내려서 이극용을 타이르게 했다.

"만약에 성심으로 귀부한다면 의당 삭주(朔州)로 돌아가서 조정의 명령을 기다릴 것이며, 만약에 옛날처럼 횡포한 짓을 한다면 마땅히 하동(河東, 치소는 태원)과 대동군(大同軍, 치소는 운주)과 더불어 공동으로 이를 토벌해야 할 것이다."

한편으로는 타이르고 한편으로는 위협하면서 이극용을 다루고 있었던 것이다.

이해(882년) 11월에 이극용이 사타군 1만7천 명을 거느리고 남(嵐, 산서성 남현)과 석(石, 산서성 이석현)에서 하중(河中)으로 향했다. 조정에서는 이극용을 안문(雁門, 치소는 대주)절도사로 삼았다. 그러자 이극용은 군사 4만을 거느리고 하중에 도착한 후 사촌동생 이극수(李克脩)에게 먼저 군사 500명과 함께 파견하여 황하를 건너서 황소 세력을 시험하게 했다.

드디어 희종 중화 3년(883년) 정월에 이극용의 군사가 황소의 군대를 패배시키었다. 희종은 이극용을 동북면(東北面)행영도통으로 삼았다. 이극용은 하중(河中, 치소는 하중), 역정(易定, 의무의 치소, 정주), 충무군(忠武軍, 치소는 허주)과 함께 황소의 대제(大齊) 태위인 상양(尙讓) 등을 공격해 크게 승리했던 것이다. 당 조정은 일단 사타족을 이용하여 황소 세력과 싸우게 했고, 이극용은 계속하여 황소의 군대와 싸워서 승리했다.

당 조정의 작전대로 마지막으로 충무(忠武)장수 방종(龐從)과 하중(河中)장수 백지천(白志遷) 등과 더불어 군사를 이끌고 황소의 군사와 위수(渭水)의 남쪽에서 싸워 승리했고, 의성(義成)과 의무(義武) 등의 여러 군대가 이들을 이어주니 황소의 무리들은 모두 달아났다. 황소도 힘껏 싸웠지만 이기지 못하고 결국 궁실을 불태우고 달아났다.

당 왕조는 황소가 장안을 점거한지 2년 4개월 만에 우여곡절을 거치기는 했지만 장안을 되찾았다. 이극용은 당시 스물여덟 살로 제장 가운데 가장 어렸으나 황소를 격파하고 장안을 수복한 공로는 으뜸이었다. 또한 군사 세력도 가장 강해서 제장들은 모두 그를 두려워했다.

그리고 희종 중화 4년(884년)에 황소의 생질인 임언(林言)이 낭호곡(狼虎谷, 산동성 내무시 서남쪽)에서 황소의 형제, 그리고 처자식의 머리를 베었다. 임언은 그것을 가지고 감화절도사 시부(時溥)에게 가려고 했지만 사타의 박야군(博野軍)을 만나서 이를 빼앗기고 말았다. 이로써 황소의 10년간의 활동은 마감되었다. 그러나 그 후유증은 당 왕조를 지탱할 수 없게 만드는 결정적인 계기가 되었다.

동북 지역의 강자가 된 주전충

당 왕조를 멸망의 문턱까지 내몰았던 황소의 민란은 평정되었다. 그러나 당 왕조를 위협하던 세력은 사라지지 않았다. 그저 황소를 대신하여 사타족의 이극용이 자리만 바꾸었을 뿐이었다. 바야흐로 사타족의 전성시대가 열린 것이다.

사타족은 원래 서돌궐의 10성(姓) 가운데 하나로 그 조상은 흉노이고 지금의 신강성 일대에서 유목하던 종족이다. 이들이 황소의 기병을 계기로 중원 지역으로 들어와 태원을 중심으로 한 하동(河東) 지역에 자리를 잡은 후, 중국 서부 지역의 세력이 되었다.

이극용의 승리는 서부 지역의 승리였고, 황소의 실패는 동부 지역의 실패였다. 이는 동부가 다시 서부 사람들의 지배 밑으로 들어간다는 것을 의미하기 때문에 동부 지역에서는 다시 이에 반발할 수밖에 없었다. 그리고 그 중심에 있던 사람이 바로 주온(朱溫)이다. 주온은 희종 건부 4년(877년)에 황소의 군대에 들어가 전공을 세우면서 큰 세력으로 성장했다. 즉 황소 세력의 일부분이었다.

그래서 황소는 희종 중화 2년(882년)에 주온을 동주(同州, 섬서성 대협현)자사로 삼아 그로 하여금 스스로 동주를 빼앗게 했다. 결과적으로 주온의 공격때문에 동주자사 미성(米誠)은 하중(河中, 산서성 영제현)으로 달아났고, 주온은 그곳을 점거할 수 있었다. 이어서 주온은 하중으로 그 세력을 넓히려고 했으나 하중절도사 왕중영(王重榮)에게 패배하고 말았다.

주온은 하중을 되찾으려고 누차 황소에게 군대를 더 보태달라 청했다. 그러나 황소의 진영에 있는 지(知)우군사 맹해(孟楷)가 주온의 원조요청을 잠재워 두고 회보하지 않았다. 이로써 주온은 황소 세력에게 희망이 없다고 생각했고, 또 황소의 군사 세력이 날로 위축되는 것을 보고 그들이 곧 망할 것이라고 판단했다. 게다가 그의 친한 장수인 호진(胡眞)과 사동(謝瞳)이 당 조정에 귀부할 것을 권고하자, 주온은 자신의 감군인 엄실(嚴實)을 죽이고 동주를 가지고 하중절도사 왕중영에게 항복했다.

그리고 주온은 자기 어머니가 왕씨라는 이유로 왕중영을 외삼촌이라 불렀다. 이러한 관계를 맺은 덕분에 제도행영도통인 왕탁(王鐸)이 승제(承制)하여 주온을 동화(同華, 동주)절도사로 삼았다. 다시 주온을 우(右)금오대장군·하중(河中)행영초토부사로 삼고 그에게 주전충(朱全忠, 852년~912년)이라는 이름을 하사했다. 주온은 황소의 세력이었지만 당에 귀부함으로써 지위가 높아지고 세력도 커졌다.

그 후 희종 중화 3년(883년)에 당 조정에서는 주전충을 선무(宣武, 치소는 변주, 하남성 개봉시)절도사로 삼아, 장안에 있는 황소를 친 후 본래의 군진(軍鎭)인 선무의 치소 변주(汴州)로 가게 했다. 이리하여 주전충은 소속 부하 수백 명을 거느리고 그의 군진으로 가서 변주에 도착했고 변주가 그 활동의 중심지가 되었다.

이때 변주와 송주(宋州, 하남성 상구현)에는 기근이 들어 공사(公私)가 궁핍하고 말라버렸다. 안으로는 교만한 군사들을 통제하기가 어려웠고, 밖으로는 큰 도적들과 싸우지 않는 날이 없어 병졸들은 마음이 위태롭고 두려움에 빠져있었다. 하지만 주전충만은 더욱 그의 용맹을 떨치고 있었다. 그래서 조정에서는 조서를 내려 주전충에게 동북면도(東北面都)초토사를 덧붙여 주었다. 동북면에서 그의 세력을 넓힐 기회가 또 온 것이다.

주전충은 녹읍(鹿邑, 하남성 녹읍현)에서 황소의 무리들과 싸워 그들을 패배시키고 2천여 급을 참수한 뒤 박주(亳州, 안휘성 박주시)를 점거했다. 큰 공로를 세운 후에도 황소를 공격하여 점차 그 세력을 확보해 나갔다.

그러나 다음해인 희종 중화 4년(884년)에 이르자 상황이 녹록치 않아졌다. 황소의 군사는 여전히 강했기 때문이다. 그래서 버틸 수 없는 지경에 이르렀던 충무(忠武, 치소는 허주, 하남성 허창시)절도사 주급(朱岌)과 감화(感化, 치소는 서주, 강소성 서주시)절도사 시부(時溥), 주전충은 모두 하동절도사 이극용에게 구원을 요청했다. 그리하여 이극용은 번·한(藩·漢)으로 구성된 군사 5만을 거느리고 황하를 건너 동쪽으로 갔다.

한편 주전충이 황소의 와자채(瓦子寨, 목책을 세운 진지)를 쳐서 이를 뽑았는데, 황소의 장수인 협주(峽州, 하남성 삼문협시) 사람 이당빈(李唐賓)과 초구(楚丘, 산동성 조현) 사람 왕건유(王虔裕)가 주전충에게 항복했다. 형식적으로나마 당 왕조에 속했을 뿐, 죽은 황소의 자리를 주전충이 대신 차지하고 동부 지역에서 세력을 넓힌 것이라고 할 수 있다.

이극용과 주전충의 결별

황소가 진주(陳州, 하남성 회양현)를 포위한 지 거의 300일이 다 되어 갔고, 조주(趙犨, 진주자사) 형제는 이들과 더불어 크고 작은 전투에 수백 번 나갔다. 비록 무기와 식량은 바닥을 드러냈지만 무리들의 마음은 더욱 굳어 있었다. 진주에 서부와 중부, 남부, 동부의 군사가 다 모여 있는 셈이었다.

이때 황소의 장수인 상양이 태강(太康, 하남성 태강현)에 주둔하고 있었는데, 당시 모여 있던 여러 군대가 태강을 함락시켰다. 또 황소의 다른 장수인 황사업(黃思鄴)이 주둔하는 서화(西華, 하남성 서화현)를 공격하니 황사업은 달아났고, 황소는 이 소식을 듣고 두려워서 군사를 고양리(高陽里, 하남성 회양현 북쪽)로 물렸다. 전국의 군대가 협동하여 황소를 공격했고, 그로 인해 진주의 포위가 마침내 풀어진 것이다. 그 후 주전충은 황소가 곧 도착할 것이라는 소식을 듣고, 군사를 이끌고 대량(大梁, 변주의 치소)으로 돌아갔다.

희종 중화 4년(884년) 5월에 황소가 주전충의 본거지인 변주를 향하면서 도중에 위지(尉氏, 하남성 위지현)를 도륙했다. 이때 황소의 장군인 상양이 교기(驍騎, 용감하고 날랜 기병) 5천을 데리고 대량을 압박하자 주전충은 다시 이극용에게 급하다고 원조를 요청했다. 이극용이 충무(忠武)도감사 전종이(田從異)와 함께 허주(許州)를 출발하여 상양의 군대를 깨뜨리고 1만여 명을 죽이니, 황소의 무리들은 드디어 무너지고 말았다. 이극용의 도움으로 주전충이 위기에서 벗어난 순간이었다.

이때 황소의 핵심 장수였던 상양은 그 무리를 인솔하여 감화절도사 시부에게 항복했고, 별장인 이당(李讜), 곽존(霍存), 갈종주(葛從周), 장귀패(張歸霸)와 그 동생 장귀후(張歸厚)는 그 무리를 인솔하고 주전충에게 항복했다. 주전충은 계속하여 황소의 무리들을 수용하게 되었다.

이때에도 이극용은 변주를 넘어 북쪽으로 가는 황소를 추격하여 봉구(封丘, 하남성 봉구현)에서 이들을 대파했다. 다시 이극용이 도망하는 황소를 따라 조성(胙城, 하남성 연진현 동북쪽)과 광성(匡城, 하남성 장원현 서남쪽)을 지나갔다. 황소는 나머지 무리 1천여 명을 거두어 동쪽 연주(兗州)로 도망갔다.

이러한 연합 작전 속에서 황소는 스스로 그 끝을 자살로 마감했다. 이극용의 서부 군사와 주전충의 동부 세력이 황소를 토벌한다는 공동 목표를 가지고 서로 도와서 이룩한 결과였다. 그러나 이 목표를 달성하여 일단 황소 세력이 소멸되자, 내재했던 지역적 갈등이 수면 위로 드러났다.

이 지역 갈등은 일단 이극용의 서부 세력과 주전충의 동부 세력의 충돌로 나타나기 시작했다. 당시 이극용의 군사 세력이 가장 컸는데, 이극용이 주전충을 도와주었던 터라 이극용은 주전충의 치소인 변주에 이르러서 성 밖에 군영을 만들었다. 이때에 주전충은 이극용을 청하여 성 안으로 들어와 상원역(上源驛, 개봉시)에서 묵게 했다.

주전충은 이극용에게 신세졌던 일을 빌어, 그를 초청하여 노래와 음악을 비롯하여 음식도 넉넉히 준비한 술자리를 마련하고 예의를 갖춰 극진히 대접했다. 하지만 이 연회에서 술이 얼큰하게 취한 이극용이 예전에 주전충이 황소를 좇아서 노략질했던 일을 놀리듯이 말하자 주전충이 불쾌한 표정을 지었다.

그런 때문인지 연회가 끝난 다음에 주전충의 부하들이 이극용이 머무는 상원역을 포위하고 이를 공격했고, 이극용의 처소에서는 부르짖는 소리가 땅을 뒤흔들었다. 황소를 무찌르는 과정에서 협력했던 두 세력이 충돌한 것이다. 주전충의 공격에서 간신히 살아남은 이극용은 군사를 이끌고 떠나면서 편지를 보내 주전충을 책망했다.

주전충이 회답하는 편지를 보내서 말하였다.

"전날 저녁의 변고는 제가 알지 못하였으며 조정이 스스로 파견한 사자와 양언홍(楊彦洪)이 모의한 것입니다. 양언홍은 이미 복주(伏誅)되었으니 오직 공께서는 양해하여 살펴 주십시오."

주전충은 자기가 알지 못한 사고였다며 변명했지만 그것으로 끝날 수 없는 일이었다.

이극용은 허주(許州)의 옛날 영채에 도착하여 함께 작전을 벌였던 충무절도사 주급(周岌)에게 양식을 요청했지만 주급은 자신들도 부족하다며 이를 거절했다. 하는 수 없이 이극용은 황하를 건너 진양(晉陽)으로 돌아갔다. 주급은 황소에 귀부했다가 다시 당 조정에 귀부하면서 허주를 중심으로 동부 세력을 유지하던 사람이었으니, 역시 서부 지역의 이극용에게 비협조적일 수밖에 없었다.

황소라는 큰 세력이 무너지고 나자 이극용은 동부 지역의 절도사로부터 공격을 받았고, 주전충은 이극용에게 모욕을 당함으로써 서로는 다시 화합할 수 없는 상황에 이르렀다. 동서의 대립이 다시 표면화된 것이다.

배척받은 이극용

주전충의 부하인 양언홍의 공격을 받은 이극용은 무사히 그의 본거지인 태원(太原, 산서성 태원시)으로 돌아갔다. 하지만 이 사건으로 인해 이극용은 산동 사람들이 자기를 해하려고 한다는 것을 분명히 알게 되었다. 이극용은 태원으로 돌아가 무려 8번에 걸쳐 희종에게 자기의 억울함을 호소하면서 주전충을 처벌해달라고 요청했다. 하지만 조정에서는 이를 수행할 의지도 힘도 없었다.

한편 당 왕조가 완전히 그 기능을 상실하였고, 그 자리에 끼어들었던 황소 세력도 사라지게 되자 각 지역에 흩어져 있는 군진 세력들이 아무런 통제도 받지 않으면서 다툼을 벌이게 되었다.

당시 이극용은 천하의 중심역할을 하기 위해서는 중국의 중심부인 관중 지역을 자기 영향 아래에 두어야겠다는 생각을 하게 되었다. 그래서 이극용은 태원으로 복귀한 다음해인 희종 광계 원년(885년)에 관중 지역으로 다시 내려왔다. 그리고 관중에 자리하고 있던 주매(朱玫, ? ~886년)와 이창부(李昌符)가 주전충과 결합하여 자신을 없애려고 한다는 구실로 두 사람을 공격했다.

당시 조정의 권력은 여전히 환관 전령자가 쥐고 있었다. 전령자는 장안을 회복시키는데 공로를 세운 하중절도사 왕중영을 배척하고 있었다. 이에 왕중영은 전령자가 군신(君臣)을 이간하고 있다고 표문을 올려 전령자의 열 가지 죄를 헤아렸다. 그러자 전령자는 빈녕(邠寧, 치소는 빈주)절도사 주매와 봉상(鳳翔, 치소는 봉상)절도사 이창부와 관계를 맺고서 이에 대항했다. 전령자와의 다툼에서 도리어 수세에 몰린 왕중영은 이해(885년) 10월에 이극용에게 구원을 요청했다. 당 조정 내부의 권력 싸움이 또다시 외세를 부른 것이다.

마침 이극용은 조정에서 자기를 죽이려고 한 주전충에게 죄를 주지 않은 것을 원망하고 군사를 선발하고 말을 사들이고 있었던 터였다. 이때 주매와 이창부는 주전충에게 마음이 기울어져 있었다. 왕중영은 이극용에게 원조를 청하여 주매와 이창부, 주전충이라는 동부 세력을 모두 몰아내려고 했다. 결국 왕중영과 이극용의 서부 세력, 그리고 주전충과 가까이 하던 주매, 이창부로 이어지는 동부 세력이 본격적으로 대결에 돌입한 것이다.

한편 주매는 당 조정에서 자기가 이극용을 토벌하기를 바라고 있는 점을 이용하여 자주 사람을 파견하여 몰래 경성(京城, 장안)에 들어가 쌓아 놓은 것에 불을 지르고, 근시(近侍, 가까운 환관)를 찔러 죽이고는 이극용의 소행이라고 떠벌렸다. 이극용의 세력이 가까이 다가온 것처럼 꾸며 조정이 자기에게 의지하게 만들려는 생각이었다. 이에 경사[장안]에서는 모두 두려워했으며 날로 와전(訛傳)된 말이 나돌았다.

주매의 이런 작전은 주효하여 드디어 전령자가 움직였다. 그는 주매와 이창부를 파견하여 그들의 본군(本軍, 정난군과 봉상군)과 이에 덧붙여 금군인 신책군(神策軍)과 부주(鄜州, 섬서성 부현)에 있는 보대군(保大軍), 연주(延州, 섬서성 연안시)에 있는 보새군(保塞軍), 영주(靈州, 영하 회족자치구 영무현)에 있는 삭방군(朔方軍), 하주(夏州)에 있는 정난군(靖難軍)을 각 3만 명을 거느리고 사원에 주둔하면서 하중절도사 왕중영을 공격했다.

이처럼 당 조정의 관군이 발동하자 왕중영은 급히 방어하는 한편, 이곳의 상황을 이극용에게 알렸다. 이극용은 왕중영의 도움 요청에 즉각적으로 군대를 움직여 관군에 대항했다. 그리고 이 싸움은 이극용의 승리로 끝났다. 주매와 이창부는 대패했고 각기 본진(本鎭)으로 돌아가던 이들 군대는 지나가는 곳곳에 불을 지르고 노략질을 했다.

산동에서 주전충과 진종권의 충돌

드디어 이극용이 경성[장안]을 압박하자 밤중에 전령자는 희종을 받들고 개원문(開遠門, 장안성의 제일 북쪽 문)으로 나가서 봉상으로 행차했다. 이는 동서 대결이 확연해진 것이고 환관 전령자가 집권하고 있는 조정의 무능으로 촉발된 것이다. 이렇게 전령자가 권력을 부리면서 다시 희종을 파천(播遷)하기에 이르게 하자, 천하에서는 그것에 분노하고 전령자를 미워했다. 주매와 이창부 역시 그에게 이용된 것을 수치로 생각하게 되었다.

다시 이극용과 왕중영의 세력이 강해지자 주전충의 편에 섰던 주매와 이창부는 그들과 세력에 합쳤다. 절도사들의 이합집산이 계속하여 진행되었고 이극용은 자신의 능력을 보이고 그의 근거지인 태원으로 돌아갔다. 실제적인 세력 다툼에 이극용의 힘이 가장 강하다는 것을 보여주는 사건이었다.

그러는 동안 산동 지역에서는 진종권(秦宗權)이 세력을 키우고 있었다. 진종권은 허주(許州, 하남성 허창시, 충무의 치소)의 아장이었다가 희종 광명 원년(880년)에 채주(蔡州, 하남성 여남현)를 점거했던 사람이다. 그는 황소가 장안을 점령하자 양복공을 좇아 황소를 공격했다가 패배하자 도리어 황소에게 항복했었다. 그리고 진주자사 조주(趙犨)를 공격했을 때 주온이 그를 도왔으나 역시 지키기 어려워지자 이극용에게 구원을 요청하기도 했다.

희종 중화 4년(884년)에 황소가 낭호곡에서 죽자 진종권은 채주에서 스스로 황제를 칭했다. 그 후 진종권은 그 영역을 넓혀 나갔고, 그의 세력 범위에 대해 《자치통감》에 기록되어 있다.

서쪽으로는 관내(關內)에 이르고, 동쪽으로는 청주(青州, 산동성 청주시), 제주(齊州)의 끝까지 갔고, 남쪽으로는 강회(江淮)까지 출몰했으며, 북으로는 위주(魏州, 하북성 대명현), 활주(滑州, 하남성 활현 동부)에 이르렀다.

이처럼 산동 지역의 거의 대부분에 진종권의 세력이 뻗치고 있었다. 그러하니 산동 지역에서는 주전충과 진종권이 대결하는 형세로 전개될 수밖에 없었다.

이러한 상황에서 희종 광계 3년(887년)에 진종권은 자기의 병사가 주전충의 10배인데도 자주 패배하는 것을 수치로 여기고, 모든 전력을 동원하여 주전충의 근거지인 변주를 공격하고자 했다.

이에 주전충이 연주와 운주에 도움을 청했고, 천평절도사 주선(朱瑄)과 태녕(泰寧)절도사 주근(朱瑾)이 병사를 이끌고 왔으며, 의성군(義成軍, 치소는 하남성 활현) 역시 도착했다. 주전충은 자기의 군대를 포함하여 4개의 군대를 가지고 진종권과 싸워 그를 대파하고 2만여 급의 목을 베었고, 진종권은 밤중에 달아났다. 결국 동부 지역에서 주전충이 승리했다.

이제 천하의 정세는 서부의 강자인 이극용과 동부의 강자 주전충으로 다시 분할되었다. 이 두 세력은 향후 천하 정세를 이끌어 가게 되었고, 이로써 또 다시 전형적인 동서 대결구도가 형성되었다.

제12장 새로운 통일을 향하여

中國分裂

새로운 통일을 향하여

산동 지역을 확보한 주전충

이제 본격적으로 이극용과 주전충의 대결이 시작되었다. 사타족인 이극용은 서북쪽에 근거를 둔 세력이고, 주전충은 산동 지역의 황소의 기병을 통해 성장한 다음, 경쟁자 진종권을 제거하고 강력해진 세력이었다. 현재의 양분화된 체제를 유지하기 위해서는 두 세력의 타협점을 찾아야 했다.

만약 두 세력이 합의하지 못한다면 전통적인 일통천하관에 의해서 자웅을 결정하는 경쟁을 벌여야만 했다. 그러나 두 세력이 타협점을 찾는 것은 좀처럼 쉽지 않았다. 이러한 상황에서 재빠르게 당 조정을 장악한 세력은 산동의 주전충이었다.

이극용의 하동군이 장안을 멋대로 약탈하자 전령자는 희종을 파천시켰고, 천하에서는 그것을 보고 모두 분노하고 전령자를 미워했다. 결국 주매와 이창부는 표문을 올려 전령자를 주살하라고 청했다. 그러나 전령자에게 꽉 잡혀 있는 희종은 어찌할 수 없었다.

희종 광계 2년(886년)에 4월에 주매는 봉상(鳳翔)에 있던 백관들을 압박하여 양왕(襄王) 이온(李熅)을 받들어 권감군국사(權監軍國事)로 하고, 촉에 들어가서 그를 영접하게 했다. 권은 임시라는 뜻이고, 감군국사란 군사와 국가의 업무를 감독하는 직책이므로 비록 임시라는 글자를 넣기는 했지만 국가의 최고권력자를 새로 세운 것이다. 그리고 백관들을 석비역(石鼻驛)에서 맹세하게 했다. 황제인 희종이 있는데도 불구하고 새로운 주군을 만든 것이다.

이온이 책문을 받고, 주매가 스스로 좌·우신책십군사(左·右神策十軍使)를 겸하여 백관을 거느리고 이온을 받들고 경사[장안]로 돌아갔다. 하중에서 희종을 좇지 못하고 있던 백관 최안잠(崔安潛) 등이 이온에게 전문(牋文)을 올려서 책문을 받은 것을 축하했다.

희종이 전령자에게 잡혀있는 상태에서, 이온은 권감군국사라는 직함을 가지고 황제의 권한을 행사하여 정부의 관직을 임명하고 정부를 꾸렸다. 이러한 상황이 되자 전령자는 하는 수 없이 신책군사에서 물러나고 그 대신 양복공이 그 역할을 맡게 되었는데, 양복공은 전령자의 패거리가 아닌 사람들로 관직을 임명했다.

결과적으로 당에는 봉상과 장안에 각기 다른 두 개의 정부가 수립된 꼴이었다. 그리하여 장안에서 양왕 이온이 황제 자리에 오르고, 봉상에 가 있는 희종을 높여서 태상원황성제(太上元皇聖帝)라고 했다. 장안에 있던 주매 등이 정치적 주도권을 잡은 까닭에 희종을 상황(上皇)으로 밀어낸 것이다.

그렇다고 천하가 다 이를 인정하지는 않았다. 이러한 구도가 불리하다고 생각한 왕중영과 이극용은 주매를 공격하고, 주매가 아끼는 장군인 왕행유(王行瑜)를 포섭하여 장안으로 들어가서 주매와 그 무리 수백 명을 죽였다. 그러자 새로 황제가 된 이온은 왕중영이 있는 하중으로 도망쳤는데, 왕중영은 이온을 받아들이는 척하다가 잡아 죽임으로써 이온의 칭제는 끝났다. 1년도 채 이어지지 못하고 끝나버린 소동이었다.

이 와중에도 주전충은 차근차근 그의 세력을 넓혀 나갔다. 먼저 그의 장수인 주진(朱珍)과 이당빈(李唐賓)을 파견하여, 의성(義成, 치소는 활주)절도사 안사유(安師儒)를 습격하여 그를 포로로 삼고 아장 호진(胡眞)을 지의성(知義成)유후로 삼았다. 의성군진을 그의 세력 범위 안에 넣은 일이었다. 또한 주전충은 황제를 칭한 진종권과 대결하기 위해 주진을 치청(淄靑, 산동성 치박시)에 보내 1만여 명을 모집하게 하고, 청주(靑州, 산동성 익도시)를 습격하여 말 1천 필을 획득하여 대량(大梁, 汴州, 하남성 개봉시의 치소)으로 돌아왔다.

당시 진종권이 주전충의 근거지인 변주를 약탈하자 주전충은 그 군대를 공격하는 한편, 그 아장인 곽언(郭言)에게 하양(河陽, 치소는 하남성 맹현), 섬(陝, 하남성 삼문협시), 괵(虢, 하남성 영보시)에서 병사들을 모집하게 하여 1만여 명을 모았다. 그래서 주전충이 주선과 주근에게 도움을 청하고, 자기 휘하에 있는 의성군과 선무군진 등 네 진의 군대까지 동원해 변효촌(邊孝村, 하남성 개봉시 북쪽, 변주의 북교)에서 진종권을 쳐서 대파하고 2만여 급의 목을 베었다.

또 희종 광계 3년(887년) 8월에 주전충은 병사를 이끌고 박주(亳州, 안휘성 박주시)를 지나면서 그의 장수 곽존(霍存)을 보내 박주자사를 내쫓고 그곳에 자리를 잡고 있는 장군 사은(謝殷)을 습격하여 그의 목을 베었다.

이어서 주전충은 연(兗, 산동성 연현)과 운(鄆, 산동성 동평현)을 겸병하기 위해 자기를 도왔던 주선 형제를 무고하는 편지를 쓰게 하고 그들을 공격했다. 그러나 주전충의 공격을 받은 주선과 주근은 겨우 죽음에서 벗어났는데, 이로서 주전충은 연과 운 사이에 틈이 생겼다. 이렇게 산동 지역을 온전히 하나로 통일하는 일도 쉽지는 않았다. 하지만 주전충은 범현(范縣, 산동성 범현)에서 주선의 동생인 주한을 사로잡은 후 목을 베는 성과를 올렸다.

이러한 과정을 거치면서 결국 주전충은 회남절도사와 동남면(東南面)초토사를 겸하게 되었다. 이렇게 되자 희종 이현은 주전충을 채주사면행영도통(蔡州四面行營都統)으로 삼아 시부를 대신하게 했고, 이로부터 여러 진영의 병사들은 모두 주전충의 통제를 받게 되었다.

그 후에 주전충의 세력이 더욱 커져 당 조정에 영향을 미치자, 희종 문덕 원년(888년) 5월에 주전충에게 겸시중을 더하여 주었다. 주전충이 이미 낙(洛, 낙양)과 맹(孟, 하남성 맹현)을 얻어서 서쪽 세력이 자기를 공격하는 지를 돌아봐야 하는 걱정이 없게 되자, 마침내 병력을 크게 내어 채주(蔡州, 하남성 여남현)의 남쪽에서 진종권을 크게 깨뜨리고 북쪽 관문에서 이겼다.

다시 진종권이 중주(中州, 채주의 중성)에 주둔하며 그곳을 굳게 지키자, 주전충은 제장을 나누어 28영채로 하여 그곳을 둘러쌌다. 결국 12월에 진종권은 채주의 장군 신총(申叢)에게 잡혔고, 신총이 주전충에게 항복하면서 주전충은 산동 지역의 최대 강자가 되었다.

이렇게 주전충은 산동 지역에서 황제를 칭하던 진종권을 장안으로 압송했고, 채주에서의 승리 후 군대의 세력이 더욱 강성해졌다. 당 조정의 입장에서는 독자적으로 황제를 칭하던 진종권을 잡은 주전충이 큰 공로를 세운 것이다. 이 일로 인해 소종 대순 원년(890년)

3월에 주전충은 겸중서령(兼中書令) 동평군왕(東平郡王)이 되었다. 그 후에도 주전충은 자신의 세력을 계속 확장해 나갔다.

이때 황소 세력을 제압하기 위해 끌여들인 서타 세력의 이극용이 여전히 골칫거리로 남아있었다. 주전충은 이제 그와 경쟁 관계에 있는 이극용을 토벌해야 했다. 당 조정에서는 이극용을 토벌하기 위해 소종 대순 원년(890년) 4월에 주전충을 남면(南面)초토사로 삼고, 주전충에 예속되었던 의성군을 선의군(宣義軍)으로 고쳐 부르도록 하고 주전충을 선무(宣武, 치소는 하남성 개봉시)·선의절도사로 삼았다.

주전충은 재상 장준과 힘을 합쳐서 하동절도사 이극용을 토벌하고, 그의 관작(官爵)을 없앴다. 그러나 여러 군진과 연합하여 진공(進攻)하던 가운데 도리어 하동군에 패배하자 다시 이극용의 관작을 회복시킬 수밖에 없었다. 이렇게 이극용과 주전충의 대립 관계가 계속하여 유지되고 있었다. 그 후에도 주전충은 경쟁자 이극용을 토벌하려고 노력했지만 성공하지 못했고, 그 대결은 오대까지 이어졌다.

고병 세력을 이어 받은 양행밀

주전충과 이극용의 대결이 끝나지 않으니, 어느 세력도 전국을 장악하여 천하일통을 이룰 수 없었다. 그리하여 중국 천하는 각 지역별로 할거하여 독립하는 상황으로 전개되었다. 물론 통일 정책의 시행은 불가능했고, 절도사들도 서로 먹고 먹히면서 세력을 확충하는 일에만 급급했다.

특히 강력한 두 세력인 서부 이극용과 동부의 주전충이 맞대결하는 상황에서, 또 다른 축인 남부 지역의 독자적 세력이 나타났다. 바로 양행밀(楊行密, 852년~905년)이다. 이러한 상황은 마치 전국시대의 진(秦)과 제(齊), 초(楚)가 독립하고 경쟁하는 상황과 비슷하거나 재연되었다고 할 수 있다.

남부 세력의 중심이 된 양행밀의 원래 이름은 양행민(楊行愍)으로 원래 여주(廬州, 안휘성 합비시)의 아장이었다. 그는 희종 중화 3년(883년)에 여주자사가 되었다가 회남(淮南, 치소는 강소성 양주시)절도사 고병(高駢)에게 귀부했다. 이것이 회남에 자리를 잡는 실마리가 되었는데, 희종 광계 2년(886년)에 고병의 요구로 이름을 양행밀로 바꾸었다. 그런데 회남 지역 최대 세력인 고병의 세력에 문제가 생겼다.

고병에게는 황소의 세력이었다가 귀부한 장수 필사탁(畢師鐸)과 회남의 일을 좌지우지하는 여용지(呂用之)가 있었다. 여용지는 방술(方術, 신선의 술법)을 좋아하는 고병에게 방사(方士)를 소개하면서 신임을 얻어 고병의 진영에서 전권을 휘두르게 된 사람이다. 그리하여 무력을 가진 장수 필사탁과 본부에서 고병의 신임을 얻은 여용지의 사이는 어그러지기 시작했고, 결국 서로 다툰 끝에 필사탁이 고병에게 반기를 들었다.

사실 고병이 필사탁을 고우(高郵, 강소성 고우현)로 파견한 것에서부터 필사탁의 불만이 싹트면서 반기의 단초가 되었다. 고병은 황제를 칭하고 있는 진종권이 회남을 노략질하려 한다는 소식을 듣고 필사탁을 파견하여, 100기(騎)를 거느리고 고우에 주둔하며 진종권의 세력을 막게 했었다. 고병으로서는 당연한 조치라고 할 수 있으나, 필사탁은 이러한 조치가 자기를 제거하려는 여용지의 계책이라고 의심했고, 결국 정한장(鄭漢章), 장신검(張神劍)과 함께 혈주(血酒)로 맹세하면서 반기를 든 것이다.

그리하여 필사탁은 군사를 이끌고 회남절도사 고병의 본거지인 광릉성(廣陵城, 강소성 양주시) 아래에 이르렀다. 그리고 고병의 본거지를 공격했는데, 이 일로 인하여 성 안이 놀라고 소란스러워졌다. 한편 필사탁은 손약(孫約)과 그의 아들을 가까이에 있는 선주(宣州, 안휘성 선성시)로 파견했다. 선흡(宣歙)관찰사 진언(秦彦)에게 군사를 달라고 요청하면서 광릉성에서 이기게 되면 진언을 맞이하여 장수로 삼겠다고 약속했다. 필사탁은 자기 세력을 넓히려는 의도였다.

필사탁의 반기에 대응하기 위해서 여용지 역시 자기의 우군을 만들어야 했다. 그래서 거짓으로 고병의 첩서(牒書)를 만들어 여주자사 양행밀을 행군사마(行軍司馬)로 임명하고 병력을 보내 지원하게 했다. 고병 세력의 분열을 맞아서 양행밀이 회수 지역에 자리를 잡게 되었다.

양행밀은 고병의 본거지에서 군사 문제를 책임지는 중요한 자리를 차지하게 된 것이다. 고병에게 의탁한지 얼마 지나지 않은 상황에서, 비롯 거짓 임명이긴 했지만 고병내에서의 지지기반이 약했던 양행밀에게는 자기 세력을 다질 절호의 기회였다.

이때 양행밀에게는 여강(廬江, 안휘성 여강현) 사람 원습(袁襲)이 있었다. 그는 양행밀에게 상황을 분석하여 앞으로 나아갈 방향을 제시했다.

"고공(高公, 고병)은 어둡고 분별이 없으며, 여용지는 간사하고, 필사탁은 도리에 어긋납니다. 이 흉덕(凶德)한 사람 셋이 우리[양행밀]에게 병력을 요구하니 이는 하늘이 회남을 밝으신 공[양행밀]에게 주는 것입니다. 재촉하여 그곳으로 가십시오."

고병은 나이가 많고 또 분별력이 떨어져서 방사에 기대며, 여용지는 이를 이용하여 회남군진에서 전횡하고, 또 이에 반발한 필사탁은 자기의 본거지를 도리어 공격하는 도리에 어긋난 일을 하고 있다고 설명했다. 이러한 상황이라면 충분히 회남 지역을 차지할 수 있다는 말로 이는 정확한 분석이었다. 굴러 온 돌로서 박힌 돌을 빼버리자는 것이다.

이리하여 양행밀은 비록 가짜이지만, 고병의 첩서를 받은 터라 이것을 기회로 삼아 여주의 병사를 모두 발동했다. 그 위에 화주(和州, 안휘성 화현)자사 손단(孫端)에게 병력을 빌려서 수천 명의 군사를 이끌고 5월에 천장(天長, 안휘성 천장현)에 이르렀다.

이 무렵에 필사탁의 병사는 고병의 근거지 광릉성 아래에 이르렀고 선흡관찰사 진언은 그의 장수인 진조(秦稠)와 병사 3천을 양자(楊子, 양주시 남쪽, 장강의 입구)로 보내 필사탁의 공격이 더욱 강화되게 되었다.

고병의 진영에서 광릉성 안에 있는 나성(羅城) 서남쪽 모서리를 지키는 병사들이 전격(戰格, 기둥으로 만들어 놓은 목책)을 불태우며 필사탁에 호응하자, 필사탁은 그 성을 허물어 그 무리들을 받아들였다. 고병의 진영은 허무하게 무너지고 있었다.

한편에서 여용지가 그 무리를 추스려 1천을 거느리고 삼교(三橋)의 북쪽에서 힘을 다해 싸우자 필사탁은 잠시 수세에 몰렸다. 그러나 마침 고걸(高傑)이 뇌성(牢城)에 있던 군사를 가지고 자성(子城)에서 나와 여용지를 사로잡아 필사탁에게 넘겨주려고 했다. 여용지는 삼좌문(參佐門)을 열고 북쪽으로 도주했다.

자중지란을 만난 고병은 양찬(梁纘)을 불러 소의군(昭義軍) 100명을 데리고 성 안에 있는 자성을 지키게 했다. 그러나 필사탁이 병사를 풀어 크게 노략질하니 고병은 마지못해 수비를 철수할 것을 명령했고, 결국 필사탁에게 연금된 상태가 되었다.

이렇게 고병 세력이 자체 분열하기에 이르자, 많은 사람들은 필사탁도 여용지도 아닌 제3의 세력인 양행밀에게 귀부하게 되었고, 그의 무리는 1만7천 명으로 늘어났다. 특히 필사탁과 인척관계에 있는 장신검(張神劍)이 필사탁에게 재화를 요구한 적이 있었는데, 그때 필사탁이 미적거리자 장신검은 화를 내며 자기의 무리와 고우(高郵, 강소성 고우현)에 있는 양식을 가지고 양행밀에게 귀부했다. 상황이 이렇게 되자 이때부터 양행밀이 고병의 세력을 이어받아서 남부의 중심이 되었다.

남부 지역을 통일한 양행밀

물론 고병의 핵심 세력들은 굴러 온 돌인 양행밀이 쉽게 회남 지역을 차지하는 것을 그대로 두고 보려 하지 않았다. 회남 지배를 겨냥한 선흡관찰사 진언은 필사탁의 부탁을 받은 터라, 필사탁과 진조를 병사 8천 명과 함께 보내 양행밀을 치게 했다. 그러나 진조는 패하여 죽고 사졸들도 거의 다 죽고 말았다.

진언은 다시 광릉성 안에 있는 군사 1만2천 명을 모두 내보내고 필사탁과 정한장을 보내 서쪽에 진을 치게 했다. 하지만 이때에도 양행밀의 계교에 빠져 진언의 군대는 패배했다. 포로가 되거나 목이 잘린 시신이 10리에 가득 쌓였고, 개천과 수렁에도 가득 찼다. 필사탁과 정한장은 홀로 말을 타고 피해 겨우 죽음을 면했다. 고병의 세력을 이어받은 양행밀의 세력이 필사탁과 그를 도운 진언 세력을 몰아낼 정도로 커지기 시작한 것이다.

희종 광계 3년(887년) 9월에 이르러 진언은 필사탁과 함께 군대를 출동시켰지만 양행밀에게 거듭 패했다. 그러자 필사탁은 장수 유광시(劉匡時)를 시켜서 그들이 도원에 연금해 두고 있던 자신의 주군인 고병과 그의 가족을 전부 죽였다.

양행밀은 그 소식을 듣자마자 군대를 거느린 채 흰 소복을 입고 성을 향해 사흘 동안 큰 소리로 곡을 했다. 회남 지역에 여전히 잔재하는 고병 세력을 흡수하기 위한 정치적인 조치였다.

그 후로 양행밀은 진언과 필사탁이 있는 광릉을 포위했고, 그로부터 반 년 만에 군사 1만5천 명과 함께 광릉성으로 들어갈 수 있었다. 그리고 스스로 회남유후라고 하여, 회남절도사였던 고병의 자리를 이어받고 회남에 자리를 잡게 되었다. 회남 지역에서의 정통성을 확보한 것이다. 그러나 회남 지역을 둘러싸고 있는 두 세력은 여전히 통합되지 않았다.

소기의 목적을 이루지 못한 필사탁은 결국 동부 세력인 진종권의 부하 손유(孫儒)에게 투항했는데, 손유가 필사탁을 죽이고 그 군대를 합쳐 양주를 공격했다. 하남 지역에서 주전충과 승패를 겨루고 있던 진종권이 회남까지 세력을 넓히려고 한 것이다. 이제 양행밀과 진종권이 양주를 놓고 다투게 되었다. 남부와 동부의 세력 다툼이 시작된 것이다.

이때 양행밀에게 회남을 차지하라고 권고했던 양행밀의 모사 원습이 양행밀에게 건의했다.

"광릉은 굶주리고 황폐해진 것이 너무 심해졌는데, 채주(蔡州, 하남성 여남현)의 도적[손유]이 다시 오면 백성들이 더욱 곤란해질 것이니, 그곳을 피하는 것만 못합니다."

이 말에 따라서 양행밀은 양주에서 여주(廬州, 안휘성 합비시)로 물러났다. 그러던 가운데 희종 문덕 원년(888년)에 양행밀은 조정에서 세력을 잡고 있는 주전충의 건의로 정식으로 회남유후가 될 수 있었다. 그 후 소종 용기 원년(889년) 양행밀이 선주(宣州, 안휘성 선성시)를 공격하여 이기니, 당 조정에서는 그를 선흡관찰사로 삼았다. 양행밀이 주전충의 도움을 받은 것이기도 하지만, 이는 주전충과 경쟁하는 진종권을 견제하기 위한 주전충의 포석이기도 했다.

양행밀은 선주를 점거한 다음에 주전충이 있는 북쪽을 뺀 동서남 세 방향인 소주(蘇州, 강소성 소주시), 상주(常州, 강소성 상주시), 윤주(潤州, 강소성 진강시), 저주(滁州, 안휘성 저주시), 화주(和州, 안휘 화현)로 세력을 확대했다. 그러자 당 조정에서는 소종 대순 원년(890년)에 선흡군(宣歙軍, 치소는 안휘성 선주시)에 녕국(寧國)이라는 이름을 하사하고 양행밀을 절도사로 삼았다.

소종 경복 원년(892년)에 이르러서는 감화(感化, 강소성 서주시)절도사 시부(時溥)가 남쪽을 침범하여 초주(楚州, 강소성 회안시)에 도착했다. 양행밀에게 새로운 경쟁자가 나타난 것이다. 하지만 양행밀의 장수가 그들을 패배시켰고, 마침내 초주를 빼앗았다. 그리고 다시 양주를 점유하고 있던 손유를 쳐서 다시 양주에 들어왔는데, 이를 계기로 이해(892년) 8월에 양행밀은 회남절도사·동평장사가 되었다. 양행밀이 급격히 부상하고 있었다.

그 후에도 양행밀은 군대를 충돌시켜서 그 기반을 확대해 나갔다. 그리하여 회하 이남과 장강 이동의 대부분 지역이 양행밀의 세력 범위에 들어왔으며, 훗날 10국 가운데 하나인 오나라의 영역이 대체적으로 확보되었다. 그리고 이는 전국시대 이후의 오초 지역이기도 했다.

불가능했던 주전충의 남하

주전충은 진종권과의 경쟁을 끝내고 정국을 장악하자, 이번에는 남쪽으로 세력 확대를 꾀하기 시작했다. 회남의 남쪽은 양행밀이 장악하고 있는 지역으로, 한때는 동맹 관계였던 주전충과 양행밀은 이제 회남 이남의 이권을 다투는 경쟁 관계로 바뀌었다.

사실 소종 경복 원년(892년) 11월에 시부의 영향 아래 있던 호주(濠州, 안휘성 봉양현 동북쪽 임회관)자사 장수(張璲)와 사주(泗州, 강소성 우태현 회하의 북안)자사 장간(張諫)이 주(州)를 가지고 주전충에게 귀부했다. 이러한 연고로 남부 지역의 호주와 수주(壽州, 안휘성 수현), 연수(漣水, 강소성 연수현)가 주전충의 영향 아래로 들어오게 되었다. 주전충의 세력이 회남 지역까지 뻗친 것으로, 남부 지역을 장악하고 있던 양행밀에게는 위기였다.

양행밀은 남하하려는 주전충 세력을 막아야 했다. 만약 여기서 주전충을 막지 못하면 더이상 자기의 영역을 지키기 어려운 상황이었다. 양행밀은 진종권이 되었든 주전충이 되었든 어쨌든 전통적으로 있어 왔던 남부와 동부의 대결에서 남부를 지켜야만 살아남을 수 있는 처지였다.

그러던 차에 주전충의 영역인 연주(兗州, 산동성 연주시)와 운주(鄆州, 산동성 동평현)에 더 급한 일이 생겼다. 주전충이 위주(衛州, 하남성 화현 동쪽)의 남부에 도착하기 전, 천평절도사 주선(朱瑄)이 보병과 기병 1만 명을 거느리고 주전충의 장남 주우유(朱友裕)가 있는 두문(斗門, 하남성 복양현 경계부근)을 습격하니, 주우유는 군영을 버리고 도망친 후였고 주선이 그 군영을 점거하고 있었다.

주선은 주전충이 진종권과 경쟁할 때에 주전충을 도와주었으나, 그 후에 주전충과의 헤게모니 싸움에서 이극용과 연계하는 등 주전충과 대립관계를 유지하고 있었다.

그런데 주전충은 이 사실을 알지 못한 채 두문에 도착했고, 이미 두문은 주선에게 빼앗긴 터라 주전충의 군대는 주선의 군사들에게 모두 살해되고 말았다. 무방비 상태에서 공격을 받은 주전충은 한 발 물러나서 진을 쳤으나, 주선이 다시 공격해왔고 결국 주전충은 대패하여 도주했다. 이 일로 주전충은 천평절도사 주선에게 원한을 가지게 되었다.

그리하여 소종 경복 2년(893년)에 주전충이 연주를 수복하기 위해 그의 장수 방사고(龐師古)로 하여금 연주를 공격하게 했다. 그리고 천평절도사 주선의 동생인 주근(朱瑾)과 더불어 싸워서 그를 누차 격파했다. 또 소종 건녕 2년(895년)에 주전충이 그의 장수인 주우공(朱友恭)을 파견하여 주선에게 점령된 연주를 포위했는데, 주선이 운주로부터 병기와 군량미를 가지고 와서 연주를 구원하려고 하자, 주우공이 매복을 설치하여 고오(高梧, 산동성 운성현 북쪽)에서 그들을 패배시키고 그들의 군량미를 모두 탈취했다. 주전충은 자기 영역인 연주를 지켜 낸 셈이다.

그러나 주전충은 이 일 때문에 남부의 양행밀과 다툴 수 없었다. 뿐만 아니라 오래도록 경쟁 관계에 있던 서부의 하동(河東)에서 이극용의 장수인 사엄(史儼)과 이승사(李承嗣)를 파견하여 1만의 기병으로 운주를 공격하자, 주우공이 퇴각하여 변주로 돌아왔다. 이러한 상황에서 주전충은 계속해서 주선과 다투어야 했다. 그래서 양산(梁山, 산동성 양산현)에서 직접 군대를 거느리고 주선을 공격했고, 주선은 패하여 운주로 도주하였다.

소종 건녕 3년(896년)에 주전충은 방사고를 파견하여 군사를 거느리고 운주를 정벌하게 하여 주선의 군사를 마협(馬頰, 산동성 상하현 북쪽)에서 패배시켰다. 이들의 싸움은 이때까지 계속되고 있었다.

주전충은 자신의 세력 근거지인 동부 지역에서 서부 세력인 이극용과 주선의 계속적인 도발에 피나는 싸움을 벌여야 했다. 따라서 세력 확장을 위해 애초에 계획했던 양행밀이 장악하고 있는 남쪽으로 눈을 돌릴 틈이 없었던 것이다. 양행밀로서는 천우신조한 일이었다.

장강·회남 지역을 확보한 양행밀

양행밀은 소종 건녕 2년(895년)에 남부 지역인 호주(濠州, 안휘성 봉양현 동북쪽 임회관)를 공격하여 장악하고 그 곳의 자사 장수(張璲)를 체포한 다음에 수주(壽州, 안휘성 수현)를 포위했다. 그리고 다시 군사를 파견하여 연수(漣水, 강소성 연수현)를 습격했다. 당시에 동부의 주전충이 남부의 호주까지 그 세력을 뻗치고 있었는데, 주전충과 이극용의 세력 다툼을 틈타 양해밀은 남부 지역에서 동부 지역의 주전충 세력을 구축하면서 자기 영역을 넓혀가고 있었다.

이 무렵 주전충은 산동 지역에서 주선과의 싸움을 통해 연주와 운주를 얻게 되어 갑병이 더욱 강성해진 상태였다. 주전충은 이극용과의 대결로 잠시 멈추었던 남부로의 세력 확장을 다시 개시했다. 그리하여 어쩔 수 없이 양행밀에게 내준 남부를 다시 장악하기 위해 스스로 군사를 크게 일으킨 다음 숙주(宿州, 안휘성 숙주시)에 주둔했다. 주전충의 반격인 동시에 양행밀에게는 위기가 찾아온 것이다.

그러나 양행밀 역시 결코 만만하지 않았다. 이에 양행밀은 주전충과 동부 지역에서 혈투를 벌였던 주선의 동생 주근과 연합했다. 양행밀과 주근은 군사 3만을 거느리고 초주(楚州, 강소성 회안시)에서 주전충의 군사를 막았고, 양행밀의 별장 장훈(張訓)이 연수(漣水, 강소성 연수현)에서 군사를 이끌고 와 병력을 보탰다. 양행밀은 장훈을 선봉으로 삼아 주전충의 남하를 효과적으로 대응했다.

이어서 이해(896년) 11월에 주근이 회남의 장수인 후찬(侯瓚)과 함께 기병 5천을 거느리고 몰래 회하를 건너고 나서 회하의 물줄기를 주전충의 장군 방사고의 진영으로 내려가게 했다. 그리고 방사고와 그 장사의 머리 1만여 급을 베니 나머지 무리들은 모두 무너졌다. 이 소식을 들은 주전충의 다른 장수인 갈종주(葛從周)도 도망했다.

양행밀과 주근, 주연수가 여세를 몰아 그들의 뒤를 쫓으니 주전충의 군대는 겨우 목숨만 건질 수 있었다. 마침 많은 눈이 내려 주전충의 근거지인 변주에서 온 병졸들은 길가에서 얼어죽거나 굶어 죽거나 하여 살아 돌아간 사람들이 1천 명이 되지 않았다. 주전충은 불리해진 전세 소식을 듣고 역시 급히 도망했다. 주전충의 남부 진출이 막히는 순간이었다. 이때부터 양행밀은 장강과 회하의 사이를 점거하게 되었고, 주전충은 더이상 양행밀과 다툴 수 없었다.

양행밀은 회남 지역을 확보하기까지 때로는 직접적으로 주전충의 도움을 받기도 했고, 때로는 간접적으로 주전충과 경쟁을 벌인 이극용과 주근의 도움을 받았지만, 양행밀은 결국 남부 지역의 패자로 자리 잡았다.

물론 이후에도 많은 절도사들이 이합집산했지만 크게 본다면 중국은 역시 서부의 이극용과 동부의 주전충, 그리고 남부의 양행밀이라는 정족을 이루는 분열 상태에서 평형을 유지하게 되었다. 전국시대 이후에 중국 역사에서 자주 등장하는 삼각형의 정족 상태가 또 다시 나타났다.

장안 정치에 눈을 돌린 주전충

남쪽으로 진출을 노리던 주전충은 양행밀과의 패권 다툼에서 패배하자 이번에는 장안으로 눈을 돌렸다. 소종 광화 원년(898년)에 주전충은 부사(副使) 위진(韋震)을 장안에 파견하여 업무 보고를 하면서 주선이 가지고 있던 천평(天平)을 겸하여 진수하게 해줄 것을 요구했다. 당 조정에서는 하는 수 없이 주전충을 선무·선의·천평삼진(宣武·宣義·天平三鎭)절도사로 삼았다. 혼자서 세 개 군진의 절도사를 담당하게 된 것이다.

이렇게 동부 지역의 최강자가 된 주전충은 서부 지역을 약화시키기 위해 이해(898년) 4월에 창주와 경주, 덕주를 가지고 있는 유인공(劉仁恭)과 우호 관계를 맺고, 나홍신(羅弘信)의 위박군(魏博軍)과 함께 최대의 적대 세력인 이극용을 공격했다.

이극용도 이에 질세라 10월에 주전충의 부장인 갈종주를 공격했지만 실패했다. 그리고 12월에 이극용의 부장인 소의(昭義, 산서성 장치현)절도사 설지근(薛志勤)이 죽자, 이극용과 우호적이던 택주(澤州, 산서성 진성시)자사 이한지(李罕之)가 택주의 군사를 이끌고 밤에 노주(潞州, 산서성 장치시)를 점거했다. 노주는 소의절도사의 치소인데, 절도사 설지근이 죽었다고 하더라도 이곳은 원래 이극용의 동생 이극수가 차지하고 있던 곳이다. 그런데 이한지가 이곳을 점령한 것이다.

그리고 이한지는 이극용에게 편지를 보냈다.

"설철산(薛鐵山, 설근지)이 죽었는데 주(州, 노주)의 백성들은 주인이 없어서 불령(不逞)한 놈들이 변란을 일으키게 될 것이 염려되니, 그러므로 저 이한지가 오로지 명령하여 누르고 어루만지고 있으니 대왕[이극용]의 결단을 받아들이겠습니다."

이한지의 편지에 화가 난 이극용이 사람을 파견하여 그를 문책하게 했다. 그러자 이한지는 그만 주전충에게 귀부해버렸다. 주전충 입장에서는 우군을 얻은 것이었다. 그러나 다음해(899년) 이극용이 이사소(李嗣昭)를 파견하여 노주를 함락시키고 택주를 빼앗았다. 이렇게 질기고 긴 동서 세력 간의 다툼은 계속 이어져갔다.

이 무렵 산동 지역의 범양절도사 유인공은 주전충과 우호 관계를 맺고 있었다. 그런데 주전충은 산동을 오롯이 차지하기 위해 유인공을 공격하여 덕주(德州, 산동성 능현)를 뽑고 창주(滄州, 하북성 창주시 동남쪽)를 포위했다. 철저하게 실리에 따라 움직인 결과였다. 주전충으로서는 유인공과 우호 관계를 맺은 것은 남부의 양행밀이나 서부의 이극용과 대결 하기 위한 술책이었을 뿐, 언젠가 산동 지역에서 다른 세력을 다 제거하려는 것은 당연한 일이었다.

이에 맞선 유인공은 주전충과 적대 관계인 이극용에게 구원해 주기를 청했고, 이극용 역시 주전충의 세력 확장을 저지하기 위해 유인공을 도와주었다.

유인공의 사건에서 보듯, 당시의 정세는 크게 이극용과 주전충이 동서를 대표하는 세력으로 성장해 가고 있었지만 여전히 많은 독자 세력이 존재했다. 그리고 서로 나뉜 세력들이 이해 관계에 따라서 계속 이합집산하고 있었기 때문에 어느 한 쪽이 다른 한 쪽을 완전히 제압할 수 없었다.

이러한 상황에서 당 조정에서는 재상 최윤(崔胤)이 소종 이엽(李曄, 867년~904년)과 함께 환관들을 전부 주살할 것을 비밀리에 모의하고 있었다. 이에 위기 의식을 느낀 좌군중위 유계술(劉季述)과 우군중위 왕중선(王仲先), 추밀사 왕언범(王彦範), 설제악(薛齊偓) 등 환관들이 그들보다 먼저 움직였다. 이들은 자신들이 장악하고 있는 금군을 이용하여 소종의 전국보(傳國寶, 나라를 전하는 보배, 옥새)를 빼앗고 소종과 황후를 연(輦)에 태워 소양원(少陽院)에 감금했다. 그리고 태자 이진(李縝)을 황제 자리에 오르게 했다.

물론 이 사건은 최윤이 웅의군사(雄毅軍使)이자 좌신책지휘사인 손덕소(孫德昭)로 하여금 쿠데타를 일으킨 환관들을 잡아 죽이고 소종을 복위시키는 것으로 끝이 났다. 최윤이 소종 천복 원년(901년) 정월 초하루에 손덕소를 시켜, 쿠데타를 일으켰던 왕중선이 황제를 알현하기 전에 미리 병사들을 매복시켰다가 왕중선을 죽이고, 이어서 쿠데타를 일으킨 환관 주승해(周承誨)는 유계술과 왕언범까지 사로잡아 죽였다. 비록 재상 최윤의 반정(反正)으로 끝나기는 했지만 이와 같은 환관의 발호가 이때까지도 여전했음을 보여주는 사건이었다.

유계술 등이 주살되었다는 소식을 들은 주전충은 쿠데타에 가담했다가 때마침 선무에 진주관으로 와 있던 정암(程巖)의 발을 절단하고 형구(刑具)를 채워 경사[장안]로 보냈다. 반정을 적극 찬성하는 태도를 보임으로써 당 조정과 관계를 돈독히 하려는 조치였다. 아울러 유계술의 아들 유희도(劉希度)와 유계술 밑에 있는 공봉관인 이봉본(李奉本) 등을 모두 도성의 시장에서 참수했다. 이 일로 인해서 당 조정의 환심을 산 주전충은 동평왕(東平王)이 되었다. 드디어 주전충은 왕작을 받게 되었다.

전부 살해된 환관

동평왕에 오른 주전충은 곧바로 하북을 항복시킨 다음, 하중을 빼앗아 하동을 견제하고자 하중으로 군사를 진격시켰다. 그리고 당 조정을 향하여 하중절도사로 제수해 줄 것과 통수로 삼아줄 것을 요청했다. 산동에서 중부 지역까지 세력을 넓히는 과정을 통하여 주전충은 선무·선의·천평·호국 네 진의 절도사가 되었다.

이어서 자기의 우호세력을 좀 더 넓히기 위하여 하양(河陽, 치소는 맹주, 하남성 맹현)절도사 정회(丁會)를 소의(昭義, 치소는 노주, 산서성 장치시)절도사로 삼고, 맹천(孟遷)을 하양(河陽)절도사로 삼도록 영향력을 행사했다.

주전충은 어느 정도 자기의 지지 세력이 확장되어 가자 좀 더 확실하게 천하를 뒤흔들고 싶어졌다. 절대권력으로 눈이 돌아간 것이다. 그런데 당시 절대권력을 탐내던 사람은 주전충 혼자만이 아니었다. 절도사 가운데 웬만큼 힘이 있다면 누구나 꿈꾸던 일이었다. 그러나 자기 스스로 황제가 되기에는 역부족하다고 판단하여, 그 대신 과거 후한말에 조조가 동부 지역에서 출발하여 황제를 끼고 천하를 호령했던 방법과 같은 방법으로 권력을 쥐고자 했다.

당시 황제를 사이에 두고 주천충과 경쟁을 벌였던 절도사는 봉상·창의(鳳翔·彰義)절도사인 이무정(李茂貞, 856년~924년)이었다. 이무정은 환관들이 황제를 폐립하여 장안에서 권력을 잡은 것을 보고 그 이치를 알게 되었다. 주전충과 이무정은 서로 각기 자기 세력이 미치는 지역으로 황제를 데려가려고 했다. 그래서 주전충은 황제를 동도(東都, 하남성 낙양시)로 행차하게 하려고 생각했고, 이무정은 자기의 근거지가 있는 봉상(鳳翔, 섬서성 봉상현)을 생각하고 있었다.

한편 이때 당 조정에서 재상 자리에 있던 최윤이 이무정과 대립하게 되었다. 그러나 최윤은 군사력이 없었기 때문에 아무리 재상의 지위가 높더라도 군사력을 가진 절도사와 대립하다가 실각하는 위험에 빠질 수 있었다.

실제적으로 최윤은 이무정과 대립으로 위기에 빠지자 주전충에게 서신을 보냈다.

"황제에게 비밀 서신을 받았으니 군사를 데리고 거가(車駕)를 영접하라."

주전충의 군사력을 끌어들여서 자기의 위기를 넘기려고 한 것이다.

주전충으로서는 절호의 기회였고, 그는 서신을 받고 7월에 급히 대량으로 돌아가 군사를 발동했다.

그러나 주전충을 끌어들여 황제를 장안에 묶어두려 한 최윤의 생각과는 다르게, 환관인 좌군중위 한전회(韓全誨)가 황제를 호위한다는 임무를 이용하여 소종 이엽을 붙잡고 봉상으로 갔다. 한전회는 전에 봉상의 감군을 지냈기 때문에 그곳에 자기의 세력이 있을 것으로 판단했던 것이다. 하지만 이미 봉상에서는 소종 천복 3년(903년)에 성문을 열고 주전충의 군사를 맞아들였기 때문에, 한전회는 봉상으로 들어가지 못하고 다시 장안으로 돌아와야 했다.

주전충은 소종이 장안을 비운 틈을 타서 장안으로 들어갔다. 이때 많은 환관들이 죽었는데, 특히 주전충은 환관 제오가범(第五可範) 등 수백 명을 내시성에 몰아넣고 그들을 전부 살해하고, 오직 물을 주거나 청소를 할 어리고 쇠약한 환관 30명만을 남겨놓았다.

그동안 당 왕조가 환관의 발호로 위기를 맞고 있었기 때문에 환관을 주살하는 것이 명분상 옳다고 인식되는 분위기도 형성되어 있었다. 이제 서슴없이 황제를 폐립시키던 환관의 정치는 끝이 났고, 이를 실행한 주전충이 장안의 권력을 모두 장악했다.

당 조정을 장악한 주전충

사실 주전충이 장안을 장악하기 전인 소종 천복 2년(902년) 장안에서는 소종의 폐위와 반정이란 정치적 소용돌이 속에 이무정이 한창 권력을 잡고 있었다. 당시 주전충은 이무정과 타협하는 태도를 보이면서 충분히 정치력을 발휘했다.

또 주전충과 계속적으로 경쟁을 벌였던 이극용도 주전충을 공격하여 그 군사력을 분산시키려고 했지만 뜻대로 되지 않았다. 오히려 주전충이 주력군으로 이극용을 공격하여 연전연승을 하고 있었다. 이로부터 몇 년 동안 이극용은 주전충과 다투지 못하게 되었다. 주전충으로서는 최대의 경쟁자를 물리친 셈이었다. 또한 관중 지역을 장악하고 있던 이무정도 서천(西川)절도사인 서평왕(西平王) 왕건(王建)에게 점령당하고, 관중 지역도 주전충에게 빼앗겨서 회복할 수 없는 상황이었다.

주전충은 최대 경쟁자인 이극용을 서북으로 몰아내고, 관중을 장악하고 있던 이무정을 장안에서 물리침으로써 최대 강자가 되었다. 이번에는 주전충은 자신을 장안으로 불러들였던 재상 최윤을 몰아낼 차례가 되었다.

최윤은 재상 자리에 있었지만 병력이 없었기 때문에 주전충의 힘을 빌려 환관들을 주살했었다. 하지만 주전충이 이무정을 깨뜨리고, 관중을 삼키고 천하에 위엄을 떨치는 모습을 보자 그제서야 주전충이 찬탈의 뜻을 가지고 있는 것을 알아차렸다.

최윤은 겉으로는 주전충과 친하고 두텁게 지내면서 6군(軍)12위(衛)에 군사를 채우자고 건의했다. 사실 마음속으로 주전충의 속뜻이 두려웠기에 자기를 방어하기 위한 대책을 세우려고 한 것이다. 주전충 역시 최윤의 계책을 눈치챘으나, 정당한 이유없이 재상의 주장을 무턱대고 거절할 수 없는 노릇이어서 짐짓 그의 말을 따르면서 예의주시하고 있었다.

그러던 중 최윤의 무리인 형부상서·겸경조윤·육군제위부사(六

軍諸衛副使)인 정원규(鄭元規)가 밤낮으로 무기와 의장을 손보며 정리하는 것을 알게 되었다. 주전충은 곧바로 최윤이 스스로 무력을 갖추려는 것으로 의심하고 소종 천우 원년(904년) 정월에 소종에게 최윤과 그의 무리인 정원규와 진반(陳班) 등을 모두 주살하게 해달라고 요청했다.

결국 주전충은 그의 조카인 숙위(宿衛)도지휘사 주우량(朱友諒)으로 하여금 최윤의 집을 포위하게 하고, 최윤과 정원규, 진반, 그리고 최윤과 관계가 두터운 사람 몇 명을 살해했다. 주전충의 입장에서 보면, 재상이라는 지위에 무력까지 갖추면 어느 누구도 통제할 수 없는 무소불위의 권력을 갖게 된다는 것을 알고 있기에 최윤이 무력을 확보하는 것을 가만히 방관할 수 없었던 것이다.

이어서 주전충은 소종 이엽을 자신의 근거지인 동부의 낙양으로 데려오려고 했다. 그리하여 주전충은 아장 구언경(寇彦卿)을 파견하여 표문을 받들게 했다.

"빈(邠, 양숭본의 근거지)과 기(岐, 이무정의 근거지)의 군사들이 경기와 교외를 압박하고 있으니, 청컨대 황상께서 낙양으로 천도하도록 해주십시오."

주전충은 장안보다 동쪽인 낙양이 안전하다는 이유를 들면서 낙양으로 황제 소종을 옮겼다. 그리고 당 조정을 모두 자신의 사람으로 채웠다. 이제 주전충은 마치 후한말의 조조처럼 황제를 끼고 정국을 조정할 수 있게 되었다.

이러한 주전충의 조치에 대해 상대적으로 위기를 느낀 이무정과 양숭본, 이극용, 유인공, 왕건, 양행밀, 조광응 등 독자 세력을 갖고 있는 절도사들은 서로 격문을 보내고 왕래하면서 모두 일어나서 황제의 권한을 회복시켜야 한다는 주제로 목표의식을 세우고 있었다. 주전충에게는 위협적인 일이었다.

세력 있는 절도사들의 연합이 점점 가시화되자, 주전충은 위험요소를 줄여야겠다고 생각했다. 한편으로 자기의 적대 세력을 공격함과 동시에 다른 한편으로 황제를 바꾸려는 것이었다. 주전충은 자기를 압박하는 빈주(邠州)의 양숭본과 기주(岐州)의 이무정을 토벌하기 위해 군사를 이끌고 서쪽으로 출격할 경우, 낙양에 남아 있는 소종이 변고를 일으킬 수 있다고 생각하기에 이르렀고, 그를 죽이고 새롭게 어린 군주를 옹립해서 손쉽게 선양을 받으려는 계획을 세웠다.

그리고 판관 이진(李振)을 낙양으로 파견하여 장현휘(蔣玄暉)와 좌룡무(左龍武)통군 주우공(朱友恭), 우룡무(右龍武)통군 씨숙종(氏叔琮) 등과 함께 이를 도모하게 했다. 그리하여 소종 천우 원년(904년) 8월에 장현휘는 용무아관(龍武牙官) 사태(史太) 등 100명을 뽑아 밤에 궁궐로 들어갔다. 이때 소종은 초전(椒殿, 황후 침소)에 머무르면서 술에 취해 있었는데, 사태가 그를 쫓아가서 시해(弑害)했다.

주전충에게 선위한 소선제

소종 이엽을 죽이고 나서 장현휘는 조서를 고쳐, 소종의 후궁인 이점영(李漸榮)과 배정일(裴貞一)이 군주를 시해하고 반역했다고 주장했다. 뿐만 아니라 황태후의 명령을 고쳐서 이조(李祚)를 이축(李柷, 892년~908년)으로 바꿔 태자로 세운 후 소종의 영구 앞에서 즉위하게 했다. 이 사람이 소선제(昭宣帝) 또는 애제(哀帝)로 불리는 이축으로, 당시 나이는 열세 살이었다. 주전충은 황제를 바꿈으로써 당으로부터 선양 받을 준비를 끝마쳤다.

그리고 주전충은 대대적으로 반대자들을 토벌하여 여러 번진의 마음을 견고하게 하려고 했다. 그 결과 오직 유주(幽州, 노룡절도사의 치소)와 창주(滄州, 의창절도사의 치소)만을 제외한 황하 이북의 여러 번진을 모두 복종시켰다. 그런데 모든 일이 주전충의 마음대로 진행되지는 않았다. 그 무렵 노주(潞州, 소의절도사의 치소) 안에서 주전충을 배반하는 일이 일어났다. 그러자 주전충은 반기를 든 노주를 직접 평정한 다음에 군영에 불을 지르고 돌아왔다.

주전충은 이 일로 그의 위엄과 명망이 크게 저상(沮喪)되었고, 황제가 되지 않으면 이런 일이 언제든지 또 일어날 수 있다고 판단했다. 황제가 된다면 자기를 향한 배반은 곧 반역이 되기 때문에 쉽게 자기에게 반기를 들 수 없다고 생각한 것이다. 그래서 주전충은 신속히 선양을 받고 이를 진압하기로 했다. 아무리 전권을 쥐고 있다고 해도 황제 제도 아래에서 모든 조치는 황제의 명령을 받아야 하므로 그만큼 불편했던 것이다.

이때 위박절도사 나소위(羅紹威)가 말했다.

"지금 사방에서 군사를 거론하면서 왕을 걱정거리라고 하는 사람들이 모두 당 황실을 익대(翼戴, 정성스럽게 받들어 추대함)하는 것으로 명분으로 삼고 있으니, 왕께서 일찍이 당을 없애어서 사람들이 희망하는 것을 끊는 것만 같지 못합니다."

당 왕조를 없애지 않으면 당 황실을 바로 잡는다는 명분으로 계속 군사가 일어날 것이라는 말이었다. 이러한 논리는 역사에서 흔히 보이는데, 이때에도 이러한 논리가 다시 등장한 것이다.

이러한 주전충의 의중을 눈치 챈 소선제는 주전충에게 어사대부 설이구(薛貽矩)를 사자로 보내 그의 의향을 알아보게 했다. 설이구는 주전충이 선양을 받을 의향이 있었다고 보고했고, 소선제는 주전충에게 제위(帝位)를 선양했다. 형식만 남아 있던 당 왕조가 끝나는 순간이었다. 이제 주전충은 황제 즉위만을 남겨두고 있었다.

소선제 천우 4년(907년) 4월에 주전충은 대량(大梁, 후량 수도인 개봉)에서 금상전(金祥殿)에 나아가 백관들이 칭신하는 것을 받고, 내리는 문서를 교령(教令)이라 하고, 스스로를 과인(寡人)이라고 칭했다. 이제 당 왕조는 멸망하고 황제 자리에 오른 주전충의 오대시대가 개막된 것이다.

주전충은 선양을 받으면서 자기 세력의 근거지인 동부 지역의 대량에 도읍을 두었다. 전통적으로 본다면 낙양에서 더 동쪽으로 도읍을 옮긴 것이다. 물론 2년 뒤인 후량 개평 3년(909년)에 다시 낙양으로 천도했지만, 지금까지 당 왕조의 도읍이었던 장안에서 본다면 동부로 옮겨진 것이다. 여기에는 동부 지역을 세력의 중심으로 하여 천하의 중심이 되게 하려는 보이지 않는 의도가 숨어 있는 것이다.

오대 왕조의 교체

주전충이 당으로부터 황제 자리를 선양받아 후량을 세웠지만, 안사의 난 이후로 풍미하던 절도사들의 군사거점을 전부 장악하지는 못했다. 독자 생존이 가능한 절도사들은 황제 주전충의 권위에 복종하려 하지 않았던 것이다. 비록 황제 자리에 나아가서 천하일통의 꿈을 가졌다고는 하나 이를 통일할 힘은 부족했다.

한편 주전충은 여전히 당말(唐末)과 마찬가지로 힘 있는 절도사들과는 적대 관계를 유지했는데, 특히 서부 지역의 이극용의 세력과는 더욱 그러했다. 이극용이 후량 개평 2년(908년)에 죽고 그 아들 이존욱(李存勖, 885년~926년)이 뒤를 이어 진왕(晉王)에 오른 후에도 이들의 존재는 여전히 후량의 가장 큰 적대 세력으로 남아있었다.

주전충이 죽은 이후 후량이 혼란스러워지자 후량 말제 정명 2년(916년)에는 이존욱이 하북을 경영하게 된다. 그리고 후량 용덕 3년(923년) 4월에는 진왕 이존욱이 위주(魏州, 하북성 대명현)에서 당 왕조를 잇는다며 황제에 오르는데, 역사에서는 이를 후당(後唐)이라고 부른다. 주전충의 후량이 당 왕조를 찬탈한 왕조라는 것을 강조하는 조치였고, 그러기 때문에 선양 같은 절차는 필요 없다고 본 것이다. 이는 물론 서부 세력의 승리라고도 할 수 있지만 그 영역은 천하를 통일한 것이 아니라 후량의 범위와 엇비슷할 뿐이었다.

그러나 절도사들이 독자적인 무력을 가지고 있는 상황에서 후당의 운명도 그리 오래가지 못했다. 이존욱이 후량을 대신하여 후당을 세운지 3년 만에 그의 의형(義兄)인 이사원(李嗣源, 867년~933년)이 위주에서 군사를 일으켜 낙양으로 들어가서 이존욱을 살해하고 황제가 된다. 이극용에서 시작된 서부 세력이 자체적으로 세력투쟁을 벌인 일로, 형식적으로라도 남아 있던 선양 같은 절차는 어디에도 없었다. 힘으로 황제 자리를 차지한 것이다.

이때 이사원에게 낙양으로 진군하도록 권고한 사람이 그의 사위인 석경당(石敬塘, 892년~942년)이다. 이로 인해 석경당은 이사원 시절에 보의·선무·하동절도사가 되어 군권을 장악할 수 있었다. 그 후에 민제(閔帝) 이종후(李從厚, ?~934년)가 이사원의 뒤를 이었고, 그 동생 이종가(李從珂, 885년~936년)가 군사를 일으키는 과정에서 이종후는 죽고, 이종가가 황제 자리에 올랐다.

이종가가 황제가 된 후에 그가 후당을 지탱했던 석경당을 의심하자, 석경당은 연운(燕雲) 16주를 요(遼)에 주기로 하고 요의 도움을 받아 후당을 멸망시키고 새로이 후진(後晉)을 세웠다. 당 왕조가 멸망한 후 세 번째 왕조였다. 석경당은 이른 바 북방에 있는 외부 세력인 거란을 등에 업고 황제가 된 것이다. 석경당이 요의 도움을 받아 후진을 개국했으나 결국 석경당의 아들 석중귀(石重貴, 914년~974년) 시대에 후진은 요에 의해 멸망하고 만다.

이때 유지원(劉知遠, 895년~948년)이 다시 칭제하고 후한(後漢)을 세운다. 유지원은 거란족 왕조인 요의 도움을 받은 괴뢰 정권인 석경당의 후진을 한족 왕조로 바꾼다는 명분을 가지고 있었기 때문에 선양 같은 절차는 역시 필요가 없었다.

유지원은 석경당을 도와 군사를 동원하여 민제 이종후를 죽인 사람이다. 그리고 말제(末帝) 이종가가 석경당을 하동절도사에서 천평절도사로 옮기자, 석경당에게 군사를 일으키라고 권고하기도 했었다. 유지원은 석경당의 후진에서 보의절도사를 거쳐서 충무절도사, 북경유수 겸 하동절도사, 유주도행영초토사를 거쳐 북평왕에 이른 사람이다. 유지원의 선조는 비록 사타족이지만 그가 활동한 근거지는 유주와 북평 등 동부 지역이었다. 주전충 이후에 이극용과 석경당이 서부 지역을 근거로 움직였다면 유지원은 동부를 근거로 왕조를 세웠다고 할 수 있다.

그 다음으로 후한을 멸망시키고 다시 후주(後周)를 세운 사람은 곽위(郭威, 904년~954년)이다. 유지원이 후한을 건국했을 때 곽위는 업도(鄴都, 하북 대명현) 유수였다. 그 후 유지원이 황제에 오른 지 1년 만에 죽고 그 아들 유승우(劉承祐)가 뒤를 잇게 되었고, 이때 곽위는 추밀

◆5대10국 형세도

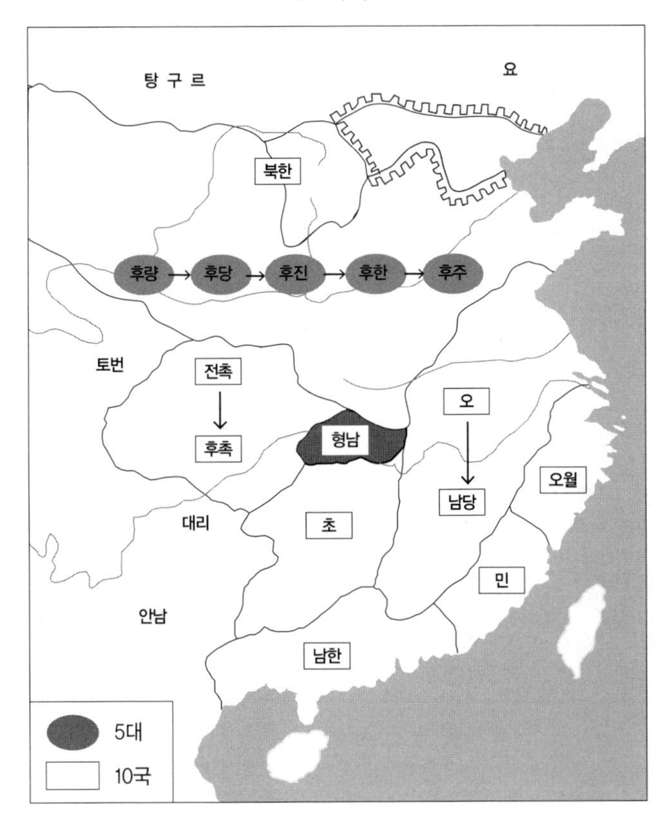

부사가 되었다.

후량 건우 원년(948년) 3월에 하중(河中, 산서성 영제현)의 이수정(李守貞), 영흥(永興, 섬서성 서안현)의 조사관(趙思綰), 봉상(鳳翔, 섬서성 봉상현)의 왕경숭(王景崇)이 차례로 반란을 일으켰다. 동부 지역 정권에 대한 서부 지역의 반발이었다. 이때 곽위가 이것을 평정하여 이수정과 왕경숭은 자살하고 조사관은 투항하는 성과를 거두었다.

그런데 유승우가 대신들을 의심하고 시기하여 개봉성 안에 있는 곽위 등을 죽이라고 명령했다. 이 소식을 들은 추밀원리 위인포(魏仁浦)가 이 일을 곽위에게 알리고 군사를 일으키라고 권고하여 은제(隱帝) 유승우를 죽이고 후주를 건설한다.

이 후주가 중원 지역에 세워진 오대의 마지막 왕조이고, 이는 송나라 태조 조광윤(趙匡胤, 927년~976년)에게 멸망한다. 그러나 이 오대의 다섯 왕조의 지역적 특색을 본다면 역시 동부의 주전충, 서부의 이극용과 석경당, 다시 동부의 유지원과 곽위로 이어지는 동서간의 다툼이 계속적으로 진행되었다고 볼 수 있다.

독립한 10개의 지방 세력들

중원 지역의 다섯 왕조는 비록 힘이 부족하여 성공하지는 못했지만 기회가 있을 때마다 계속적으로 황제의 권한을 강화하고 절도사들의 세력을 약화시키려는 노력을 추진했다. 사실 그 때문에 무력을 가진 절도사들이 반기를 들어 왕조가 자주 바뀐 것이라고 볼 수 있다. 그러므로 중원 지역에 있는 왕조의 영역이 다른 시대의 통일 왕조의 영역보다 많이 축소가 되었다고 해도, 여전히 황제권의 강화를 통한 천하일통의 꿈은 버리지 않았다고 할 수 있다.

이와 반대로 중원의 경쟁에서 밀려난 지방 독자 세력들이 오대 기간 동안 10개가 있었다. 중앙 조정이 약체인 상황에서 강력한 황제권을 행사할 수 없게 되자 자연스럽게 각 지역별로 독자적인 정권을 수립한 것이다. 그래서 보통 이 시기를 5대10국시기라고 부른다.

이 10국을 지역별로 구분해 본다면, 서부 지역인 촉(蜀)에 전촉(前蜀)과 후촉(後蜀) 두 왕조가 있었다. 이 두 왕조는 후주가 송으로 바뀌고 5년이 지난 다음까지도 그 지역에서 정권을 유지했다.

전촉을 세운 사람은 왕건(王建, 847년~918년)이다. 왕건은 무뢰한 출신으로 황소가 기병했을 때 당나라 군대인 충무군에 들어갔고, 장안이 황소에 의해 함락되자 희종을 호위하여 서천(西川)절도사가 되었다. 그 후에 그는 환관 전령자의 양자가 되어 숙위를 하다가 희종 광계 2년(886년)에 희종이 흥원(興元, 섬서성 한중시)으로 도망할 때 청도사(淸道使)가 되어 그 세력을 발전시키기 시작했다.

이때의 상황에 대해 《자치통감》에서는 이렇게 기록하고 있다.

> 이때 군사와 민간이 뒤섞여 있고 칼끝이 이리저리 횡행하니, 신책군사 왕건과 진휘(晉暉)를 청도참작사(淸道斬斫使)로 삼고, 왕건이 장검(長劍)을 든 500명을 선구(先驅)로 삼아 분발하여 치고서야 승여가 마침내 앞으로 갈 수 있었다. 황상[희종]은 전국보(傳國寶)를 왕건에게 주어 이를 짊어지고 좇게 하면서 대산령(大散嶺, 보계시 서남쪽)에 올랐다. 이창부(李昌符)가 각도(閣道)를 한 길 남짓 불 지르자 곧 끊어지려고 하니 왕건이 황상의 겨드랑을 부축하여 뛰어서 건넜다. 밤중에 판자(板

子) 아래에서 잠을 잤으며, 희종은 왕건의 다리를 베고 잤고, 깨고 나서야 비로소 먹을 것을 올렸다. 황상이 용포(御袍, 황제의 겉옷)를 벗어서 왕건에게 하사했다.

그 후 왕건은 성도(成都)를 점거했고, 계속 발전하여 902년에는 산남서도를 통제할 수 있게 되었다. 그래서 903년에 소종은 그를 촉왕으로 책봉했는데 이때 그는 이 지역 최대의 할거 세력이었다.

왕건은 주전충이 후량을 세우자 이에 불복하고 자립하여 황제에 올라 대촉(大蜀)이라 하고 독자적인 정치를 시행했다. 그는 백성들을 전쟁으로부터 쉬게 하고 농상에 힘쓰며 수리 사업을 일으켜 나라를 잘 다스렸던 것으로 알려져 있다.

후촉을 세운 맹지상(孟知祥, 874년~934년)은 주전충과 경쟁을 벌였던 이극용의 조카사위였다. 그래서 후당을 세운 이존욱은 맹지상을 태원윤으로 삼았다. 맹지상은 이 시기에 후당이 전촉을 멸망시키는데 공로를 세워서 서천절도사에 책봉되었다. 그 후 이사원 시절에는 성도·서천절도사가 되었는데, 후당 내부의 혼란이 일어난 틈을 타고 맹지상은 황제 자리에 올라서 국호를 대촉이라고 했다. 역사에서는 먼저 왕국을 세운 왕건의 대촉을 전촉이라 하고, 뒤에 세운 맹지상의 대촉을 후촉이라 부른다.

성도를 중심으로 한 서부 지역에서는 두 개의 촉 왕조에 의해 중원 지역과 별개로 분리된 채 독립된 왕조를 꾸려 나갔다. 이 촉 지역은 왕건이 독립한 891년부터 후촉이 송에게 멸망하는 925년까지 35년 동안 독립 지역으로 남아있었다.

남부 지역에서는 비교적 많은 나라가 독립했다. 남부가 이렇게 독립적인 위치를 지킬 수 있었던 것은 오(吳)를 세운 양행밀의 공로를 빼놓을 수 없다. 앞에서도 이미 말한 것처럼 주전충이 회하 지역으로 남하하는 것을 효과적으로 막은 사람이 양행밀이었다. 이러한 양행밀의 공로로, 남부 지역은 주전충과 이극용이 혈투를 벌인 동서간 전쟁으로부터 그만큼 영향을 덜 받을 수가 있었다. 그리하여 강회 지역에서 사회적·경제적인 회복이 가능해졌다. 이는 분리 독립하여 독자적인 정치가 가능하다는 것을 보여 준 예였다.

이러한 오를 이어받고 주변을 통합해 나간 것은 이변(李昪, 888년~943년)의 남당(南唐)이었다. 그는 남당의 경제·문화의 기초를 만들었을 뿐만 아니라 남당을 필두로 오월과 초와도 서로 호응하면서 남부 지역을 발전시켰다.

이변의 원래 이름은 이팽노(李彭奴)였는데, 소종 건녕 2년(895년)에 양행밀이 호주(濠州, 안휘성 봉양현 동북쪽 임회관)를 공격하면서 이팽노를 양자로 삼았다. 이팽노는 다시 서온(徐溫)에게 양자로 보내져 서지고(徐知誥)로 이름이 바뀌었다. 그는 오국에서 정치를 담당하면서 관대하고 검소한 성격으로 농상을 권고하고 부고를 충실하게 하여 검교사도에 이르렀다.

당시 서온의 장자가 주근(朱瑾)에게 죽자 서지고는 이를 평정하고 회남절도행군부사가 된다. 그는 오왕 양융연(楊隆演)을 섬기면서 세제를 개혁하여 국력을 증강시키면서 봉화군절도사에 이른다.

그 후에 서지고는 오국의 권력을 장악하고 동해왕에 책봉되었다. 그리고 이름을 다시 서고(徐誥)로 고치고 오왕 양부(楊溥)에게 선양을 받아 대제(大齊)라고 했다가 국호를 당으로 바꿔 남당을 세운다. 그리고 945년에 그동안 남쪽에 있던 민국(閩國)을 합치고, 951년에 초

(楚)를 합치면서 남당은 송이 건국되고 17년이 지난 975년까지 독립적인 왕조를 유지한다.

남당에 흡수된 왕심지(王審知, 862년~925년)의 민(閩)은 주전충이 후량을 열기 전인 893년부터 945년까지 존재하다가 내부 분열을 겪으면서 남당에 흡수된다. 그리고 마은(馬殷)이 세운 초국(楚國) 역시 후량을 세우기 전인 896년에 세워졌다가 역시 남당에 병합된다. 회하 지역에서 초 지역과 민 지역까지 남당으로 통합된 것이다.

그리고 오월(吳越)은 오월 지역에서 주전충이 당으로부터 선양을 받아 후량을 건설하기 이전인 893년부터 독자적인 왕조를 유지하다가, 송을 건국한 이후에도 18년이나 더 계속되었다. 일찍이 중원 지역으로부터 독립하여 독자적인 국가를 건설하고 유지했던 것이다.

남한국(南漢國) 역시 가장 남부인 광주 지역에서 독자적인 노선을 걸어, 주전충이 후량을 세우기 2년 전부터 송이 건국되고 나서 11년 후까지 왕조를 유지했다. 서남 지역에 위치했던 형남국(荊南國)도 주전충이 후량을 세우는 그 해(907년)에 독립하여 송이 건국되고나서 2년 후까지 더 유지되었다. 또한 후한이 후주에게 멸망하자 이에 반발하여 서북 지역에 세워진 북한(北漢) 역시 송이 건국된 뒤 19년을 더 유지했다.

이러한 상황을 보면 크게는 동부와 남부, 그리고 서부 지역으로 나뉜 상태로 유지되었다고 할 수 있다. 안사의 난 이후에 나타난 절도사들의 할거는 지역별로 합쳐지는 양상을 띠고 있었다. 그리고 송이 건국되고 통일할 때까지 이러한 동서남의 지역 분할 상태가 유지되었다.

물론 각 지역 안에서도 세력간의 다툼과 분열이 있어서 권력자가 바뀌기는 했지만, 이는 그 지역 안에서의 권력 이동일 뿐이라고 할 수 있다. 적어도 5대10국은 통일 왕조인 당이 분열된 이후 절도사들의 이합집산과 경쟁을 거쳐 안정적으로 유지되던 시기이다.

그 강역도를 보면 전국시대의 진·제·초, 삼국시대의 오·위·촉과 흡사하며 특히 〈천정샹의 지리구역도〉와 유사하다. 이렇게 동일한 문화·경제 지역이 독립하여 안정적인 시기가 길어진다는 것은 문화를 발전시키고 유지할 수 있는 기회가 그만큼 길어진다는 것을 의미한다. 이 기간 동안 중원을 둘러싼 대결 속에서 양행밀이 회하 지역으로 북부 세력이 남하하는 것을 막음으로써, 남부 지역의 문화를 꽃피울 수 있었다는 사실은 가끔 중국사 서술에서 간과되고 있다.

■ 나오면서

세 축을 중심으로 전개된 역사

왕조 중심의 역사 서술

"중국사를 어떻게 보아야 할 것인가?"

이것이 이 책의 주제이다. 중국에서는 일찍부터 역사학이 발달했다. 그리하여 많은 역사기록물이 생산되었고, 왕조 중심의 역사를 쓰는 전통도 마련되었다.

이러한 역사학의 전통 속에서 마련된 역사책은 많은 사람이 읽어왔고, 이를 읽은 사람들은 그 내용을 믿었다. 왜냐하면 읽는 사람이 그 책을 비판할 능력을 갖추지 못했을 뿐만 아니라 역사를 쓴 사람들은 나름대로 역사를 최대한 객관적으로 쓰려고 노력했고, 그것은 독자들에게 큰 믿음을 주었기 때문이다.

그러나 따지고 보면 왕조를 중심으로 역사를 쓴다는 것은, 아무리 객관적으로 쓰려고 노력했다고 하더라도 역사 서술의 중심이 왕조, 왕실이라는 것을 면하기 어렵다. 그래서 왕조를 중심으로 서술하게 되면 그 왕조에 편향된 서술을 할 수밖에 없는데, 독자들은 이를 간과하게 된 것이다.

사실 왕조 중심의 역사를 쓰게 된 것은 후한대에 쓰인 반고(班固)의 《한서(漢書)》에서 시작된다. 후한대는 유가 사상을 이념으로 받아들이고, 또 유가 사상을 가지고 왕조를 유지하려고 했던 시대였다. 유가 사상의 충효를 극대화하여, 비록 생후 7개월이 된 황제일지라도 그의 명령에 절대 복종하고, 그에게 충성을 다해야 한다는 논리로 왕조를 유지하려 했었다.

그러므로 후한대에 쓰인 《한서》는 전한대에 쓰인 사마천(司馬遷)의 《사기(史記)》에 비한다면 철저한 왕조 중심의 역사였다. 그래서 천하를 놓고 쟁패를 벌였던 전한의 유방(劉邦)과 초패왕 항우(項羽)를 서술할 때 유방은 황제의 전기를 기록하는 〈제기(帝紀)〉에 넣고, 항우는 일반적인 인물의 전기를 기록하는 〈열전(列傳)〉에 넣고 있다. 이러한 형식을 보면 유방은 황제이고, 항우는 황제에 반대하는 남부 세력 정도로 인식하게 만드는 것이다.

이에 비하여 전한시대에 쓰인 《사기》에서는 비록 사마천이 전한이 황제권을 완전히 발휘했던 무제(武帝)시절에 살았던 인물이지만 항우와 유방을 다같이 〈제기〉에 넣고 있다. 한 조정이 올바른 왕조라고 생각할 수밖에 없는 환경에서도, 한 왕조를 세운 유방과 그와 천하를 두고 쟁패했던 항우를 같은 수준이라고 평가한 것이니 공정하게 쓰려고 한 것이다. 물론 당시는 아직 유가의 충효가 완전히 이념으로 자리 잡지 않은 시기이기는 하지만, 그래도 이러한 서술은 역사가로서의 대단한 모험이었다. 그래서 이 《사기》는 사마천이 죽은 후에 비로소 세상 밖으로 나올 수 있었다.

그런데 후한대에 살았던 반고는 자기가 살고 있는 후한이 정정당당하고 올바른 왕조였던 점을 강조하기 위해서, 먼저 후한의 앞에 있던 전한 왕조가 올바른 왕조였음을 증명해야 했다. 후한의 유수가 왕망에게 멸망한 유(劉)씨의 전한의 부흥을 내걸었기 때문에, 적어도 유방의 전한이 정당성을 가져야지만 후한의 정당성이 마련되는 것이었다. 그래서 유방과 항우의 경쟁도 올바른 정권과 이에 반대하는 세력의 싸움으로 그릴 수밖에 없었다.

이러한 반고의 《한서》가 세상에 나온 이후로 하나의 왕조가 멸망하면 그를 뒤 이은 왕조는 대체적으로 전 왕조의 역사를 서술했다. 역사가가 살고 있는 현 왕조의 정당성을 내세우기 위해서는 전 왕조의 정통성을 증명하고, 그 정통성 있는 왕조를 정당하게 이어받았다는 것을 증명하는 것이 필요했을 지도 모른다.

그 후에 하나의 왕조가 멸망하면 그 왕조 중심의 역사를 쓰는 것이 하나의 전통이 되었고, 이른바 정사(正史)라고 불리는 《25사》는 대부분이 이러한 단대사(斷代史)로 이루어졌다. 《사기》와 위진남북조시대의 《남사》와 《북사》, 그리고 《오대사》 정도가 여러 왕조를 동시에 취급하고 있어서 어느 왕조에 편향된 저술이 아니라고 할 수 있지만, 이러한 통사(通史) 속에도 개별적인 왕조가 중심이 되고 있기 때문에 객관적으로 공정하게 역사를 보는 시각과는 일정한 거리가 있다.

그러므로 역사기록은 끊임없이 의문을 가지면서 보아야 역사를 쓴 사람의 시각에 매몰되어 이를 추종하는 어리석음을 범하지 않을 수 있다. '쓰인 것을 그대로 믿는 것은 오히려 읽지 않는 편이 낫다.' 라는 맹자의 말을 다시 한 번 새겨 볼 필요가 있다.

사실 그동안 중국 역사학에서는 수 없이 진실성을 강조해 왔다.

그러나 그 진실을 찾으려는 노력은 구체적인 사안(事案)이나, 인명, 지명의 고증 등으로 보기에 따라서는 아주 미시적(微視的)인 작업이 대부분이었다. 다시 말하면 거시적(巨視的)으로 역사를 쓴 작자의 입장과 시대 분위기를 검토하고, 어떻게 역사를 편향적으로 썼을까를 고려하면서 비판하는 것에는 그다지 힘을 기울이지 않았다고 할 수 있다.

이렇게 본다면 우리 앞에 놓인 이른바 정사라고 불리는 《25사》는 어느 한 쪽의 입장에서 역사를 보는 편향된 역사임에 틀림없다. 그러나 이 자료가 워낙 방대하고, 치밀하며 구체적 자료를 수집하여 이룩한 것이기 때문에 대체적으로 그것에 압도되어 전체를 비판하기보다는 믿어버리는 경향이 농후했다.

특히 한문으로 되어 있는 자료들을 중국의 학자들이 그대로 수용하다 보니, 중국사를 연구하는 다른 나라의 학자들이 그 방대한 자료를 검토하여 중국학자와 다른 시각을 드러내기란 쉽지 않다.

그래서 중국 주변의 한국이나 일본, 그리고 근세에 들어와서 현대적 역사학을 발전시킨 구미에서도 부지불식간에 《25사》를 정사로 인정하고 중국 역사는 하나의 왕조에서 다른 하나의 왕조로 면면히 이어 온 것이라고 보게 된 것이다. 이것이 중국사는 통일 지향적으로 진행해 왔다고 믿게 된 까닭이라고 할 것이다.

만약에 검사나 판사가 사건을 진술하는 피고인과 변호사의 말을 무조건 믿는다면 그들이 재판한 결과는 공정한 재판이 될 수 없을 것이다. 우리는 재판관이 자기에게 유리하게 진술하는 것을 끊임없이 의심하고 믿지 않는 태도로 올바로 재판해주기를 원한다. 그런데 중국사에 대한 평가는 변호사가 워낙 막강한 실력과 자료를 가져다 대는 바람에 그에 압도된 것이라고 볼 수도 있다.

역사가가 서술한 내용을 그대로 믿는다는 것은 정말로 어리석은 일임에 틀림없다. 하지만 과거에 많은 사람이 옳다고 믿어 왔고, 그러한 명성을 가진 역사사실에 대하여 의심의 눈초리를 보내지 못하고 그냥 명성에 짓눌려 믿어 온 것이다.

이로 인해 중국사는 중국을 통일한 한 왕조에서 또 다른 왕조로 이어 지는 것으로 이해했다. 그리고 하나의 왕조에서 다른 왕조로 바뀌는 과정에서 약간의 혼란, 혹은 반란이 있었을 뿐 새로운 세력이 등장하여 천하일통을 해 왔다는 것이다.

그래서 위진남북조와 5호16국시대라는 긴 분열의 시대는 오히려 중국 역사의 비정상적인 시대로 인식되어 왔다. 그 외에 분열의 시대로 오대시대가 있었다고 하지만, 그 기간이야 불과 50여 년에 지나지 않는 것이므로 긴 역사에서 본다면 극히 예외적인 시대로 볼 수 있다고 본 것이다. 이러한 시각은 바로 정사로 불리는 《25사》의 영향 때문이라고 할 수 있다.

또한 이러한 정사(正史)의 관념 뿐만 아니고 정통(正統)이라는 관념도 생겼다. 정통이란 바로 천하일통을 이룬 왕조를 하늘의 뜻을 받아서 올바르게 세상을 다스릴 권한을 받은, 즉 천명(天命)을 받은 올바른 왕조를 말하는 것이다. 그래서 한 고조 유방은 하늘의 계시를 받은 듯 '백제(白帝)'의 아들로 둔갑시키고 있다. 적제(赤帝)를 누른 백제의 아들은 하늘의 뜻을 받았다고 설득시키기에 유리했던 것이다.

정말로 유방과 항우 두 사람 가운데 누가 올바른 사람이었는지는 판가름하기 어렵다. 또 옳고 그르다는 기준을 세울 수 없는 일이다. 다만 서부 세력을 대표한 유방과 남부 세력을 대표한 항우의 싸움이었을 뿐이다. 그런데 반고의 《한서》에서는 분명하게 유방을 정통으로 기록하고 있다. 그리고 그 믿음은 후세에도 이를 정당하게 이어받았다는 것을 만들어 내려고 노력했다.

그러므로 중국 역사가 통일 지향적으로 진행해 왔다고 이해하는 것은 역사기록이 만들어낸 잔상(殘像)일 수 있다. 이른바 정사라는 역사서를 읽는 동안 부지불식간에 중국이 왕조중심으로 천하일통을 이룩했고, 그것이 면면히 이어져 왔다고 말이다.

물론 하나의 왕조가 분명히 천하일통을 하려는 노력을 해 왔다는 점에서는 일리가 있다. 하지만 그것은 '천하일통을 이루고 싶은 마음'일 뿐이라고 볼 수 있다. 구체적으로 본다면 헤게모니를 잡고 중앙으로 진출한 중앙 조정에 대하여 독립하려는 많은 지방 세력이 항상 존재해왔다. 그런데 이들 지방 세력들이 독립하려는 노력을 역사에서는 가볍게 생각하고, 반란 혹은 반역이라는 이름으로 간과해 버린 것이다.

이 책은 반란 혹은 반역이라는 억울한 누명을 쓴 많은 지방 세력의 목소리에 귀 기울이려고 노력했다. 그래서 지방 세력들이 정식으로 군사를 일으키는 행동을 일으키기 전과 후에도 계속하여 독립적으로, 또는 반(半)독립적으로 존재했음을 밝히려고 한 것이다.

천하일통이라는 억지스러운 꿈

이러한 작업을 한 결과, 천하일통을 이루었다는 한(漢) 왕조도 명목상으로는 200년간 왕조를 유지했다고 하지만, 실제로 사실은 지방에 세웠던 봉건 제후국이 나라를 독자적으로 운영하고 있었다. 그러므로 한 왕조의 통일이란 이름뿐인 통일이며, 실제로는 반독립이라는 형식으로 지방에 존재하는 세력을 인정하고 그와 타협하여 만들어낸 결과였다. 지방봉건국의 자율성이 거의 없었던 완전한 천하일통이란 불과 40~50년 정도였다고 할 수 있다. 그러한 점에서 본다면 중앙의 황제가 끊임없이 천하일통을 이루려는 것은 일장춘몽에 불과했던 것이다. 그 꿈에서 깨어나면 여전히 제각각 지역별로 분리해 왔다.

이러한 분열의 원인은 자연 환경에서 찾을 수 있다. 중국이라는 넓은 영토는 각 지역적 특성을 가지고 있다. 그리고 이 지역적 특성은 경제와 문화, 사상적 차이를 가지게 된다. 이것은 아주 자연스런 현상이다. 반대로 천하일통을 지향한다는 말은 하나의 법률로 경제적, 문화적, 사상적, 관습적으로 다른 지역을 하나로 묶는 부자연스런 현상을 만들어냈다. 따라서 강력한 힘을 바탕으로 할 때에는 어느 정도 통일이 가능했지만, 그 강제적 힘이 한계에 부딪치면 바로 분열의 길로 나가고 있었다.

이것을 구체적으로 보면 장안과 북경, 그리고 남경으로 대표되는 서부와 동부 그리고 남부라고 할 수 있다. 이들은 서로 다른 경제적 환경과 습관, 그리고 사상을 갖고 있기 때문에 설혹 합쳐 놓았다고 하여도 바로 분리되는 현상을 보였다. 설사 시대가 바뀌어도 그 명칭을 달리하거나 제도를 달리 할 뿐, 거의 똑같은 현상이 역사에서 반복되고 있었다.

역사는 순리에 맡겨 두는 것이 정상적인 흐름이다. 그러므로 강제적인 천하일통보다는 각 지역별로 그 지역에 맞는 독자적인 방법과 제도를 창안하고 독자적인 삶의 방식을 영위하는 것이 바른 역사의 흐름이다.

분열이 악인가?

그런데 중국 역사에서는 각 지역적 분열을 마치 '악(惡)'처럼 인식해 왔다. 따라서 분리독립하려는 세력을 반역이나 반란 같은 부정적인 용어(用語)를 사용하여 기록하고 있어, 읽는 사람으로 하여금 이들 세력을 부정적으로 바라보게 했다. 이것이 오늘날까지도 중국사는 천하일통이 대세이고, 올바른 방향이라고 인식하게 만들었다.

그러나 예컨대 당말오대의 200년간의 분열기간 중 전쟁의 소용돌이에서 오래도록 독자적으로 존재했던 남부 지역, 오, 오월 등의 문화와 경제상태가 대단히 좋았다는 연구 보고를 보더라도 분열이 결코 악이 아니라는 것을 알 수 있다.

《자치통감》을 쓴 사마광도 그의 역사논평에서 다음과 같이 말했다.

> 만약 위로부터 서로 주고받은 것을 가지고 옳은지 그른지를 삼는다면 진씨(陳氏, 남조의 진)는 어디에서 황제 자리를 받았습니까? 탁발씨(拓跋氏, 북위의 탁발규)는 어디에서 받았습니까?
> 만약 중원 지방에 자리를 잡았다는 것을 가지고 옳은지 그른지를 삼는다면 북방족인 유(劉), 석(石), 모용(慕容), 부(苻), 요(姚), 혁련(赫連)씨들이 차지했던 영토는 모두 오제와 삼왕이 있었던 옛날의 도읍지였

> 습니다. 만약에 도덕이 있느냐 없느냐를 가지고 옳은지 그른지를 삼는다면 최이(蕞爾)의 나라에도 반드시 훌륭한 주군은 있을 것이며, 삼대의 말년에는 어찌 사악한 벽왕(辟王)이 없었겠습니까? 이리하여서 정윤의 이론 가운데 옛날부터 오늘날까지 그 뜻이 관통할 수 있거나 확실히 다른 사람들이 옮기거나 빼앗아버릴 수 없는 것은 아직 없습니다.

이는 정통론이란 정치적 이유에서 만들어낸 것이며, 옳고 그른 것으로 결론 내리기 어렵다는 의미이다. 그에 덧붙여서, 보잘것없는 최이의 나라에도 훌륭한 주군이 있을 수 있고 정통 왕조이며 치세를 이루었다고 말하는 삼대에도 공정하지 못하고 편벽된 벽왕이 있었다고 하여 천하일통을 해야만 백성들이 편안할 수 있다는 논리에 반대한 것이다.

만약에 역사를 왕조를 세운 사람 중심으로 보고, 또 백성들의 삶보다도 왕조의 운명이 중요하다는 시각으로 본다면 단대사적 시각이 옳을 수도 있다. 그러나 천하가 모두 제왕의 것이라는 것에 동의하지 않는다면 왕조의 운명은 역사에서 중요한 것으로 취급할 이유가 없다. 마치 한 개인의 운명이 거대한 역사의 수레바퀴에서 하나의 사건인 것처럼, 왕조의 운명도 하나의 사건으로 보아야 하는 것이다.

그것보다 중요한 것은 많은 사람이 행복하게 살 수 있는 제도와 조건이 만들어지느냐에 초점을 맞추는 일이다. 그렇다면 보다 많은 백성들에게 밀착되어 있는 지방별 독립적 체제가 상대적으로 관심을 가져야 할 부분이었다.

현재까지 이어지는 중국의 세 중심축

그러한 점을 바탕으로 이 책에서는 이른바 반란과 반역을 지방 세력으로 독립하려는 역사의 움직임으로 보았다. 그리고 그 움직임이 중국의 전(全)역사의 흐름을, 헤게모니를 잡은 세력과 그 반대되는 세력은 서부와 동부, 그리고 남부로 대별되는 것을 본 것이다.

이 책은 《자치통감》 행간읽기의 일환이기 때문에 일단 《자치통감》이 끝나는 오대까지를 살펴보았다. 그러나 그 후에 전개되는 역사도 대체적으로 이러한 지역적 대결 모습을 보이고 있다. 송 왕조가 세워졌을 때에는 서부에 하(夏)와 북부에 요(遼)가 있어서 분열된 상태에 놓여 있었고, 이어서는 여진의 금 왕조와 남송의 남북 대치가 분열의 역사를 진행시키고 있다.

몽고의 원(元)이 중국을 지배했을 때에 이들은 한인(漢人)과 남인(南人)을 구분지어 남북을 별도로 통치하려고 했다. 명 왕조가 남부에서 출발했지만, 결국 건문제와 연왕의 싸움으로 대표되는 남북간의 대결이 있었다. 그 후에 동북부가 헤게모니를 잡자 명말에 남부와 서부, 특히 서부의 이자성(李自成, 1606년~1644년)의 기병으로 명 왕조는 그 운명을 마감한다.

다시 청대가 되어서도 역시 만주족인 북방 세력이 헤게모니를 장악하자 남부를 중심으로 태평천국의 난이 일어났고, 손문의 혁명운동은 청 왕조에 대한 남부의 반발이었다. 그 후에 존재했던 군벌 세력의 분립도 이러한 지역적 기반을 두고 있다.

그러므로 천하일통을 꿈꾸는 정권이라면 어떻게 서로 다른 각 지역의 이해를 평화적으로 조절할 수 있는 능력을 가졌느냐가 대단히 중요한 변수다. 그러나 하나의 법률과 제도로 서로 다른 환경의 지역을 아우른다는 것은 실로 쉽지 않은 일이다. 이것이 항상 관심을 가져야 하는 중요한 과제인 것이다.

이러한 시각을 가지고 1949년에 중화인민공화국이 탄생한 이후 60년을 볼 수는 없을까? 사실 지난 60여 년을 보면 홍콩과 대만이 독립적으로 존재하였지만 나머지 광대한 영역이 중화인민공화국의 영역으로 유지되고 있다. 뿐만 아니라 전통적인 역사 무대에서 중국의 영역이 아니었던 동북의 만주, 몽골, 청해(青海), 신강(新绛), 티베트 지역까지 아우르고 있다. 그러한 점에서 유례없는 대통일을 이루고 있는 것이다.

이를 보는 사람들은 군사력으로 이들 지역을 장악했다고 비난하는 경우도 있다. 그러나 역사가 도덕적 기준을 가지고 비난할 수는 있지만 도덕적 이유를 가지고 역사의 진행을 돌려놓는 일은 거의 없다. 그러므로 역사가 힘과 형세에 의하여 움직여진다는 사실을 인정한다면, 막연하게 중국을 비난하는 것은 아무런 의미가 없다. 이미 중국 역사에서 진 시황제 시절, 한 무제 시절, 왕망의 신(新)왕조 시절, 수 양제 시절, 그리고 당 태종 시절에도 힘으로 통일을 유지하려고 노력한 일이 있고, 우리는 보아 왔다. 그러므로 중화인민공화국이 탄생하여 60여 년간 통일을 유지하고 있는 것을 있는 그대로 보아야 한다.

다만 그 힘이 얼마나 계속 유지될 수 있고, 또 그 힘이 얼마나 역사의 흐름을 가로 막을 수 있느냐 하는 것을 볼 뿐이다. 이 책에서는 그 힘이 역사의 흐름을 가로 막지 못했던 사실을 누누이 보았다. 그래서 그러한지 현재 중국 영역 가운데 원래 중국 영역이 아닌 지역,

즉 만주, 몽골, 청해, 신강, 티베트 등지에서 끊임없이 반발과 소요가 일어나고 있다. 마치 한 무제가 통치하던 엄형주의 시절에도 끊임없이 반발이 있었던 모습과 유사하다고 할 수 있다.

그래도 이러한 지역은 역사적으로 문화, 경제적으로 워낙 다르기 때문에 하나로 묶기 어려워서 나타난 것이라고 할 수 있다. 하지만 전통적인 중국 지역에서도 여전히 세 축을 중심으로 한 지역 간의 힘겨루기, 갈등 현상은 일어나고 있는 것으로 보인다. 즉, 서안(西安), 북경(北京), 남경(南京)이라는 삼각구도로 나타나는 세력의 부침을 볼 수 있을 것이다. 간단한 예를 들면, 중화인민공화국 탄생 이후 세기의 재판으로 알려진 4인방 재판과 최근의 보시라이(薄熙來, 1949년~) 재판을 삼각관계의 시각에 투영시켜 볼 수도 있을 것이다.

4인방 재판은 마오쩌둥(毛澤東, 1893년~1976년)이 죽은 후에 북경을 중심으로 권력을 잡았던 4인방에 대한 남부의 공격이라고 볼 수 있다. 최근에 있었던 보시라이의 재판은 그가 활동한 중심지가 서부 지역인 사천(四川)이라는 점에 착안하여, 서부 지역에 대한 남부 지역의 공격으로 볼 수 있을 것이다. 또 사천에 근거를 둔 저우융캉(周永康, 1942년~)의 몰락도 역시 같은 시각을 가지고 볼 수 있을 것이다. 말하자면 마오쩌둥 이후에 남부 지역이 중심이 되어 권력을 장악하였고 이에 대하여 서부와 동부가 끊임없이 대결하려는 모습이 나타난 것으로 볼 수도 있다는 말이다. 그동안 중국 역사는 서부 중심으로 오랫동안 움직여 왔고, 다시 동부 지역으로 갔다가 이제 남부 지역으로 옮겨 왔다고도 볼 수 있으니, 역사 속에서 전에 없던 새로운 모습이긴 하지만 지역갈등이 달라진 것은 없다고 볼 수 있다.

그러므로 중국은 겉으로는 하나의 국가가 통일적으로 움직이는 것 같지만, 그 내부에는 끊임없이 서부와 북부 그리고 남부라는 세 핵 사이에 지역적 갈등이 존재하고, 여기에서 비극적인 사건들이 나타나고 있다고 보인다. 물론 이러한 시각을 현대에까지 적용하기 위해서는 현대 중국을 움직인 사람들에 대한 지역적 분석이 필요할 것이라고 생각하지만, 이 책에서는 그러한 시각만을 남겨둔 채 마치려고 한다.

자치통감
행간읽기

이 도서의 국립중앙도서관 출판시도서목록(CIP)은 e-CIP홈페이지(http://www.nl.go.kr/ecip)와 국가자료공동목록시스템(http://www.nl.go.kr/kolisnet)에서 이용하실 수 있습니다.(CIP제어번호: CIP2014005962)

중국분열

2014년 4월 16일 초판 1쇄 찍음
2014년 4월 24일 초판 1쇄 펴냄

지 은 이 권중달
펴 낸 이 정철재
만 든 이 권희선 문미라 양윤모
디 자 인 정은정

펴 낸 곳 도서출판 삼화 | 등록 제320-2006-50호
주 소 서울 관악구 남현길 108-5
전 화 02)874-8830 | 팩스 02)888-8899
홈페이지 www.tonggam.com | www.samhwabook.com

ISBN 978-89-92490-65-8 (03910)